2495

CARLOS GRANÉS

EL PUÑO INVISIBLE

ARTE, REVOLUCIÓN Y UN SIGLO DE CAMBIOS CULTURALES

TAURUS

PENSAMIENTO

D.R. © Carlos Granés, 2011

D.R. © Santillana Ediciones Generales, S. A. de C. V., 2011
      Av. Río Mixcoac 274, Col. Acacias
      México, 03240, D.F.
      Teléfono 5420 7530
      www.editorialtaurus.com.mx

Primera edición: noviembre de 2011

ISBN: 978-607-11-1458-7

D.R. © Diseño de portada: Artemisa Ediciones S. L.

Impreso en México

ÍNDICE

SEGUNDO TIEMPO

A José Granés (1940-2006)
y a Clara Maya

Introducción

*Todavía no se tiene conciencia
plena de la influencia del dadaísmo.*
George Steiner

El 7 de junio de 1917, el dadaísta Hugo Ball anotó en su diario:

> Y mientras inaugurábamos la galería de Bahnhofstrasse, los rusos
> viajaron a Petersburgo para poner en pie la revolución. ¿No será
> el dadaísmo, como símbolo y como gesto, la contra del bolche-
> vismo? ¿No opone la cara quijotesca, inoportuna, inaprensible del
> mundo a la destrucción y al cálculo total? Será interesante obser-
> var lo que ocurre allí y aquí.[1]

Ball quería saber qué ocurriría con aquellos rusos que emprendían el largo camino hasta la Estación de Finlandia, en San
Petersburgo, porque los conocía. Eran sus vecinos. Lenin planeó los últimos detalles de la revolución bolchevique desde su
residencia en Zúrich, en el número 14 de la Spiegelgasse, un
callejón en el que también se encontraba el Cabaret Voltaire, la
guarida de artistas iconoclastas regentada por Ball. Allí también
se planeaba una revolución, la revolución dadaísta. Por un azar
de la historia, en una misma manzana de una ciudad sosegada,
en medio de un país neutral y tranquilo, se urdieron las conspiraciones más turbulentas y exaltadas del siglo xx. Artistas y políticos revolucionarios compartieron calzada e, incluso, según
algunos testimonios, mesa en el Cabaret Voltaire, donde Lenin
habría ido a ver los espectáculos provocadores de Tristan Tzara
y los demás dadaístas. Dos revoluciones estaban en marcha, una

---

[1] Ball, H., *La huida del tiempo (un diario)* (1931), Acantilado, Barcelona, 2005, p. 210.

política, la otra cultural; una dispuesta a desmantelar las estructuras de los Estados y alterar el funcionamiento de la economía y la administración de la propiedad y el poder; la otra dispuesta a transformar las mentes, las costumbres, los valores y la forma de vivir de las personas.

Suele decirse que la revolución bolchevique triunfó y que las vanguardias perdieron. Lenin transformó Rusia y sus ideas se extendieron con el tiempo a Europa del Este, África, Asia y Latinoamérica. En cambio, ¿qué pasó con el dadaísmo?, ¿qué ocurrió con las vanguardias que vinieron después? ¿Perdieron la batalla? ¿Se evaporaron dejando sólo anécdotas curiosas y una que otra obra de arte memorable?

Individualmente, no hay duda al respecto: cada una de las batallas utópicas que emprendieron las distintas vanguardias condujo a la derrota. Pero en conjunto, sumando los esfuerzos de futuristas, dadaístas, surrealistas, letristas, músicos experimentales, poetas beat, situacionistas, yippies y demás revolucionarios culturales, sus batallas por transformar la vida resultaron fructíferas. El comunismo, que hasta los años ochenta del siglo XX parecía indestructible, se desmoronó sin previo aviso despertando a buena parte de la humanidad de una pesadilla disfrazada de utopía. Con la revolución emprendida por los artistas de vanguardia pareció haber ocurrido lo contrario. Después de la Segunda Guerra Mundial, nadie daba un centavo por ella. Sin embargo, el germen vanguardista sobrevivió al horror del nazismo y siguió trasmitiéndose de generación en generación, hasta lograr —de forma silenciosa, invisible— esa trasmutación de los valores con la que soñaba Nietzsche. Cuando los padres de los sesenta se levantaron un día y vieron a sus hijos convertidos en seres extraños, con los que de pronto parecían no tener nada en común, se hizo evidente que un puño invisible había echado por tierra ciertos valores y determinados marcos que antes encuadraban y regulaban las vidas de los individuos. Pareció ser tan sólo un bache generacional, la distancia lógica que se abría entre una generación que había vivido dos guerras mundiales y otra que nació en épocas de prosperidad y paz. Pero ¿era sólo eso?

No. Las ideas vanguardistas se habían ido imponiendo, ganando adeptos, transformando escalas de valores e influyendo en las elecciones vitales. Los dadaístas habían identificado el blanco acertado. La cuestión no era transformar las estructuras del Estado; la cuestión era transformar la vida. Si hoy sorprende que buena parte de la población occidental, independientemente de que sea rica o pobre, culta o ignorante, profesional o trabajadora, oriente su vida hacia el hedonismo, la búsqueda de experiencias fuertes, espectáculos excitantes, aventuras transgresoras y actitudes rebeldes, es porque se ha olvidado el legado vanguardista. El ideal de vivir la vida como si fuera una eterna fiesta, una *soireé* turbulenta y excitante, se gestó a pocos pasos del apartamento donde se ultimaba la seria y rectilínea revolución comunista. Ball se preguntaba qué ocurriría allí y aquí; cuál sería el futuro de las distintas revoluciones emprendidas en Rusia y en Occidente. Ya sabemos qué ocurrió en Rusia. ¿Y en Occidente? ¿Cómo se gestó la revolución cultural que ha moldeado las sociedades contemporáneas? ¿Cómo se trasmitió de generación en generación? ¿Cuáles han sido las consecuencias de su triunfo?

Primer tiempo

¿Puede haber algo más imperfecto que esta civilización que arrastra
consigo todas las plagas?, ¿hay algo más digno de duda que su
necesidad o su permanencia en el futuro?
CHARLES FOURIER

El arte, efectivamente, no puede ser más que violencia,
crueldad e injusticia.
FILIPPO TOMMASO MARINETTI

En una sociedad que ha aniquilado la aventura, la única
aventura es aniquilar la sociedad
LEMA SITUACIONISTA

Renunciar a la audacia y convertir esta renuncia en rutina significa
siempre la muerte desde el punto de vista espiritual; una muerte dulce
y que no duele, pero igualmente ineludible.
MAX FRISCH, *NO SOY STILLER*

El revolucionario cultural, al igual que la guerrilla armada,
debe querer y ser capaz de tomar el poder.
RONNIE DAVIES

Quizá no ofrezca nuestro tiempo rasgo más grotesco. Las gentes,
cómicamente, se denominan "jóvenes" porque han oído que el
joven tiene más derechos que obligaciones, ya que puede demorar el
cumplimiento de estas hasta las calendas griegas de la madurez.
JOSÉ ORTEGA Y GASSET

Los yippies hacemos lo que nos apetece cuando nos apetece.
Los yippies sabemos que estamos cuerdos y el resto del mundo loco,
y por eso nos autodenominamos "pirados".
Los yippies defendemos que si algo no es divertido no hay que hacerlo.
JERRY RUBIN

La relación entre seguridad y aburrimiento por un lado, y activismo
político por el otro, merece más atención de la que se le ha prestado.
PAUL HOLLANDER

Fétida gangrena de profesores, arqueólogos, cicerones y anticuarios: la revolución futurista 1909-1931. Milán, Roma

El más vehemente, agresivo y radical de los vanguardistas fue Filippo Tommaso Marinetti, el fundador del futurismo. Además de poeta y dramaturgo, Marinetti ofició como mecenas de artistas jóvenes —algunos talentosos, otros no tanto—, como ideólogo, político e incendiario. Nacido en 1876, en Alejandría, fue educado por jesuitas franceses y amamantado por una nodriza sudanesa. Su origen cosmopolita, sin embargo, no lo animó a repartir afectos entre diversos países y culturas, sino que, muy por el contrario, lo impulsó a purgar el desarraigo y la fragmentación de su identidad entregándose en cuerpo y alma a la tierra de sus padres. Italia fue su obsesión flamígera. Aquella península, unificada en 1870 luego de las batallas emprendidas por Garibaldi para doblegar las provincias del sur, arrebatar Venecia a los austriacos y recuperar Roma de manos del papado, se convirtió en el foco de sus fantasías utópicas. Allí quiso plantar los cimientos de un mundo nuevo, absolutamente moderno, rico, vibrante y dinámico, opuesto a las decadentes culturas austriaca y germánica en las que veía rezumar los peores vicios del espíritu. Poco le interesaba a Marinetti ser objetivo en sus valoraciones. Mientras en Italia percibía todas las fortalezas y debilidades del genio, los alemanes le parecían tímidos, torpes, filosóficamente vacuos, brutales y pedantes profesionales. En esta repartición de vicios, los austriacos no se quedaban atrás; eran idiotas, sucios, feroces, intolerantes, papistas e inquisidores. El destino de Italia que vislumbraba el futurista suponía alejarse de estas taras, tan conspicuas en sus vecinos, y hacer un examen de conciencia que le permitiera librarse del fardo de necedades que por tanto tiempo había adormecido su natural genialidad.

Durante sus años de estudio en París, que aprovechó para leer apasionadamente a los simbolistas y frecuentar los cafés de Montmartre y los salones literarios, Marinetti advirtió el anquilosamiento del espíritu italiano. Apegados a sus glorias pasadas, a sus monumentos, a sus románticas tradiciones y bellas catedrales, los italianos se mostraban indiferentes a los vientos de cambio y modernidad. Los poetas seguían subyugados a la herencia de Leopardi y la burguesía al más recalcitrante conservadurismo. Si Italia quería volver a ser un ejemplo para Europa y el mundo, no había más remedio que regenerar su "anticuado corazón". Para ello se debía encausar el vendaval modernista hacia sus costas, e imponer nuevos valores que revolucionaran la manera de pensar y vivir de sus habitantes. Ésta fue la empresa que animó a Marinetti a escribir reseñas a favor del teatro vanguardista, a promover el simbolismo, a criticar el naturalismo (debido a su banal esfuerzo por retratar la vida cotidiana), a fundar, en 1905, la revista literaria *Poesia*, a crear una editorial desde la cual promover sus ideas, a defender el subjetivismo y el individualismo, a frecuentar círculos anarquistas, a cantar alabanzas al poder regenerativo de la muerte y, finalmente, a sentar las bases de su propio movimiento artístico: el futurismo.

La revolución estética que propuso Marinetti respondía a los sentimientos nacionalitas de la época. Italia había perdido las ambiciones imperiales tras la derrota en la batalla de Adua, en 1896, contra Etiopía, y se había conformado con una democracia parlamentaria que transigía con la corrupción, los intereses de la burguesía industrial y un reformismo carente de heroísmo y gloria. Bajo el gobierno clientelista de Giovanni Giolitti, entre 1903 y 1914, los índices económicos mejoraron, las tensiones sociales se mitigaron y la política exterior navegó sobre aguas más tranquilas. Pero esta dinámica reformista exacerbó a los sectores radicales de izquierda y de derecha que desconfiaban de la democracia. Desde finales del siglo xix, influidos por fuertes llamados patrióticos y las soflamas del irredentismo, estos sectores demandaron una política exterior agresiva, que convirtiera a Italia en una potencia con posesiones coloniales en África y predominio sobre los territorios con población o herencia italiana.

A estos radicales se unió Marinetti. La revolución que empezó a idear desde principios del siglo XX buscaba despertar a Italia, sacudirla y hacerla vibrar con la energía de la máquina y la guerra. La renovación del espíritu italiano implicaba devolverle el optimismo y la autoestima. No importaba que para ello se debiera mistificar la historia. Marinetti mezcló nacionalismo, ficción, sueños de grandeza y utopía progresiva para convencer a sus seguidores de que Italia debía volver a ser un Imperio. El decálogo que escribió al fundar la Asociación para la Guardia de Brennero, población fronteriza con Austria, era un ejemplo de su ardorosa prosa. "Los romanos antiguos superaron a todos los pueblos de la tierra", decía. Sus afirmaciones eran tan rotundas como etéreas: "El italiano es hoy insuperable", "el último de los italianos vale por lo menos por mil extranjeros", "Italia tiene todos los derechos porque mantiene y mantendrá el monopolio absoluto del genio creador", "todo lo que ha sido inventado, ha sido inventado por italianos".[2]

La tarea de rejuvenecimiento y renovación que se había impuesto Marinetti era titánica. Por eso no escatimó un centavo de la gran fortuna que heredó de su padre —un próspero abogado— promoviendo la poesía, el teatro, la música y la pintura, armas indispensables para ganar la guerra espiritual en la que se había embarcado y hacer del futurismo el paradigma estético de una Italia triunfal y poderosa. A través de escritos cargados de pasión, violencia, misoginia y odio hacia las naciones vecinas, aleccionó a sus compatriotas en la religión del Progreso. El futurismo era heroísmo, apuesta por lo desconocido, velocidad, amor a la máquina y a la luz eléctrica, ruptura total y absoluta con el pasado, pasión militarista y amor poético por la anarquía y la guerra. Los tesoros culturales de Italia, aquellos que

---

[2] Marinetti, F. T., "Autorretrato" (1927), en: Lambiase, S. y G. B. Nazzaro, *Marinetti entre los futuristas* (1978), FCE, México, 1986, pp. 52-53.

enorgullecían a los amantes del pasado, eran la principal causa del adormecimiento italiano. La nación que lo había inventado todo, que había dominado el mundo y engendrado la más bella lengua de la humanidad, se había convertido en un pueblo de hoteleros, camareros, cicerones, proxenetas, gondoleros y anticuarios. Los palacios y los grandes lienzos del pasado, al igual que las bibliotecas y las academias, debían ser quemados e inundados con las fétidas aguas de Venecia.

Marinetti no temía reiterar en público lo que argumentaba en sus escritos. Durante una visita a la capital de Véneto, improvisó un discurso que animaba a los venecianos a rellenar sus putrefactos canales con los fragmentos de esos leprosarios que acrisolaban las obras de arte del pasado. Venecia debía ser un puerto industrial y militar desde el cual dominar el mar Adriático, "ese gran lago italiano", en lugar de oficiar como burdel en el que se refocilaban las hordas de turistas europeos. "¡Vuestro servilismo es repulsivo!",[3] gritó a la multitud que lo escuchaba, provocando una reacción violenta. Como en tantas otras ocasiones, los pintores Umberto Boccioni, Luigi Russolo, Carlo Carrà y el poeta Armando Mazza, famoso entre los futuristas por su corpulencia y habilidad con los puños, tuvieron que enfrentarse a la turba enrabietada.

Aquellos espectáculos de violencia eran comunes. Desde 1910, Marinetti y sus camaradas organizaron veladas futuristas en varias ciudades de Italia, que siempre, tras la acostumbrada lectura de manifiestos, versos y posteriormente *parole in libertá* —poemas onomatopéyicos, liberados de la sintaxis y la puntuación—, acababan en una avalancha de puños, escupitajos y verduras que volaban de un lado a otro del teatro. La agresividad de los discursos futuristas pretendía agitar al público, hacerle ver que los antiguos valores estaban condenando a Italia al *pasatismo* —la palabra más odiada por Marinetti— y a la lentitud —el peor de los vicios—, y que la aproximación museológica

---

[3] Marinetti, F. T., *Marinetti. Selected Writtings* (1969), editado por R. W. Flint, Farrar, Straus and Giroux, Nueva York, 1971, p. 57.

a su país ataba a la memoria, a la nostalgia, a la cobardía y a todas las taras del carácter femenino. Italia debía desfeminizarse, ser heroica y violenta, y el arte debía revestir el carácter nacional con estas virtudes masculinas. Como proclamaba en su *Manifiesto futurista* de 1909, ninguna obra que careciera de agresividad podía alcanzar la maestría. El arte debía ser cruel y violento; debía ser antialemán, como el teatro sintético —otra de sus invenciones—, y sembrar los ánimos guerreros en el alma de los italianos.

La actividad proselitista del futurismo no estuvo confinada a Italia. Marinetti recorrió varios países europeos y sudamericanos promoviendo su estética vanguardista. Tal como hacía en Trieste, Milán o Turín, cuando viajaba al extranjero no dudaba en ventilar los vicios nacionales de sus anfitriones ni en acusarlos de desprestigiar el espíritu italiano valorando justamente aquello que él tanto despreciaba. En 1910, ante un auditorio reunido en el Lyceum Club de Londres, alabó el individualismo y el pragmatismo inglés, para luego derramar sobre el auditorio un rosario de defectos que encontraba en el carácter británico. Entre ellos, su falta de pasión, su actitud chic ante la vida que reprimía la emoción y la violencia, el gusto por la aristocracia y el pasado y su insoportable esnobismo. A Marinetti le desagradaban todos estos defectos, pero lo que en realidad odiaba, lo que más le ofendía de los ingleses, era su manía de viajar a Italia a contemplar arrobados las ruinas del pasado. Aborrecía que vieran su país como un lindo museo lleno de reliquias, cantantes de serenata y hosteleros dispuestos a ofrecer románticas veladas a la luz de la luna. Italia debía ser admirada, desde luego, pero no por los escombros acumulados a lo largo de la historia ni por sus románticos escenarios consagrados al *Amore*, sino por su genialidad. Si Italia quería recuperar su lugar entre las potencias de Europa, primero debía quemar todo el patrimonio artístico. Mejor aún: venderlo gradualmente y aumentar así el poder militar, industrial, comercial y agrícola con el cual aplastar a Austria y demostrarle a la humanidad que ser italiano y ser constructor de futuro eran una misma cosa.

Para el 20 de febrero de 1909, fecha en la que publicó su *Manifiesto futurista* en la primera página de *Le Figaro*, el prestigioso diario francés, quedaban muy pocas huellas del registro simbolista en la sensibilidad de Marinetti. A la fascinación por lo exótico, la memoria, lo remoto en el tiempo y en el espacio; al pesimismo, la adoración a la muerte y la soledad del salvaje, comunes a la sensibilidad romántica, Marinetti había opuesto el esplendor geométrico, la higiene del olvido, la esperanza, la fuerza controlada, la velocidad, la voluntad de dominación, el orden, la disciplina, el método y el optimismo agresivo que se derivaba del culto al cuerpo, del deporte y de la pasión por el triunfo y el establecimiento de récords. Seguía creyendo en la máxima de Rimbaud que invitaba a ser absolutamente moderno; incluso mantenía apego por el culto simbolista a la violencia y a la destrucción como fuerzas regeneradoras, pero ya no compartía los principios estéticos que Jean Moréas había consignado en su manifiesto del simbolismo. El *Manifiesto futurista* de Marinetti era otra cosa. Era una alabanza a la tecnología moderna, a la velocidad, a la máquina y a la guerra; era la primera manifestación de terrorismo cultural que animaba a destruir los museos, las bibliotecas, las academias, la moral, los valores; era un panfleto incendiario que incitaba a deshacerse de todos los elementos que mantenían viva la civilización; era, también, un llamado a la sublevación, la semilla de una seductora fantasía de devastación y anarquía que seguiría encandilando a los jóvenes rebeldes de Occidente hasta finales de los años sesenta. Con el manifiesto de Marinetti, la turbulencia contenida en los escritos de Nietzsche se convertía en un plan de acción, en una forma de remodelar el rostro del siglo XX para que se amoldara a las intuiciones del filósofo. Su misoginia, su desagrado por la democracia y el liberalismo, su horror a la seguridad y a la civilización que degeneraba la raza, su certidumbre de que sólo los tiempos difíciles y aventurados forjaban hombres fuertes, su lucha para dar orden a los valores y devolver al poderoso el aura moral que le había arrebatado el débil, su exaltación del hombre del futuro que abriría nuevos senderos gracias a su voluntad, su individualismo solar y heroico, todo eso ya estaba ahí, en ese *Manifiesto futurista* que presagiaba nuevos tiempos y nuevas batallas estéticas y políticas.

Fueron precisamente los jóvenes rebeldes de Italia quienes se sintieron cautivados por el derroche de energía de Marinetti. Umberto Boccioni, Carlo Carrà, Giacomo Balla y Gino Severini pusieron en práctica sus ideas pintando lienzos dinámicos que revelaban los efectos de la velocidad en la percepción del mundo. En este nuevo escenario, transfigurado por la máquina y los estallidos bélicos, tampoco era necesario someter las sensaciones e imágenes poéticas a la rigidez de la sintaxis. Marinetti comprobó lo absurdo de esta pretensión en 1911 y 1912, cuando acompañó las expediciones italianas que lucharon en Libia y los Balcanes. Al hombre sorprendido en una trinchera por la explosión de una bomba poco le importaba que sus aullidos u órdenes se adaptaran a la corrección gramatical. Allí había sensaciones amotinadas, olores, velocidad, ruido, peso, estruendos de todo tipo y, cada uno de estos elementos, que aturdían los sentidos produciendo confusión, acelerando vertiginosamente el tiempo, multiplicando al hombre, era lo que debía expresar la poesía. Después de esta experiencia, los poemas de Marinetti se liberaron de la sintaxis y se poblaron de onomatopeyas. *Zang Tumb Tumb*, de 1914, fue el poemario que reunió sus experimentos con la *parole in libertà* y con la edición tipográfica. La contagiosa idea de incorporar el ruido al arte animó a Luigi Russolo a hacer lo mismo con la música. En 1913, luego de recibir una carta de Marinetti con una *parole in libertà* que describía sus sensaciones en el campo de batalla, Russolo escribió *El arte de los ruidos*, un manifiesto de la música futurista que proponía incorporar el estrépito de las fábricas, de los motores, de los tranvías, de la artillería y en general de toda la vida moderna, a la música. El proyecto futurista también influyó en la arquitectura. Antonio Sant'Elia vislumbró una nueva urbe transformada por la industrialización y el dinamismo, poblada de cristal, hierro y hormigón y gigantescos complejos habitacionales que se asemejaban a fábricas con chimeneas, socavones, puentes, torres, plazas y avenidas que garantizaban la circulación y la perpetua efervescencia de la ciudad. Nunca llegó a construir ninguno de los edificios que hicieron parte de su gran proyecto, *Città Nuova* (1914), pero sus bosquejos y dibujos de rascacielos, complejos industriales y estaciones se anticiparon a las transformaciones que sufrirían las grandes ciudades occidentales a lo largo del siglo xx.

El proyecto estético de Marinetti se complementaba con fuertes pronunciamientos en contra del Vaticano y exaltaciones de todas las libertades, de todos los experimentos vanguardistas, de todas las propuestas que rompieran con las tradiciones. Marinetti también defendió el amor libre, la abolición de la familia —que reproducía las peores taras: quietismo, tranquilidad, estabilidad, seguridad, cobardía—, la destrucción del gobierno democrático y la guerra, esa "vulva gigantesca irritada por el celo del coraje".[4] Fue un defensor de la acción, el primero en sembrar en el arte la necesidad de exaltar la vida y combatir la monotonía y el aburrimiento, idea que seguiría viva en todas las vanguardias revolucionarias del siglo xx. "Agradezco a las fuerzas que presidieron mi nacimiento y mi adolescencia", escribió en 1927, "porque me han evitado, hasta hoy, una de las peores desgracias que pueden sobrevenir: la Monotonía".[5] En 1920 había dicho que llegaría el momento en que la vida dejaría de ser una encrucijada entre el pan y el trabajo, y se convertiría en una obra de arte. Entregado por completo a los designios del futuro, aseguró que todo lo que significara progreso estaría bien, así se presentara bajo la forma del impostor, del asesino o del ladrón. El Progreso "siempre acierta, incluso cuando se equivoca, porque es movimiento, vida, lucha, esperanza".[6] Aquello que obstaculizara el progreso se convertía en el acto en su enemigo. Al redactar *La nueva religión moral de la velocidad*, manifiesto publicado el 11 de mayo de 1916 en el primer número de *L'Italia Futurista*,

---

[4] *Ibid.*, pp. 53-54.

[5] Marinetti, F. T., "Autorretrato", p. 40.

[6] Marinetti, F. T., *Marinetti. Selected Writtings*, p. 82.

dejó muy claro que quien se opusiera a la velocidad debía ser perseguido, azotado y torturado.

En esta orgía de libertades, actividad y anarquismo creativo que proponía Marinetti había un solo límite, una sola palabra que debía anteponerse a todo y que podía suprimir cualquier libertad y doblegar cualquier iniciativa individual. Esa palabra era Italia. Marinetti defendía y promovía todas las actividades con tal de que no fueran antiitalianas, pacifistas o pasatistas. Sus ideas políticas —una peculiar mezcla del liberalismo de Stuart Mill (sobre el cual presentó un brillante examen para sacar su *baccalauréat* en la Sorbona), el sindicalismo revolucionario de Georges Sorel, las ideas del superhombre de Nietzsche, el *élan vital* de Bergson y el nacionalismo a ultranza que bullía en Italia— lo llevaron a vislumbrar un Estado todopoderoso, carente de Parlamento, en donde el artista libre y creativo tendría campo y poder para oficiar como guía moral de la nación, y en donde todo, desde la poesía hasta la industria, desde la política hasta el teatro, estaría al servicio del progreso y enaltecimiento de Italia.

La exaltación de la juventud, el nacionalismo y el furor guerrero incitaron a Marinetti a promover la participación de Italia en la Primera Guerra Mundial. En esta campaña se unió a los "intervencionistas", cuyas cabezas más visibles eran el escritor Gabriele D'Annunzio, furibundo nacionalista y futuro héroe de Fiume, y Benito Mussolini, radical de izquierda con inclinaciones anarquistas (había traducido al italiano a Sorel y a Kropotkin), que acababa de ser expulsado del Partido Socialista por publicar en *Avanti!*, el diario de la colectividad, declaraciones a favor de la participación de Italia en la Gran Guerra. Convencidos de que el pacto secreto firmado en Londres el 26 de abril de 1915 con los Aliados garantizaría a Italia un heroico triunfo, susceptible de satisfacer las demandas territoriales del irredentismo (el Trentino, Trieste, Istra, las islas y el litoral dálmata, además de influencia sobre Asia Menor, Albania y territorios en África), los futuristas se enlistaron en el batallón de ciclistas voluntarios lombardos, parte del regimiento alpino, para culminar en los campos de batalla la lucha que habían iniciado en revistas literarias, galerías y teatros. Boccioni y Sant'Elia murieron; Marinetti y Russolo fueron gravemente heridos. Al final, Italia jugó sus cartas adecuadamente y estuvo del lado vencedor, pero la desintegración de los imperios centroeuropeos dejó secuelas contrarias a sus intereses. La unificación de Yugoslavia ciñó sus adjudicaciones territoriales al Trentino, Istria y Trieste, y les arrebató toda posibilidad de ejercer el dominio absoluto sobre el mar Adriático que anhelaban. Este traspié dejó un mal sabor de boca que exacerbó los ánimos de los nacionalistas. Se empezó a hablar de una "victoria mutilada", y se generó un ambiente fecundo para que el nacionalismo y el anarquismo de Mussolini mutaran en fascismo. Desde entonces se celebró abiertamente la violencia; se dio al hombre superior el derecho de dominar al débil; se exaltó la guerra como escenario donde el fuerte y valeroso ganaba potestad sobre el cobarde; se exacerbaron las rivalidades con el enemigo exterior y las amenazas imperiales; y todo valor, hecho o verdad quedó sometido a la causa de la nación.

Marinetti no fue inmune a este furor ideológico. En 1918 convirtió el futurismo en un proyecto político, y un año después se unió a los *fascio di combattimento* de Mussolini. Ambos, Mussolini como cabeza de lista y Marinetti como número dos, se presentaron a las elecciones de 1919 sufriendo una catastrófica derrota. En Milán, la ciudad donde en apariencia eran más fuertes, no alcanzaron los 5,000 votos. Desde entonces se produjo una movilización ideológica en las filas del fascismo. Mussolini renegó de las ideas bolcheviques, se alió con los latifundistas y los empresarios, y formó escuadrones de camisas negras que, armados con palos y frascos de aceite de ricino, sembraron el terror entre los opositores. Cuando Marinetti advirtió que las posiciones anticlericales y antimonárquicas del líder fascista se debilitaban, rompió sus vínculos con él y siguió al frente de una nueva generación de futuristas. Sin embargo, cuatro años más tarde, luego de que Mussolini marchara sobre Roma y fuera invitado a formar gobierno, Marinetti regresó a las filas del fascismo y puso su movimiento artístico al servicio del nuevo *Duce*.

Fue la primera de una serie de contradicciones que sentenciaron la suerte del futurismo como movimiento vanguardista y revolucionario. La cafeína de Europa, el incendiario feroz que despotricaba contra los museos y academias, terminó aceptando la membresía a la Academia Italiana que le ofreció Mussolini en 1929, y oficiando como secretario del Círculo de Escritores Fascistas. Marinetti trató de justificarse diciendo que no era la academia la que ingresaba al futurismo, sino el futurismo el que ingresaba a la academia, y que con este gran paso sus ideas tendrían mayor difusión y solidez, pero esta defensa no convenció a todos. Los anarquistas que pertenecían al futurismo se sintieron decepcionados. El pintor Emilio Notte llegó a decir de Marinetti que era un "individuo hediondo". La contradicción era clara. Ahora Marinetti encarnaba el orden institucional que veinte años antes había pretendido pulverizar. Sus escritos también empezaban a perder la fuerza explosiva de antaño y se convertían en caricaturas edulcoradas, intentos torpes de justificar su sumisión al poder. En 1931 firmó el *Manifiesto del arte sacro futurista*, cuya mansa aceptación de la religión católica y la exaltación del poder único de los futuristas para entender sus más arcanos dogmas, sonaban risibles comparándolas con el desprecio inicial que había expresado hacia la Iglesia y el Vaticano. Esta salida en falso se sumaba al ridículo que había hecho un año antes publicando el *Manifiesto de la cocina futurista*, un opúsculo aderezado con ideas peregrinas como eliminar la pasta de la dieta italiana para aligerar y hacer más veloz el espíritu de sus compatriotas. Después de proclamar la constante renovación del espíritu y el poder regenerador de la juventud, el futurismo envejecía revelando los más decadentes síntomas de senilidad. El hombre renovado por el futurismo acabó siendo un camisa negra y el mundo nuevo e industrializado una Italia fascista, que tras promover leyes antisemitas y aliarse con Alemania, su antiguo enemigo, invocó por segunda vez los demonios de una conflagración mundial.

El anarquismo en Harlem: gérmenes de la revolución dadaísta
1908-1917. Nueva York

Cuando las acuarelas de Cézanne, los *collages* de Picasso y las esculturas de Brancusi llegaron a la galería 291 de Alfred Stieglitz en Nueva York, muchos dijeron que eran obras inacabadas. Man Ray pensó: "Son artistas libres, y eso es lo que quiero ser". Aquella reacción era comprensible. Man Ray, el único norteamericano que llegaría a engrosar las filas del dadaísmo, había empezado su formación como pintor en el Centro Ferrer, una escuela inspirada en el sistema de enseñanza del anarquista catalán Francesc Ferrer i Guàrdia, ubicado en la calle 107 este, en pleno corazón del Harlem español. En esta escuela, Man Ray conoció al escultor anarquista Adolf Wolff y a su ex esposa Adon Lacroix, ambos de nacionalidad belga. El contacto cercano con europeos, especialmente con Lacroix, con quien acabaría casándose, hizo que Man Ray —a diferencia de gran parte de los artistas norteamericanos— viviera muy de cerca los acontecimientos de la Primera Guerra Mundial. En 1914, año en que Alemania invadió Bélgica, Man Ray pintó un lienzo de factura cubista titulado *War*, que claramente revelaba su preocupación por la conflagración europea.

Otro vínculo que ligaba a Man Ray con los artistas de vanguardia, incluso antes de que estos llegaran a Nueva York huyendo de las bombas, era un libro de Max Stirner publicado en 1844 con el enigmático título de *El único y su propiedad*. Stirner, cuyo verdadero nombre era Johann Caspar Schmidt, fue un recatado profesor de señoritas vinculado al movimiento de los Jóvenes Hegelianos que, en silencio, mientras daba puntualmente sus clases, urdía un conjunto de ideas radicalmente opuestas a las de sus amigos hegelianos y a las del comunismo, que sentaría las bases del anarcoindividualismo. Su libro, originalmente escrito en alemán, empezó a ser leído con entusiasmo en el Centro Ferrer a partir de 1908, cuando apareció una traducción al inglés. *El único y su propiedad* también había fascinado a Francis *el único y su propiedad by Max Stirner*

Picabia y a Marcel Duchamp. Este último debió haberlo leído por sugerencia del primero en 1912 o 1913, mientras trabajaba como bibliotecario en Sainte-Geneviève. Según Allan Antliff, la influencia de aquel libro supuso una ruptura radical en la trayectoria artística de Duchamp. El rechazo total de las convenciones del mundo artístico y la fiera individualidad e indiferencia que empezaron a reflejarse en las obras que produjo desde entonces, fueron, en gran medida, el resultado de la apasionada lectura de los planteamientos de Stirner.

¿Qué novedosas ideas reverberaban en la obra del pensador alemán? Por ahora, basta decir que *El único y su propiedad* hacía una defensa irrestricta del egoísmo, y que sus argumentos eran tan poderosos que se convirtieron en referente o precursor de buena parte de las reivindicaciones que hizo Nietzsche de él en *La genealogía de la moral*. Stirner decía que Dios y la humanidad jamás se habían preocupado por nada que no fuera ellos mismos. Al pequeño y miserable hombre se le obligaba a afiliarse a causas superiores, bien fuera la Verdad, la Razón o la Justicia, porque se asumía que su insignificancia lo hacía indigno de volver la mirada sobre sí mismo. ¡Pues no, nada de eso!, protestaba Stirner. Si Dios sólo servía a su propia causa, ¿por qué el hombre debía obrar de forma distinta? Stirner estaba dispuesto a emular a Dios y a renegar de cualquier meta o proyecto que no surgiera de sí mismo, de su interés, de su egoísmo. Para él, todo lo que estaba más allá del hombre era una invención que coartaba su libertad. Lo real era el individuo y el poder de su voluntad. Lo demás —la Iglesia, el Estado, la razón, la verdad, la ley, la sociedad o los derechos humanos igualitaristas—, tan sólo espejismos que limitaban su potencia y libertad. Nada obligaba al hombre a responsabilizarse por abstracciones que no estaban relacionadas con lo que realmente era suyo. ¿Y cuál era su única posesión? Ni lo verdadero, ni lo justo, ni lo libre; sólo el yo. A partir de él, y no de principios o demandas externas, se debía crear el mundo. El yo era precisamente eso: una nada creativa en la que se basaba el creador para crearlo todo.

Tomada al pie de la letra, esta idea tenía consecuencias atronadoras. Si el yo era una nada con el poder de crear un todo, ¿por qué conformarse entonces con crear simples obras de arte? ¿Por qué no, más bien, crear un nuevo mundo con una nueva definición del arte o con un arte radicalmente distinto? El principio anarcoindividualista que latía en el libro de Stirner llamaba a desprenderse de todas las convenciones y normas, de todo lo que no hubiera sido creado por el propio yo. Esta idea tuvo un seductor influjo en Marcel Duchamp. El artista la puso en práctica por primera vez en *Trois stoppages étalon*, una obra crucial en su evolución artística. Con ella, llegó a decir, "descubrí el principio de mi futuro".[7] Y en efecto, después de realizar esta pieza Duchamp dejó de pintar esos dinámicos lienzos, a medio camino entre el cubismo y el futurismo, que habían causado furor en el Armory Show de Nueva York, y sentó las bases de lo que sería su futura obra, un juego irreverente con las convenciones del arte y las nociones de gusto estético y talento artístico.

Trois stoppages étalon fue un experimento de negación. A finales de 1913, Duchamp dejó caer tres segmentos de hilo de un metro de longitud sobre tres lienzos distintos. Luego, respetando las formas aleatorias que habían obtenido al deslizarse de su mano, los adhirió a las telas. Con esta sencilla maniobra, en la cual por primera vez dejaba que el azar interviniera en el proceso de creación, el artista pretendía desafiar el metro patrón, la medida estándar de longitud conservada en la Oficina Internacional de Pesos y Medidas de París. Si el yo podía crear el mundo, Duchamp iba a empezar por las unidades de medida. Este gesto, anodino en apariencia, encarnaba una declaración de principios radical y anárquica, que luego pondría en práctica en sus *ready-mades*, objetos cotidianos convertidos en arte por la mera elección del artista, y en *Fuente*, el orinal que generó escándalo en el Salón de los Independientes de 1917: no respetaré ninguna ley, no me atendré a ninguna medida, no seguiré ninguna convención.

---

[7] Citado en: Tomkins, C., *Duchamp* (1996), Anagrama, Barcelona, 1999, p. 148.

Duchamp

Trois stoppages étalon fue un grito silencioso lleno de brío y fervor, muy propio del revolucionario vanguardista. Con él, Duchamp se negaba a conformarse con el mundo tal como era. Rechazaba adaptarse a sus normas y a respetar sus leyes, y se inclinaba, más bien, por la burla y la irreverencia. De ahora en adelante el mundo sería lo que él determinara que fuera. Nada iba a ser medido, cuantificado y jerarquizado con criterios ajenos a los suyos. Al inventar su propio metro patrón, estaba demostrando independencia de toda imposición externa. Lanzaba el primer ataque a la institución que establecía los parámetros, las cualidades y, en última instancia, las medidas de lo que era una obra de arte. Si Stirner tenía razón, entonces ya nada ni nadie le iba a decir lo que un artista podía o no podía hacer.

Al estar impregnados de tan radicales postulados anarquistas, era evidente que los marcos mentales de Man Ray y Duchamp iban a sintonizar. Cuando se conocieron en la residencia neoyorquina de Walter Arensberg, congeniaron inmediatamente. El dadá "lo tenía dentro de mí, y mis contactos con los dadaístas y los surrealistas solo fortalecieron mis actitudes y opiniones",[8] le diría años después Man Ray a Arturo Schwarz. En efecto, el espectro de la rebeldía y la trasgresión que por aquellos años se materializaba en el dadaísmo zuriqués, también latía en el artista norteamericano.

No fue casual que Duchamp y Man Ray se conocieran en la casa de Walter Arensberg. Él y su esposa, Louise Arensberg, habían heredado una fortuna que les permitió adquirir la más importante colección de arte vanguardista de Estados Unidos. En sus salones se mezclaban cuadros de Duchamp, Picasso y Matisse con tallas africanas, esculturas aztecas e ídolos primitivos. Los Arensberg no sólo coleccionaban arte, también coleccionaban artistas. Disfrutaban llenando las habitaciones de su enorme mansión con poetas, escritores y vanguardistas americanos y europeos. Entre los asistentes a estas veladas, además de Picabia,

---

[8] Schwarz, A., *New York Dada. Duchamp – Man Ray – Picabia*, Prestel-Verlang, Múnich, 1973, p. 87.

Duchamp y Man Ray, estaban los poetas William Carlos Williams, Margaret Anderson y Maxwell Bodenheim; los pintores Joseph Stella, Morton Schamberg, Charles Demuth y Jean e Yvonne Crotti; el caricaturista y galerista mexicano Marius de Zayas; el compositor francés Edgar Varèse; y personajes excéntricos e inclasificables como Beatrice Wood, bailarina, ceramista y eterna enamorada de Duchamp, la baronesa Elsa von Freytag-Loringhoven, famosa por sus vestimentas extravagantes y su gusto por la desnudez pública, y el boxeador y poeta Arthur Cravan, decidido cultivador de una personalidad volcánica y prometeica.

Durante estas veladas, que empezaron incluso antes de que el Cabaret Voltaire abriera sus puertas en Zúrich, se gestó lo que luego se conocería como el dadá neoyorquino. En ese momento los participantes no se llamaban a sí mismos dadaístas y no eran conscientes de serlo, pero las obras que Duchamp, Man Ray y Picabia estaban produciendo llevaban el germen del antiarte, de la burla, de la ironía y de la provocación. El grupo que se reunía en el salón de los Arensberg nunca realizó *soirées* públicas ni escribió panfletos o manifiestos. Tampoco promovió revueltas obreras ni causó grandes escándalos en las calles. Sólo Cravan, invitado por Duchamp a dar una conferencia en el Salón de los Independientes de 1917, llegó totalmente ebrio y, después de desplomarse en la tarima, empezó a quitarse la ropa ante el auditorio.

La gran diferencia con los europeos que por aquellas fechas causaban desmanes en el Cabaret Voltaire, era que el ataque de los dadaístas neoyorquinos no iba dirigido contra la sociedad y sus convenciones, sino contra la institución del arte. Su revuelta no era tan escandalosa como la de Tristan Tzara y los dadaístas de Zúrich, ni tan política como la de Richard Huelsenbeck y los dadaístas de Berlín. Por el contrario, era más silenciosa y risueña. Antes que la confrontación directa, buscaba el rechazo del mundo a través de la indiferencia y la imperturbabilidad, tal como proponía el griego Pirrón de Elis, otro de los autores que influyó a Duchamp mientras trabajaba como bibliotecario en Sainte-Geneviève.

Prueba de ello fueron los trascendentales episodios del famoso Salón de los Independientes de 1917. Antes de que los Arensberg se instalaran en Nueva York y dieran inicio a sus tertulias, Robert Henri, profesor del Centro Ferrer y miembro de la Ashcan School, una escuela enemistada con la academia debido a su interés por el deprimido mundo de la periferia neoyorquina, había realizado dos exposiciones de artistas independientes, una en 1908 y la otra en 1910. La segunda había seguido los lineamientos de la Sociedad de Artistas Independientes de París, eliminando los jurados y los premios. Su filosofía del arte, impregnada de ideas anarquistas, animaba a Henri a privilegiar la expresión irrestricta de la individualidad y la originalidad del artista sobre los criterios y gustos académicos. La libertad en el arte era una manera de resistirse a todas las formas de autoridad. En esto coincidía con otros anarquistas como Emma Goldman, George Bellows, Adolf Wolf y el mismo Man Ray, para quienes el arte, como espacio de libertad, era una actividad claramente ligada a la política. Por eso no podía haber jueces que determinaran qué obras cumplían los criterios para ser expuestas, ni parámetros que restringieran la libertad creadora del artista. Siguiendo esta idea, Henri, con la colaboración de George Bellows, otro pintor anarquista vinculado al Centro Ferrer, fundó una Sociedad de Artistas Independientes en Estados Unidos. El proyecto fue secundado por diversas personalidades del mundo de la cultura, entre ellos Arensberg y su círculo. De esta fusión, que metió en un mismo saco a los anarquistas del Centro Ferrer y a los dadaístas neoyorquinos, surgió la exhibición de la Sociedad de Artistas Independientes.

El proyecto empezó a tomar forma en 1916. Las tertulias en casa de los Arensberg dejaron de ser meras reuniones sociales, y se convirtieron en debates que giraban en torno a la sociedad de artistas y los detalles necesarios para montar su primera exhibición. Al igual que las muestras previas de Henri, en ésta no habría ni jurados ni premios. Cualquiera que abonara cinco dólares anuales y añadiera uno más como cuota de admisión, podría exponer dos obras en el evento, las que quisiera. En la junta directiva de la sociedad figuraban, entre otros, el anarquista Bellows, el mecenas Arensberg, la diligente Katherine Dreier y los dadaístas Duchamp y Man Ray. Tratándose de vanguardistas y anarquistas, heraldos de las conductas más libérrimas imaginables, parecía que no habría roces ni malentendidos. Pero incluso entre este grupo de libertarios surgieron tensiones y disputas por los criterios que debían regular la exhibición. Henri no soportó el extremismo de Duchamp y en el último momento se retiró de la sociedad. El dadaísta quería exhibir las obras en orden alfabético, empezando con una letra extraída al azar, para eliminar cualquier tipo de jerarquía. Henri consideraba saludable la ausencia de un jurado que juzgara las obras con criterios académicos, pero igualar a tal grado el talento, exponiendo las obras sin ninguna lógica, como si se tratara de tornillos en una ferretería, exacerbó sus nervios.

No sería la única vez que el provocador ingenio de Duchamp escandalizaría a los libérrimos anarquistas. Fue precisamente George Bellows quien puso el grito en el cielo al ver que un artista llamado R. Mutt (en realidad Duchamp) enviaba al Salón de los Independientes, como si se tratara de una majestuosa escultura, un orinal con el singular título de *Fuente*. Como bien se sabe, Duchamp quiso jugarle una broma al mundo del arte y poner a prueba los márgenes de libertad que tenía el artista para crear sus obras. Para ello, compró un orinal común y corriente, estampó la firma del supuesto autor —R. Mutt—, la fecha —1917— y lo envió al certamen que él mismo había ayudado a organizar. Este gesto irreverente causó más escándalo que ninguna obra de arte previa. ¿Cómo debía interpretarse aquel objeto? ¿Era una burla? ¿Era un desafío? ¿Era una muestra absoluta de indiferencia estética? El caso era que R. Mutt no incumplía ninguno de los requisitos de la exhibición. ¿Debía entonces exhibirse la pieza? Arensberg y Bellows tuvieron una fuerte discusión al respecto.

—¡Es una indecencia! —protestó Bellows.

—Eso depende del punto de vista —contestó Arensberg.

Bellows estaba empeñado en que no se exhibiera el orinal, pero Arensberg, tratando de calmarlo, le explicaba que no había remedio: R. Mutt había pagado la cuota de admisión y, por lo tanto, tenía derecho a exhibir su obra.

—Que sea el artista y nadie más quien decida qué es arte.

Bellows replicó a estas palabras con una profética pregunta:

—¿Estás insinuando que si alguien nos mandara boñigas de caballo pegadas en un lienzo tendríamos que aceptarlas?

—Me temo que sí —sentenció Arensberg.[9]

Las consecuencias de aquella pequeña disputa siguen reverberando hoy en día en los museos y galerías de arte contemporáneo. El orinal nunca llegó a exhibirse —sólo quedó un registro fotográfico tomado por Stieglitz en su galería—, pero eso no impidió que se convirtiera en una de las obras de arte más influyentes del siglo XX. Curiosa paradoja: el artista que acabó aburriéndose del arte resultó ser a la larga más influyente que Picasso, el gran genio del siglo XX, y la obra que pretendía burlarse del arte, *Fuente*, acabó convertida en una referencia ineludible para los artistas contemporáneos de la segunda mitad del siglo XX. ¿Por qué se dio este curioso fenómeno? ¿Por qué una obra que pretendía burlarse del arte acabó inspirando tantas obras de arte?

Esta paradoja sólo puede entenderse por el efecto que aquel acto sacrílego tuvo en las generaciones siguientes de artistas norteamericanos. Aunque durante los años treinta y cuarenta Duchamp permaneció en la sombra, jugando ajedrez y retirado de la actividad artística, y aunque el expresionismo abstracto, el arte más "retiniano" imaginable y por lo tanto en las antípodas del arte de ideas que le interesaba a él, predominó en Estados Unidos luego de la Segunda Guerra Mundial, algunos artistas que llegaron a la madurez en los cuarenta y cincuenta vieron en la actitud de Duchamp un gesto de libertad absoluta. Gracias a ellos, que revivieron su herencia escéptica, anárquica y risueña, la segunda mitad del siglo XX no sólo fue duchampiana, sino repetitivamente antiartística y libertaria.

---

[9] Tomkins, C., *Duchamp*, pp. 203-204.

abulia política

Histeria entre las bombas: la revolución dadaísta 1916-1920. Zúrich

En 1916, un año después de que Italia declarara la guerra al Imperio austro-húngaro, a Alemania, Bulgaria y al Imperio otomano, y de que los futuristas, exaltados y fogosos, partieran a luchar contra sus enconados enemigos, un grupo de artistas y poetas coincidió en Zúrich para convertir el Cabaret Voltaire, un salón que Hugo Ball y Emmy Hennings, dos emigrados alemanes, habían arrendado a un tal Jan Ephraim en el número 1 de la Spiegelgasse, en el centro de la vanguardia artística internacional. Los nombres de quienes participaron en las primeras *soirées* del Cabaret Voltaire son bien conocidos. Entre ellos, además de Ball y Hennings, figuran Tristan Tzara, Marcel Janco, Jean Arp, Richard Huelsenbeck, Max Oppenheimer y Marcel Slodki. Sus veladas artísticas, aunque claramente inspiradas en el teatro de variedades futurista, se diferenciaban de aquellos actos revulsivos por su abulia política. La explosión de irreverencia, caos, sinsentido y negación que tenía lugar cada noche en el Cabaret Voltaire era una celebración de la vida. "Mientras a lo lejos rugían los cañones, nosotros recitábamos, nosotros versificábamos, nosotros cantábamos con toda nuestra alma",[10] recordaba Jean Arp en 1938. La neutral Zúrich se había convertido en el epicentro de jóvenes intelectuales, artistas, escritores y revolucionarios que desmitificaron el heroísmo belicista de los futuristas y renunciaron a la muerte dulce y anodina que ofrecían las trincheras. En sus cafés, cabarets y calles se hablaba de literatura, de arte y se conspiraba para encender las grandes revoluciones del siglo xx.

Lenin, el vecino de los revoltosos del Cabaret Voltaire, redactaba por aquellos días *Imperialismo, fase superior del capitalismo*, el panfleto que inspiraría más de una revuelta tercermundista. Según François Buot, biógrafo de Tzara, el líder de los dadaís-

---

[10] Arp, J., "Dadaland", en: *Archives dada. Chronique*, editado por M. Dachy, Hazan, París, 2005, p. 47.

tas y el líder de los bolcheviques llegaron a conocerse gracias a
Willy Müzenberg, un revolucionario profesional que estaba en
contacto con las vanguardias artísticas. Zúrich ardía. No era el
fuego de los cañones lo que avivaba la atmósfera de la ciudad,
sino el radicalismo de las ideas políticas y artísticas que se discu-
tían. Mientras los dadaístas retomaban los experimentos poéticos de Marinetti y versificaban con sílabas carentes de sentido,
ritmos africanos y palabras inventadas para eliminar el sentido
de la poesía y darle reminiscencias primitivas, el trasgresor James
Joyce escribía partes del *Ulises,* redefiniendo la manera de contar
una historia y dando un arsenal de nuevas herramientas literarias a futuras generaciones de escritores. "Un frenesí indefinible
se ha apoderado de todos", escribió Hugo Ball en su diario el 26
de febrero de 1916. "El pequeño cabaret amenaza con salirse
de quicio y se convierte en un hervidero de emociones locas".[11]

Así estaba Zúrich en esos años de devastación y experimentos
vanguardistas. La muerte reinaba en la orilla opuesta del lago
de Constanza y ellos, poetas y artistas, protegidos por las montañas y la neutralidad suiza, huían del tiempo y de la realidad
desmitificándola y convirtiéndola en carcajada histérica. Cuanto
hacían y vivían era "una bufonada y una misa de difuntos",[12] las
dos cosas al mismo tiempo: una rebelión contra una época con
olor a muerte, propulsada por las risas, la farsa y el alcohol.

Tzara, oriundo de Bacău, una provincia de Rumanía, había
llegado a Zúrich en 1915. Aunque viajó con el pretexto de estudiar filosofía, en realidad quería salir de su país natal y dar
rienda suelta a sus deseos de sedición. De corta estatura y temperamento frágil y explosivo, bien podía ceder a las crisis nerviosas o estallar en ataques de ira. Al igual que Marinetti, Tzara
había caído rendido ante los simbolistas. Era melancólico y lo
embargaban ataques de tristeza y tedio. La llegada a Zúrich pareció animarlo, pero poco después escribiría que el aburrimiento
lo invadía y que los placeres que ofrecía la ciudad —paseos, ca-

---

[11] Ball, H., *La huida del tiempo (un diario),* p. 106.
[12] *Ibid.,* p. 113.

fés, amigos— resultaban rutinarios y tediosos. Sintió un rechazo profundo hacia el mundo que lo rodeaba. El asco alimentó sus deseos de rebelión, que una vez liberados en el espacio catártico del Cabaret Voltaire provocaron una explosión de ironía y nihilismo que contagió a Occidente.

En aquel espacio el mundo no importaba, la guerra no importaba, el arte no importaba. Nada importaba. Se podía hacer y decir cualquier cosa, y mientras más caótica y disparatada, mejor. El Cabaret Voltaire, diría Tzara recordando sus años turbulentos, fue una respuesta y un ataque a la estructura de la sociedad, a la cultura hipócrita que había permitido la masacre y la miseria en nombre de principios morales elevados. Marinetti había emprendido una embestida similar contra la cultura, pero su propósito había sido muy distinto. Insatisfecho con la debilidad de Italia, deseaba desprenderse de todo el pasado lírico y romántico de su país para crear un futuro mecánico, racional y bélico. Tzara no quería nada. Despreciaba el pasado, pero tampoco se hacía ilusiones con el futuro. Sus estudios de filosofía no lo habían animado a concretar un sistema de ideas estéticas. Tanto él como los demás dadaístas se limitaban a reaccionar con las vísceras ante la época. Odiaban sus rasgos más salientes —el nacionalismo, el progreso, la razón—, elementos que, desde su perspectiva, habían sido causantes de la guerra. Por lo demás, poco les interesaba pensar en soluciones o proyectos alternativos.

La palabra dadá, además de significar distintas cosas en varios idiomas, era un vocablo que recordaba los balbuceos infantiles. Eso era motivo de orgullo para Tzara y sus amigos. La fe ciega en la máquina —la misma que había llevado a Marinetti a fantasear una utopía tecnológica en la que el hombre, rodeado de concreto y plantas eléctricas, podría dedicarse a perfeccionar su vida— había dejado de seducir a los jóvenes. Los cañones y los bombarderos habían anegado los campos de Europa de cadáveres. Máquina, razón y modernidad eran sinónimos de destrucción. El hombre no necesitaba más dosis de inteligencia; necesitaba lo contrario: espontaneidad, simpleza, juego, azar, infancia, primitivismo. Jean Arp decía que el arte debía "salvar a los hombres de la locura furiosa de estos tiempos".[13] Enunciaba una idea nueva y poderosa que alimentaría las fantasías redentoras de los artistas del primer tiempo de la revolución cultural: la idea del poder terapéutico de las obras de arte. Obrando en consecuencia, Arp creó un arte elemental, más próximo a la sensibilidad infantil que a la del héroe militarista, cuyo fin era purificar al ser humano de todos los valores belicistas. Marcel Janco, el amigo rumano de Tzara que lo animó a viajar a Zúrich, quería destruirlo todo y purgarlo todo, no para erigir una utopía progresiva y racional, sino para vengarse de una cultura y de un arte que habían conducido a la destrucción. Los dadaístas respondieron a la muerte con una carcajada irónica. La negación fue su refugio. George Grosz recordaba en sus memorias que, mientras el misticismo, el comunismo o el anarquismo tenían programas concretos, el dadaísmo era nihilismo puro. Su símbolo era el vacío, la nada, la explosión histérica en medio de las trincheras y las bombas. La más clara muestra de ello era la retahíla de demandas con la que solían acabar sus *soirées*: "No más pintores, no más literatos, no más músicos, no más escultores, religiones, republicanos, monárquicos, imperialistas, anarquistas, socialistas, bolcheviques, políticos, proletarios, demócratas, burgueses, aristócratas, policía, patrias. En fin, basta de todas estas imbecilidades. No más nada, nada, nada".[14]

Entre esta horda de iconoclastas —cuya influencia se fue esparciendo por Berlín, Hanóver, París, Barcelona, Colonia y Nueva York—, el que profesaba con más fervor la negación era Tzara. Al haber nacido en Rumanía y haber crecido al margen de las tradiciones humanistas centroeuropeas, podía mofarse con mayor libertad de las grandes obras del pasado. Huelsenbeck decía de Tzara que era un bárbaro dispuesto a acuchillar y quemar los valores artísticos y culturales más elevados —la esencia

---

[13] Arp, J., "Dadaland", p. 47.

[14] De Torre, G., *Literaturas europeas de vanguardia* (1925), Editorial Renacimiento, Sevilla, 2001, pp. 218-219.

de Occidente—, que tras la guerra habían perdido sustancia y sentido para ellos. Él les mostró que Goethe, Schiller y la Belleza tenían sabor a cadáver. Tzara tenía más desarrollados sus instintos destructivos. Le importaba poco acabar con la cultura, aun sabiendo que entre sus ruinas no resurgiría nada. "Vivía y cabalgaba sobre la vida", añadía Huelsenbeck, "como el jefe de un ejército invisible de lombardos, sin importarle las cosas de valor que acabarían descartadas junto con el agua de la bañera".[15]

Tzara, como miembro de esa estirpe de profetas religiosos, artísticos o políticos, encarnó mejor que ningún otro dadaísta lo que Camus llamó la revolución metafísica. Al descubrir que no había Dios, que no había genios, que no había héroes dignos de admiración y que nada tenía valor ni significado, se elevó por encima del género humano para oficiar como gran purificador. Ahora iba a rechazarlo todo, incluso el mismo movimiento dadá, y a ventilar el radical nihilismo que brotaba de cada uno de sus gestos. Su *Manifiesto dadaísta de 1918*, publicado en el tercer número de la revista *Dada*, fue un largo canto al individualismo y a la libertad absoluta. También, una negación de todos los principios, de todas las escuelas, de todas las tradiciones. Ni leyes, ni moral, ni ideales, ni conocimiento, ni bellas cualidades; cada hombre no debía más que "bailar al compás de su propio y personal bumbúm".[16] Quien siguiera ese llamado no podía equivocarse, pues ésa era la forma de perfeccionarse a sí mismo. Sólo así, rechazándolo todo, descubriendo que más allá de sí mismo no había nada, el hombre podía elevarse por encima de una realidad atroz e inhumana.

El individualismo feroz condujo a Tzara al solipsismo absoluto. Si no había nadie más allá de mí, las obras tampoco tenían el deber de comunicar nada, ni de resultar inteligibles para nadie. Tzara fue el primero en encerrar el arte en las cavernas de

---

[15] Buot, F., *Tristan Tzara: l'homme qui inventa la révolution dada*, Grasset, París, 2002, p. 37.

[16] Tzara, T., "Dada manifesto 1918" (1918), en: *The Dada Reader. A Critical Anthology*, editado por D. Ades, Tate, Londres, 2006, p. 39.

la subjetividad. "El arte es algo privado y el artista lo hace para sí mismo; una obra comprensible es el producto de periodistas",[17] decía. Las obras que necesitaba el mundo debían ser fuertes, precisas y sobre todo incomprensibles. Todo lo hecho hasta entonces, todas las obras de arte del pasado y los ideales y valores que las animaron, se habían vuelto desechables. Para ascender al estado de libertad absoluta, había que aniquilar toda autoridad, anular sus leyes y convertir a cada cual en el referente último de la verdad.

La rebelión ciega de los dadaístas los llevó a imitar al salvaje y al niño. No sabían qué querían, pero lo querían ya. Aullando, gritando, atacando y destruyendo ventilaron sus pulsiones irracionales. El odio que profesaron por la guerra y todo lo que condujo a ella fue el pretexto para convertirse en una secta de desesperados que se otorgó el derecho de hacer lo que les viniera en gana. El artista ya no debía pintar; debía protestar. "Hay una gran tarea destructiva, negativa por hacer",[18] explicaba Tzara en su manifiesto. Después de una época de locura y desgarramiento, gobernada por bandidos que habían destruido Europa, el arte debía sumarse a la higiénica labor de desmantelamiento, debía echar por tierra lo que quedaba de una civilización sangrienta, y despojar al individuo del revestimiento occidental que había hecho de él un cómplice de la barbarie.

Además de la higiene del mundo, había una cosa que Tzara reivindicaba: la vida, la vida con todas sus contradicciones y sus grotescas inconsecuencias. Vivir con plenitud, en medio de carcajadas, aventuras, desafíos, desplantes, grandes bacanales y noches en blanco bañadas de alcohol. Eso era lo único que valía la pena. El arte no tenía ningún valor, la vida era mucho más interesante. En 1920, antes de instalarse definitivamente en París, volvió de visita a Rumanía y desde allá le escribió a Picabia contándole lo arrepentido que estaba de haber hecho aquel viaje. Además del insoportable calor, se aburría miserablemente. El

---

[17] *Ibid.*, p. 40.

[18] *Ibid.*, p. 41.

dadaísta necesitaba experiencias fuertes que hicieran circular la adrenalina por su torrente sanguíneo. Su famoso manifiesto hablaba de crucificar el aburrimiento y buscar la diversión. Y era eso lo que encontraba en el dadaísmo. Con su pandilla de secuaces se divertía escandalizando y desacralizando todo lo que pudiera tener valor. Ahí residía la irresistible seducción de la rebeldía dadaísta. Jóvenes que habían visto de cerca la desintegración de Europa rechazaban ahora cuanto exigiera responsabilidad y compromiso; reivindicaban su derecho a la diversión, a la *soirée* permanente, a la bufonada, a la frivolidad total, para vivir cada instante en las cúspides de la exaltación y la euforia.

Marcel Duchamp: la rebelión para uno mismo 1915-1923. Nueva York

Nueva York fascinó a los artistas que llegaron escapando de la Gran Guerra. Al ver los enormes rascacielos, las obras de ingeniería, los automóviles, Picabia confirmó lo que ya sospechaba: la esencia del mundo moderno era la máquina, y si el arte quería atrapar su alma, debía maquinizarse. Eso sólo podía ocurrir en el Nuevo Mundo. "En América, una obra de naturaleza artística es posible, mientras que en Europa hoy está completamente descartado",[19] decía en octubre de 1915. Por la misma fecha, Duchamp afirmaba que Estados Unidos era el país del arte del futuro. Por culpa de la guerra, en Europa la creación había terminado y no había razón para que los artistas del Nuevo Mundo basaran su trabajo en tradiciones moribundas.

No es sorprendente que Duchamp se sintiera a gusto en Nueva York. Su llegada estuvo precedida por el escándalo que había causado su *Desnudo bajando una escalera* en el Armory Show de 1913, y desde el momento en que desembarcó del *Rochambeau* fue recibido como un genio descendiendo del reino de las

---

[19] Kuenzli, R. E. (ed.), *New York Dada*, Willis Locker & Owens, Nueva York, 1986, p. 3.

musas. Walter Arensberg costeó su alojamiento a cambio del *Gran vidrio*, obra en la que Duchamp fue trabajando sin ningún afán entre 1915 y 1923, año en el que finalmente la dejó inacabada y dio por terminada su vida como artista. Todos aquellos que lo rodearon le rindieron verdadera devoción. El dandismo baudelaireano, la indiferencia ante el mundo, la pirroniana actitud de sabio escéptico, el *glamour* francés y su anarquismo risueño y provocador, fueron una combinación magnética. El poeta William Carlos Williams se sentía como un palurdo a su lado; Beatrice Wood y su amante Henri Pierre Roché le rendían tal devoción que prácticamente fundaron una relación amorosa a tres bandas; Katherine Dreier sentía que su intelecto era muy superior al de ella; la baronesa Elsa von Freytag-Loringhoven le escribía poemas (*Marcel, Marcel, I love you like hell, Marcel*) y en una ocasión, cuando Duchamp experimentó con el cine, se ofreció encantada a afeitarse el vello púbico ante su cámara. Hasta el inflexible André Breton se reblandeció ante su "belleza admirable", su "mirada divertida", su "naturalidad verdaderamente excepcional".

Los testimonios sobre Duchamp trasmiten la imagen de un hombre seguro de sí mismo, ajeno al mundo, indiferente y libre de cualquier tipo de dogma, ley y compromiso. Libre, incluso, de las rivalidades y mezquindades que saturan como ventosidades todos los mundillos artísticos. Su aparente falta de ego demostraba una solidez de carácter excepcional. Fue un rebelde que jamás se ufanó de serlo, un anarquista que echó agua sobre las antorchas, un mordaz destructor de instituciones que nunca atacó a quienes quisieron volver a juntar escombros. Escurridizo e inclasificable, no participó en las *soirées* dadaístas de París ni sintió esa visceral necesidad de entrar en guerra con el público que tanto motivaba a Tzara. Aquellas batallas —decía— dejaban poco espacio para la risa. Lo mismo ocurría con las disputas por el mandarinato de los movimientos artísticos. Duchamp, a diferencia de Picabia, nunca entró en debates con Breton o Tzara por la orientación que debía guiar al dadaísmo. Él, sencillamente, no se dejaba encasillar en ningún grupo.

Con la ayuda de Man Ray, Duchamp fundó la revista *New York Dada*. También compartió el espíritu burlón de los dadaístas y su deseo de fundir el arte con la vida, pero nunca se preocupó por ser parte oficialmente del dadaísmo. Tampoco del surrealismo, a pesar de que Breton lo persiguió sin descanso para que se sumara a sus filas. A Duchamp le bastaba con Duchamp; a Duchamp le bastaba con rebelarse contra todo lo que le impedía ser el Duchamp que quería ser. No fue nihilista, como Tzara. Mucho menos comunista o trotskista, como Breton. Fue un stirneriano escéptico, capaz de sublevarse incluso contra sí mismo disfrazándose de mujer, inventándose un alter ego femenino al que llamó Rrose Sélavy, y firmando unas cuantas obras con aquel sobrenombre.

La distancia que lo separaba de Tzara era la misma que separaba a Diógenes el Cínico de Pirrón el Escéptico. Los dos griegos eran revolucionarios, pero sólo el primero intentaba provocar. La imperturbabilidad que cultivaron Pirrón y Duchamp los inducía a preferir la indiferencia antes que la confrontación directa con el mundo. Diógenes y Tzara necesitaban indignar e incordiar con conductas que entrañaban un claro desacato a las expectativas sociales. Pirrón y Duchamp, no. Ellos renunciaban a toda creencia y convención para alcanzar la ataraxia y la tranquilidad. Diógenes y Tzara rechazaban las convenciones de la polis y de Zúrich para provocar el caos y la excitación. Fueron dos formas de rebelarse muy distintas. En el campo del arte, el camino de Diógenes y Tzara condujo —como se verá— al surrealismo, al letrismo, al situacionismo y luego a las revueltas estudiantiles y a algunas explosiones terroristas. El segundo, el camino de Pirrón y Duchamp, desembocó en la música contemporánea, el neo-dadaísmo, el arte pop y las distintas prácticas artísticas que florecieron en Estados Unidos durante la segunda mitad del siglo xx. En el ADN del arte contemporáneo están estas dos actitudes: la violencia y el humor, el grito anárquico y el susurro quietista, la insatisfacción y la aceptación, la provocación y la indiferencia, el gesto trasgresor y el gesto cotidiano, Diógenes y Pirrón.

El escepticismo pirroniano hizo que Duchamp, a diferencia de los surrealistas —más próximos a la rebeldía agresiva de Diógenes—, entendiera claramente que ni el arte ni la poesía podían cambiar las estructuras de la sociedad. Lo único que se podía transformar era al artista. Renunciar al mundo y a sus convenciones daba la libertad para reinventarse a sí mismo y vivir la vida que se quería vivir. Como los escépticos, Duchamp pensaba que no había nada realmente verdadero y que los hombres obraban llevados por la ley o la costumbre. Él decidió seguir su propio camino burlándose de lo establecido e inventando lo que Octavio Paz llamó "un arte de liberación interior".[20]

También decidió jugar. "Un mismo cuerpo puesto en un bosque parece una cosa, en un campo abierto, parece otra",[21] afirmaban los escépticos. Ése era uno de los *modos* de la ambigüedad que traicionaban el entendimiento e impedían el acceso a la verdad. Duchamp quiso poner a prueba ese principio cuando envió *Fuente* al Salón de los Independientes. ¿Un orinal parecería algo distinto expuesto entre cuadros y esculturas? ¿Empezaría el público a verlo como una obra de arte?

El gesto radical que empezó con *Trois stoppages étalon* culminó con la renuncia a toda producción artística o antiartística. Entre 1923 y 1968, año de su muerte, Duchamp comerció con arte, fracasó como empresario, vendió réplicas en miniatura de sus propias obras, ayudó a organizar exhibiciones y hasta participó en *performances* de John Cage, pero no se desempeñó como artista. Realizó unas cuantas obras y dejó las instrucciones para *Estados dados*, la famosa instalación que se montó en el Museo de Arte de Filadelfia tras su muerte, en 1969, pero poco más. La estela que proyectó en la historia fue como la del padre de Hamlet, fantasmal, marcada por unos primeros gestos que materializaron una actitud atemporal: el placer inmenso que reporta ir a contracorriente y demoler el sistema establecido en busca de la

---

[20] Paz O., *La apariencia desnuda. La obra de Marcel Duchamp* (1973), Alianza Editorial, Madrid, 1989, p. 38.

[21] Laercio, D., *Vidas, opiniones y sentencias de los filósofos más ilustres*, Luis Navarro Editor, Madrid, 1887, p. 218.

singularidad. Eso bastó. Desde entonces, el arte se convirtió en un atolondrado ejercicio de la libertad.

Nada más saludable que eso, desde luego, aunque no por ello exento de paradojas y contradicciones. Las secuelas de esta idea, es decir, la infinidad de obras inspiradas en Duchamp, iluminan una ingrata verdad: el talento nada tiene que ver con la libertad. Se puede ser talentoso bajo el absolutismo y frustrantemente inepto en medio de la anarquía. Aunque la libertad es un aliciente para que el artista cree, ella, por sí sola, no garantiza obras maestras. El problema es más complejo aún. Los creadores que han producido grandes obras dando rienda suelta a sus impulsos libertarios y apelando sólo a su genio y espontaneidad, son una afortunada minoría. Artistas como Rimbaud y Picasso, capaces de dar forma artística a la combinación más apresurada de palabras o al gesto más sencillo de su mano, escapan a la norma. La mayoría de creadores no tiene tanta suerte. Para hacer algo de valor deben apuntalar su talento, pulirlo, lustrarlo y acrisolarlo con duras horas de paciente labor artesanal. Ese arduo cuidado supone un esfuerzo tenaz, férrea disciplina e inquebrantable compromiso con la vocación. Sólo hasta sudar petróleo y vencer día a día sus propias limitaciones, el creador ve surgir unas cuantas páginas, una imagen o una melodía que se elevan por encima del promedio. Haciendo uso de su libertad, terminan esclavizados a sus pasiones.

La libertad por sí sola no garantiza una gran obra. El gesto libre tampoco. Por el contrario, la improvisación suele convertirse en un aspaviento torpe, vulgar o estereotipado. Los dadaístas lo sabían y para salir de esa encrucijada aniquilaron el arte. Sin arte, hombres y mujeres ya no tenían necesidad de pulir su talento. El resultado era la vida, vida libre, vida libre sin arte. Es decir, vida monótona y pedestre, en la que haciendo uso de nuestra libertad repetimos los gestos torpes y estereotipados que nuestro talento no cultivado nos permite reproducir.

Ahí reside el drama humano que pusieron de manifiesto los dadaístas: la libertad absoluta no ha singularizado a los artistas; los ha convertido en clones, en libérrimos ejecutores de las hazañas cotidianas que cualquiera puede hacer. Un ejemplo claro —se verá más adelante— son las obras de Bruce Nauman o Tom Marioni. Sólo el talento pulido, trabajado y orientado singulariza. Cien años de *ready-mades*, sesenta de *happenings*, cincuenta de *body-art*, cuarenta de instalaciones lo demuestran. Mientras más libres y espontáneos, más iguales; mientras más transgresores y rebeldes, más conformes a la norma. Esa paradoja, esbosada en las primeras décadas del siglo XX, marcará el tono del segundo tiempo de la revolución cultural.

NIÑEZ, PRIMITIVISMO Y MISTICISMO: LA FUGA DEL TIEMPO Y LA SALVACIÓN
1915-1918. ZÚRICH, BERLÍN

No todos los dadaístas de Zúrich fueron tan iconoclastas como Tzara. De niño, mucho antes de convertirse en filósofo y artista, Hugo Ball había sido católico, y aquel legado místico y espiritual no lo abandonó nunca, ni siquiera en aquella ocasión en que, disfrazado con un traje cubista hecho con tubos de cartón, recitó ante la audiencia del Cabaret Voltaire sus poemas sin sentido. *Gadji beri bimba / glandridi lauli lonni cadori / gadjama bim beri glassala*: estrofas como estas, construidas con palabras inventadas, reflejaban el deseo de renombrar un mundo destrozado por la guerra. Al igual que Tzara y los demás dadaístas de primera hora, Ball se rebeló contra su tiempo a través de la burla y el desprecio de la cultura previa. Pero a diferencia del rumano y en sintonía con Arp, Ball creía que el arte podía salvar a la humanidad. "Si es verdad que la lengua nos convierte en reyes de nuestra nación", escribió en 1915 "entonces nosotros, los poetas y pensadores, somos sin duda los culpables de este baño de sangre y los que tenemos que expiarlo".[22] El lenguaje que habían inventado los otros causantes de la guerra debía ser rechazado. Creando su propio idioma, su propia forma de nombrar las cosas, Ball se propuso

---

[22] Ball, H., *La huida del tiempo (un diario)*, p. 69.

retroceder en el tiempo hasta la niñez para fundar de nuevo el mundo. Su diario refleja el interés que despertó en él una curiosa secta gnóstica, tan obsesionada con la infancia de Jesús que sus miembros gimoteaban, bebían de la teta de las mujeres, dormían en cunas y se hacían vestir con pañales. Los dadaístas eran algo similar: "niños en pañales de una nueva época".[23]

Ball idealizó la niñez como un período de la vida impregnado de ideales y sueños. El 6 de noviembre de 1915, tres meses antes de inaugurar el Cabaret Voltaire, escribió en su diario:

> Todos los sueños de la infancia son desinteresados y sirven al bienestar y liberación de la humanidad. Todos los hombres en conjunto nacen como reyes y libertadores. Pero sólo la minoría es capaz de mantenerse firme o, cuando ya se ha perdido, de volver a encontrarse. Quien quiere liberar la vida, ha de liberar los sueños.[24]

Ahí estaba la clave para entender la fascinación de Ball con esta etapa de la vida. Durante la infancia, el ser humano sueña con un futuro para sí mismo y para el mundo que la realidad siempre acababa desmintiendo. Sus ilusiones y expectativas siempre chocan contra una realidad mezquina, fea, insuficiente. En esa zona fronteriza, donde el sueño se enfrenta con la experiencia, se abren las heridas que frustran, aniquilan o llenan de resentimiento a las personas. Vencido ante los hechos, el ser humano se desgarra. Por eso, quien logra desenterrar los sueños infantiles del hombre "puede convertirse en su salvador".[25] No era otra la misión que debían asumir los artistas: liberar de la realidad con el sueño, sanar las heridas, curar las frustraciones.

El Cabaret Voltaire de Ball, fundado sobre estas ideas, se convirtió en un espacio en donde todo aquel que entraba tenía la oportunidad de regresar a la infancia. También, de la mano de Huelsenbeck, a la infancia de la humanidad, al estado primitivo.

---

[23] *Ibid.*, p. 131.

[24] *Ibid.*, p. 93.

[25] *Ibid.*

Bastaba que siguiera el ritmo de su tambor y lo acompañara en sus famosos gritos, *umbah-umbah*, para retroceder en el tiempo e invocar la irracionalidad y el salvajismo. Rusos, holandeses, japoneses y turcos —entre tantos otros— llegaban y, contagiados por la descontrolada euforia, subían al escenario a cantar, a bailar o a hacer cualquier bufonada espontánea que se les ocurriera en el momento. Ball se vio a sí mismo como ese liberador de sueños que limpiaría el alma de llagas y eczemas. Las payasadas dadaístas, que para Tzara eran puro nihilismo, para él eran terapia; eran una forma de destrozar la racionalidad, de escapar no sólo de la tradición y de la sociedad sino del tiempo, e ir en busca de algún principio mayor y absoluto.

Antes de abrir el Cabaret, Ball había sentido gran pasión por Bakunin y el anarquismo. Incluso había trabajado en un libro sobre sus ideas, seducido por las críticas al Estado —encarnación de la razón—, la defensa de una vida simple, próxima al primitivismo y la idea de una libertad sin restricciones. Además, en la unidad y solidaridad anarquista Ball encontraba un elemento religioso, algo que lo remitía a la obediencia filial a Dios. Sin embargo, el fundador del Cabaret Voltaire no se consideraba discípulo de Bakunin. La idea de vivir en medio del caos y las bombas le resultaba inaceptable. Su búsqueda de pureza lo remitía, una y otra vez, lejos de Occidente, lejos de la modernidad, al origen del mundo y al estado primitivo y, sobre todo, al universo espiritual y religioso del medioevo.

Esta búsqueda de Ball permitía anticipar su ruptura con el dadaísmo. Aunque su actividad en el Cabaret fue intensa y desenfrenada, luego de seis meses de bromas el dadaísmo empezó a parecerle bochornoso. Poco después de aquella *soirée* en la que ofició como obispo cubista, con un gran gorro cilíndrico y garras como de langosta, cerraría el Cabaret y se marcharía con Emmy Hennings a Vira-Magadino. Aunque luego volvería a Zúrich y retomaría sus actividades dadaístas, era claro que sus diferencias con Tzara y su paulatino reencuentro con el catolicismo sellaban su ruptura final con aquellas noches de locura e iconoclasia.

La relación entre una secta gnóstica, el ideal de pureza primigenia y la posterior vida ascética, dedicada al catolicismo, que Ball llevó hasta sus últimos días, podría parecer extraña tratándose de uno de los pioneros de las vanguardias artísticas. Pero en realidad no lo es. El mismo Ball lo dijo en una ocasión: los artistas se habían convertido en sacerdotes, en los nuevos creadores de paraísos. Eran gnósticos que hacían cosas que los sacerdotes suponían olvidadas. La responsabilidad de curar espiritualmente, atribuida generalmente a la religión, ahora recaía sobre los artistas revolucionarios que renegaban de todos los vicios de la civilización. El futurismo y el dadaísmo, después de todo, fueron sectas a las que se unieron los desesperados, jóvenes que, sintiéndose indefensos ante un mundo atroz, encontraron en la nueva religión del arte, en el ardor y extremismo de sus consignas, una manera de sobrellevar la confusión. La fuga del tiempo, bien fuera idealizando la sociedad futura —como Marinetti—, recobrando la niñez —como Ball—, volcándose sobre lo primitivo e irracional —como Huelsenbeck— o negando todo lo que no fuera diversión y vida —como Tzara—, les permitió crear su propio paraíso, un reino donde las normas que regían el mundo exterior carecían de validez, los valores se invertían y cada uno de ellos era un pequeño dios que redefinía el arte, la poesía, la sociedad y la vida.

La radicalidad del mensaje dadaísta, tanto como sus anuncios de una nueva era, atraían a personajes singulares que caminaban peligrosamente en la frontera de la locura. George Grosz se unió al Club Dadá berlinés, el grupo que formó Huelsenbeck en febrero de 1918 tras dejar Zúrich y volver a Alemania, con el ánimo de poner todo su talento y furia al servicio de la más radical de las revoluciones. Al igual que muchos otros artistas que vieron en la guerra una experiencia liberadora, Grosz se había alistado como voluntario en noviembre de 1914 y había luchado como soldado de infantería hasta mayo de 1915. A causa de una sinusitis, le concedieron un permiso que acabó en baja. Pero el 4 de enero de 1917 se cumplieron sus peores temores y lo hicieron regresar a filas, esta vez como encargado de la formación de nuevos reclutas y de la vigilancia y el transporte de los prisioneros de guerra. Sus nervios no lo soportaron. "Una noche me encontraron, medio inconsciente, con la cabeza metida en la letrina",[26] relata en sus memorias. En el hospital mental de Görden, donde fue recluido, atacó a un sargento sanitario. Otros enfermos aprovecharon para darle una paliza. Grosz recordaba que aquellos pacientes disfrutaron apaleándolo. No le extrañó en lo más mínimo: desde niño estuvo convencido de que el hombre era un ser corrupto. La naturaleza humana, "regida por la ley inapelable de la brutalidad",[27] gozaba y se henchía de alegría con el dolor ajeno.

Después de la guerra, la corrupción humana afloró con total falta de pudor en las ciudades alemanas. A diferencia de la neutral Zúrich, Berlín ofrecía el degradante espectáculo de la derrota. Sus calles eran el teatro de todas las miserias. En ellas se respiraba la desolación de la muerte, que radicalizaba los ánimos en contra de Occidente y encumbraba la triunfal revolución de Lenin como última guía y esperanza para los espíritus inconformes. Los jóvenes artistas que reunió Huelsenbeck en torno al legado dadaísta —Wieland Herzfelde, John Heartfield, Johannes Baader, Hanna Höch, Raoul Hausmann, Walter Mehring, Jung y Gerhard Preiss, además de Grozs— no fueron inmunes al clima político de la época. Todos ellos sentían un fuerte rechazo hacia el Partido Socialdemócrata, que había demostrado carecer de verdaderas credenciales revolucionarias y estar infectado hasta la médula de reformismo y legalismo. Fritz Ebert, el primer presidente de la República de Weimar, dijo en una ocasión odiar la revolución tanto como al pecado. Estas posturas de los socialdemócratas se alejaban del sueño de transformación radical que ambicionaban los artistas de vanguardia. El Partido Socialista, además, era culpable de haber renunciando a la vocación internacionalista con que Marx había impregnado la lucha obrera,

---

[26] Grosz, G., *Un sí menor y un NO mayor* (1946), Anaya & Mario Muchnik, Madrid, 1991, p. 137.

[27] *Ibid.*, p. 49.

y de haberse contagiado de los sentimientos nacionalistas que hirvieron en 1914. Creyendo —acertadamente— que la beligerancia patriotera les daría una oportunidad inigualable de salir de los márgenes de la sociedad y ganarse la aprobación de las masas, los socialistas apoyaron la guerra. "Socialchovinismo", fue el insulto que recibieron de Lenin por su decisión. Sólo pocas voces entre los socialistas, como la de Karl Liebknetch, se opusieron a los créditos de guerra y gritaron en las calles contra la conflagración y a favor de la solidaridad internacional de los trabajadores. Liebknetch editaba el periódico *Spartakus* con Rosa Luxemburg y Leo Jogiches, órgano desde el que criticaban con vehemencia la euforia belicista de la época, y que en 1917, cuando decidieron escindirse de la socialdemocracia, inspiraría el nombre de la facción más radical de la izquierda alemana: los espartaquistas.

Este grupo se aferró con fuerza al núcleo más duro del marxismo. Sus metas iban mucho más allá de reducir la jornada laboral a ocho horas, legalizar los convenios colectivos y abolir los privilegios electorales. Los espartaquistas querían destruir todas las instituciones burguesas e instaurar en Alemania una República de los Consejos, siguiendo el ejemplo de Rusia. Grosz, Herzfelde, Heartfield y J. Preiss, que también profesaban un antibelicismo radical y anhelaban una transformación profunda de Alemania, siguieron a Liebknecht y Luxemburg cuando fundaron el Partido Comunista.

Pero las esperanzas puestas en los espartaquistas pronto se esfumaron. En enero de 1919, las fuerzas reaccionarias de Alemania, con la complicidad de los socialdemócratas, aplastaron el levantamiento de una vanguardia revolucionaria que ansiaba precipitar la transformación de Alemania, y asesinaron a Liebknetch y Luxemburg. Después de este episodio, la República de Weimar que había sido fundada tras la revolución de los marinos de Kiel, en noviembre de 1918, adquirió un semblante aún más sombrío para los dadaístas, y toda la rabia contenida hizo erupción a través del arte. Grosz la reflejó en sus cuadros, acuarelas, caricaturas e ilustraciones. En sus cuadernos de notas garabateba todo lo que le disgustaba: "los rasgos animales de mis compañeros, los inválidos furiosos, los oficiales arrogantes, las enfermeras ávidas de una aventura amorosa".[28] Muchos dibujos eran pequeñas caricaturas que publicaba en diarios o revistas, y que tenían una amplia difusión a pesar de que no duraban mucho tiempo en la calle antes de ser censuradas. Grosz también compuso grandes lienzos en los que volcó su ira y su aborrecimiento a la República de Weimar. *El entierro de Óscar Panizza*, de 1917-1918, por ejemplo, revelaba el caos que se había apoderado de la gran ciudad, y señalaba a sus líderes como los culpables directos de la corrupción. Los burgueses, los curas, los militares y los profesores, sometidos por sus más bajas pasiones, eran los responsables del naufragio alemán. Todos ellos ocupaban el primer plano de *Alemania, un cuento de invierno*, que Grosz pintó entre 1917 y 1919. El burgués, sentado en una mesa poblada de licor, tabaco, la prensa y un plato abundante de comida, sonreía indiferente a cuanto ocurría a sus espaldas, es decir, al caos en el que se hundía la ciudad. Y a sus pies, escoltando cada uno de sus flancos, estaban los defensores del orden establecido: el cura bendecía, el militar vigilaba, y el profesor, con una vara de castigo en una mano y un libro de Goethe en la otra, esperaba el momento de dar un golpe al estudiante sedicioso.

Las actividades de los dadaístas berlineses incluían la publicación de manifiestos y revistas, el montaje de exhibiciones, la composición de poemas fonéticos y la creación de cuadros —especialmente fotomontajes, innovación de Hausmann que luego, en la década de 1930, se convertiría en su principal arma contra el nazismo— y veladas similares a las de los futuristas. En todas estas actividades sobresalía otro personaje fascinante llamado Johannes Baader. A diferencia de Grosz, que sólo sufrió una crisis nerviosa, Baader flirteaba seriamente con la esquizofrenia. Más que un artista, su perfil era el de un profeta del siglo XX, que había encontrado en el frenesí dadaísta la nueva religión que salvaría a la humanidad. En su juventud, Baader

---

[28] *Ibid.*, p. 141.

había publicado un particular libro titulado *Catorce cartas de Jesucristo*. Desde entonces se creía la encarnación del Salvador, y cada vez que tenía oportunidad detenía el tráfico en los andenes para dar sermones improvisados a los transeúntes. Antes de que Huelsenbeck llevara el dadá a Berlín, Raoul Hausmann, amigo de Baader desde 1905, aprovechaba sus delirios para planear los más alucinantes proyectos. Para uno de ellos, la Sociedad Anónima de Cristo, Hausmann convenció a Baader de que reclutara a miembros prometiéndoles —tal como hacían los herejes del Libre Espíritu— que a cambio de cincuenta marcos cada uno de ellos se convertiría en Cristo. En otra ocasión, intentaron sin éxito organizar una gran procesión por Potsdamerplatz, que inundaría las calles con páginas de la Biblia y cubriría las paredes con carteles que dirían "Aquel que escoja la espada, morirá por la espada". Para Hausmann todo esto era un juego, una preparación para lo que vendría luego con el Club Dadá. Para Baader era algo muy distinto. Su misticismo lo llevó a abrazar el dadaísmo con fervor religioso. Al poco tiempo de participar en las *soirées* vanguardistas, se autoproclamó Superdadá, y no mucho después llegó a la Asamblea de Weimar y arrojó sobre la tribuna un panfleto titulado *Cadáver verde*, en el que declaraba a Berlín tierra dadá y le pedía al pueblo que lo nombrara Presidente de Alemania. En este panfleto, Baader solicitaba poderes extraordinarios para restablecer el orden, la paz, la libertad y proporcionar pan para todo el mundo. Al poco tiempo, el título de Presidente de Alemania le quedó chico, y entonces Baader se autodesignó Presidente del Globo Terrestre y formó un Consejo Central Dadaísta de la Revolución Mundial.

A pesar del escándalo y de la publicidad gratuita que recibieron los dadaístas con esta peripecia, la incursión en la Asamblea de Weimar no fue la acción más famosa de Baader. El 17 de noviembre de 1918, día domingo, Baader entró a la catedral de Berlín e interrumpió el sermón que iniciaba el pastor. En medio de gritos, dijo a los fieles que la Iglesia ya no respetaba la palabra de Cristo y que el dadá salvaría a la humanidad. Esta es la versión de Georges Hunet, autor del *Dictionnaire du Dadaïsme*, hay otras, según las cuales Baader pudo haber entrado a la iglesia gritando "¡Al infierno con Cristo!", o "¡Nos importa un carajo Jesucristo!", o "¡Vosotros sois los que os burláis de Cristo, os importa un carajo".[29] En todo caso, cualquiera que haya sido la frase pronunciada ante los feligreses de Berlín, Baader marcaría el comienzo de las acciones anticlericales directas por parte de los artistas de vanguardia.

No debe extrañar que futuristas como Marinetti, dadaístas como Ball y Baader, o surrealistas como Benjamin Péret —que aparece en una famosa fotografía, publicada el 1 de diciembre de 1926 en el octavo número de *La Révolution Surréaliste*, insultando a un cura— hayan tenido una relación tormentosa con la Iglesia. El clero era su enemigo natural. No porque sus pretensiones fueran distintas a las suyas, sino por todo lo contrario: ambos, artistas de vanguardia y sacerdotes, estaban luchando por salvar el espíritu del hombre. Mientras el camino de la Iglesia conducía a la tradición y a los valores del pasado, el camino de las vanguardias llevaba a la revolución total de la cultura, a la creación de un hombre nuevo y al surgimiento de una sociedad más libre y pura, purgada de la guerra, del pasado y de cualquier norma, regla o convención que restringiera el capricho individual.

LA MÚSICA SILENCIOSA DE JOHN CAGE: REVOLUCIONAR EL MUNDO SIN CAMBIARLO
1937-1952. NUEVA YORK, CAMBRIDGE

Duchamp fue uno de los artistas menos dotados para la autopromoción. No fue mesiánico, como Breton, ni contestatario, como Tzara, y mucho menos, a pesar de su gusto por el travestismo, exhibicionista, como Dalí. Pudiendo aprovechar el interés que su obra despertaba en influyentes círculos neoyorquinos, prefirió

---

[29] Marcus, G., *Rastros de carmín. Una historia secreta del siglo XX* (1989), Anagrama, Barcelona, 1993, p. 335.

rechazar las tentadoras sumas que le ofrecían por cuadros que ya no le interesaba pintar. Decía haberse quedado sin ideas y lo último que deseaba era repetirse. Tampoco aceptó el ofrecimiento de Katherine Dreier de dirigir la Société Anonyme, aduciendo que prefería mantenerse al margen de cualquier actividad que le supusiera retornar a su vida artística. Aunque la mayoría de sus amigos eran artistas, y aunque a lo largo de los años organizó varias exposiciones vanguardistas, Duchamp se hartó pronto de aquel mundillo. "Cuanto más vivo entre artistas, más convencido estoy de que se convierten en impostores en cuanto acarician el menor éxito",[30] le escribió a Stieglitz en 1928. La indiferencia de Duchamp, su desprecio por el éxito y por la comercialización del arte, lo alejaban de la gloria. Todos los elementos estaban dados para que su obra se convirtiera en una anécdota más en la turbulenta historia de las vanguardias europeas. Y en efecto, durante dos décadas, Duchamp fue prácticamente un desconocido en París y en Nueva York sólo un puñado de devotos simpatizantes se pelearon las pocas obras que había producido. Nada hacía presagiar que su nombre se convertiría en una referencia insoslayable en el arte de la segunda mitad del siglo XX.

Las razones de que finalmente así hubiera sido son varias. Primero, la capacidad de Duchamp para fascinar a gente influyente en el mundo del arte, desde los Arensberg y Katherine Dreier hasta Peggy Guggenheim y Alfred H. Barr, director del Museo de Arte Moderno de Nueva York, que desde 1936 incluyó sus obras en exhibiciones de vanguardias europeas. Segundo, los ecos del dadaísmo y del surrealismo que llegaban a Nueva York desde Zúrich, París, Barcelona, Colonia, Hanóver y Berlín, además del goteo constante de importantes artistas europeos que se guarecían de las guerras en Manhattan. Pero nada de esto hubiera sido suficiente. Si sus ideas y actitudes con relación al arte se trasmitieron a nuevas generaciones de artistas norteamericanos, fue gracias a que John Cage, un músico que había

---

[30] Tomkins, C., *Duchamp*, p. 317.

estudiado con Arnold Schönberg y, según su maestro, más dotado para la invención que para la composición, cayó rendido a sus pies.

John Cage conoció a Duchamp en 1943. Para ese entonces, los Arensberg llevaban veintiún años viviendo en California, y las tertulias artísticas que congregaban a la nueva tanda de artistas europeos refugiados de la Segunda Guerra Mundial se realizaban en Hale House, la residencia neoyorquina de Peggy Guggenheim. Max Ernst, el dadaísta de Colonia y por ese entonces esposo de Peggy, había conocido a Cage en Chicago y lo había invitado a pasar una temporada en Hale House. Peggy le había ofrecido dar un concierto el día de la inauguración de su galería Art of This Century. Estaba dispuesta a costear el traslado de sus instrumentos de percusión y a remunerar generosamente sus servicios, pero al enterarse de que el joven compositor se había comprometido a presentarse en el Museo de Arte Moderno antes de la inauguración de su galería, entró en cólera. No sólo canceló el concierto y se negó a pagar por el traslado del instrumental, sino que echó a Cage y a su esposa Xenia de su casa.

Al recibir la noticia, Cage buscó la soledad de su cuarto para desfogar su frustración. Duchamp estaba fumando un cigarro en esa misma habitación, o en la de enfrente, o en la de al lado, y se prestó a escuchar la historia que explicaba aquel desconsolado llanto. Según recuerda Cage, Duchamp no dijo nada, pero su sola presencia fue reconfortante. La fascinación del compositor por el antiartista no dejaría de crecer desde aquel instante.

Para 1943, Cage estaba lejos de ser un novato en el mundo de la música experimental. Había nacido en 1912 y desde niño había tomado clases de piano. Luego de viajar por Europa durante dieciocho meses, entre 1930 y 1931, regresó a California y empezó su formación con el compositor Arnold Schönberg. En 1937 ya había escrito una especie de manifiesto titulado *The Future of Music: Credo*, en el que dejaba constancia de su proyecto artístico. Allí describía al XX como el siglo de la máquina, un siglo en el que una infinidad de nuevos ruidos surgían de la vida urbana y de los nuevos inventos tecnológicos. Además,

expresaba su convicción de que la música debía responder a
este insólito contexto. Con instrumentos eléctricos no sólo se
podrían capturar y reproducir todos los ruidos posibles, también
se podría componer una nueva música electrónica. A Cage le
parecía absurdo seguir encadenados a los instrumentos de los
siglos xviii y xix. La vida moderna ofrecía una variedad inagotable de ruidos, y el reto del músico, más que desecharlos como
estruendo, era descubrir su naturaleza fascinante.

Este, desde luego, no era un propósito nuevo. Como todo
en el campo del arte experimental —excepto los *ready-mades*—,
la idea de crear música con ruidos ya la habían tenido los futuristas italianos. Luigi Russolo había escrito en 1913 *El arte de los
ruidos*, un manifiesto en el que proponía acabar con el restrin-
gido círculo de los sonidos puros para ir en busca de la infinita
variedad de sonidos-ruidos. Como parte de la utopía futurista,
Russolo imaginaba ciudades industriales en las que cada fábrica
tuviera sus motores y máquinas afinadas, de modo que, además
de producir objetos de consumo, cada una de ellas funcionaría
como una "embriagadora orquesta de ruidos".[31]

Cage, sin embargo, no reconocía como precursor de la música experimental en Estados Unidos a Russolo, sino a Edgar
Varèse, otro de los artistas que frecuentaban la casa de los Arensberg y el primer compositor que introdujo ruidos de campanas,
sirenas y otros objetos en sus piezas musicales. Cage admiraba
al compositor francés, pero había algo en sus obras que detestaba: la propensión a organizar el sonido. Para Cage no había
nada que ordenar, nada que clasificar, nada que armonizar. Eso
era precisamente lo que no le gustaba de Varèse, que impedía
a los ruidos ser ruidos y nada más que ruidos. Sus manierismos,
decía, "hacen difícil escuchar los sonidos tal como son, pues
atraen la atención hacia Verése y su imaginación".[32] En otras
palabras, la imaginación del artista interfería con su materia de
trabajo. Al dar orden a los ruidos, creaba algo artificial que ne-

---

[31] Russolo, L., *L'art des bruits* (1913), Allia, París, 2003, p. 30.
[32] Cage, J., *Silencio* (1961), Ardora, Madrid, 2005, p. 69.

gaba al oyente la oportunidad de descubrir la belleza auditiva pura, sin alteraciones, similar a los *ready-mades*, que lo rodeaba en su entorno cotidiano.

El proyecto musical de Cage era tan radical como el de Duchamp. La noción de borrar toda distinción entre el arte y la vida que había introducido el artista francés, fascinó al compositor norteamericano. Aunque muchos años después Cage le confesaría a Teeny, la viuda de Duchamp, que había muchas cosas que no entendía de la obra de Marcel, la enseñanza que extrajo de su arte fue clara: no hay ninguna barrera que oponga el arte a la vida; al artista no le corresponde imaginar, fantasear o reordenar la realidad para crear un mundo ficticio o una armonía artificial, sino mostrar el mundo tal como es y enseñar a los otros a aceptarlo.

Esta idea, en apariencia inocente, en apariencia tranquila, zen, inocua, llevaba el germen de futuras revoluciones culturales. Para vanguardistas radicales como los situacionistas, y también para un filósofo contemporáneo como Michel Onfray, el arte imaginativo y escapista era un fraude. Embelesaba y distraía del mundo real, del aquí y ahora, bien para que no intentáramos transformar nuestra vida y nuestra sociedad, bien para que nos resultara imposible aceptar y disfrutar lo que teníamos a la mano. Cage fue el precursor de esta idea. Él, como los dadaístas, creía que el arte tenía un fin terapéutico. Si se enseñaba al público a apreciar cada uno de los ruidos que conformaban el trasfondo sonoro de su existencia, las personas aprenderían a aceptar la vida tal como era, liberándose de quimeras, sueños e ideales que sólo causaban turbación; liberándose de lo que Onfray llama bovarismo, el sueño de lo imposible, la búsqueda de lo inexistente que siempre conduce a la frustración. Ataraxia: ésa era la meta de Cage. Un hedonismo tranquilo y ascético, forjado a partir de la renuncia a todo aquello que no estuviera al alcance de la mano. Nada de ir en busca de lo imaginable; el reto era el opuesto: aceptar y disfrutar lo real y tangible, bien se tratara del ruido del tráfico, de una perforadora o de una riña de gatos.

La mejor forma de renunciar a la intencionalidad y, de paso, a la imaginación, era empleando el azar para componer sus obras. A partir de 1945, cuando se divorció de Xenia y atravesó un período personal tormentoso, Cage empezó a estudiar el pensamiento indio y oriental. Leyó a Ananda Coomaraswamy y siguió durante un par de años los cursos de Daisetsu Suzuki sobre budismo zen en la Universidad de Columbia. También se familiarizó con el *I Ching* y empezó a usar el juego de preguntas y respuestas para componer sus piezas. Él hacía los interrogantes y el *I Ching* respondía. En 1958 escribió que las técnicas del azar usadas en la composición "pueden dar lugar a una música libre de nuestra memoria e imaginación".[33] Eso fue lo que empezó a buscar en 1951 con *Imaginary Landscape No. 4*, la primera obra aleatoria que compuso.

Se trataba de una pieza para ser ejecutada por veinticuatro músicos, que en lugar de instrumentos operaban doce aparatos de radio. Como en la mayoría de sus composiciones, Cage daba una serie de instrucciones precisas sobre la manera en que debían ser manipuladas las radios. Un músico debía encargarse de la frecuencia y el otro del volumen. Era una simple indicación que le daba un marco estable a la pieza, dejando al mismo tiempo un campo infinito al azar. La composición no sonaría nunca dos veces igual, pues dependería de elementos totalmente aleatorios, como el lugar y la hora en que se ejecutara la pieza, y las emisoras y programas que los músicos lograran sintonizar.

Su obra más transgresora y famosa vería la luz al año siguiente, en el verano de 1952. Poniendo en práctica las ideas que había madurado durante la última década —la equiparación del arte y la vida, la necesidad de eliminar la intención y la imaginación de la música, la sensibilización para apreciar todos y cada uno de los sonidos, el total rechazo a intervenir en el mundo ordenando o generando armonías, la mezcla de sonidos y silencios como la clave de toda composición—, Cage

---

[33] *Ibid.*, p. 10.

creó una pieza de tres movimientos titulada *4:33,* cuya particularidad radicaba en que los músicos no extraían una sola nota de sus instrumentos durante la duración de la pieza. La única indicación del compositor era que el intérprete debía permanecer allí, sentado en silencio, siguiendo una partitura en blanco durante 4:33 minutos.

¿Se trataba de una broma?, ¿de una tontería?, ¿de un desafío para provocar a la burguesía? Nada de eso. En 1951 Cage tuvo la oportunidad de visitar una cámara acústica en la Universidad de Harvard, absolutamente insonorizada, en donde confirmó la intuición que lo rondaba desde hacía unos años. A pesar de estar aislado de cualquier sonido exterior, el compositor logró oír dos ruidos, uno alto y otro bajo. El primero lo producía su sistema nervioso, el segundo su torrente sanguíneo. Allí comprobó que no había tal cosa como la ausencia de sonidos. Incluso en absoluto silencio se podía oír el rumor del propio cuerpo. La conclusión que brotó en su mente después de aquel descubrimiento fue lógica: si algunos sonidos no entraban en el campo de percepción era porque nuestra memoria, nuestras ideas o nuestros prejuicios los consideraban indignos e intrascendentes. La misión terapéutica era entonces evidente. Se debía liberar al ser humano de esa pesada carga, de toda idea, de todo pasado, de todo concepto y teoría, y permitirle ver y oír el mundo de nuevo, tal como era, sin ninguna interferencia.

4:33 fue la forma que encontró Cage para poner en práctica esta pedagogía antikantiana y esta terapéutica ascética. Durante el tiempo en que se ejecutaba la pieza, no se oían notas musicales. No por ello había ausencia de sonidos. Al toser, al acomodarse en la silla, al suspirar de tedio o de tensión, los asistentes al concierto estaban creando la música con la que Cage quería familiarizar al público. Sensibilizando adecuadamente al oído, pensaba, podríamos "despertar a la vida misma que vivimos, que es maravillosa una vez apartamos nuestra mente y nuestros deseos de su camino y la dejamos actuar por sí sola".[34]

---

[34] *Ibid.,* p. 12.

Esta actitud contrastaba con el escepticismo de Duchamp. A diferencia de su admirado dadaísta, cuya indiferencia pirroniana neutralizaba cualquier tentación redentora, Cage se tomaba muy en serio su actividad artística. Con sus piezas no sólo pretendía cambiar la percepción musical, sino el pensamiento occidental, echando por tierra concepciones tan arraigadas como la diferencia entre ruido y música, arte y no arte, bello y feo, intención y no intención. Cage quería eliminar las jerarquías estéticas que separaban el orden del caos y el arte de la vida. Pretendía que aceptáramos el mundo tal como era y nos desprendiéramos de la necesidad de mejorarlo mediante nuestra intervención. No había nada que crear porque los sonidos ya estaban ahí, a nuestro alrededor, y lo único que necesitábamos era disposición para oírlos. La intención que daba forma a la materia caótica era reemplazada por el azar, y por eso tampoco se necesitaba más al artista. "Solíamos tenerlo en un pedestal", decía Cage, "ahora no es más extraordinario que nosotros".[35]

Todos estos objetivos distanciaban a Cage de Duchamp y lo acercaban, más bien, a los dadaístas de Zúrich, que también buscaban sanar el mundo adulto y bélico con su infantilismo. Pero el temperamento y la actitud del músico nada tenían que ver con los de Arp, Ball, Tzara o Janco. Al igual que Duchamp, Cage fue un anarquista tranquilo que admiraba a Henry David Thoureau y buscaba una vida apacible, sin sometimiento alguno a la sociedad, al Estado, al pasado, al arte y a nada o a nadie que no fuera él mismo. Risueño, amable y sereno, Cage llamó a la revolución más radical imaginable sin levantar la voz ni fruncir el seño. Se propuso vencer —¡casi nada!— las necesidades cognitivas más primarias del ser humano para forjar un hombre nuevo. ¿Cómo iba a emprender semejante hazaña? Siguiendo la herencia de los vanguardistas más radicales en sus respectivos campos. No sólo la de Duchamp, también la de James Joyce y el compositor dadaísta Erik Satie, que habían desafiado con sus obras la necesidad humana de dar forma a la experiencia para

---

[35] Cage, J., *A Year from Monday*, Wesleyan University Press, Middletown, 1967, p. 50.

hacerla comprensible. Arte, lenguaje y música, tres expresiones de lo que Ernst Cassirer llamaba formas simbólicas, tres instrumentos con los que no sólo se hacía inteligible la experiencia sino que se inventaba la realidad, hechas añicos. Cage recogió la experiencia de estos tres artistas para demostrar que no necesitábamos entender el mundo, que bastaba con aceptarlo tal como era.

En el universo que concibió el compositor, Duchamp, Joyce y Satie eran los dioses creadores. Bajo su designio no había sintaxis, ni representaciones, ni armonías; había un flujo constante de experiencias, caos, silencio y ruido. Una propuesta utópica, sin duda, pues el *homo sapiens* se hace humano dando orden al flujo arbitrario de sensaciones que captan sus sentidos, estableciendo un aquí, un allá, un tú, un yo; dando forma estable a la siempre cambiante realidad con símbolos, imágenes, conceptos y categorías; y dando ritmo y sentido al caos de sonidos del entorno. Las obras de Joyce, Duchamp, Satie y del mismo Cage son tan extrañas y abstrusas precisamente porque se rebelan contra esa necesidad humana. Entre la gente del común, que no las entiende, generan rechazo e irritación. En cambio, entre quienes buscan una forma de escapar a la condición humana y sueñan con un hombre nuevo, capaz de pensar, sentir y vivir de forma distinta, en una sociedad renovada, despiertan la más absoluta fascinación. Joyce, Duchamp, Satie y Cage ofrecen una ventana a la utopía. Que el mundo se convierta en una parrafada sin sentido, en un *ready-made*, en un deleitable conjunto de ruidos; y que el ser humano se transforme en un apacible turista que descubre, para su sorpresa y goce, de nuevo el mundo cada día.

DIVERSIÓN Y POSGUERRA: LAS ÚLTIMAS REVUELTAS DADAÍSTAS 1919-1922. PARÍS

A diferencia del futurismo, que estuvo claramente liderado por Marinetti y no tuvo mayor desarrollo fuera de Italia —excepto por su influencia sobre el vorticismo inglés y el grupo ruso de

Vladimir Mayakovski— las actitudes dadaístas se gestaron simultáneamente en varias ciudades y contagiaron a personalidades dispares. Los vanguardistas de París que acabarían vinculados al dadaísmo eran particularmente activos. Los poetas Louis Aragon, André Breton y Philippe Soupault habían fundado la revista *Littérature* en 1919 y, los dos últimos, guiados por el interés de Breton en la pisquiatría y los estudios de Freud, habían empezado a experimentar con la escritura automática y colectiva. Ya habían mostrado lo que eran capaces de hacer en *Los campos magnéticos*, un libro escrito a cuatro manos a partir de las imágenes y palabras que brotaban espontáneamente de sus mentes. A los editores de *Littérature* también les interesaba la irracionalidad, los sueños, la violencia revolucionaria y las parrafadas inconscientes que surgían durante los estados hipnóticos, y sentían una extraña fascinación por personajes malditos como Isidore Ducasse (el Conde de Lautréamont), Arthur Rimbaud y Jacques Vaché. Especialmente por este último, un joven nihilista y rebelde, gran detractor del arte, que amaneció muerto y desnudo una mañana de enero de 1919, después de haber ingerido bolitas de opio durante toda la noche. Breton lo había conocido tres años antes, durante la Gran Guerra, mientras prestaba servicio médico militar en el hospital de Val-de-Grâce. Vaché había llegado con la pantorrilla herida, producto de una escaramuza en las trincheras, y tuvo la suerte de ser atendido por el futuro padre del surrealismo. Aunque más exacto sería decir que fue Breton el afortunado, pues mientras lo curaba y le cambiaba los vendajes aquel joven excéntrico le reveló una actitud de desprecio e indiferencia hacia el arte y el mundo que tendría un influjo capital en su vida. La fuerza y desinhibición de sus palabras resultaron hechizantes. Vaché habitaba otro mundo. Parecía haber cortado todo vínculo con sus congéneres y la realidad. Sus ideas eran expresión del más puro nihilismo y sus actitudes las de un dandi que revelaba un espíritu totalmente distinto, nuevo, acorde con un siglo bautizado con balas de cañón. Vaché usaba monóculo y se presentaba en público con sus uniformes de guerra. Una vez, al asistir a la inauguración de

Las tetas de Tiresias, obra de Guillaume Apollinaire, influencia fundamental de Breton y el primero en mostrarle la revista *Dada* que se publicaba en Zúrich, Vaché no dudó en levantarse, pistola en mano, y amenazar con disparar al público debido al pobre lirismo de la obra y a su escenografía cubista. Desde el frente, cuando se repuso de sus heridas y pudo levantar de nuevo el fusil, le envió a Breton una serie de cartas que se convertirían en la biblia de los editores de *Littérature*. En ellas decía que el arte era una tontería y hablaba de un nuevo concepto inspirado en *Ubu Rey* de Alfred Jarry, el *umor*, que resumía su actitud de indiferencia ante un mundo absurdo que no le inspiraba ningún afecto. La imagen de aquel enigmático y fugaz personaje, que pasó por la vida como un meteorito incandescente, se convirtió en la influencia más sólida y persistente en las siguientes cruzadas de Breton. Fue él, su imagen, la fantasía que creó en torno a él, lo que impidió que el vanguardista se convirtiera en un poeta al estilo de Paul Valéry o Guillaume Apollinaire, y lo que le dio el impulso vital para buscar nuevas formas de rebelión artística.

El grupo de poetas de *Littérature* sintió desde muy temprano fascinación por las actitudes nihilistas y violentas. Además de celebrar los procesos autodestructivos de Vaché y Arthur Cravan, el boxeador y poeta amigo de Duchamp que desapareció cruzando el Atlántico en una barca, los tres editores publicaron un ensayo sobre el suicidio firmado por Jacques Rigaut, en el que su autor se imponía a sí mismo una condena a muerte que debía ejecutarse en un plazo de diez años. Llegado el día, Rigaut cumplió puntualmente su sentencia, ganando con su transgresor gesto un lugar en el panteón surrealista. Estas inclinaciones anárquicas y destructoras, sumadas a la búsqueda absoluta de libertad y a los rasgos antisociales que manifestaban Breton, Aragon y Soupault, fueron el entorno perfecto para Tzara. Breton había quedado impresionado con su *Manifiesto dadaísta de 1918*, en el que había olfateado la misma bilis nihilista que singularizaba a su admirado Vaché. "Si tengo una confianza ciega en usted, es porque usted me recuerda a un amigo, a mi mejor

amigo Jacques Vaché, que murió hace varios meses",[36] le escribió
en abril de 1919, aún bajo el efecto de su manifiesto. El intercambio epistolar duró unos meses antes de que Tzara se convirtiera en colaborador habitual de *Littérature*. Luego, en enero
de 1920, cuando el dadaísmo zuriqués se extinguió y en París
quedó libre el trono de la vanguardia con la muerte de Apollinaire, el rumano cruzó la frontera para sumarse a sus nuevos
amigos franceses.

Al igual que Tzara o Huelsenbeck, los poetas de *Littérature*
sentían rabia al ver que los más insignes representantes de la
cultura habían apoyado una guerra estúpida y sangrienta. La
complicidad de las letras con las balas les había producido una
horrenda impresión. ¿Para qué seguir escribiendo novelas?
¿Para qué otro libro más en los anaqueles? Las manifestaciones artísticas sólo inflaban el ego de petulantes profesionales
ansiosos de renombre y reuniones sociales, perdidos por la seducción del éxito. La escritura, en esas circunstancias, carecía
de sentido. Más importante era la actitud humana. Para Breton,
la obra estaba subyugada a los actos del autor, especialmente
a su conducta moral. Personas como Vaché o Cravan, que no
habían producido nada o casi nada pero cuyas actitudes vitales
encarrilaban el espíritu hacia una nueva época, habían hecho
contribuciones más valiosas que muchos escribidores oficiales.
La poesía debía brotar de la vida; debía ser vida, una solución a
un problema de la condición humana que tuviera impacto en
las mentes de otras personas y produjera revoluciones vitales.
La escritura automática que habían puesto en práctica Breton
y Soupault en *Los campos magnéticos*, por ejemplo, liquidaba el
individualismo y ventilaba poderosas imágenes inconscientes
que amenazarían con modificar la vida. Había sintonía entre
los intereses de los parisinos y las ideas y actitudes antiartísticas
de Tzara. Breton ansiaba que el dadaísta llegara pronto para
que, con su experiencia de alborotador, le diera una dirección

---

[36] Polizzoti, M., *La vida de André Breton. La revolución de la mente* (1995), Turner,
Madrid, 2009, p. 97.

definida al grupo. Y en efecto así fue. A los pocos días de llegar, él, los editores de *Littérature* y otra tanda de exaltados e iconoclastas que se fueron uniendo al grupo —entre ellos Picabia, Georges Ribemont-Dessaignes y Paul Éluard— empezaron a reproducir los alborotos de Zúrich en los teatros y salones parisinos. A pesar del desconcierto que le produjo la timidez inicial de los franceses, durante esos días de *soirées* Tzara estuvo exultante. Volvía a sus andanzas con una nueva pandilla de incondicionales. El Cabaret Voltaire, Hugo Ball y Marcel Janco quedaban atrás y, ahora, por fin, estaba en París, la ciudad de sus sueños a la que no había podido llegar antes por culpa de la guerra.

Entre enero y agosto de 1920, los dadaístas parisinos publicaron varias revistas —*Bulletin Dada, Dadaphone, Cannibale, Proverbe,* el número 13 de *Littérature*— y dieron cuatro presentaciones que reeditaban los viejos escándalos de Zúrich. La experiencia, sin embargo, no fue tan liberadora como esperaban los anfitriones parisinos. Al poco tiempo, Breton empezó a sentir algo similar a lo que ahuyentó a Ball de Zúrich. No era exactamente vergüenza; era, más bien, tedio. Compartía con Tzara el mismo odio a la burguesía y a las tradiciones culturales de Occidente, pero los desplantes dadaístas empezaban a incordiarlo por su falta de contundencia y monotonía. Planear una *soirée* era cada vez más frustrante. Las ideas salían a cuentagotas y a última hora siempre acababan interpretando *La primera aventura celestial del señor Antipirina,* la obra de teatro que Tzara escribió en 1916, y que por lo visto no se cansaba de repetir enfundado en tubos de cartón. La reproducción estereotipada de los mismos gestos, sumada a la indiferencia del público, estaban generando una actitud autocomplaciente entre los dadaístas que repelía a Breton. Seis meses después de hacer su entrada triunfal en París, el dadaísmo parecía un movimiento exhausto, urgido de tácticas publicitarias dudosas para atraer al público, como anunciar que Charlie Chaplin se había vinculado al movimiento y actuaría en la *soirée* del *Salon des Indépendants.* Ése no era el camino. Una verdadera revolución que liberara al espíritu y le diera carta de ciudadanía al lado oscuro del ser humano, el de los deseos y las pasiones irracionales, debía hacer uso de armas nuevas. La burla cáustica que corroía los cimientos de la tradición artística occidental era valiosa, desde luego, pero no suficiente. Las vanguardias debían salir del auditorio y hacer oír su voz en la plaza pública. La revolución cultural que transformaría al ser humano y a la sociedad no podía cimentarse en el mero alboroto y el escándalo. Los juegos de circo y los malos chistes de colegiales rezagados, dijo Breton en 1921, debían acabar. Aragon estuvo de acuerdo: era el tiempo de instaurar una dictadura dadá.

Las tensiones entre Tzara y Breton habían empezado en agosto de 1920. El motivo, un artículo que publicó Breton sobre el dadaísmo en la prestigiosa *Nouvelle Revue Français*, y la respuesta positiva que dio Jacques Rivière, el editor de la revista, con otro ensayo que legitimaba al dadaísmo como un movimiento literario. Aquello ofendió a Tzara y a Picabia. La bendición de la cultura oficial francesa era un flaco favor para el dadaísmo. Tzara quería enfurecer y ganarse el desprecio de aquellos que ahora le abrían un nicho en la tradición literaria. ¿Qué podía ser más deseable que el rechazo del establecimiento burgués? ¿Qué más podía pedirse que la experiencia catártica y liberadora de ser agredido con filetes, vegetales y frutas? Pensar que el dadaísmo era un género literario digno de estudio, un lindo tema sobre el cual ridículos académicos podían escribir ridículos ensayos eruditos, era una derrota, un insulto, y el responsable de aquel inexplicable error era Breton.

En alguna ocasión, Tzara le había confesado a Breton que no escribía por verdadera vocación. Más aún, la literatura le importaba un bledo. "Hubiera sido un aventurero, de gran presencia y gestos refinados, si hubiera tenido la fuerza física y los nervios para realizar esa simple hazaña de no aburrirme. Se escribe porque no hay suficientes hombres nuevos, por hábito; se publica para buscar hombres y tener una ocupación",[37] le dijo el rumano. Aquellas palabras impresionaron a Breton. A él, la literatura tampoco le interesaba como una actividad en sí misma sino como

---

[37] Buot, F., *Tristan Tzara: l'homme qui inventa la révolution dada*, p. 85.

herramienta de liberación. Breton no escribía por oficio o porque se considerara talentoso. Es más, llegó a decir que los surrealistas carecían de talento y que todo su mérito radicaba en dejar ventilar el lado irracional humano, cosa que cualquier persona, con algo de práctica, podía hacer. Sin embargo, lo que Breton buscaba no era la experiencia extrema en busca de bocanadas frescas que espantaran el aburrimiento. Su impulso destructivo fue canalizándose hacia un fin claro, que lo alejaba del nihilismo errático de Tzara. Breton quería transformar al hombre, a la sociedad y a la vida, y para ello no valían los disparos al aire ni la mojiganga gratuita del dadaísmo. Había que implicarse en asuntos morales y sociales, salir de la intimidad del teatro y participar en el debate público. De nada valía destruir el arte y la literatura, como quería Tzara. Mejor era purificarlos y transformarlos en una poderosa arma, susceptible de ser usada en las batallas que iniciarían una verdadera revolución cultural.

Con estos propósitos en mente, Breton reunió a Aragon y Soupault en el café Certa, el habitual de los dadaístas parisinos, a comienzos de 1921. Quería planear las actividades del año sin contar con Tzara. Aunque aún se sentía unido al espíritu del dadaísmo, ciertos rasgos de su carácter, ajenos al histrionismo del Cabaret Voltaire, empezaban a aflorar más claramente. Mientras todos sonreían, Breton mantenía el gesto serio, adusto y sobrio que lo caracterizaría. Ahora parecía importarle mucho más el juicio moral, la evaluación de las acciones del otro y la valoración que se hacía de los héroes culturales del presente y del pasado. Parecía más interesado en prender la chispa de una revuelta pública que en detonar carcajadas y enrabietar a la burguesía. Entre las actividades planeadas para aquel año, Breton propuso visitar azarosamente los monumentos de la ciudad y presentarse allí, al aire libre. También decidió conformar tribunales para enjuiciar a los héroes de las letras francesas. El primero y único de estos juicios, programado para el 13 de mayo, fue contra Maurice Barrès, escritor y político reaccionario que, habiendo encarnado principios libertarios, casi anarquistas, durante su juventud, ahora representaba los intereses más rancios del conservadurismo nacionalista. A pesar de la extrañeza que le produjo el evento, Tzara participó en él. Lo hizo de mala gana, pues ni siquiera sabía quién era Barrès y aquella farsa seria y moralista, que dividía al mundo en buenos y malos, jueces y juzgados, puros e impuros, no tenía nada que ver con el dadaísmo. ¿Dónde quedaba la provocación? ¿Dónde las efusiones anarquistas? ¿Dónde el espacio para el azar? Con aquel juicio, Breton quería explorar el grado de culpabilidad imputable a un hombre que, llevado por su voluntad de poder, había acabado defendiendo posturas que traicionaban los valores de su juventud. Nada podía ser más serio y trascendental. En aquel espectáculo se vislumbraba ya al futuro papa del surrealismo, implacable a la hora de castigar con la excomunión cualquier acto que se desviara de sus criterios de pureza moral. Tzara salió hastiado del evento. Él no confiaba en la justicia, ni siquiera en la impartida por dadá.

El ambiente entre los dadaístas estaba enrarecido y bastó un solo desencuentro más para que la ruptura se hiciera irremediable. En enero de 1922, con el pretexto de eliminar el sectarismo dentro del grupo y recobrar el vigor del dadaísmo, Breton propuso organizar un Congreso Internacional para la Determinación y Defensa del Espíritu Moderno. Creyó que así, insertando al dadaísmo en un contexto más amplio donde se aclararía la confusión producida por la proliferación de grupos de vanguardia, le daría un nuevo impulso. Pero se equivocaba. Tzara y sus aliados se opusieron rotundamente. Aquellos propósitos y proclamas eran más propios de un ideólogo de partido que de un nihilista. Tzara no quería menguar la confusión sino aumentarla. Al final, los dos amigos acabaron inmersos en una disputa amarga que haría naufragar el proyecto, y al poco tiempo Breton escribió *Déjenlo todo*, un ensayo en el que acusaba al dadaísmo de haberse convertido en un círculo vicioso, sin eficacia alguna, en el que unos pobres diablos se regocijaban burguesmente recordando sus viejas fechorías juveniles.

Anarquismo tranquilo: una revolución aburrida
1951-1963. Nueva York

Aunque John Cage conoció a Duchamp a principios de los años cuarenta, y posteriormente coincidieron en algunas ocasiones —el músico compuso la melodía de la escena que filmó Duchamp para la película *Dreams that Money Can Buy*, de Hans Richter—, fue sólo a principios de los sesenta que se hicieron verdaderamente amigos. Venciendo su desarrollado sentido de la prudencia, Cage se acercó a Duchamp y le pidió que le enseñara a jugar ajedrez. Tan sólo era un pretexto. El ajedrez poco le interesaba, pero parecía ser la mejor forma de llegar a él. Desde entonces se vieron una o dos veces por semana en casa de los Duchamp. Cage jugaba con Teeny y Marcel, con un cigarro en los labios, supervisaba en silencio desde su silla. Fue por aquellos años que Cage escribió un curioso ensayo titulado *26 Statements Re Duchamp*. En él formulaba una insólita pregunta: "¿Hay algo más aburrido que Marcel Duchamp?"[38]

Cage llevaba, como mínimo, veinte años idolatrando a Duchamp y la conclusión a la que había llegado era, por un lado, que buena parte de su obra le resultaba incomprensible y, por el otro, que Duchamp era aburrido. ¿Significaba esto que el contacto continuado con el dadaísta francés lo había desilusionado? Ni por asomo. En el mismo artículo también mostraba que ciertos aspectos de la obra de Duchamp le resultaban iluminadores y eso era más que suficiente. Cualquier objeto, más el proceso de mirarlo, es un Duchamp, decía Cage. El problema artístico no estaba en la mutación imaginativa de la realidad, tampoco en la búsqueda de lo nuevo, sino en la transformación de la mirada. No había que cambiar el mundo, había que cambiar al hombre. Al igual que Breton, Cage pensaba que la función del arte era transformar conciencias, revolucionar mentes, y que en la medida en que se diera una transformación personal empezaría poco a poco a cambiar la realidad.

---

[38] Cage, J., *A Year from Monday*, p. 71.

Desde que Cage empezó a familiarizarse con el pensamiento oriental, la experimentación con nuevos materiales y la búsqueda de nuevos sonidos e instrumentos dejó de ser su preocupación primordial. En otras palabras, el budismo zen lo animó a abandonar algunos de los propósitos que se había planteado en su manifiesto de 1937. La búsqueda de lo nuevo y el vértigo que producían los horizontes desconocidos le parecieron desde entonces inclinaciones típicamente occidentales. A Cage le gustaba una idea del inventor y visionario Richard Buckminster Fuller, según la cual los pueblos que habían abandonado Europa para ir a América lo habían hecho con el viento en contra, razón por la cual habían desarrollado ideas, máquinas y filosofías que reflejaban la lucha contra la naturaleza, mientras que quienes dejaron Asia para ir a Norteamérica lo habían hecho con el viento a favor, y por eso habían desarrollado ideas y filosofías que reflejaban la aceptación de la naturaleza. Los primeros forjaron el pensamiento occidental, los segundos el oriental. Cage, desde luego, se sentía más identificado con el pensamiento oriental. La impaciencia por ir más allá o por buscar lo desconocido no era más que una forma de huir de la realidad, del aquí y ahora. Mientras muchos pensadores utópicos buscaban mundos mejores en parajes remotos, Cage consideró que la utopía estaba aquí, al alcance de la mano, bajo nuestros pies y ante nuestra mirada, y que el único requisito para alcanzarla era transformar el estado espiritual del hombre y su manera de ver y oír.

Esta tarea suponía enseñar al hombre a percibir de nuevo. En ella, como no podía ser de otra forma, el arte debía cumplir un papel primordial; debía dejar de ser un medio de autoexpresión, como pretendían los pintores de la Escuela de Nueva York, héroes absolutos durante los años de la posguerra, y convertirse en un instrumento de transformación individual y de aproximación al mundo. La rebelión que proponía Cage estaba lejos de los levantamientos contra las tediosas y monótonas rutinas impuestas por la vida moderna. Muy por el contrario, lo que tenía en mente era una rebelión duchampiana, es decir, una rebelión aburrida.

Cage detestaba el aburrimiento tanto como Tzara, pero la forma en que pretendía combatirlo era muy distinta a la del dadaísta. Nada de desplantes jocosos, nada de poemas sin sentido, nada de borracheras ni de *soirées* sobrecargadas de exaltación. Cage venció el aburrimiento mediante la técnica zen, enfrentándose a la actividad o a la cosa aburrida sin dar su brazo a torcer, hasta encontrar algo interesante en ella: "Si algo te aburre después de dos minutos, inténtalo durante cuatro. Si aún te aburre, inténtalo durante ocho, dieciséis, treinta y dos, y así sucesivamente. Finalmente descubrirás que no es aburrido en absoluto, sino muy interesante".[39]

La clave no estaba en cambiar el mundo exterior ni en buscar nuevas y excitantes experiencias, sino en liberarse de todos los prejuicios que impedían gozar de lo que ya estaba ahí. Para demostrarlo, y como ejercicio pedagógico, Cage se propuso ejecutar la obra más exigente imaginable. Tomó la partitura de *Vexations*, una pieza que Satie había escrito a finales del siglo XIX, y a la que había añadido una especie de consejo o sugerencia —"Para ejecutar esta pieza 840 veces seguidas, lo mejor es prepararse en silencio y en la más absoluta inmovilidad"— probablemente a manera de burla. Se trataba en todo caso de una anotación juguetona, que anticipaba las indicaciones que acompañarían algunas obras de Duchamp. Seguramente Satie nunca imaginó que alguien se tomaría en serio su sugerencia, y mucho menos que alguien estuviera dispuesto a seguirla al pie de la letra. Pero en efecto fue así. El 9 de septiembre de 1963, con la ayuda de otra docena de pianistas, Cage interpretó la pieza 840 veces seguidas. El concierto duró desde las seis de la tarde del 9 hasta el mediodía del 10 de septiembre: 18 horas y 40 minutos en total.

Esta especie de *performance*, que para la mayoría de la gente hubiera resultado absurdo, cuando no una tediosa tortura (*Vexations* se compone de unas pocas y lánguidas notas), era para Cage un deleitable ejercicio con el cual refinar la sensibilidad

---

[39] Cage, J., *Silencio*, p. 93.

auditiva. El compositor estaba convencido de que ningún acto humano podía replicarse de foma igual, de modo que ni el más versado pianista, aplicándose a conciencia en la tarea, podría interpretar dos veces la misma partitura sin variar aquí y allá la intensidad de una nota, la velocidad de una secuencia, la fuerza con que golpeaba una tecla. Cage pretendía que el espectador reconociera —o aprendiera a reconocer— esas sutiles variaciones y disfrutara de ellas. Si se entendía que la vida entera podía destinarse a observar un solo árbol, cuyas miles de hojas, todas dispares, ofrecían un paisaje inagotable, siempre cambiante debido a los efectos de la luz y del viento, entonces estaríamos preparados para abandonar todo el arsenal de prejuicios occidentales que nos impulsaban a buscar siempre el más allá. "No es irritante estar donde estamos. Sólo es irritante pensar que nos gustaría estar en otro sitio",[40] decía en su *Conferencia sobre nada* de 1959.

Si se mira de cerca, el proyecto de Cage perseguía fines tan radicales como los de la vanguardia europea. Cage quería revolucionar la vida cotidiana. No mediante la provocación, la construcción de situaciones o la organización de consejos obreros, sino rechazando todo el bagaje cultural de Occidente, todas sus jerarquías, clasificaciones y oposiciones binarias que separaban el ruido de la música, el arte de la vida y al artista del común de los mortales. En una entrevista a Christian Tarting y André Jaume, decía que "negarse a seleccionar, a clasificar" era para él "el signo de un paso franco hacía la apertura, hacia la no jerarquía y la no usurpación, donde nada será en adelante dictado, donde cada uno será libre de decidir su conducta y de vivir los placeres que desee".[41] Para ser verdaderamente libre, según Cage, había que liberarse de las pantallas y filtros que se interponen entre nosotros y el mundo. A diferencia de Kant y sus seguidores, propuso una relación con el mundo no basada en la comprensión y el ordenamiento, sino en la experimentación.

---

[40] *Ibid.*, 119.

[41] Bosseur, J. Y., *John Cage*, Minerve, París, 1993, p. 120.

Como decía Man Ray, no hay que entender sino aceptar. En eso radicaba la aburrida revolución de Cage. No en las experiencias fuertes de los dadaístas de Zúrich, de los surrealistas de París o de los situacionistas que vendrían después construyendo situaciones en media Europa; no en el desafío de las convenciones, la búsqueda de lo irracional o la sublevación de la juventud. La revolución de Cage consistía en no desear, en no ambicionar, en no intervenir; en ser uno con la naturaleza y vivir al margen —como el Thoreau de *Walden*— de todas las imposiciones del mundo exterior.

De esta revolución aburrida surgió, como es fácil imaginar, un arte aburrido. La influencia de Cage puede rastrearse en varias de las manifestaciones de arte norteamericano de la segunda mitad del siglo XX: neo-dadaísmo, minimalismo, pop *happenings* y arte conceptual, todas ellas radicales manifestaciones del arte más aburrido jamás realizado en Occidente.

LA REVOLUCIÓN PRIMERO Y SIEMPRE: LA REVOLUCIÓN SURREALISTA Y LAS RAÍCES DEL TERCERMUNDISMO
1924-1941. PARÍS, CIUDAD DE MÉXICO

Para finales de 1924 el dadaísmo era historia. Breton había abierto la Oficina de Investigación Surrealista en el número 15 de la rue de Grenelle, había lanzado una nueva revista con el sugerente nombre de *La Révolution Surréaliste*, y había escrito un poderoso manifiesto que reivindicaba las preocupaciones iniciales de *Littérature*: el inconsciente, la irracionalidad, la libertad total y la defensa incondicional de la imaginación —incluso la imaginación desbordada de los locos— como medio para escapar de las leyes utilitarias y de las convenciones sociales. Con estos nuevos gestos, el recién conformado grupo de surrealistas pretendía impulsar una nueva declaración de los derechos del hombre. En ella, el lado irracional de la existencia sería lo esencial; se exaltaría la búsqueda de lo maravilloso, se alterarían las escalas de valores y se estimularía el libre ejercicio del pensamiento, condición indispensable para solucionar los problemas fundamentales del ser humano.

Al igual que Hugo Ball, Breton concebía la infancia como una Edad de Oro en la que los deseos y la realidad no ocupaban planos distintos y enfrentados. "La ausencia de toda norma conocida", decía en su primer manifiesto surrealista, "ofrece al hombre la perspectiva de múltiples vidas vividas al mismo tiempo".[42] Se refería al profundo anhelo humano de totalidad y completud que se vivía en la infancia y que luego, a partir de los veinte años, se llevaba a cuestas como una herida: la marca atroz de una pérdida que enemistaba al hombre con el mundo. Durante la niñez, el deseo y el capricho bastaban para que el ser humano pudiera transformarse en aquello que quería ser. El sueño y la vigilia no pertenecían a universos distintos, sino que dialogaban en un mismo horizonte. Conformaban una sola realidad o, como le gustaba llamarla a Breton, una realidad absoluta.

El surrealismo se impuso como meta conquistar esta superrealidad. La revolución que Breton y sus seguidores tenían en mente liberaría al espíritu humano y echaría por tierra las categorías binarias, las nociones contradictorias que, como el bien y el mal, lo feo y lo bello, la fantasía y la realidad, lo irracional y lo racional, encorsetaban la vida en convenciones y reglas sociales. Breton creía que la poesía, los sueños y los contenidos inconscientes que publicaba en *La Révolution Surréaliste* obrarían por sí solos como un ariete capaz de derribar las rígidas estructuras sociales. Nada de eso iba a ocurrir, lamentablemente, y la intuición prematura de un posible fracaso motivó a Breton a virar de rumbo. Si el surrealismo quería ser el revulsivo social que solucionara los problemas humanos, entonces debía sumar sus fuerzas a un proyecto mayor, a una empresa con objetivos similares que ya, para ese entonces, había demostrado una sorprendente efectividad.

Por su vecindad, parecía escrito que ambas revoluciones, la dadaísta y la comunista, terminarían por cruzarse y fusionarse en

---

[42] Breton, A., *Manifiestos del surrealismo* (1969), Guadarrama, Barcelona, 1980, p. 17.

algún momento. No importaba que el dadaísmo hubiera muerto, su espíritu seguía vivo en el surrealismo. Breton y sus camaradas seguían dispuestos a cambiar la vida, como quería Rimbaud, y a transformar el mundo, como preconizaba Marx, y por eso no podían ser indiferentes a lo que había ocurrido en Rusia luego de la triunfal llegada de Lenin a San Petersburgo. Aquel país había sufrido un revolcón social incomparable, el equivalente a lo que ellos se proponían hacer en el campo de la moral y la estética. Para el verano de 1925, el surrealismo empezó a demostrar un interés creciente en cuestiones estrictamente políticas. Breton le había arrebatado el control editorial de *La Révolution Surréaliste* a Pierre Naville y Benjamin Péret y, a partir del quinto número, el segundo bajo su mando, empezó a publicar panfletos y notas en jerga marxista junto a los habituales sueños, poemas, encuestas y textos surrealistas. La reseña que él mismo hizo de la biografía que escribió Trotski de Lenin fue reveladora. En ese ensayo destapaba por primera vez sus cartas y confesaba el sobrecogedor impacto que habían tenido en él los pormenores de la Revolución rusa. Bueno o mediocre, defendible desde un punto de vista moral o no, el marxismo-leninismo había demostrado ser el instrumento indicado para abatir las murallas del viejo edificio, el más maravilloso agente transformador inventado por el hombre. Quizás era demasiado racional y daba privilegio excesivo a la materia sobre el espíritu, pero su efectividad era incontestable. Aunque la deriva surrealista difícilmente hubiera llegado a las mismas conclusiones que los bolcheviques, las cuestiones de coherencia pasaban a un segundo plano. El marxismo representaba la mayor ilusión y esperanza para las clases oprimidas y los surrealistas, que el 27 de enero de 1925 se habían declarado especialistas en revoluciones, debían acogerla con los brazos abiertos.

El marxismo-leninismo fue la brújula que le permitió a Breton vislumbrar un Norte más preciso para sus reivindicaciones. El número 3 de *La Révolution Surréaliste*, publicado en abril de 1925, había sido una poderosa crítica a la cultura occidental. Nada se salvaba de su puntilloso ataque. Había dardos contra las universidades y sus rectores, a quienes acusaban de no saber nada acerca del espíritu humano; había un largo insulto al papa que sazonaba la edición con la inevitable dosis de anticlericalismo vanguardista; había una dura censura al colonialismo; y también había una carta a los directores de los asilos psiquiátricos en la que se reclamaba la liberación inmediata de los locos. Todo esto hacía parte de las críticas habituales que los artistas de vanguardia esgrimían contra Occidente desde el siglo xix. Lo novedoso de todo ello era otra cosa. Por primera vez, Oriente aparecía como punto de comparación con el cual sacar a relucir todos los vicios de la civilización occidental.

Entre las cartas publicadas en este tercer número del boletín surrealista, una de ellas iba dirigida al Dalai Lama y otra a las escuelas budistas. En ambas se alababa el espíritu oriental y se despreciaba la podredumbre de la razón, enfermedad crónica de Occidente. En otros artículos, Paul Éluard y Robert Desnos exaltaban la violencia anticolonialista y hacían un llamado al terror, a la guillotina y a la revuelta contra el hombre blanco occidental, que se anticipaban a la exaltación del asesinato que haría Sartre en el prólogo a *Los condenados de la tierra*, el famoso libro de Franz Fanon, treinta y seis años más tarde. El mensaje de este número de *La Révolution Surréaliste* era que Occidente, con su colonialismo, su nacionalismo y su recién creada Sociedad de Naciones, organización que pretendía proscribir "el derecho al opio, el derecho al alcohol, el derecho al amor, el derecho al aborto, el derecho del individuo a gobernarse a sí mismo",[43] estaba echándose la soga al cuello. Courbet, Pissarro, Bakunin, Proudhon, Tzara e incluso cualquier marxista, hubieran podido afirmar lo mismo. Lo sorprendente del veredicto surrealista no era que pronosticara el inevitable ocaso de Occidente, sino la mención de un nuevo invitado a la fiesta revolucionaria. Los surrealistas ya no invocaban al proletariado, a los sindicatos o a la muerte en esta empresa destructiva, como hubieran hecho los socialistas, los anarquistas y los nihilistas, respectivamente, sino

---

[43] Desnos, R., "Pamphlet contre Jérusalem", en: *La Révolution Surréaliste*, núm. 3, 15 de abril de 1925, p. 9.

a los bárbaros, a las hordas asiáticas de salvajes que, llegadas de Oriente, arrasarían la sociedad occidental.

En el momento de publicar el quinto número de *La Révolution Surréaliste*, el odio a Occidente, el desprecio a sus valores y el anticolonialismo ya no eran espontáneas manifestaciones de insatisfacción cultural, sino parte de una ideología cernida y expresada en terminología marxista-leninista. La influencia del libro que Lenin escribió en Zúrich, *El imperialismo, fase superior del capitalismo*, era clara en los textos que se publicaron en éste y los siguientes números. Llamaba la atención, sobre todo, un panfleto firmado conjuntamente con el grupo de los *Philosophies* (entre quienes estaba Henri Lefebvre, sociólogo marxista y teórico de gran influencia en la posterior escena artística parisina), los editores del periódico marxista *Clarté*, con quienes los surrealistas intentaron, sin éxito, fundar la revista *La Guerre Civile*, y los colaboradores de *Correspondance*, una publicación surrealista belga. El manifiesto se llamó *¡La revolución primero y siempre!*, y fue la respuesta a una carta firmada por prestigiosos intelectuales franceses a favor de la Guerra del Rif.

Francia había entrado formalmente en el conflicto de Marruecos en la primavera de 1925, luego de que Abd el-Krim, jefe de la resistencia anticolonial en el norte de país, atacara las posiciones francesas en la línea de Uraga. Sumándose a las fuerzas del ejército español que dominaban la zona desde 1912, los franceses, al mando del mariscal Pétain, desembarcaron el 8 de septiembre de 1925 en Alhucemas dispuestos a poner fin a la guerra. Un mes y una semana más tarde Breton publicó este texto cargado de ira e indignación, en el que los firmantes ponían en pie de igualdad a los pueblos que querían recuperar su independencia y a los obreros que reivindicaban sus derechos en el seno de los estados europeos. El texto remataba afirmando que la única opción moral aceptable en este conflicto era romper de raíz con las ideas en las que se fundaba la civilización occidental. Allí donde la influencia de Occidente fuera dominante, todas las relaciones humanas quedaban corrompidas por el interés. Había que volver la mirada hacia Oriente, hacia las fuerzas nuevas y subterráneas capaces de empujar la Historia hacia adelante. El futuro de Occidente estaba sentenciado. "Los gestos, los actos y las mentiras estereotipadas de Europa han cumplido su asqueroso ciclo", decían. "Ahora les toca el turno a los mongoles de plantarse en nuestras tierras".[44] El desprecio hacia Occidente y la cultura grecolatina en la que se fundaba acompañó siempre a Breton, animándolo a coleccionar máscaras africanas e ídolos y figurillas de Oceanía y de los nativos norteamericanos, y también a interesarse por la pintura rupestre e incluso, al final de su vida, por la cultura celta de Bretaña, siempre como forma de escapar de la civilización occidental. "¡Nunca, en toda mi vida, he puesto el pie en Grecia o Italia! ¡Y nunca, *jamás*, iré a esos lugares!",[45] se enorgullecía en decir, pues aquellos países, al igual que la Alemania nazi, eran *ocupantes* que durante 2,000 años habían aplastado otras culturas, entre ellas la celta que cultivaron los galos del noroeste de Francia.

Los surrealistas afirmaron ser bárbaros por el disgusto que ciertas formas de civilización les producía, y alentaron la lucha anticolonial como una manera de asestar un duro golpe a Occidente. Por lo visto, no quedaba más alternativa que invocar a las fuerzas arcaicas. Como dijo Victor Crastre en una pequeña nota publicada en el sexto número de *La Révolution Surréaliste*, la gangrena social había contagiado a los obreros, hijos predilectos de Francia y únicos que hubieran podido salvar su espíritu con la revolución. Sin esta fuerza viva en pie de lucha, sólo quedaba una salida: la invasión, "ríos de pueblos bárbaros pisoteando el cadáver descompuesto de Occidente".[46] Al desprecio de los vanguardistas por su sociedad, se sumaba la ilusión utópica de ver a una cultura extraña, no corrompida por el materialismo ni los principios de utilidad e interés preponderantes en el capitalismo moderno, purificando el alma occidental mediante la

---

[44] "La révolution d'abord et toujours!", en: *La Révolution Surréaliste*, núm. 5, 15 de octubre de 1925, p. 31.

[45] Polizzotti, M., *La vida de André Breton. La revolución de la mente* (1995), Turner, Madrid, 2009, p. 561.

[46] Crastre, V., "Europe", en: *La Révolution Surréaliste*, núm. 6, 1 de marzo de 1926, p. 28.

violencia. Era el sueño de Gauguin invertido. El hombre blanco occidental ya no iría en busca de la pureza inicial al fin del mundo, sino que serían los primitivos y bárbaros quienes vendrían a Occidente, garrote en mano, para erradicar con sangre y fuego todos sus males.

Cinco años antes de que los surrealistas publicaran estas ideas, Lenin, en el Segundo Congreso de la Internacional Comunista celebrado en Moscú, había presentado las *Tesis sobre la cuestión colonial y nacional,* en las que revelaba su interés en apoyar los movimientos de liberación nacional y aprovechar el descontento de los campesinos del Tercer Mundo para exacerbar los ánimos revolucionarios. Los surrealistas, con su fervor por las recién descubiertas ideas del marxismo-leninismo, fueron los primeros en asimilar estas demandas. Los primeros, no los únicos. El mismo camino lo recorrieron los existencialistas, en especial Sartre, justo el año en que la confesión pública de los crímenes de Stalin relegaba a la Unión Soviética de su función como faro de los intelectuales occidentales de izquierda. En ese año de 1956, Argelia y Cuba entraban en el momento crucial de sus revoluciones, y el desencanto con el estalinismo hizo que sus estallidos resonaran con más fuerza en el Primer Mundo. Los intelectuales revolucionarios corrieron raudos al encuentro de la revolución foránea. El polvorín sedicioso ya no estallaría en las fábricas y talleres de Europa, sino en las colonias explotadas por el hombre blanco occidental. La transformación social empezaría allá y poco a poco se iría desplazando hasta dejar sitiada a Europa. Todo el arsenal de fantasías violentas de los existencialistas y marxistas tendría desde entonces un nuevo telón donde proyectarse: las selvas y montañas del Tercer Mundo.

Breton también incubaba violentas fantasías que invocaban al caos y la muerte. En su *Segundo manifiesto del surrealismo,* de 1930, exaltó la violencia como único medio para acabar con el capitalismo, y afirmó que el acto surrealista más puro consistía en bajar a la calle, revólver en mano, y disparar a los transeúntes al azar. Quien no hubiera sentido nunca el deseo de acabar con el régimen de envilecimiento imperante, merecía hacer parte de la masa abaleada. Sartre tuvo fantasías similares. En el prólogo al libro de Fanon, no pudo contener el odio que sentía hacia el hombre europeo y su enfermiza naturaleza colonialista y, en medio de reminiscencias nostálgicas por el buen salvaje, llegó a la conclusión de que no había otra forma de doblegar los vicios europeos que recurriendo a la violencia. Si el oprimido quería romper su yugo, sólo había una solución, sólo un camino a seguir: el asesinato. Se puede leer mil veces la postura de Sartre al respecto y aún se siente el mismo vértigo. "En los primeros momentos de la rebelión", escribió, "hay que matar: matar a un europeo es matar dos pájaros de un tiro, suprimir a la vez a un opresor y a un oprimido: quedan un hombre muerto y un hombre libre; el superviviente, por primera vez, siente un suelo *nacional* bajo la planta de los pies".[47]

Ni Breton ni Sartre llegaron a cometer actos tan extremos como los que predicaron en sus textos, pero sus soflamas, sobre todo las del segundo, fueron combustible de absurdas carnicerías en Latinoamérica. También en Estados Unidos y Europa. A favor de Breton debe decirse que no antepuso la ideología a la realidad, y que a diferencia de los existencialistas reconoció muy pronto la naturaleza represiva del sistema soviético. Su vinculación con el comunismo francés fue un vodevil trágico cómico. Después de un largo flirteo lleno de indecisiones, dudas y debates internos, Breton se afilió al Partido Comunista el 14 de enero de 1927, convencido de que el surrealismo podía ayudar a la revolución mundial. Era consciente, desde luego, de las tensiones que surgirían entre los férreos dogmas del Partido y la búsqueda etérea del surrealismo. Aunque sus respectivos odios convergían en un mismo blanco, el capitalismo y Occidente, sus métodos eran muy distintos. Los primeros querían la revolución social, los segundos la revolución espiritual. Más que desmantelar las estructuras económicas del capitalismo, Breton quería desmantelar la moralidad y la lógica instauradas en las mentes y en los corazones de

---

[47] Sartre, J. P., "Prefacio", en: Fanon, F., *Los condenados de la tierra* (1961), FCE, México, 1963, p. 20.

los occidentales. Esto, sin embargo, era puro esoterismo para las directivas del partido, y así se lo hacían saber a Breton cada vez que salía un nuevo número de *La Révolution Surréaliste*, y éste tenía que ir de comité en comité justificándose y dando explicaciones por las parrafadas de escritura automática y los demás escritos experimentales que alejaban a los artistas de las masas. La cosa no varió cuando Breton inició una segunda revista surrealista, *Le Surréalisme au service de la Révolution*, y Dalí empezó a publicar en ella sus sueños eróticos. Todas esas fantasías y picardías eran vistas por los comunistas como síntomas de pederastia y degeneramiento burgués. ¿Cómo conciliar la búsqueda de libertad absoluta de los surrealistas y el realismo socialista, que consideraba al arte como un instrumento de propaganda revolucionaria? Era imposible y así quedó demostrado en 1935, durante el Primer Congreso Internacional de Escritores en Defensa de la Cultura que auspiciaron los comunistas, en el que hubo tantas trabas y tantos ataques a los surrealistas que René Crevel, uno de los organizadoras que había movido cielo y tierra para que Breton estuviera en el comité directivo, terminó suicidándose.

El congreso marcó el fin de las relaciones entre Breton y el estalinismo. No así las de Aragon, Éluard y Tzara, que a la hora de escoger entre la revolución de la cultura y la revolución de la sociedad optaron por la segunda. El repudio de Breton hacia el estalinismo aumentó en 1936, cuando empezaron a circular rumores sobre los procesos de Moscú. El surrealista quiso saber exactamente qué había ocurrido durante esas purgas y junto a militantes socialistas, trotskistas y sindicalistas formó un comité para investigar las farsas judiciales montadas contra los ex miembros del Partido Comunista Soviético, entre ellos su admirado Trotski. La suerte quiso que dos años después, gracias a un encargo del Ministerio de Asuntos Exteriores francés, Breton pisara por primera vez el Nuevo Mundo y coincidiera con Trotski en casa del muralista mexicano Diego Rivera. Su viaje no estuvo motivado por el deseo de encontrar las turbas de salvajes que destruirían Occidente. Todo lo contrario. Su propósito fue más pacífico y civilizado de lo que hubiera cabido esperar: dar una serie de conferencias sobre arte y literatura. Durante el viaje, Breton escribió un manifiesto con Trotski que despejaba cualquier duda sobre el asco que sentía por el estalinismo y la deriva que había tomado la Revolución rusa. Se llamó *Manifiesto por un arte revolucionario* y en él, además de comparar los regímenes de Hitler y Stalin, el político y el poeta criticaron los recortes que aplicaban los soviéticos a la libertad y a la creatividad individual, y reivindicaron la necesidad de un arte revolucionario. Esta idea nunca abandonó a Breton. Así como para los dadaístas el arte debía curar, para el surrealista debía ser un revulsivo social. Ninguna de estas dos ambiciosas metas se cumplió de forma obvia y contundente durante la vida de Tzara y de Breton. El primero murió el 25 de diciembre de 1963, y el segundo unos años después, el 28 de septiembre de 1966. No alcanzaron a ver ni a vivir ni a palpar el segundo tiempo de la revolución cultural, en el que sus ideas, gestos y actitudes dejarían de escandalizar y se convertirían, en gran parte gracias a que los medios de comunicación asimilaron el lenguaje vanguardista, en un paisaje familiar. A la larga, de manera silenciosa, la triunfante sería la revolución cultural de la vanguardia y no la revolución social del comunismo.

Las ideas dadaístas y surrealistas que sobrevivieron a la disolución de las dos vanguardias, y que impregnaron la sensibilidad de los jóvenes en la segunda mitad de lo años sesenta, no fueron las que hablaban de nihilismo, negación e irracionalidad, sino las que celebraban la vida. Al menos durante su juventud, antes de adquirir el semblante grave del comunista ortodoxo que dejó las bromas para unirse a los republicanos españoles durante la guerra civil, y luego a la resistencia francesa durante la ocupación nazi, Tzara tuvo como mayor preocupación no aburrirse, exprimir la esencia de la vida gozando de la noche y descubriendo las cotas extremas de libertad que se alcanzaban abjurando de toda convención, de todo tabú, de toda expectativa social. Los dadaístas y los surrealistas fueron cazadores de extravagancias, de acontecimientos inesperados, de encuentros fortuitos. Una de las ambiciones de Breton fue disponer las condiciones para que lo maravilloso irrumpiera en la vida y la trastornara. ¿Qué era lo maravilloso? Algo tan inesperado, tan ilógico y tan paradójico que por sí solo trasgredía las categorías con que se ordenaba la realidad. El encuentro fortuito de un paraguas y una máquina de coser sobre una mesa de disección, por ejemplo. Aquella famosa imagen, sacada de *Los cantos de Maldoror*, parecía un retazo del universo onírico. Era maravilloso, era azaroso, era surrealista. Era justamente el aspecto que debía tomar la vida. Breton asumió el reto de transformar la experiencia para que se contagiara de la magia de esa otra realidad, donde las categorías se reblandecían y la lógica formal perdía utilidad. Todos los surrealistas salieron a la búsqueda de lo maravilloso. Alejo Carpentier recordaba que una vez, caminando con Robert Desnos por los alrededores de un viejo mercado de París, vio dos curas asomados a la ventana de un edificio, justo encima del cartel de la tienda del primer piso que decía: "Fábrica de trampas". No dudó un segundo en sacar su cámara y fundir en una sola imagen el improbable encuentro de los emisarios de la Iglesia y aquel revelador letrero. La instantánea encajaba perfectamente con el gusto surrealista: era algo inesperado y casual, paradójico y absurdo, pero al mismo tiempo cargado de significados transgresores.

Los surrealistas celebraban la experiencia, la vida cotidiana y aquellos pequeños detalles que solían pasar desapercibidos pero que encerraban gran potencial estético. Esa misma actitud los llevó a despreciar el éxito artístico. Un surrealista no podía ser un profesional del arte, y mucho menos pretender iniciar una carrera ascendente en busca de dinero y gloria. Profesionalizar el arte era convertir un arma revolucionaria en un oficio burgués, sometido a las fuerzas y demandas del sistema. Quien flaqueaba ante el oropel y la fama, era expulsado sin vacilación del surrealismo. Al igual que los dadaístas de Berlín, que en 1919 habían exigido la mecanización de todos los procesos laborales y el despido inmediato de todos los trabajadores, los surrealistas despreciaban las faenas y los oficios burgueses. Breton dio una batalla furibunda en contra del trabajo e impidió que sus seguidores se emplearan en labores que supusieran transigir con las aspiraciones de la burguesía. "Que nadie venga a hablarme del trabajo, quiero decir del valor moral del trabajo", escribió en *Nadja*. "De nada sirve estar vivo mientras se está trabajando".[48] Las fantasías hedonistas de la contracultura de los sesenta, en las que jóvenes europeos y norteamericanos se vieron oliendo las flores a tiempo completo mientras las máquinas hacían todo el trabajo y las universidades, engranajes del sistema, ardían, tuvieron sus antecedentes en estas denuncias dadaístas y surrealistas. En el cuarto número de *La Révolution Súrrealiste*, Breton y sus camaradas declaraban abiertamente la guerra al trabajo y expresaban repudio hacia los valores y las ambiciones de la clase media europea. El gran mundo, las recepciones, lo burgués y artificial los espantaba. Cuando Dalí se convirtió en un estrafalario enamorado de los focos y el dinero, Breton, además de expulsarlo del grupo, lo estigmatizó con el detestable apodo de Avida Dollars.

Estas tomas de posturas radicales no eran extrañas en Breton. Octavio Paz, que estuvo vinculado a los surrealistas desde su llegada a París en 1946, contaba que el líder de los surrealistas tenía dos caras. Una de ellas era la del hombre intransigente y vocero de la negación; una fuerza indomable, rebelde e intratable, que se ganó el nombre de "papa del surrealismo" por la obcecación con que defendía los principios de su movimiento y castigaba, con la expulsión y pérdida de su amistad, a quien no diera la talla de sus expectativas morales o traicionara sus fines artísticos. La otra era la del hombre fervoroso y efusivo, sensible y simpático, que sabía sintonizar con los otros y contagiarles sus intereses para emprender acciones colectivas. Breton buscaba las facultades creativas comunes a todos los seres humanos. Era un emancipador que buscaba el éxtasis, un perpetuo enamorado que necesitaba un entorno atemperado con la furia amorosa para sentirse vivo. El apasionado y el intransigente, la persona que exaltaba el amor y que anunciaba la revolución to-

---

[48] Breton, A., *Nadja* (1928), Círculo de Lectores, Barcelona, 2001, p. 63.

tal, convivían en un solo hombre. Breton disfrutaba de la vida urbana, de los paseos azarosos por las callejuelas y plazas de París, de la búsqueda de episodios lautréamontianos que sólo podían emerger del caos urbano, mientras, al mismo tiempo, invocaba a los bárbaros para que acabaran con todo aquello.

Sin duda era un hombre de dos rostros. Dos libros tan distintos como *Nadja*, el relato autobiográfico de un amor casual y maravilloso que surge espontáneamente en las calles de París, y el *Segundo manifiesto del surrealismo*, que animaba a salir a la calle a disparar al azar con el riego de matar a las Nadjas de este mundo, salieron del mismo puño, con tan sólo dos años de diferencia. Uno anunciaba el azaroso encuentro del amor provocado por un flechazo en el corazón, el otro el azaroso encuentro de la muerte causado por un disparo en el abdomen.

El rostro vitalista del surrealismo, el que exaltaba la creatividad y defendía la emancipación de las ataduras y compromisos sociales como única causa digna por la cual vivir, volvió a asomar en la Francia de posguerra. Antes, sin embargo, tuvo que enfrentar grandes obstáculos. En 1941, durante la ocupación nazi, Breton escapó a Estados Unidos para pasar los amargos años de la guerra en un refugio seguro. Coincidió en la travesía con el antropólogo Claude Lévi-Strauss y aprovechó una escala en Martinica para reunirse con Aimé Césaire, líder de la lucha anticolonial y fundador, con Léon Gontran Damas, Guy Tirolien, Léopold Sédar Senghor y Birago Diop, del movimiento de la negritud. Con un guiño de condescendencia típico del intelectual europeo hacia el rebelde latinoamericano, Breton alabó su libro *Cuaderno de un retorno al país natal*, diciendo que era "el monumento lírico más grande de nuestros tiempos".[49] Cuando terminó la guerra, Breton regresó a París creyendo ingenuamente que el surrealismo seguiría siendo el movimiento predominante. Pero se equivocaba: era 1946 y las cosas habían cambiado de forma radical. Los estalinistas que habían liderado la resistencia durante la ocupación, copaban ahora, como

---

[49] Polizzotti, M., *La vida de André Breton. La revolución de la mente*, p. 483.

héroes triunfantes, todos los puestos en la industria cultural. Los antiguos camaradas de Breton eran ahora sus adversarios, y esgrimían las credenciales morales de la resistencia para minar su retorno a la cima del panorama intelectual. Tzara, con quien Breton se había reconciliado a finales de los años veinte, lo criticó sin misericordia durante una conferencia en la Sorbona por haber huido durante la ocupación, y sentenció que el único destino viable para el surrealismo era someterse al Partido Comunista. Aragon, Éluard y René Char tampoco le dieron un recibimiento caluroso. El primero había dicho que defender a capa y espada la libertad de expresión era seguir la senda de Marinetti, es decir, la del fascismo, y que sospechar de los juicios de Moscú, como había hecho Breton, equivalía a adoptar las tesis hitlerianas. El segundo, tras una petición abierta que Breton publicó en *Combat*, se negó a ayudar al historiador checo Zavis Kalandra, que se enfrentaba a una orden de ejecución en Praga tras la habitual farsa estalinista de detenciones arbitrarias y autocríticas forzadas. "Estoy demasiado ajetreado con los intelectuales que afirman su inocencia como para preocuparme por los culpables que proclaman su culpa",[50] fue la respuesta de Éluard.

La vieja guardia intelectual, así no militara en el Partido —Aragon fue uno de los pocos que lo hizo—, se había entregado a los brazos del dogmatismo soviético. Los jóvenes, por su parte, e incluso algunos viejos surrealistas como Bataille y Masson, empezaban a gravitar en torno al existencialismo. La atmósfera no era apta para el resurgimiento del surrealismo. El humor y el juego habían sido desterrados de las preocupaciones intelectuales, y el escándalo gratuito, al igual que la provocación vanguardista, parecían ahora un vulgar espectáculo destinado a entretener a la burguesía de posguerra. Sartre insistió en esto en 1947, en un ensayo publicado en *Les Temps Modernes* que se convertiría en parte de *¿Qué es la literatura?* El surrealismo era tan sólo un insípido caramelo apto para el delicado paladar de

---

[50] Citado en: Judt, T., *Pasado imperfecto. Los intelectuales franceses 1944-1956* (1992), Taurus, Madrid, 2007, p. 165.

los burgueses. Provocar el escándalo y escapar a sus consecuencias, como hacían los vanguardistas, era un juego inútil; más aún, un juego perjudicial, pues forzaba al artista rebelde y al burgués a entrar en una relación de dependencia. El primero necesitaba al segundo para sentirse extraño y sedicioso, y el segundo al primero para divertirse con sus desplantes inocuos e indoloros. Sartre también lanzó un duro golpe a Breton por su gratuita exaltación de la violencia. No era que Sartre deplorara el terror revolucionario. Todo lo contrario: disparar al azar, en lugar de poner la violencia al servicio de la revolución proletaria, le parecía una sencilla estupidez.

El clima espiritual que emergió tras el fin de la Segunda Guerra Mundial no era favorable a las trasgresiones ni al terrorismo cultural de los surrealistas. Después de cuatro años de hecatombe, la escritura automática, los manifiestos y los juegos experimentales, como el "cadáver exquisito", parecían vanas niñerías. Ya no era necesario abogar por la ruina de Occidente o invocar a los bárbaros para que vinieran a arrasar con todo. Todas estas fantasías de destrucción se habían hecho realidad: la civilización occidental estaba destrozada. Los bárbaros habían llegado, barrido sus ciudades, quemado sus museos, destruido sus escuelas y desnaturalizado sus tradiciones y valores. Marinetti, Tzara o Breton se habían quedado cortos en sus anhelos de transformación total. Occidente había sucumbido a las peores ideas y pasiones engendradas en su suelo, y aquello no había significado la emergencia de la utopía emancipadora, del mundo de lo maravilloso o del reino de la igualdad y la justicia, sino de Auschwitz. ¿Cómo seguir entonces invocando la irracionalidad humana, el disparo azaroso, la higiene de los bárbaros, los sueños y las pesadillas?

Durante los veinte años que transcurrieron entre su regreso a París y su muerte, Breton siguió publicando revistas, escribiendo ensayos y manifiestos, organizando grandes retrospectivas de pintura surrealista y vinculando a nuevos miembros a su movimiento. Aunque pasó penurias económicas, fiel a esa línea de comportamiento ejemplar que lo acercaba al santo y le daba, como a todo moralista, la fuerza para elevarse por encima de sus semejantes, rechazó el Gran Premio de la Ciudad de París: 300,000 francos que en aquel enero de 1950 le hubieran resuelto más de una estrechez económica. Breton prefirió el hambre a la pérdida de independencia. No dejó que se ablandara ninguno de sus principios, con lo cual consiguió perder el afecto de todos sus amigos excepto el de Benjamin Péret, que permaneció a su lado hasta su muerte. Pero ese carácter diamantino también le impidió ceder al estalinismo, a la gloria, a la vanidad del escritor y a las modas intelectuales del momento. Breton fue el padre al que los jóvenes tuvieron que matar. Una nueva camada de intelectuales, reunida en torno a la revista *Tel Quel* (Philippe Sollers, Roland Barthes, Georges Bataille, Jacques Derrida, Michel Foucault, Julia Kristeva, Bernard-Henri Lévy, Tzvetan Todorov, entre muchos otros), pasó de alabar a Breton a cavar su tumba. Después del surrealismo, parecía que el arte y la literatura cederían el testigo a la filosofía, para que ella, desde las aulas universitarias o las páginas de los periódicos, continuara la lucha cultural contra los vicios de Occidente. Y podría decirse que así fue o que al menos eso fue lo que pareció haber ocurrido. Sin embargo, la fuerza cultural que impulsó las revoluciones de los sesenta y armó de brío, humor, furia y desvergüenza a los jóvenes de Occidente se nutría de otras fuentes. Alejada de los focos, escondida en los más sombríos cafés parisinos, se incubaba una nueva generación de vanguardistas revolucionarios dispuestos a mantener vivo el anárquico espíritu del dadaísmo.

BLACK MOUNTAIN COLLEGE: EL PARAÍSO DE LA EXPERIMENTACIÓN 1933-1952. LAGO EDEN (CAROLINA DEL NORTE), NUEVA YORK

En la primavera de 1948, John Cage y Merce Cunningham viajaban por la costa este de Estados Unidos buscando escenarios dónde presentarse y, con suerte, ganarse algunos dólares. El músico y el bailarín habían trabajado juntos por primera vez en 1942, cuando Cage compuso la pieza *Credo in US* para la primera coreografía de Cunningham. Ambos se complementaban a la perfección. Replicando el intento de Cage de liberar la música de la armonía, Cunningham había liberado la danza del argumento, de los elementos psicológicos e incluso de su dependencia del ritmo musical. Cage, con sus pianos preparados, exploraba el sonido, y Cunningham, con sus coreografías "sordas", independientes de las secuencias musicales, exploraba el movimiento. El primero producía un golpeteo rítmico, resultado de introducir tuercas, trozos de cuero o cualquier otro objeto entre las cuerdas del piano, y el segundo se movía azorosamente por el escenario, deteniéndose, reiniciando el movimiento, jugando con su cuerpo. La música no tenía relación alguna con el baile; eran dos actividades paralelas que no se intersectaban en el escenario, sino en el plano de las ideas. Cage introducía ruidos de la vida en la música, Cunningham introducía movimientos cotidianos en el baile.

Aquella primavera, ansiosos por actuar ante un público de artistas, tocaron las puertas del Black Mountain College. Desde hacía al menos diez años Cage sentía una fuerte atracción por esta escuela experimental. A finales de los años treinta había querido estudiar allí, y luego, en 1942, pensó que aquel sería el lugar ideal para fundar un centro de música experimental. Aunque ninguno de los dos proyectos se materializó, a partir de 1948 el Black Mountain College se convertiría en un lugar decisivo en la trayectoria del compositor. Allí no sólo encontró la complicidad de artistas y profesionales de diversas ramas, sino —aún más importante— un público expectante y deseoso de asimilar y poner en práctica sus revolucionarias ideas.

En el campo de la música clásica, los experimentos de Cage eran considerados, en el mejor de los casos, una broma; en el peor, una simple chiquillada. Sus pianos preparados, sus acumulaciones de ruidos y sus piezas azarosas despertaban el repudio y la burla de sus colegas. Nadie se lo tomaba en serio, lo cual debió resultarle de lo más molesto pues su proyecto musical, además de trascendente, carecía de cualquier pretensión cómica y mucho menos de la irreverencia programada del *enfant terrible*.

Muy pocos músicos profesionales vieron el trasfondo que había en sus obras; los artistas experimentales, en cambio, acudieron en masa a sus conciertos. Les fascinaba el espíritu experimental de Cage y su falta de respeto por la tradición, cualidades que bastaron para abrir nuevos horizontes a artistas jóvenes ansiosos por sacar al arte de sus coordenadas y explorar otros canales de expresión. Tan exitosa fue la presentación que dieron Cage y Cunningham en aquella primavera del 48, que en el verano del mismo año volvieron al Black Mountain, Cage para dar un curso sobre la estructura de la música y la coreografía, que finalmente acabó versando sobre Erik Satie, y Cunningham un taller de danza moderna. No sería la última vez que visitarían la escuela. Volvieron en 1952, esta vez para realizar el primer *happening* de la historia y fijar su impronta en el arte norteamericano de la segunda mitad del siglo xx.

El Black Mountain College había sido fundado en 1933 por John Andrew Rice, un profesor de filología clásica expulsado del Rollins College de Florida debido a sus atípicas fórmulas pedagógicas. Según los órganos administrativos, Rice, con su estilo socrático de enseñanza, el papel activo que daba al estudiante y sobre todo su intensión de flexibilizar los horarios de estudio, rompía la paz y la armonía de la universidad. La expulsión de Rice generó tal escándalo, que otros ocho colegas y un grupo de estudiantes se solidarizaron con él, dejando sus plazas y mostrándose dispuestos a fundar, con Rice a la cabeza, un nuevo centro educativo en Carolina del Norte abierto a la experimentación pedagógica. Así nació el Black Mountain College. Al principio funcionó en las instalaciones de la Young Men's Christian Association (YMCA), que permanecían desocupadas en los meses de invierno, y luego se trasladó a un envidiable lote adquirido a orillas del lago Eden.

La influencia de John Dewey había convencido a Rice de que el arte debía cumplir un papel fundamental en la educación profesional. La razón era simple: el desarrollo de las cualidades artísticas daba herramientas fundamentales para encarar la vida diaria y la vida laboral. El Black Mountain College no iba a ser exactamente una escuela de arte, e incluso Rice se propuso desanimar a todo estudiante que, creyéndose genio, quisiera emprender una carrera como artista sin disponer del talento necesario. Pero desde el inicio la columna vertebral de la formación fueron las distintas artes: pintura, cerámica, danza, teatro, música, tejido, literatura, fotografía. Las materias que solían cumplir una función secundaria en los planes de estudio de otras universidades, aquí tendrían un papel primordial. Y no porque Rice y sus colaboradores quisieran fomentar una revuelta vanguardista o contracultural que, siguiendo los pasos del dadaísmo, enfrentara al alumno con el mundo, sino porque querían potenciar las cualidades humanas a partir de un desarrollo de la libertad expresiva y de la creatividad. El propósito era que el arte ayudara al estudiante y al futuro profesional a adaptarse con mayor éxito al mundo y al mercado laboral. Lo que no previeron fue que la actividad y la experimentación artística atraerían las ideas vanguardistas, y que los estudiantes, bajo su influjo, empezarían a encontrar tan horrible y alienante la sociedad norteamericana que optarían mejor por no integrarse a ella.

Proyectos educativos similares al del Black Mountain College, como la escuela Summerhill de Alexander Sutherland Neill, ya se habían puesto en marcha antes. En ambas los estudiantes participaban activamente en el diseño de sus planes de estudio y en todos los asuntos de la universidad. En Black Mountain no había notas, ni créditos, ni horarios. Los estudiantes se dividían en *junior* y *senior*, y eran ellos mismos quienes decidían cuándo estaban listos para pasar de un nivel a otro o para someterse a la evaluación final. El proyecto educativo de Rice fue tan seductor que, a pesar de los bajos salarios, muchos profesores dejaron sus trabajos en otras universidades para mudarse a Carolina del Norte. Algunos, incluso, estuvieron dispuestos a trabajar gratis con tal de garantizar la supervivencia del experimento. Hacer parte de Black Mountain suponía, tanto para alumnos como profesores, asumir un papel activo en el mantenimiento diario de la universidad. El cuidado de las hortalizas y la cría de animales hacían parte del plan de estudios (en reemplazo de la educación física), y la base de la formación era la convivencia cercana y la accesibilidad de los profesores, dando ocasión a lo que hoy en día sería visto como un aberrante abuso de poder: los romances entre docentes y alumnos. Para coordinar la enseñanza del arte, Rice logró que uno de los más reputados artistas europeos, Josef Albers, dejara Alemania y se instalara en Carolina de Norte. No tuvo que esforzarse mucho para convencerlo. Albers acababa de perder su trabajo como director de la Bauhaus, una de las más prestigiosas escuelas de diseño y arquitectura del siglo xx, debido al ascenso de Hitler al poder.

Como bien se sabe, en enero de 1933 Hitler fue nombrado canciller de Alemania y ese mismo año, tras encontrar resistencias por parte del profesorado de la Bauhaus, renuente a convertir sus clases en nicho de la ideología nazi, clausuró la escuela. El ambiente hostil para los artistas e intelectuales objetores del nazismo hizo tentadora la aventura americana. Albers y su esposa Anni, una artista con un refinado talento para el tejido y los diseños geométricos, no lo dudaron. A pesar de no hablar una palabra de inglés, se sumaron a la larga lista de influyentes artistas europeos que encontraron refugio en Estados Unidos durante los oscuros años del nazismo. Al llegar a Carolina del Norte, Albers, en su rudimentario inglés, dijo que su propósito era "abrir ojos", y en efecto, todos sus alumnos, compartieran o no su filosofía estética, llegaron a reconocer su increíble labor como docente.

Algunas ideas desarrolladas en la Escuela de la Bauhaus tenían claros visos idealistas, similares a los que inspiraron inicialmente a Rice. La Bauhaus se propuso erradicar las barreras elitistas que separaban el arte de la artesanía y el arte de los utensilios cotidianos. Walter Gropius, su fundador, escribió un manifiesto en el que ponía todas las artes al servicio de la arquitectura, con el propósito de construir el "edificio del futuro", bajar al artista de su torre de marfil y adiestrarlo en el trabajo manual, cosa que hoy en día aterrorizaría a los artistas contemporáneos que disponen de hasta cien asistentes que manufacturan sus cuadros, esculturas e instalaciones. Albers, sin embargo, estaba lejos de ser un vanguardista revolucionario como Tzara o Breton. Por el contrario, tenía fama de autoritario y rígido, y su personalidad desentonaba por momentos en un entorno estudiantil tan poco reglamentado como el de Black Mountain, donde se empezaban a generar actitudes y comportamientos que se anticipaban a la rebelión beatnik de los cincuenta y la hippie de los sesenta. La obsesión de Albers eran los materiales y los colores. Quería que los alumnos aprendieran a conocerlos y combinarlos para dar orden allí donde antes había caos. Nada más alejado de los proyectos de artistas como Duchamp y Cage, fundados en el azar y en la no transformación imaginativa de ningún elemento. La ventaja era que Albers estaba abierto a nuevas ideas e invitaba a artistas con distintas visiones sobre el arte y la estética para los cursos de verano. En el curso de 1948, Cage se propuso difundir la obra de su admirado Satie. Dio tres recitales semanales, antes de los cuales, por sugerencia de Albers, impartió una conferencia introductoria. Una de estas presentanciones desató serias controversias. En ella leyó *En defensa de Erik Satie,* un curioso ensayo que en realidad no reivindicaba al compositor dadaísta sino que atacaba a Beethoven, culpándolo de haber convertido la armonía en el principio estructural de la música. "Su influencia, tan extensa como lamentable, ha sido mortal para el arte de la música",[51] aseguraba Cage. Aquel acto de desprecio por la tradición romántica alemana, pronunciada, además, ante profesores alemanes, era un ejemplo de la libertad que se respiraba en Black Mountain para decir, proponer y experimentar con cualquier cosa.

Al final del verano, Cage y Cunningham concluyeron su paso por la escuela con el montaje de una obra teatral de Satie titulada *La trampa de Medusa.* La complicidad de los profesores y alumnos de la escuela fue fundamental. Willem de Kooning se encargó de los decorados; su esposa Elaine interpretó el papel de Frissete; William Shrauger, un estudiante, interpretó a Astolto;

---

[51] Citado en: Tomkins, C., *Off the Wall. Robert Rauschenberg and the Art World of Our Time,* Doubleday & Company, Inc., Nueva York, 1980, p. 73.

Cunningham bailó en el papel de "mono mecánico"; el inventor Buckminister Fuller, famoso por sus estructuras geodésicas y sus experimentos con el sueño (intentó demostrar que era posible dormir sólo dos horas diarias, repartidas en sesiones de media hora cada seis), hizo del Barón Medusa; y la dirección estuvo a cargo de otro estudiante llamado Arthur Penn. *La trampa de Medusa* fue un anticipo de lo que sería la continua colaboración de prestigiosos artistas en el diseño de vestuario y decorado de la compañía de danza de Cunningham.

Uno de estos artistas que colaboró con Cunningham fue Robert Rauschenberg, también estudiante del Black Mountain College. Rauschenberg había entrado a la escuela en 1948, el mismo año en que Cage y Cunningham pasaron por allí buscando audiencia y algunos dólares para mantenerse a flote. No llegaron a conocerse en aquella ocasión, y tuvieron que esperar hasta 1951 para estrechar sus manos y hasta 1952 para convertirse en amigos. Rauschenberg era un bicho raro dentro del panorama artístico estadounidense. El expresionismo abstracto reinaba en las galerías y museos de Nueva York, y la abstracción geométrica en las clases de Josef Albers. No parecía haber ningún lugar para un pintor que llenaba lienzos enteros con números, y que luego, sencillamente, había empezado a dejar las telas totalmente en blanco. Aunque a lo largo de su vida agradeció siempre la estricta formación que le dio Albers, "el gran disciplinador de América", Rauschenberg se empecinó en hacer justamente lo contrario de lo que él decía. Si Albers buscaba el orden, Rauschenberg se inclinaba por el caos; si Albers combinaba los colores y los materiales como un científico, Rauschenberg le daba prioridad al azar; si Albers transformaba los elementos para convertirlos en material artístico, Rauschenberg incorporaba objetos banales y cotidianos en sus cuadros. Fue una relación tortuosa. Nada hacía presagiar que un pintor heterodoxo, sin un lugar propio en la escena artística de los cuarenta, rechazado y criticado por los expresionistas abstractos, se convertiría en un artista clave en la evolución del arte norteamericano de la segunda mitad del siglo xx. Si así fue, en gran

medida se debió a que Rauschenberg, a través de John Cage y
Merce Cunningham, retomó la herencia olvidada de Duchamp,
silenciada durante los largos años en que reinaron Pollock, de
Kooning, Rothko y los demás protagonistas del expresionismo
abstracto.

Cage y Rauschenberg se conocieron en la galería de Betty
Parsons en 1951, luego de que el músico descubriera la serie de
pinturas blancas y negras que el artista había expuesto en sus
salas. Cage quería adquirir alguno de sus lienzos, no sólo por
la impresión que le habían causado, sino porque aquellos lienzos vacíos lo animaron a llevar a cabo un proyecto que desde
hacía un tiempo le rondaba la cabeza. Cage ya había comprobado en la cámara insonorizada de Harvard que el silencio absoluto no existía. En total silencio se seguían oyendo los ruidos
del propio cuerpo, y por lo visto, como acababa de comprobar
viendo los lienzos de Rauschenberg, la misma experiencia podía replicarse a nivel visual: tampoco había tal cosa como el
vacío absoluto. En los lienzos incoloros del artista se veían los
brillos, las sombras, el polvo, la suciedad del ambiente; la tela
recogía el mundo exterior, la vida real y cotidiana, y la resaltaba
sin mediación del artista. Los lienzos en blanco de Rauschenberg eran el equivalente pictórico del silencio en la música. Esa
blancura poluta, aquel percudido que el trasiego diario y alea-
torio dejaba en la tela, le sirvieron de inspiración a Cage para
componer *4:33* en 1952, durante su tercera estadia en el Black
Mountain College.

En el plano ideológico, sin embargo, no había una sintonía semejante entre el pintor y el músico. Rauschenberg tenía
una actitud experimental en las artes, pero carecía de un proyecto filosófico —y menos aún de una visión utópica— como
Cage. Difícilmente podía decirse de él que fuera un anarquista
o un rebelde, o que sus obras estuvieran inspiradas por Stirner,
Thoreau, o incluso que fueran fieles al legado de Duchamp.
Rauschenberg, como todos los artistas norteamericanos de la segunda mitad del siglo xx, admiraba al dadaísta francés, pero sus
ideas más características —la indiferencia estética o el desdén

por el mundo del arte— no hacían parte de su proyecto plástico. Rauschenberg quería incorporar la vida al arte, adhiriendo objetos dispares en sus lienzos para que la pintura se pareciera al mundo real. Mientras más objetos cotidianos tuviera, más cercana estaría la pintura a la vida. Pero hasta ahí llegaba su legado dadaísta. Sus *combine-paintings*, el núcleo de su filosofía artística, eran lienzos a los que adhería pastosas capas de pintura y objetos que encontraba en la calle o que compraba al verlos en los escaparates durante sus caminatas por Nueva York. Animales disecados, por ejemplo, que ejercían gran atracción sobre Rauschenberg o señales de tránsito. En *Monogram* (1955-1959), una de sus obras más famosas, se aprecia un peludo macho cabrío engarzado en una llanta, presagio del aluvión de animales flotando en formol que llegarían a las colecciones de los multimillonarios con el éxito mediático del artista británico Damien Hirst.

Los libros de arte suelen decir de Rauschenberg y de su amigo Jasper Johns, otro artista que deambulaba como una bala perdida por Nueva York en esos mismos años, que fueron los pintores encargados de desplazar al expresionismo abstracto a los márgenes de la escena artística neoyorquina y, rechazando el misticismo, el toque personal y la megalomanía autoexpresiva de Pollock, de retomar la herencia olvidada de Duchamp. Incluso suele llamárselos neo-dadaístas y se suele pensar que sus lienzos también estaban contagiados por el virus del antiarte. Pero en realidad sus obras tenían más de neo que de dadá. Es verdad que tanto Rauschenberg como Johns fundieron la vida y el arte: Rauschenberg dejando que los objetos de la calle se colaran en sus lienzos, Johns convirtiendo el mismo lienzo en un objeto de la calle, pero ninguno de los dos fue un verdadero dadaísta, ni en la forma ni en el fondo. Contradiciendo uno de los preceptos básicos del dadaísmo y de la indiferencia duchampiana, ambos se propusieron hacer arte y conquistar las galerías y museos. La idea del *ready-made* no la emplearon como herramienta subversiva, sino como licencia para hacer cosas que nadie más se había atrevido a hacer. Teniendo en cuenta que ambos sondeaban aguas oscuras en plena década de 1950, cuando Jackson Pollock era entronado como el primer dios del arte norteamericano del siglo XX, fue sin duda una apuesta arriesgada. Pero sólo eso: arriesgada, no revolucionaria.

Más aún: a pesar de que Rauschenberg y Johns admiraron a Duchamp y trabajaron durante varios años con Cage y Cunningham, alternándose en la dirección artística de su compañía de danza, diseñando los decorados y vestuarios e, incluso, en el caso del Rauschenberg, viajando por medio mundo como luminotécnico de los espectáculos, sus obras traicionaron la rebeldía dadaísta. Eran llamativas y escandalosas, daban de qué hablar y despertaban gestos de incordio y repudio, pero nada más. La bofetada que el *ready-made* le daba a la cultura no era más que un cosquilleo en las *combine-painting* de Rauschenberg y en los objetivos y banderas de Johns: un brusco escalofrío que al poco tiempo era asimilado y vanagloriado. Mientras Duchamp estuvo en la sombra casi cuatro décadas, a Rauschenberg le bastó una para destronar a Pollock y convertirse en el pintor más cotizado de los sesenta. Johns no se quedó atrás. Ambos condujeron el arte norteamericano hacia una nueva etapa, en la que el arte y la vida se unirían no para revolucionar la sociedad ni para contradecir o aceptar el mundo, sino para legitimar la banalidad.

DESCIFRAR A DIOS: LA REVOLUCIÓN LETRISTA
1946-1951. PARÍS, CANNES

A finales de 1947, un joven rumano de origen judío, labios carnosos, mirada profunda y aires de estrella del cine, invitó a Breton a la velada de un nuevo movimiento poético. El veinteañero, cuyo nombre real era Jean-Isidore Goldstein, se hacía llamar Isidore Isou, y se autoproclamaba creador y líder del letrismo, "la vanguardia de las vanguardias". Temiendo que aquel joven impetuoso requiriera su presencia sólo con fines publicitarios, el papa del surrealismo rechazó la invitación. Su sospecha estaba justificada. Casi dos años antes, Gabriel Pomerand, otro joven bohemio reclutado por Isou para su causa, había interrumpido una conferencia que pronunciaba el ex surrealista Michel Leiris en el estreno de *La huida,* obra teatral de Tristan Tzara. De pie ante la multitud, Pomerand exigió al conferenciante que se dejara de tonterías: el dadaísmo estaba muerto y las letanías por los difuntos eran soporíferas. El público quería otra cosa; el público quería que le hablara del último y más radical movimiento poético; el público quería saber qué era el letrismo.

Aprovechando el jaleo que armaron algunos compinches infiltrados entre el público del Vieux-Colombier, Pomerand logró abrirse paso hasta el escenario y pedir al creador del letrismo que se acercara a la tarima. Isidore Isou tomó entonces la palabra, y habló con entusiasmo de su movimiento y recitó poemas letristas que superaban las onomatopeyas futuristas y los infantilismos dadaístas. Sus poemas no eran ruidos ni balbuceos, eran letras que se atoraban en su tráquea y resonaban como gargarismos hechos con consonantes y vocales. Aquella aparición intempestiva garantizó que nadie en Saint-Germain-de-Prés olvidara el nombre de este nuevo *ismo.* Al día siguiente, *Combat* mencionó a los poetas letristas en primera página. Al sabotear un acto dadaísta con las mismas armas del dadaísmo, este nuevo grupo, apenas conformado por dos jovencísimos miembros —Isou y Pomerand—, se abría campo en la escena vanguardista de París.

A diferencia de su admirado Tzara, Isou no buscaba el protagonismo y la publicidad sólo para escandalizar a la burguesía o minar los cimientos de la cultura occidental. Desde luego que el líder letrista quería conmocionar a Occidente, pero su objetivo no era encaminar la destrucción de su cultura ni promulgar la muerte de todos los valores. Isou venía de un linaje distinto, menos emparentado con los anarquistas, los nihilistas o los nietzscheanos, y más cercano a los visionarios utópicos que ansiaban completar la hazaña científica de Newton en el campo social. Como todo hombre que se cree tocado por la gracia, Isou tenía una gran idea. Estaba convencido, como lo estuvo Charles Fourier a comienzos del siglo XIX, de haber descubierto una lógica secreta y oculta inscrita en los planes divinos, que le permitiría emprender un descomunal proyecto de renovación cultural y una profunda reestructuración de las ciencias, las matemáticas, la tecnología, la teología, la filosofía, la psicología y la economía política. A diferencia de los místicos, cuya obcecación cegadora los mantenía en la ignorancia de Dios, y de los nihilistas empedernidos, que se ufanaban negando su existencia, Isou volcó toda su inteligencia y su perspicacia en comprender a Dios. En esto seguía a Fourier. Ni adorar ni odiar al Creador: entenderlo, desentrañar la ley de la Creación. Newton ya había demostrado que la materia se regía por ciertas leyes divinas. Su genio, además, le había permitido formalizarlas en ecuaciones matemáticas. Fourier se propuso hacer lo mismo, pero no en el campo de la materia sino en el de la sociedad. Observando la naturaleza de las pasiones humanas, creyó haber encontrado una nueva fuerza de "atracción apasionada", a través de la cual se podía penetrar en lo más profundo de la naturaleza humana, es decir, en la lógica con que Dios había creado al hombre. Fourier pensaba que, por no haber atendido a las demandas de esta naturaleza humana, a sus pasiones, goces y requerimientos, la humanidad seguía en una etapa de infancia —una infancia llena de vicio, insatisfacción, revoluciones y sangre— y no había podido emprender el largo camino de ascenso y descenso a lo largo de las cuatro fases y 32 períodos que componían el ciclo de la humanidad; ciclo que, por algún motivo incierto nunca aclarado por Fourier, debía durar cerca de 80,000 años. Estas fases, además de estar predeterminadas —el ser humano sólo podía acelerar o retrasar el paso de una a otra— eran la prueba de que en los asuntos humanos Dios no obraba de forma arbitraria sino por leyes fijas. Lo sensato era suspender cualquier otra indagación filosófica, económica o política, y dedicar todos los esfuerzos de hombres y mujeres a corroborar sus hipótesis, pues en caso de que hubiera dado en la clave, la humanidad contaría entonces con la ley social que le permitiría salir del caos y entrar, por fin, a una etapa de armonía universal.

Las ideas de Isou se emparentaban con el historicismo de Fourier. El letrista creía que la historia se movía por ciclos fijos y predeterminados, susceptibles de ser acelerados o retrasados, y que esta lógica demostraba la presencia silenciosa de una ley oculta que forzaba los acontecimientos históricos en una dirección determinada. Quien dominara esta ley podía conducir a la humanidad a un nuevo período histórico y con eso no sólo se convertiría en el más grande creador de todos los tiempos, sino que se ganaría el derecho de ser llamado Dios. Isou no analizó las pasiones humanas, como Fourier, sino las disciplinas artísticas. A través de sus observaciones, estuvo seguro de haber encontrado esa pauta, esa lógica, esa dinámica arcana que establecía los ciclos inevitables por los que debían pasar todas las actividades humanas. No sólo eso: aquella ley, que creyó descubrir y que creyó dominar, le permitía obrar como una deidad e intervenir en el mundo para acelerar los ciclos y llevar todos los procesos creativos a su culminación. Él y sus discípulos tenían las llaves de la divinidad, y estaban dispuestos a usarlas para abrir las puertas del paraíso letrista e impulsar a la humanidad hacia una nueva etapa. Maurice Lemaitre, uno de los más fieles y obstinados seguidores del letrismo, contaba que Isou, al presentarse ante él, no se limitó a decir que era el político, el poeta, el compositor, el novelista, el cineasta, el dramaturgo y el filósofo más grande de todos los tiempos, también le dijo que era Dios. Lemaitre le contestó que aquella afirmación no le impresionaba:

—Yo también he soñado ser Dios. Pero al serlo tú, yo no puedo convertirme en él.

—Si lo quieres realmente, tú podrás, así como pude yo, ser Dios —respondió Isou, y procedió a demostrárselo iniciándolo en el conocimiento de su ley. Entonces, Lemaitre se levantó eufórico y gritó.

—¡Sí! —Isou era el mesías.[52]

Gabriel Pomerand y Roland Sabatier también creyeron que Isou era, si no un dios, al menos sí el más grande creador de todos los tiempos. El discurso exaltado y profético del letrista ejer-

---

[52] Lemaitre, M., *Carnets d'un fanatique*, t. I, Jean Grassin Éditeur, París, 1960, p. 26.

ció un gran poder de seducción entre los jóvenes bohemios que recorrían la noche parisina. Isou aseguraba que el letrismo no iba a ser un simple aspaviento de pocos años. Por el contrario, con la seguridad del fanático, insistía que el letrismo transformaría la cultura y la sociedad de pies a cabeza, y que así como hoy se hablaba de la "cultura griega", del "romanticismo" o del "Renacimiento", en el futuro, una vez el mundo reconociera sus hallazgos, se estudiaría al letrismo como un período fundamental en la evolución humana. Las ideas de Isou iban a producir un cambio tan profundo en todas las esferas de la cultura, del conocimiento y de la vida, que se le tendría que reconocer como el iniciador de una nueva época. Y no cualquier época. La letrista sería la época en que por fin, después de tantos intentos infructuosos, la sociedad alcanzaría el añorado estado paradisíaco.

¿Cuáles eran las revolucionarias ideas de Isou? De manera precoz, emulando los intentos de tantos visionarios que, empezando con Joaquín de Fiore en el siglo XII, se propusieron descifrar las leyes de la Historia, Isou creyó haber desvelado la lógica secreta e inapelable que determinaba los ciclos de la vida y de la producción artística. En la poesía, por ejemplo, era evidente que desde sus orígenes homéricos la épica se había nutrido de historias, mitos y anécdotas, y que no había dejado de crecer e incorporar elementos hasta llegar a las grandes arquitecturas verbales de Victor Hugo. Pero de ahí en adelante, empezando por Baudelaire y terminando con Tzara, la poesía había empezado un proceso inverso de descomposición y purificación. Baudelaire había eliminado la anécdota para centrarse en el poema; Verlaine había despachado la lógica del poema y se había quedado con el verso; Rimbaud había descubierto la palabra y la había liberado del verso; Mallarmé había exaltado la palabra y creado maravillas con ella; y Tzara, finalmente, había redimido la palabra de su significado sacándola al azar de un sombrero para componer poemas.

Lo mismo ocurría en las demás artes. La música había ido creciendo desde sus orígenes hasta llegar a las composiciones de Debussy, para entrar luego en una etapa de descomposición que empezaba con Stravinsky y acababa con *El arte de los ruidos* del futurista Russolo. La pintura había sufrido el mismo proceso de ampliación, empezando en las cavernas prehistóricas y terminando en los cuadros de Delacroix, para luego entrar en una fase de purificación con los impresionistas, los dadaístas y los surrealistas. La novela había incorporado elementos desde las obras del griego Longo hasta las grandes obras de Victor Hugo, para luego erosionarse en las historias de Stendhal y Joyce. Ésa era la ley que regía la evolución e involución de las artes. A una etapa de amplitud (*amplique*), seguía una de descomposición (*ciselant*), y cuando se llegaba al límite, es decir, cuando las artes en su etapa *ciselant* llegaban hasta la disolución total de sus elementos, se abría una nueva etapa de ampliación que suponía un cambio tan revolucionario, tan trascendental, que bien podría hablarse del surgimiento de una nueva época.

Con esta ley histórica en la mano, Isou se propuso llevar todas las artes, empezando por la poesía, hasta su culminación. De ahí el nombre de su movimiento. Si Tzara, anulando el significado, había liberado la palabra, el paso siguiente, el paso definitivo antes de empezar una nueva etapa de amplitud, era liberar la letra de la palabra y hacer poemas con simples sonidos guturales. El letrismo era el extremo más allá del cual sólo podía haber un nuevo amanecer. Si los poemas de Marinetti simulaban el paso atronador de un ejército; si los de Ball reproducían el balbuceo de un niño que nombraba por primera vez el mundo; si los de Huelsenbeck parecían el alarido hambriento de un salvaje; los de Isou eran lamentos de un perturbado mental que veía el fondo del abismo, es decir, los de un mesías que anunciaba una nueva era.

Isou, Pomerand, Lemaitre, Roland Sabatier y los demás letristas emplearon esta revelación para intervenir en la historia y garantizar que el período de descomposición no se eternizara. Reduciendo intencionadamente cada una de las artes a su mínima expresión, quisieron acelerar el advenimiento de la paradisíaca era letrista. Como decía Isou en el primer y único número de *La Dictadure Lettriste,* "sólo quedan dos caminos a la poesía: morir de inanición y estancamiento o convertirse en Letrista".[53] Su ardor era tal que incluso Breton llegó a pronunciarse en favor del letrismo. Era el momento de llevar los procesos *ciselantes* hasta las últimas consecuencias. Y no sólo en la poesía. *Les journaux des dieux,* una novela hipergráfica basada en la organización de signos fonéticos, léxicos e ideografías, pretendía dar un paso más allá del *Ulises* de Joyce y acercar la novela a la pintura. Con el cine Isou intentó hacer algo similar. En 1951 estrenó *Tratado de baba y eternidad,* una película-manifiesto en la que exponía y ejemplificaba los principios del *cinéma discrepant.* ¿Cuál era su aportación definitiva a ese proceso de descomposición del cine? Disociar la imagen y el sonido. En la película se observaba a un Isou de veinticinco años, con un atuendo juvenil muy distinto a los sobrios corbatines, chalecos y monóculos de dadaístas y surrealistas, deambulando por las calles de París mientras al fondo se oía un debate sobre el futuro del cine, sin relación alguna con las imágenes. Los letristas llevaron la obra al Festival de Cannes de 1951, e hicieron tanto escándalo y sabotearon tantos eventos que finalmente la película fue exhibida y premiada por Jean Cocteau.

Isou también experimentó con el teatro, montando obras con personajes que no se relacionaban entre sí y que en lugar de dialogar pronunciaban *polilogos.* En la danza pasó del ritmo, el número y el vuelo a lo amorfo, lo arrítmico y el arrastramiento. También quiso aplicar la lógica de la descomposición a la arquitectura, y sus ideas quedaron consignadas en el libro *Le bouleversement de l'architecture.* Pero lo más sorprendente es que Isou no se contentó con experimentar en todos los campos artísticos. Su ambición lo llevó a reformar todos los campos del conocimiento y de la vida, incluida la ciencia, en beneficio de la humanidad. Desde principios de la década de 1970 empezó a escribir sobre psicología, matemáticas y ciencias naturales.

---

[53] Isou, I., "Principes poétiques et musicaux du mouvement lettriste", en: *La Dictadure lettriste. Cahiers d'un nouveau régime artistique,* núm. 1, julio de 1946, p. 24.

En estos campos también estaba dispuesto a dar saltos al vacío para que el conocimiento colonizara nuevas zonas. Para ello, se dio cuenta, era necesario inventar una nueva forma de pensar, una nueva lógica que permitiera multiplicar, inventar y descubrir riquezas culturales y vitales inéditas. Así surgió la *créatique* o *novatique*, un nuevo principio con el que Isou pretendió reordenar todos los campos del conocimiento y aplicar en ellos el mismo espíritu vanguardista y progresista con el que redefinió las artes.

Podría decirse que eso fue lo único que logró hacer: redefinir y recategorizar por completo cada una de las ciencias, inaugurando una nueva era epistemológica basada en la palabrería. Si en el campo de la cultura Isou pisaba un terreno frágil, en el de la física y la química chapoteaba en el fango de la excentricidad y la banalidad. La estrategia que adoptó para incursionar en el terreno científico fue similar a la que usó en las artes. Buscaba los últimos adelantos en cada una de las disciplinas, y luego utilizaba ese peldaño para lanzarse al vacío en busca de algo más. Si en física las partículas más pequeñas que se habían identificado eran los *quarks*, pues Isou iba a proponer los *caths*, partículas aún más pequeñas de cuya combinación se podrían esperar nuevas partículas elementales.

La cosa no se quedaba ahí. En las matemáticas introdujo el concepto de no-número y de número blando, y en la geometría el de geometría anóptica o invisible. Hizo una nueva taxonomía de todas las ciencias y no dejó piedra sobre piedra: la psicología se llamaría ahora *psychokladologie*, las ciencias de la naturaleza *épistemephysiques*, las del hombre *épistemeanthropos* y las de la escritura *hypergraphologie*. La física pasaría a llamarse reáctica, y en su nueva clasificación se convertiría en una rama de la química. A todo concepto le sumaría los prefijos *meta, super* o *hyper*, como si eso bastara para impulsar el conocimiento unos metros más allá en la conquista de territorios vírgenes.

Aunque Isou creía sinceramente en lo que decía, e incluso envió una carta en 1980 a la Academia de Francia pidiendo audiencia para hablar de sus descubrimientos, su concepción del avance científico era delirante, mesiánica y fantasiosa. Al igual que muchos autores posmodernos, el letrista creía que para profundizar en el conocimiento bastaba con inventar palabras raras. ¿Había hecho Isou algún experimento, alguna observación, algún cálculo, alguna deducción que le permitiera inferir la existencia de los *caths*? No, desde luego. Si Dios no había tenido necesidad de hacer ningún experimento para crear el mundo, ¿por qué tendría que hacerlos él? Bastaba con desplegar su poder creador —aquella lógica de la *créatique*— y redefinir, reagrupar, reclasificar e inventar nuevos términos. Dios había dicho "Hágase la luz", y la luz se había hecho. Entonces ¡que se hagan los *caths*!

Isou llevó al extremo las ideas de la construcción lingüística de la realidad. En su sistema, el conocimiento nada tenía que ver con desentrañar el mundo real ni con enfrentar las palabras a los hechos. Las ciencias, al igual que el arte, se convertían en un juego de la imaginación y del lenguaje, en un universo etéreo, anclado en las nubes, donde lo importante era el cambio, la creación, la imaginación y la renovación, no la explicación de los fenómenos. Esto aclara por qué la colosal obra de Isou, compuesta por decenas de tomos y miles de páginas, ha sido olvidada. Sólo un puñado de seguidores continuó prestándole devota atención. Roland Sabatier, vinculado al letrismo desde 1963, aseguró a finales de la década de 1980 que la obra de Isou constituía, "por su claridad y valor, el conjunto cultural y vital más importante surgido desde el inicio de la historia de la humanidad".[54] De haber sido por sus discípulos, el mundo contemporáneo sería letrista y a Isou se le veneraría como un dios. Sin embargo, la realidad es que el letrismo acabó convertido en una vanguardia efímera, prácticamente desconocida fuera de los círculos intelectuales parisinos, que para mediados de la década de 1950 ya era historia. Sartre lo mencionó despectiva y fugazmente en *¿Qué es la literatura?*, llamándolo "un producto de reemplazo, una imitación sin gracia ni espontaneidad de la

---

[54] Sabatier, R., *Le lettrisme. Les creations et les createurs*, Z'éditions, Niza, 1989, p. 54.

exuberancia dadaísta".[55] Las teorías del letrismo sobre el desarrollo de las artes y de las ciencias se evaporaron. Nada sobrevivió de esta vanguardia, nada excepto una idea. Entre los muchos despropósitos que dijo Isou, uno de ellos acertó en un escurridizo blanco. Sólo un visionario, un mesías, un profeta como él podría haber visto con tanta claridad cómo, en los años de posguerra, mientras Europa vivía una prodigiosa etapa de reconstrucción y crecimiento económico, hacía su entrada en escena el nuevo protagonista de las futuras revoluciones culturales y sociales: el joven insatisfecho.

EL *HAPPENING* Y LA LITERATURA EN EL BLACK MOUNTAIN COLLEGE: AZAR Y EXOTISMO
1952-1957. LAGO EDEN (CAROLINA DEL NORTE), LERMA

Cuanto ocurría en las montañas de Carolina del Norte parecía abrir nuevos senderos en las formas de vivir y de hacer arte. Como dijo en alguna ocasión Charles Olson, el poeta experimental que ocupó la rectoría de la escuela entre 1953 y 1957, fecha de su cierre, lo importante no era llevar profesores que tuvieran conocimientos históricos, sino que estuvieran haciendo historia; profesores que, sin importar sus méritos académicos, produjeran obras que desafiaran el orden actual de cosas, proyectaran visiones utópicas e incluso riñeran con las posturas políticas predominantes. Esta filosofía, que se decantaba por la experimentación radical, atraía todas las miradas sobre el Black Mountain College. Algo interesante estaba pasando allí. La historia no se empaquetaba en lecciones que los profesores repetían en monótonas conferencias. Ocurría todo lo contrario: la historia se hacía allí, pues las condiciones estaban dadas para que cualquier gesta artística emprendida se convirtiera en leyenda. Experimentación, experimentación y más experimentación; la vanguardia de la vanguardia norteamericana; el ho-

---

[55] Sartre, J. P., *¿Qué es la literatura?* (1948), Losada, Buenos Aires, 1957, p. 187.

gar de los artistas más importantes de la época. Franz Kline, Cy Tombly, Willem y Eleine de Kooning, Keneth Noland, Paul Goodman, Aldous Huxley, Anaïs Nin, Buckminster Fuller: todos ellos pasaron por sus aulas. Hasta Albert Einstein estuvo en el Black Mountain College una tarde de 1941 y, luego, junto al poeta William Carlos Williams, el fundador de la cibernética Norbert Wiener y el pintor Franz Kline, aceptó ser miembro de un comité asesor de la universidad. Puede que sus aulas fueran escenario de eventos extravagantes, incluso de disparates, pero los involucrados estaban lejos de ser diletantes buscando la forma de entretener las horas muertas del domingo.

Gracias al compositor Lou Harrison, Cage y Cunningham pudieron volver al Black Mountain a dar un curso de verano en 1952. Su estadía, aunque breve, fue sorprendentemente fértil. Cage no sólo tuvo tiempo de componer *4:33* y estrechar su amistad con Rauschenberg, también montó su *Theatre Piece No. 1,* un experimento artístico que pasaría a la historia como el primer *happening.* La atmósfera de libertad creativa y espíritu de experimentación le garantizó cómplices para llevar a escena una nueva práctica artística, en la que entraban en juego el azar, el caos, la improvisación, la espontaneidad y la colaboración grupal. Cage la llamo *The Event,* el evento, una reunión de artistas de diversas ramas actuando simultáneamente en un mismo escenario. La idea ya había surgido en conversaciones con Cunningham y el pianista David Tudor. Cage quería organizar una obra de arte total y azarosa, que reuniera todas las actividades creativas al mismo tiempo sin guión ni estructura predeterminada. Cada artista se presentaría junto a los demás siguiendo la técnica empleada en las coreografías de Cunningham. Las expresiones artísticas se desplegarían de forma autónoma, sin buscar coordinación ni diálogo con las demás, y el resultado final, totalmente impredecible, dependería de las contingencias de cada una de las actuaciones.

El comedor de la escuela fue el lugar elegido para presentar la nueva experiencia artística. Luego de la comida, Cage y sus cómplices alinearon las sillas para formar un cuadrado que serviría de escenario. El *happening* dio comienzo con Cage encaramado en una escalera, pronunciando una conferencia sobre la relación del budismo zen y la música, e intercalando parrafadas teóricas con instantes de silencio. A él se fueron sumando los demás participates: David Tudor tocó el piano; Cunnignham y otros bailarines danzaron; los poetas Charles Olson y Mary Caroline Richards se turnaron para recitar sus poemas subidos en otra escalera; y Rauschenberg puso acetatos —de Edith Piaf, según algunos recuentos— en un viejo fonógrafo, mientras sus cuadros blancos servían de pantalla para proyectar diapositivas y películas. Nada había sido ensayado ni preparado. Cage se limitó a indicar cuándo podía intervenir cada uno de los participantes, pero no impuso ninguna indicación, norma o límite para sus actividades. Durante cerca de una hora se bailó, se recitó, se tocó el piano, se conferenció y se reprodujeron sonidos e imágenes, todo al mismo tiempo y bajo el principio de la improvisación, para erosionar las fronteras entre las artes y privilegiar nuevos valores como el azar, la espontaneidad, la improvisación, la flexibilidad, el caos y la ausencia de jerarquías. Al igual que las *combine-paintings* de Rauschenberg, que permitían la inclusión de cualquier objeto al lienzo, la nueva forma de expresión que había inventado Cage invitaba a la conjunción de cualquier actividad artística e intelectual en un mismo escenario. Aunque entonces era difícil preverlo, el *happening* liberaba a la expresión artística de sus soportes tradicionales —el lienzo y la materia— y en los años siguientes permitiría a los artistas radicales trasladar sus luchas ideológicas, políticas y valorativas de los talleres, galerías y museos a la calle.

Durante los años cincuenta el ambiente del Black Mountain College cambió considerablemente. El idealismo deweyiano que había inspirado su apertura durante la Gran Depresión se había evaporado. Paradójicamente, a pesar de que los años de penuria económica y de guerras mundiales habían pasado, los jóvenes encontraban ahora menos razones para ser optimistas con relación al futuro. El ultraconservadurismo social que generó el advenimiento de Estados Unidos como primera potencia mundial, próspera y productiva, y la paranoia anticomunista instigada por el senador McCarthy, fueron algunas de las causas. El impulso original que dio a la escuela la misión de promover cambios sociales se agotaba y los estudiantes empezaban a adoptar la actitud contraria. En lugar de formarse creativamente para tener más posibilidades de éxito en la sociedad, preferían abrir una brecha entre ellos y la clase media estadounidense, a la que ahora contemplaban como a la encarnación de la hipocresía y el comformismo, y demostrar desde una trinchera lejana las pocas ganas que tenían de encajar en la sociedad. Empezaban a germinar en el Black Mountain College las primeras actitudes contraculturales y la partida de Josef Albers en 1949, a quien le ofrecieron el decanato de la Facultad de Artes en la Universidad de Yale, acentuó el cambio de mentalidad. El triunfo artístico empezó a considerarse como una renuncia a la pureza de los principios y una falta de honestidad, postura que recordaba a Breton y a los surrealistas franceses. Los estudiantes del Black Mountain College se dejaron el pelo largo, descuidaron su aspecto físico y expresaron su descontento a través de la vulgaridad. A pesar de que el consumo de drogas se dio sólo en los años finales de la escuela, el alcohol fue un compañero habitual entre los estudiantes. Paul Goodman, uno de los padres de la Nueva Izquierda, abiertamente bisexual y el primer escritor norteamericano en interesarse por aquel curioso fenómeno que surgía a la par de la bonanza económica de posguerra —la nueva ola de jóvenes insatisfechos y descontentos— pasó por la escuela en 1950 y comprobó con sus propios ojos lo que allí ocurría: que los "compañeros que asistieron al Black Mountain College, escuela orientada hacia los valores comunitarios y las artes creativas —una combinación poderosa y poderosamente crítica— [eran] los pilares de la sociedad beat".[56]

La percepción de Goodman debe ser tomada en cuenta, pues nadie se interesó más por las condiciones sociales de los jóvenes que engrosaban las filas de la delincuencia juvenil y la emergente generación beat que él. Aunque Goodman se consi-

---

[56] Goodman, P., *Growing up absurd*, Vintage Books, Nueva York, 1960, p. 112.

deraba principalmente un novelista, fueron sus conferencias y ensayos sobre crítica social los que convirtieron su nombre en icono de la contracultura estadounidense. El interés que sus escritos suscitaban entre los jóvenes no era gratuito. En sus novelas y ensayos Goodman explicaba —incluso justificaba— el desencanto y la rebeldía de la generación que llegó a la madurez en los años posteriores a la Segunda Guerra Mundial. Siendo un personaje muy distinto a Isidore Isou y al grupo de letristas parisinos que por primera vez profetizaron las revueltas juveniles que conmocionarían a Europa en los sesenta, Goodman compartió con ellos muchas preocupaciones. Entre ellas, la necesidad de inventar un nuevo urbanismo, la de rediseñar el tiempo de ocio y la de entender las causas del aburrimiento contemporáneo, la delincuencia juvenil y la resistencia de los jóvenes a amoldarse a las demandas de una sociedad tecnocrática y al nuevo universo de consumo que ofrecía un boyante panorama de pleno empleo y trabajos insatisfactorios. Goodman también compartió con los vanguardistas la excentricidad y el estilo de vida marginal. Fue un heterosexual monógamo —se casó dos veces— y un homosexual promiscuo, que vivió en lo que orgullosamente describía como un estado de pobreza digna o *decent poverty*. Solía vestir trajes arrugados, con corbatas mal ajustadas y un mechón alborotado flotando sobre sus grandes lentes de pasta. Parecía un Woody Allen desarrapado, con un brillo juvenil en los ojos y la misma mezcla de amabilidad campechana y radicalismo fragoroso que relucía en personajes como John Cage o Noam Chomsky. Pero a diferencia de los vanguardistas de café, Goodman era un intelectual que apelaba a la razón con argumentos académicos. En los sesenta llenó auditorios universitarios. Atrajo a Allen Ginsberg y a las otras figuras del panorama literario, e incluso discutió en televisión con relevantes personalidades como William F. Bukcley Jr. Era un optimista y un utopista, también un pacifista, un anarquista y un comunitarista. Sus análisis sociales tenían como punto de partida la naturaleza humana. Goodman consideraba que el hombre, por naturaleza, era creativo. Estaba seguro de que disponía de grandes potencialidades y capacidades que, en un ambiente propicio, podía explotar en su beneficio (idea que Chomsky retomaría años después para fundar en ella su propia utopía anarcosindicalista).

Nada enfurecía más a Goodman que oír a importantes sociólogos como Charles Wright Mills afirmar que el hombre podía adaptarse a cualquier tipo de sociedad. Esa idea distorsionaba cualquier análisis de los problemas sociales, especialmente aquellos que involucraban a las nuevas generaciones de jóvenes delincuentes y radicales beat. Para Goodman, no era el hombre el que debía ajustarse a la sociedad. Todo lo contrario. Siguiendo a Fourier, creía que era la sociedad la que debía moldearse según las necesidades y la naturaleza humana. Si la sociedad se desviaba notoriamente de este horizonte, nadie debía extrañarse si los jóvenes se rebelaban.

Y eso era precisamente lo que había pasado en Estados Unidos durante la posguerra. La prosperidad económica había fomentado el crecimiento de las ciudades hasta sobredimensionarlas y despojarlas de su escala humana. La pequeña comunidad se había desintegrado. El pleno empleo era una meta alcanzada, pero los trabajos ofrecidos eran actividades destinadas al lucro, no al desarrollo de las capacidades humanas ni a la utilidad social. Los jóvenes, al no encontrar fines ni metas valiosas en las labores productivas, veían difícil sentirse orgullosos de lo que hacían. Quien decidía jugar el juego y adaptarse al sistema, acababa sintiendo desprecio hacia sí mismo. Su naturaleza le pedía explotar sus potencialidades, sentirse útil y creativo, y en cambio consumía sus días en labores aburridas que lo hacían naufragar en la apatía y el cinismo. Al volver la mirada hacia su país, los jóvenes no encontraban nada de qué sentirse orgullosos. La pérdida de las raíces comunitarias, el envilecimiento de la ciencia (envuelta en una emocionante carrera espacial azuzada por motivos muy poco nobles) y la irresponsabilidad de la prensa, generaban un vacío y erosionaban el patriotismo. Era la primera vez en la historia que algo así ocurría. La sociedad se había convertido en un lugar absurdo, inhóspito, poco apto para desarrollar las capacidades humanas. Si el joven no quería ver todo su potencial marchitado, la reacción lógica era el rechazo y la posterior búsqueda de nuevas comunidades contraculturales y nuevas formas de vivir y crecer al margen del sistema.

La generación beat y los delincuentes juveniles eran el resultado lógico de una sociedad que agredía la naturaleza humana. Quienes primero se dieron cuenta de ello fueron, precisamente, los estudiantes del Black Mountain College, jóvenes que vivían en un ambiente comunitario y creativo, donde encontraban la respuesta positiva de sus compañeros y tenían toda la libertad para desarrollar sus capacidades. En contraste con esta pequeña utopía erigida en las montañas de Carolina del Norte, la sociedad convencional era un lugar cuadriculado y alienante. Nada extraño que los estudiantes postergaran el término de sus estudios o buscaran la forma de volver como profesores. Querían que la vida fuera siempre así, dedicada por entero a la experimentación artística y a la colaboración en un pequeño microcosmos donde cada uno de sus miembros pensaba en sintonía con los otros y perseguía las mismas metas y objetivos.

Cuando Paul Goodman llegó a Black Mountain, sin embargo, se llevó una decepcionante sorpresa. Los jóvenes a los que iba a enseñar literatura tenían muy pocos conocimientos humanistas. No habían leído la Biblia, ni a Milton, ni a Dryden, ni a Gibbon, y tampoco sentían estas ausencias como lagunas significativas en su formación. En contrapartida, sabían gran cantidad de datos curiosos acerca de los glifos mayas de Lerma, en Yucatán, y sentían una gran atracción por Oriente y el budismo zen. Estos conocimientos exóticos resultaban para ellos más excitantes que las grandes obras de la civilización occidental. El desencanto hacia Estados Unidos y la imposibilidad de sentir o expresar sentimientos patrióticos, había sido compensado con las experiencias sensoriales y místicas que propiciaban las drogas, las religiones orientales y las culturas premodernas, no contaminadas por el mercantilismo norteamericano. A Goodman no le gustó del todo este curioso fenómeno. Él no sentía fascinación por lo exótico; tampoco por la revolución tercermundista que tanto entusiasmaría a los jóvenes unos años después, tras la

Revolución cubana y la publicación, en 1960, de *Listen, Yankee,* el *best seller* de Wright Mills sobre Castro y la transformación política de Cuba. Goodman creía en la civilización occidental y en la revolución moderna. Creía en la utopía ilustrada, en la posibilidad de planear comunidades armónicas que compaginaran el trabajo y las actividades lúdicas. Creía en las promesas del avance científico y tecnológico, en la vocación y en el trabajo como medio de realización personal. La suya era una visión progresiva de la utopía, que tenía como marco el suelo norteamericano, no tierras exóticas ni revoluciones foráneas. Su fe en la educación progresista como motor de estos cambios lo llevó al Black Mountain, pero allá se encontró con jóvenes más interesados en prender fuego a la civilización occidental que en llevar a buen puerto la inconclusa revolución moderna.

Ya sabemos que uno de los difusores del budismo zen entre los jóvenes artistas de los cincuenta fue John Cage. Pero ¿quién se encargó de fomentar la fascinación por las culturas no occidentales, especialmente las culturas prehispánicas de México, entre los jóvenes de Black Mountain College y la generación beat? Uno de los responsables fue el poeta Charles Olson, profesor de la escuela desde 1948 y rector en sus últimos años. La trayectoria profesional de este gigantón de dos metros fue particular, debido a que siguió la dirección opuesta a la que usualmente siguen los artistas interesados en cuestiones políticas. En lugar de aprovechar su prestigio como artista para abrirse campo en el debate político, Olson encarriló primero una carrera en el sector público que abandonó luego, decepcionado, para dedicarse en cuerpo y alma a la escritura. Aquel trabajo administrativo lo tuvo ocupado durante los últimos años de la Segunda Guerra Mundial. Olson trabajó en la Office of War Information, estamento creado en 1942 para promover el idealismo y los valores de libertad e igualdad asociados a la lucha antifascista. La oficina se encargaba de seleccionar y diseñar la información que debía oír el público norteamericano. También producía series de ficción que resaltaban la importancia de la misión americana en la guerra, y difundía panfletos y propaganda en favor de las tropas en combate. La ayuda de escritores e intelectuales era vital para darle un tono épico y propagandístico a los comunicados de guerra, y para resaltar los vicios y maldades del enemigo. Entre las personalidades que trabajaron con Olson estaban el poeta y dramaturgo Archibald MacLeish, el escritor de obras de misterio Jay Benet, el novelista Malcolm Cowley y la antropóloga Ruth Benedict, experta en la cultura japonesa. Fue precisamente a Benedict a quien Olson escribió una carta en la que anunciaba su retiro de la política, esgrimiendo para ello razones muy propias de un artista de vanguardia: Olson consideraba que podía participar más activamente en la transformación social desde el arte, actividad realmente pura, que desde la política, corrompida por los intereses de las grandes corporaciones.

Olson tenía una voz potente y grave y extraordinarios dones oratorios. Sus seminarios en el Black Mountain College eran míticos. En una ocasión, uno de ellos se prolongó durante casi 48 horas, con breves intervalos que los estudiantes aprovecharon para ir a un bar próximo en busca de cerveza. Siempre lo acompañó la absoluta certeza en el poder transformador de la poesía. En 1965, ante un público de la Universidad de Berkeley entre el que se encontraban Allen Ginsberg y Ed Sanders, dijo: "Compañeros: si no saben que la poética es política, que los poetas son los actuales líderes políticos, los únicos que existen, no deberían haber venido".[57] En efecto, el sabor amargo que le dejó a Olson la guerra y la manera en que se tomaban las decisiones en las altas esferas gubernamentales, lo condujo a vislumbrar la forma de influir en la política desde el arte. No sólo eso: también lo llevó a buscar opciones distintas en culturas exóticas. Olson empezó interesándose por los arquetipos inconscientes de Jung y acabó fascinado con los indígenas americanos y las culturas sumeria y maya. En el arcaísmo, Olson encontró una energía originaria, no contaminada por la modernidad, que ponía al

---

[57] Citado en: Katz, V., *Black Mountain College. Una aventura americana*, Museo Nacional Centro de Arte Reina Sofía / Real Asociación Amigos del Museo Nacional Centro de Arte Reina Sofía, Madrid, 2002, p. 187.

poeta en contacto con la fuente pura e inaugural de la creatividad. De la cultura maya lo que más le impresionó fue su forma de organización social. En ella, los líderes estaban dedicados por entero al conocimiento, lo cual evidenciaba una diferencia abismal con Occidente. Olson comparaba a los mayas con figuras como Goebbels, que se enorgullecía de empuñar su pistola cada vez que escuchaba la palabra *kultur*. No desvirtuaba por completo a la civilización occidental —como harían los poetas norteamericanos de la siguiente generación que cayeron bajo su influjo—, pues creía que podía regenerarse siguiendo el ejemplo de los mayas. *The Kingfishers*, poema escrito en 1949 y uno de los más conocidos de Olson, era un canto a la renovación y a la posibilidad de cambio de Occidente. El *kingfisher* (martín pescador) no fue escogido al azar: era un símbolo de regeneración en varias culturas indígenas norteamericanas. "Lo que no cambia / es la voluntad de cambiar", decía en el primer verso del poema.

Olson estuvo dos veces en Lerma, Yucatán, estudiando los glifos mayas. La primera en 1950 y la segunda en 1952. Antes de emprender viaje en busca de culturas arcaicas, había publicado su ensayo más famoso, *Projective Verse*, en el que definía el poema como una transferencia de energía del lugar de donde el poeta la había obtenido, y redefinía la composición poética por campos de elementos interrelacionados en lugar de líneas. La idea de la energía y de su poder transformador lo llevó a buscar las fuentes primigenias de la creación —aquel soplo inicial de genio humano— tanto en *El poema de Gilgamesh* como en los glifos mayas. En sus clases animaba a los futuros poetas a encontrar su propia voz, a encontrarse a sí mismos, a "dar testimonio desnudando tu alma", como decía una de sus alumnas, y "ser redimido por la autenticidad pura de tus emociones individuales".[58] También pedía que se rechazaran las formas literarias y se atendiera únicamente a la subjetividad, al deseo de autoexpresión y autoexhibición.

---

[58] Lane, M. (ed.), *Black Mountain College: Sprouted Seeds. An Anthology of Personal Accounts*, The University of Tennessee Press, Knoxville, 1991, p. 302.

Olson fue el primero en hablar del hombre posmoderno, pero no para describir al ciudadano de la aldea global sin fe en los metarrelatos, sino a un ser reconciliado con el pasado arcaico. Para él, había algo equivocado en la civilización actual que los artistas, como verdaderos líderes que eran, debían remediar. Esta idea no pasó desapercibida para la generación posterior de poetas beat. Pero ellos, que llegaron a la madurez sin haber recibido la herencia idealista de Dewey y del New Deal, no vieron síntomas de regeneración por ningún lado. Al contrario, Ginsberg, Kerouac, Burroughs y los demás escritores beat serían los más severos críticos de la boyante cultura norteamericana de los cincuenta.

Antes de que la ruina económica forzara la clausura del Black Mountain College, el poeta Robert Creely, amigo y discípulo de Olson, invitó a Allen Ginsberg a editar el séptimo y último número de la revista *Black Mountain Review*, que reunió a las figuras más importantes de la generación beat. Jack Kerouac publicó su ensayo *Essentials of Spontaneous Prose*, que inmediatamente se relacionaría con la teoría del verso proyectivo de Olson y estrecharía los vínculos entre Black Mountain y los poetas beat. Así, Olson pasaría a la historia como el vínculo entre la generación de Ginsberg y Kerouac y el modernismo de William Carlos Williams, el poeta que visitaba el salón de los Arensberg y se intimidaba ante la sonriente presencia de Duchamp.

El nuevo protagonista de la historia: la rebelión de los jóvenes
1948-1954. París

El proletariado, la clase media, la burguesía, todos estos grandes colectivos, al igual que la monarquía y la aristocracia, habían tenido partidos políticos o defensores que velaban por sus intereses. Siempre se había dicho que las clases sociales chocaban entre sí o establecían relaciones de dominación y explotación y, sin embargo, este recuento parcial de la historia ocultaba una gran verdad que nadie, excepto Isidore Isou, había logrado ver hasta ahora. La insatisfacción social y el fracaso en los intentos por alcanzar una sociedad paradisíaca no se debían a que el proletariado siguiera siendo explotado, sino a que el colectivo que verdaderamente estaba oprimido y esclavizado no había sido correctamente identificado. No eran los obreros, no eran los pobres; el sector de la población que después de la Segunda Guerra Mundial estaba sometido eran los jóvenes. Daba igual que fueran hijos de la burguesía o del proletariado. Todos, sin excepción, se habían convertido en los nuevos esclavos de la sociedad. Así lo expusieron los letristas: los jóvenes eran un contingente de oprimidos que a mediados del siglo XX se encontraba en la misma situación que los siervos de la antigüedad. Dependían económicamente de sus padres y, esto, para bien o para mal, les gustara o lo repudiaran, lo quisieran o no, abría un foso que los mantenía al margen del engranaje productivo. El proletariado podía carecer de privilegios, pero al menos hacía parte del sistema de intercambio. No ocurría lo mismo con los jóvenes. El prejuicio que asociaba la capacidad con la edad, no con la creatividad, se elevaba como una gran barrera que los excluía de la economía y, por tanto, de los lugares privilegiados dentro de la sociedad.

El análisis de Isou tuvo el efecto de una revelación. Los jóvenes, al carecer de capacidad de consumo, imposibilitados para acceder a los puestos donde podrían desplegar su creatividad, se convertían en una fuerza económica externa y potencialmente revolucionaria. El error del liberalismo y del marxismo, pensaba Isou, había sido ése: centrarse en los agentes activos de la economía y no contemplar a los actores que se quedaban por fuera del sistema. Sólo en Francia, a mediados del siglo XX, había diez millones de jóvenes que conformaban un sector pasivo de la economía. ¿Qué ocurriría si este conglomerado decidía dejar la inactividad y reclamar espacios de participación?

Isou, tan proclive a encontrar leyes por todas partes, también creyó haber desentrañado el papel histórico de la juventud. Según el letrista, el poder creativo del ser humano se revelaba con más fuerza durante esta etapa de la vida. No era extraño que pensara así, pues cuando escribió sobre este tema, en 1949, aún no había cumplido los veinticinco años. Su propio caso, como el de los dadaístas y los surrealistas, demostraba que eran los jóvenes quienes creaban e innovaban en las artes, en la tecnología, en la cultura. Todo el potencial humano bullía con más fuerza durante esos primeros años, aquellos en los que la ilusión y los anhelos redoblaban el brío con que se tomaban decisiones y emprendían proyectos transformadores. Por eso mismo, la potencia de la juventud podía ser un arma de doble filo. Cuando la creatividad no lograba ser canalizada, terminaba desviándose hacia cauces peligrosos, cuyas desembocaduras eran las protestas, las guerras y las revoluciones. Para Isou, los jóvenes habían sido responsables de todos los cataclismos bélicos de la historia. Cuando no podían desplegar su potencial creativo, toda su fuerza interna se convertía en insatisfacción y rebelión, en un impulso destructivo que, con el poderío de un tsunami, brotaba repentinamente para echar por tierra el mundo que les resultaba hostil.

Al hablar de los jóvenes, Isou no se refería únicamente a la gente de su edad. La juventud, por primera vez, dejaba de ser una etapa temporal y se convertía en un concepto abstracto, que englobaba a los adultos inconformes, a todos aquellos que soñaban con algún lugar en la sociedad y que, por algún motivo, no lo habían conseguido. Estos adultos insatisfechos también pertenecían al sector externo de la economía. Ellos, como los jóvenes, eran revolucionarios en potencia que en cualquier momento, cuando la frustración venciera a la paciencia, encontrarían motivos suficientes para arremeter con todo su vigor y descontento en contra de la sociedad.

El propósito de Isou al realizar este revelador diagnóstico no era precipitar los acontecimientos. Ni él ni Maurice Lamaitre, el más fervoroso seguidor de estas ideas, animaron insurrecciones juveniles con el fin de reventar el sistema occidental. Todo lo contrario. A diferencia de dadaístas y surrealistas, y en sintonía con Fourier, Isou quería enmendar los errores de la civilización que habían conducido a las revoluciones sangrientas y al fatal encogimiento del espíritu, mal endémico de Occidente que el escritor suizo Max Frisch analizaría con precisión y humor en su novela de 1954, *No soy Stiller*, la historia de un escultor, harto de sí mismo, de su vida y de la perfecta e impecable sociedad suiza, que reniega de su identidad y se inventa una vida falsa llena de truculencias vividas en Jamaica, México y Texas. En 1949 Isou no proponía escapar de Occidente en busca de la aventura tercermundista, sino revolucionarlo. Más exactamente, lo que se proponía era encauzar una revolución letrista, una revolución que abriera espacios de participación juvenil capaces de canalizar el poder creador del sector externo a favor, no en contra, de la sociedad. Cuatro propuestas básicas permitirían integrar plenamente a los jóvenes a la actividad económica y encaminar la sociedad hacia una verdadera etapa paradisíaca. Antes que nada, se debían reducir los años de escolarización, evitando que la creatividad se empozara en los largos años de inútil instrucción educativa. También se debería dar créditos y becas para la creación de nuevas empresas; se debía hacer una planificación integral que tuviera en cuenta los intereses de todos los movimientos de jóvenes y creadores; y se debía establecer un sistema de rotación por todos los puestos administrativos con el fin de despolitizarlos. Todas estas ideas, consignadas en *Traité d'economie nucleaire. Le soulèvement de la jeunesse*, tuvieron resonancia en algunos sectores de la población parisina. Lemaitre se vinculó al letrismo en 1950 después de leer este libro y, diecisiete años más tarde, en marzo de 1967, se lanzó a las elecciones legislativas de la circunscripción 24 con un programa inspirado enteramente en las ideas económicas de Isidore Isou. En el panfleto que repartió para promocionar su campaña, titulado *Union de la jeunesse et de l'externite* (Unión de la juventud y de la externidad), Lemaitre aseguraba haber hecho —con ayuda de los letristas— un descubrimiento revelador: todos los problemas históricos, las revoluciones, las guerras, las purgas en los países comunistas e incluso la revolución cultural china, habían sido lanzadas por los jóvenes y los adultos ambiciosos que querían destruir una sociedad que les negaba un espacio en ella. Esta energía podía utilizarse de otra forma, creando obras de arte o empresas modernas. Como afirmaba en el prólogo del primer tomo de sus *Carnets d' un fanatique*, su propia evolución personal, "visible a través de estos textos, será el modelo de transformación necesaria que debe seguir, en sí mismo y en sus obras, todo individuo deseoso de llegar al Paraíso".[59] Esa transformación pasaba por entender que juventud era sinónimo de creatividad, y que en ella residían todas las esperanzas de perfeccionamiento social.

Lemaitre no fue el único que encontró seductoras estas ideas. Entre 1952 y 1954, Marc, Ó, François Dufrêne y Yolanda de Luart lanzaron el periódico *Soulévement de la Jeunesse* (Levantamiento de la juventud), órgano encargado de difundir un conjunto de ideas inspirado en los planteamientos de Isou. En el primer número del diario, publicado en junio de 1952, se imprimió en primera plana un manifiesto que volvía a mencionar la marginalidad —o externalidad— de los jóvenes y adultos ambiciosos, y afirmaba que los extremismos en los que caían los jóvenes, específicamente el fascismo y el comunismo, eran el producto de la frustración que suponía no poder tener un puesto de trabajo en el cual exprimir todas sus capacidades creativas. Mientras la juventud siguiera siendo explotada y esclavizada, no dudaría en lanzarse a toda suerte de aventuras beligerantes y destructivas. En ese mismo número, Marc, Ó firmaba un artículo en el que aseguraba que la juventud no había tenido nunca conciencia de su fuerza. "Un levantamiento de la juventud", concluía, "produciría el más formidable estremecimiento en los poderes políticos que la historia haya jamás conocido".[60] Esto lo escribió quince años antes de Mayo del 68. Era la primera vez que la juventud aparecía como un conglomerado que podía producir cambios radicales en la sociedad. En el segundo número de *Soulévement de la Jeunesse*, publicado en septiembre de 1952, ya se trataba a

---

[59] Lemaitre, M., *Carnets d'un fanatique*, t. I, p. 7.

[60] Marc, Ó, "La jeunesse embrigadée", en: *Soulévement de la Jeunesse*, núm. 1, junio de 1952.

la juventud como una categoría social precisa, como un agente revolucionario e incluso como un blanco de los creativos publicitarios. *Il existe aussi un parfum de la jeunesse: Mousseline de Marcel Rochas* (También existe un perfume para los jóvenes: Mousseline de Marcel Rochas), decía un pequeño recuadro en una esquina del periódico.

Juventud, rebelión y consumo, tres elementos que dieron su peculiar sello a la sociedad occidental de la segunda mitad del siglo xx, despuntaron en los escritos alucinados de un joven rumano y de sus seguidores. Aunque sepultado por la fama de otros letristas que, convertidos en situacionistas, tuvieron mayor influencia en los acontecimientos de Mayo del 68, el germen de las ideas que hicieron explosión en esa fecha se encuentra en la profecía que hicieron Isou y sus discípulos. En 1948, veinte años antes de que se encendiera la chispa de aquellos episodios exaltados de revuelta juvenil, los letristas embadurnaron las paredes del Barrio Latino con carteles que decían: *12 millones de jóvenes se tomarán las calles para hacer la revolución letrista.* Fue un vaticinio acertado, pues aquella revolución, tal como quería Isou, no fue marxista ni burguesa; fue una revolución que revivió las ideas vanguardistas y las catapultó con un halo de legitimidad al segundo tiempo de la revolución cultural.

El desencanto hacia Estados Unidos: la revolución beat 1942-1957. Nueva York

En 1953, mientras trabajaba como lector de la editorial Viking Press, el novelista Malcolm Cowley, antiguo colega de Olson en la Office of War Information, recibió un curioso manuscrito que llamó su atención. Se trataba de un rollo mecanografiado de varios metros, copado hasta los márgenes por palabras que se apretujaban sin dar tiempo ni espacio al lector para respirar. Se llamaba *En el camino* y llevaba la firma de un tal Jack Kerouac, autor de una única novela que había pasado inadvertida, a pesar de su tolstoiano título, *La ciudad y el campo.* Aunque aquel rollo, que Kerouac escribió entre el 2 y el 22 de abril de 1951, a la velocidad de un Cadillac robado surcando la Ruta 66, tenía, a juicio de Cowley, terribles problemas de estructura, también irradiaba un encanto fascinante que obligó al novelista a defender su publicación ante las directivas de la editorial. Lo que Cowley vio en ese mar de palabras fue una ruptura con el proyecto unidireccional que la población norteamericana de los cincuenta asimilaba como ideal de vida. *En el camino* era un manifiesto vital que mostraba cuán distinta y excitante podía ser la vida despojada de traje y corbata, lejos de las oficinas, lejos de las certezas que ofrecía una disciplinada y ascendente carrera profesional.

No es extraño que hubiera sido Malcolm Cowley el primer valedor de la despreciada novela de Kerouac. Como bien diagnosticó el sociólogo Paul Hollander, Cowley se adelantó a las obsesiones de la izquierda norteamericana de los sesenta y setenta. A mediados de la década de los treinta, cuando las luchas izquierdistas se centraban en la injusticia y la desigualdad, Cowley percibió que el mayor problema a combatir en la sociedad norteamericana era otro: la inautenticidad. "El mismo mecanismo social que había alimentado y vestido al cuerpo", escribió en 1934, "ahora estaba matando las emociones, estaba cerrando todas las vías hacia la creatividad y la autoexpresión".[61] Para Cowley, gran parte de la cultura de su país era falsa o frívola. El teatro no abordaba las preocupaciones de la vida cotidiana, el cine se regodeaba en lujos impensables para el hombre común y las revistas masivas eran un escaparate publicitario sin contenido. Por eso, dos décadas más tarde, al leer aquel delirante rollo mecanografiado que hablaba del ansia de libertad, de la autenticidad, de la pureza, de la marginalidad y de experiencias extáticas como la velocidad, el delito, las drogas, el sexo y el exotismo —las mismas que empezaban a preocupar a la nueva generación de jóvenes que Kerouac llamó "generación beat"— hizo todo lo posible para que Viking Press lo publicara.

---

[61] Citado en: Hollander, P., *Los peregrinos políticos* (1981), Playor, Madrid, 1987, p. 77.

Para 1953 la amargura de la Depresión y la incertidumbre de las guerras mundiales eran cosas del pasado. La economía estadounidense se había recuperado hasta límites inimaginables, y la temida gran crisis que seguiría a la Segunda Guerra Mundial, vaticinada por prestigiosos economistas como el Premio Nobel Paul Samuelson, nunca llegó. Si los cincuenta fueron en Europa años de opulencia, en Estados Unidos marcarían una nueva Edad de Oro, la década que confirmaría el predominio mundial de la nueva superpotencia. Aquel nuevo estatus se vería reflejado, por un lado, en el optimismo recobrado de sus ciudadanos, que gozaban de pleno empleo gracias a una pujante industria y, por el otro, en el desencanto que producía el acelerado proceso de homogeneización de la sociedad, la consecuente sensación de pérdida de autenticidad y el sometimiento a vidas seguras y aburridas, sin momentos de éxtasis ni verdadera felicidad. El manuscrito que Cowley defendió ante las directivas de Viking Press rompía radicalmente con esa visión cerrada que la media de la población asimilaba como ideal de vida. Aunque Kerouac escribió *En el camino* a partir de las anécdotas vividas con sus amigos Neal Cassady, Allen Ginsberg, William Burroughs y Herbert Huncke a finales de los años cuarenta, en 1957, cuando finalmente Cowley logró hacerla publicar, encontró una audiencia harta de la mercantilizada vida norteamericana, del consumismo y la tecnocracia, y ansiosa de una vida menos normativizada y predecible, salpicada de aventuras, hallazgos espirituales, emociones e instantes de euforia real. Esa sincronía mágica, que combinó, justo en el momento preciso, las obsesiones privadas del escritor con las necesidades, preocupaciones e inquietudes públicas, convirtió la novela en un fabuloso mito cultural, que sigue irradiando energía e ilusión en los jóvenes occidentales hasta el día de hoy.

Cuando *En el camino* salió a la venta, la generación de posguerra había llegado al mismo nivel de desencanto con la sociedad americana que habían sentido Kerouac y sus amigos en los cuarenta. Ellos, los *hipsters* y beats de los cuarenta que empezaban a reunirse en los apartamentos estudiantiles próximos a la Universidad de Columbia, y que no se sentían a gusto con el paradigma de normalidad que los rodeaba, encontraron en el exotismo un instrumento de rebelión. Todo lo que se desviara de la norma impuesta por el hombre blanco protestante, bien fuera la música *bop* y la jerga *jive* de los negros, o el mundo arcaico y prístino de México y sus indios, les resultaba deslumbrante. Los bohemios aborrecían la clase media y sus temores a la Bomba y al comunismo. Consideraban que la sociedad moderna era represora e impedía al común de los trabajadores ventilar sus verdaderos deseos. Para no sufrir el mismo detrimento emocional, ellos pasaban por el diván de terapeutas freudianos y experimentaban con la caja de orgones de Wilhelm Reich, un supuesto regenerador de partículas de energía sexual. Su mayor temor era convertirse en cómplices cuadriculados de una sociedad alienante, una sociedad que en 1941 ya había erigido el edificio de oficinas más grande del mundo, el Pentágono, y empezaba a aplicar masivamente el razonamiento técnico para solucionar los problemas sociales y humanos. Estas primeras actitudes contraculturales de los cuarenta se popularizaron a finales de los cincuenta. Lo que era un fenómeno minoritario, limitado a los sectores bohemios e intelectuales, se convertía en una actitud que acechaba en las cuatro esquinas de la sociedad. "Cuando llego a casa por la noche harta del trabajo y de las tonterías de toda la gente cerrada que siempre sabe dónde dormirá por la noche y dónde comerá al día siguiente", le escribió una admiradora a Kerouac, "cojo el maldito libro [*En el camino*] y ¡guau!" Una parte de la población estadounidense se hacía rebelde y encontraba en aquella novela las palabras que ponían nombre a su inconformidad. "Si me concedieras diez minutos de tu tiempo, comprobaríamos cuánto tenemos en común",[62] decía otra de las muchas cartas que recibió Kerouac tras su inesperado éxito.

La renuncia al artificioso estilo de vida americano y la búsqueda de lo auténtico caracterizó a los protagonistas de la gene-

---

[62] Johnson, J., *Personajes secundarios* (1983), Libros del Asteroide, Barcelona, 2008, pp. 253-254.

ración beat. Kerouac buscó la pureza en el jazz, en una amante negra, en la carretera, en el zen, en la soledad de las montañas, en México, en las tradiciones indígenas… Lo verdadero y lo real resplandecían siempre más allá, en algún lugar muy distinto a la vida reglamentada y burocrática de Estados Unidos. Era lógico que los *hipsters* adoptaran esa actitud indiferente y apática, *cool*, que los caracterizó. ¿Por qué iban a mostrar interés o emoción alguna, si lo realmente importante estaba lejos, en otras latitudes, en otras culturas?

Joyce Johnson, una de las primeras jovencitas que se aventuró por el mundo bohemio de Washington Square a finales de los cuarenta, decía estar buscando "la Vida Auténtica… la vida que no habían vivido mis padres, sino otra dramática, impredecible y posiblemente peligrosa. Y por lo tanto real e infinitamente más valiosa".[63] Esa vida real la encontró al lado de Ginsberg y Kerouac —de quien fue amante— en el Cedar Bar, en el San Remo, en el Fugazi's, los lugares del Greenwich Village frecuentados por estudiantes del Black Mountain College, por expresionistas abstractos, beats, *hipsters*, drogadictos, chaperos y delincuentes; y también en los apartamentos de estudiantes y bohemios del West Upper Side de Nueva York, escenario de fiestas transgresoras donde la desnudez, el sexo y las drogas empezaban a obtener carta de legitimidad. Joyce Johnson emprendió su búsqueda en 1949; los tres héroes de la generación beat lo habían hecho algunos años antes, a principios de la misma década.

Jack Kerouac, Allen Ginsberg y William S. Burroughs II eran, en muchos sentidos, personajes opuestos, que sin embargo coincidían en un mismo rasgo fundamental: sentían una irrefrenable curiosidad por la vida y las experiencias que florecían en los márgenes de la sociedad. Los tres hubieran podido ser norteamericanos modelo. Burroughs había estudiado antropología en Harvard. Al igual que a Charles Olson, le interesaban los códices mayas y era el heredero de William S. Burroughs I, inventor del aritómetro, y de las acciones de la Burroughs Adding Machine.

---

[63] *Ibid.*, p. 55.

Ginsberg estudiaba en Columbia y era uno de los discípulos aventajados de Lionel Trilling. Jack Kerouac había sido una estrella del futbol americano en su pueblo natal, Lowell, por lo cual había conseguido una beca de estudios en Columbia. El haber pasado por las más prestigiosas universidades norteamericanas no era lo único que los asemejaba. En algún momento de su vida los tres quisieron ser marineros. Kerouac se alistó en la marina mercante en 1942 y, luego, a medida que la Segunda Guerra Mundial avanzaba, en el programa de entrenamiento de oficiales de la Fuerza Aérea Naval V-12. Burroughs quiso hacer lo mismo, pero su aspecto frágil y sus inclinaciones homosexuales le impidieron acceder a la marina. Ginsberg, por su parte, luego de ser expulsado temporalmente de Columbia, se matriculó, sin opciones de prosperar, en el Centro de Instrucción para el Servicio Naval. Ninguno logró hacer carrera como marinero o militar. Las instituciones que les abrirían las puertas serían otras: la cárcel y el psiquiátrico.

Kerouac, Ginsberg y Burroughs crearon una vanguardia sin saberlo, sin proponérselo. A diferencia de los vanguardistas parisinos, que primero asumían la misión de transformar el mundo y luego buscaban las herramientas teóricas y los gestos artísticos para poner en marcha su utopía, la generación beat no fue muy consciente de lo que hacía hasta que la revolución cultural que ciegamente lideraban les estalló en las manos. Sus tres protagonistas se conocieron en Columbia gracias a Lucien Carr, un estudiante de filosofía y letras que había ganado notoriedad gracias a su pose afrancesada pose y a sus desplantes vanguardistas. Carr citaba a Rimbaud y a Baudelaire. Arrancaba desafiante las páginas de las Biblias, y salpicaba sus discursos con palabras como "falo", "clítoris", "cacoesis", "feto" y "heces". En una ocasión metió la cabeza en el horno y encendió el gas con el propósito de hacer una obra de arte. El espíritu de Jacques Vaché y de Arthur Cravan lo rondaba, y también la presencia real y corpórea de un hombre mayor llamado David Kaamerer, que llevaba varios años obsesionado con él. Desde que fue su monitor en los *boy scouts*, Kaamerer lo seguía allí donde Carr se desplazara. Lo curioso era que, a pesar de lo molesto que resultaba su acoso, Carr compartía con él los mismos amigos, entre ellos William Burroughs, e incluso salía con él a fiestas y bares. Todo hacía parte de las excentricidades y preceptos estéticos de Carr, para quien el verdadero arte debía alejarse siempre de la moral convencional. Y la Nueva York de 1940 era precisamente eso, convencional. Los estudiantes vestían trajes y corbata, debían seguir normas estrictas en sus dormitorios y la más mínima excentricidad era vista como síntoma de locura. Ginsberg lo comprobó en persona el día en que el vicedecano N. M. McKnight entró por sorpresa a su habitación y lo sorprendió en la cama con Kerouac. A McKnight no le pasó por la cabeza la posibilidad de que hubieran tenido sexo —en efecto, esa noche no lo hubo— y, si se enfadó fue por las frases que vio escritas con el polvo acumulado en la ventana: "Butler [el rector] no tiene cojones" y "Que se jodan los judíos". Ginsberg fue expulsado de la universidad. Como condición para reanudar sus estudios, se le pidió el informe de un psiquiatra que garantizara su salud mental.

Para ese entonces Kerouac ya no era estudiante de Columbia. En 1941, pocos días después de que Roosvelt declarara la guerra a Alemania, perdió todo interés en el futbol americano y en las aulas de clase. Pese a haber dejado la universidad, siguió frecuentando el mundo bohemio del Upper West Side hasta que el trágico desenlace de la truculenta relación de Kaamerer y Carr lo condujo a la cárcel. Los hechos tomaron a Kerouac por sorpresa. Una noche veraniega de 1944, Carr, sencillamente, no aguantó más el acoso de Kaamerer y lo mató de una puñalada. Acto seguido, introdujo piedras en sus bolsillos y lo tiró al río Hudson. Sin saber qué hacer, corrió a casa de Kerouac para contarle lo que había ocurrido; luego hizo lo mismo con Burroughs, de modo que cuando estalló el escándalo, ambos fueron acusados de complicidad en el asesinato. Burroughs pudo librarse de la cárcel gracias a su padre, que llegó de Saint Louis justo a tiempo, chequera en mano, para evitar el arresto. No era la primera vez ni sería la última que lo salvaba de una temporada a la sombra. Tres años antes, en 1941, luego de un ataque de celos provocado por las infidelidades de Jack Anderson, un chapero del que estaba enamorado, Burroughs se había mutilado el dedo meñique con una esquiladora. Con la falange envuelta en un pañuelo, corrió a ver a su psicoanalista, y éste, desconcertado al ver el sanguinolento pedazo de dedo, lo remitió al hospital psiquiátrico Bellaveu. Allí permaneció un mes, hasta que su padre emprendió peregrinaje para rescatarlo.

Kerouac, cuyos padres no eran adinerados, no tuvo tanta suerte en el *affaire* Kaamerer y se vio obligado a pasar un mes en la cárcel mientras se aclaraban las circunstancias del asesinato y conseguía el dinero de la fianza. Finalmente lo obtuvo, pero a un costo elevado. La familia de Edie Parker, su novia, se encargó de la fianza a condición de que se casara con ella. Edie no era ninguna aparecida en el ambiente bohemio de Nueva York. Todo lo contrario: ella había presentado a Kerouac y a Carr. Por su apartamento del 421 de la calle 118 Oeste, donde vivía con Joan Vollmer, una adicta a la benzedrina que acabaría casándose con Burroughs, desfilaban los personajes más vistosos de la bohemia neoyorquina y de la generación beat. Los mismos comensales se trasladaron con ellas a su nueva vivienda en la calle 118, donde Edie y Joan compartieron piso con Hal Chase, otro alumno de Columbia que hablaba constantemente de un amigo suyo de Denver, un tal Neal Cassady, que de tanto ser invocado acabó apareciéndose un día por Nueva York. Su breve estadía fue decisiva para el grupo de bohemios neoyorquinos. Gracias al encuentro con Cassady, Kerouac comprendió algo fundamental: si quería ser escritor, primero tenía que convertir su vida en una obra de arte digna de ser contada.

El fin del arte y de la imaginación: la rebelión de la Internacional Letrista
1951-1953. París

Isou demostró gran perspicacia para identificar al nuevo actor social que cobraría protagonismo en la segunda mitad del siglo xx, pero le faltó astucia para percibir y entender las motivaciones profundas que harían saltar los resortes revolucionarios de la juventud. Sus ideas, teorías y leyes sedujeron a personajes muy particulares como Pomerand, el *arcángel* del letrismo, y a jóvenes bohemios sin talento ni luces, con nada que perder y todo que ganar convirtiéndose en predicadores de un nuevo mesías. Nunca fueron muchos los miembros del letrismo —difícilmente sobrepasaron la treintena— y, varios de ellos, al poco tiempo de unirse al grupo, acababan hartos del solipsismo de Isou y volvían a esfumarse en el anonimato.

Aquellas defecciones eran anecdóticas y en nada afectaban al letrismo. Un borracho más o un borracho menos en las líneas de una vanguardia mesiánica no hacían mayor diferencia. Sin embargo, en 1952 se produjo una escisión que significó un duro golpe para el grupo, y en especial para Isou, que salió de escena superado por el ímpetu de jóvenes menos inclinados a reparar la civilización que a destruirla, y aún menos dispuestos a malgastar su tiempo componiendo ridículos poemas a base de letras o llevando las demás artes a la etapa postrera de su ciclo *ciselant*. Los desertores crearon un nuevo movimiento, la Internacional Letrista, y aunque tomaron ciertas ideas de su tronco original, especialmente el rol privilegiado de la juventud y algunas nociones utópicas en torno al urbanismo, sus posiciones con relación al arte y la revolución sufrieron cambios colosales.

El líder de este sector disidente se había unido al letrismo en 1951, después de presenciar los escándalos que protagonizó la vanguardia en el Festival de Cannes de aquel año. Su nombre era Guy-Ernest Debord, tenía diecinueve años, pequeños anteojos circulares y suficiente ardor y tenacidad como para robar protagonismo al mismo Isou. Pese a aborrecer el arte, se había unido a una vanguardia artística porque admiraba a los dadaístas y sus gestos anárquicos y antiartísticos, que abrían espacios de libertad en la sociedad capitalista de posguerra tan necesarios como los oasis en un desierto. Ser un vanguardista, para Debord, no era una actividad, mucho menos una profesión; era un modo de vida que consistía básicamente en no hacer nada de lo que debía hacer un joven para ganar un lugar respetable en la sociedad. Rechazar la universidad, el trabajo, el arte y la mentalidad burguesa hacía parte de este revestimiento existencial vanguardista con el que pretendía transformar la vida de las personas, primero, y luego el mundo en su totalidad. Si la sociedad exigía disciplina, esfuerzo y sobriedad, él y sus seguidores abogarían decididamente por la ebriedad, la vagancia y la improductividad. Sus actividades estarían dedicadas únicamente a apropiarse de sus existencias, rechazando un sistema que alienaba y desecaba a las personas. Esta apropiación sólo era posible mediante la creación de momentos, momentos que aceleraban el pulso y canalizaban emociones fuertes hasta convertir la vida en una orgía de experiencias singulares, alejadas de las que ofrecía la sociedad en sus instituciones laborales y, sobre todo, en esa limosna engañosa que era el tiempo de ocio. Aunque la retórica de los letristas era mordazmente antisurrealista, de Breton y sus seguidores aprendieron a valorar los instantes maravillosos, a moldear sus existencias al margen del sistema y a vivir la vida al borde del abismo y de espaldas a la convención. Al poco tiempo de entrar en el movimiento, Debord filmó una película que sobrepasaba en osadía a todo lo que se había hecho hasta entonces. Iba más allá de *Tratado de baba y eternidad,* e incluso superaba a *L'Anticoncept,* de Gil J. Wolman, una película en la que un gran círculo blanco parpadeaba sobre un fondo negro durante algo más de una hora, mientras al fondo se oía una disquisición filosófica sobre el cine y la vida. El título de la película de Debord era *Aullidos a favor de Sade,* y se trataba del espectáculo más tedioso y provocador, el experimento visual más insoportablemente absurdo y deplorable jamás filmado. Durante una larguísima hora, el espectador tenía que soportar el fogonazo de la pantalla en blanco intercalado con minutos de oscuridad, diálogos de sordos entre cinco voces y frases sueltas carentes de significado para el espectador profano. Si *Tratado de baba y eternidad* era una película insufrible, *Aullidos a favor de Sade* era una declaración de guerra contra el arte, un intento de espantar al público de todo espacio que exhibiera cualquier manifestación cultural.

Aunque Isou aprobó la película y participó en ella —una de las voces que se escucha es la suya—, al poco tiempo advirtió que *Aullidos a favor de Sade* no era letrista ni contribuía a descomponer los elementos cinematográficos. Tenía razón. Debord no vislumbraba ni buscaba aquel amanecer paradisíaco que tanto inspiraba a Lemaitre y a Pomerand. Muy por el contrario, el joven revolucionario buscaba reducir el arte a su mínima expresión, no para verlo renacer, sino para que se desvaneciera en la nada. El escupitajo que le lanzaba al público en la cara con su película buscaba enemistarlo con el arte; buscaba generar situaciones espontáneas —peleas, indignación, escándalo— que a la larga resultaban mucho más importantes que una simple y huera obra de arte. Esta cruel pedagogía le enseñaba al público que en las salas de cine, al igual que en las galerías y en los museos, no había nada, y que acudir a ellas era una estéril pérdida de tiempo. Había llegado la hora de que la gente entendiera, por fin, que el arte era mucho menos importante que la vida.

En un momento de *Aullidos a favor de Sade*, una de las voces anónimas dice: "No hay película. El cine está muerto. No es posible hacer más películas. Si lo desean, podemos pasar al debate." En efecto, para Debord el cine y el arte estaban muertos, y lo único que restaba por hacer era sepultar el cadáver extirpando de raíz la vieja añoranza infantil por los reinos de fantasía. Ya no valía la pena seguir esperando que el arte y el cine ofrecieran otros mundos y otras vidas con las cuales satisfacer la necesidad de aventura y multiplicidad. Esa droga hipnótica había convertido a las personas en seres pasivos y conformistas. Era el momento de que la gente saliera a la calle y viviera en la vida real todo lo que hasta ahora sólo le era lícito vivir en fantasías. El arte se realizaba en la propia vida, no en los artificios de la imaginación. Crear pinturas, esculturas, películas o libros carecía de interés; lo importante era recrearse a sí mismo. Como los surrealistas, Debord consideraba que vivir una vida apasionante era mucho más valioso que crear obras de arte, sobre todo ficciones, una absoluta pérdida de tiempo en opinión de Breton. Pero a diferencia de ellos, Debord despreció por completo cualquier actividad imaginativa, bien fuera en el campo del sexo, de la pintura, de la poesía o de la irracionalidad.

En otro momento de la película de Debord, justo en el minuto 7.03, la pantalla se pone en blanco y durante catorce segundos el autor cuela una frase que anuncia el proyecto que ocupará su tiempo durante los siguientes años: "Es necesario crear una ciencia de las situaciones, que incorporará elementos de la psicología, la estadística, el urbanismo y la ética. Estos elementos deben concurrir en una meta absolutamente nueva: la creación consciente de situaciones." En 1952 esto aún no quería decir nada, pero poco tiempo después, cuando Debord, Gil J. Wolman, Serge Berna y Jean-Louis Brau decidieron romper con Isou y formar la Internacional Letrista, la idea de crear situaciones y de transformar la ciudad en un espacio propicio para la experimentación se convirtió en el eje de un pensamiento revolucionario, completamente alejado del mesianismo historicista de Isou.

La ruptura entre las dos facciones se dio al poco tiempo del estreno de *Aullidos a favor de Sade*, en octubre de 1952, durante la presentación parisina de *Candilejas*, la película de Charlie Chaplin. El creador de Charlot había sido el héroe de todos los artistas de vanguardia, incluido Isou. Los dadaístas quisieron hacer pasar a Chaplin como uno de los suyos, y los surrealistas publicaron un largo ensayo titulado *Hands Off Love*, con el que respaldaban a Chaplin en el difícil tránsito de su divorcio. Saboteando un evento de una figura tan respetada y querida, la Internacional Letrista mataba tres pájaros de un tiro: cometían un sacrilegio típicamente vanguardista, perpetraban un acto edípico contra Tzara y Breton, y propinaban un terrible insulto a Isou. Aquel día, Debord, Wolman, Berna y Brau no se limitaron a blasfemar e impedir el paso del público al hotel Ritz donde se celebraba la rueda de prensa, también repartieron un panfleto insultante en el que llamaban a Chaplin "larva fascista" y lo acusaban de fingir ser amigo de las víctimas mientras olfateaba bajo las faldas de la alta sociedad. "Usted", le decían a Chaplin, "es 'aquel-que-pone-la-otra-mejilla-y-la-otra-nalga', pero nosotros somos jóvenes y hermosos y respondemos Revolución cuando nos hablan de sufrimiento".[64] Los jóvenes y hermosos harían la revolución, no para renovar el arte o la sociedad, como esperaban Lemaitre y Marc, Ó, sino para destruirlas y levantar sobre sus ruinas una utopía nueva, una ciudad transformada en la que se aboliría el trabajo, la rutina, el aislamiento, los recorridos preestablecidos y, por encima de todo, el aburrimiento. Ése era el terreno concreto y palpable de la utopía: la ciudad. La Internacional Letrista no iba a soñar con mundos fantasiosos. Su objetivo iba a ser explorar la ciudad para reconstruirla siguiendo un ideal opuesto al modo de vida burgués y capitalista, en donde primaría la aventura sobre la producción, el éxtasis sobre el lucro y la euforia de la acción sobre el entretenimiento pasivo que ofrecían el arte y la literatura.

Entre los alucinados que se unieron al grupo y quisieron reinventar París, Ivan Vladimirovitch Chtcheglov, hijo de exiliados ucranianos, fue quien más impregnó la mentalidad del grupo con preocupaciones urbanísticas. En 1953, este visionario escribió *Formulario para un nuevo urbanismo*, un ensayo delirante que fascinó a los miembros de la Internacional Letrista, y promovía un proyecto radical de renovación urbana en busca de espacios propicios para la aventura. Si otros arquitectos y urbanistas diseñaban las avenidas y espacios pensando en las labores productivas, Chtcheglov vislumbraba una nueva París en función de la experiencia y la aventura. Chtcheglov pensaba que la ciudad debía corresponderse con el "espectro total de sentimientos diferentes que se encuentran *azarosamente* en la vida cotidiana".[65] Así, los diferentes distritos urbanos debían trasmitir distintas emociones y propiciar distintas experiencias —debía haber un distrito siniestro, otro feliz, otro histórico, otro noble, otro trágico—, de modo que el vagabundeo por la ciudad se convirtiera en una experiencia sorprendente, capaz de

---

[64] Debord, G., "Finis les pieds plats", en: *Oeuvres*, Gallimard, París, 2006, pp. 84-85.

[65] Chtcheglov, I., "Formulario para un nuevo urbanismo" (1953), en: *Internacional situacionista*, vol. 1, núms. 1-6, Literatura gris, Madrid, 2001, p. 20.

despertar a la gente de la banalización imperante causada por la producción y el confort del boyante capitalismo de posguerra. Chtcheglov se tomaba sus delirantes proyectos en serio. En el café Moineau, donde se reunía con sus compinches letristas, no sólo hablaba de la ciudad futura en la que cada cual habitaría su propia "catedral", su propio espacio para el amor y la ensoñación, sino que también ventilaba el odio que sentía por la torre Eiffel. Las potentes luces de aquel emblema de París se colaban por la ventana del cuartucho que compartía con Henry de Verán, cerca del Champ-de-Mars, y le impedían dormir. La falta de sueño lo estaba volviendo loco, o quizás ya lo estaba desde hacía mucho, pues entre borrachera y borrachera, entre discusión y discusión, le fue advirtiendo a todos los clientes del Moineau que haría volar la torre por los aires. No bromeaba. Al poco tiempo la policía lo detuvo cuando deambulaba por París, al parecer con una mochila a sus espaldas cargada de explosivos. Fue la última gran proeza de Chtcheglov. El alucinado artista acabó recluido durante largos años en un hospital psiquiátrico y, a pesar de que su marcha significó una dura pérdida para la vanguardia parisina, su espíritu y su anhelo de crear una utopía urbanística, un hábitat en función del deseo y las necesidades propias y no las de la sociedad, siguió reverberando entre los letristas.

EL YONQUI, EL LADRÓN Y EL LOCO: LA FUGA DEL SISTEMA
1940-1957. NUEVA YORK, CIUDAD DE MÉXICO, SAN FRANCISCO

Ni Kerouac, ni Burroughs, ni Ginsberg hubieran llegado a convertirse en los escritores que fueron, si antes no se hubieran cruzado con Neal Cassady y otros dos curiosos personajes que guiaron su descenso por los círculos más profundos y oscuros de la sociedad norteamericana. La fascinación que sintieron los letristas por los delincuentes juveniles del café Moineau tuvo un eco similar entre los escritores beat de la posguerra. Kerouac descubrió la libertad de la carretera y el éxtasis del robo de la mano de Cassady; Ginsberg el poder visionario y emancipador de la locura bajo la tutela de Carl Solomon; y Burroughs los placeres y peligros de las drogas gracias a Herbert Huncke. Sin ellos, los escritores beat difícilmente hubieran escrito sus influyentes obras y el panorama literario de la Norteamérica de la segunda mitad del siglo XX hubiera sido muy distinto.

La historia de Burroughs y Huncke empezó en el otoño de 1945, cuando un conocido del futuro escritor robó una pistola marca Thompson y varias cajas con cápsulas de morfina de los almacenes de la Marina, y fue a consultarle si sabía de alguien que pudiera estar interesado en comprar el cargamento. Burroughs vislumbró en aquel encargo la oportunidad de incursionar en el mundo *underground* de Nueva York y saciar la curiosidad que le producía el entorno delincuencial. Desde que leyó la autobiografía de un ladrón que pasó buena parte de su vida en la cárcel, aquel entorno lo tentaba. El mundo de ese ladrón "sonaba bien comparado con la inercia de un lugar de las afueras de una ciudad del Medio Oeste en que cualquier contacto con la vida estaba cortado",[66] confesó años después en *Yonqui*, su primera novela. En la ciudad industrial ya no había forma de saciar el ansia de aventuras y emociones fuertes. La única forma de entablar contacto con la vida era deslindándose hacia los márgenes de la sociedad y tocando las puertas de la delincuencia, y Burroughs estaba dispuesto a hacerlo.

Gracias a Bob Brademburg, otro conocido suyo que trabajaba en una farmacia, Burroughs llegó a un apartamento de yonquis y ladrones donde podría encontrar algún comprador. El apartamento daba contra el puente de Brooklyn; sus paredes eran negras, sus techos rojos, y era el lugar perfecto para que Burroughs no sólo encontrara potenciales clientes, sino para que hallara su destino. La pandilla que se alojaba entre sus muros era la esencia de la marginalidad. La conformaban Herbert Huncke, un drogadicto homosexual y ladrón que en ocasiones tomaba papel y lápiz para escribir relatos; Phil White, experto

---

[66] Burroughs, W., *Yonqui* (1953), Bruguera, Barcelona, 1980, p. 6.

carterista con habilidad para desplumar a los borrachos que caían dormidos en el metro; Little Jack Melody, ladrón de cajas fuertes; y Vicky Russell, la guapísima hija rebelde de un prestigioso juez de Filadelfia que financiaba sus adicciones y correrías por Times Square ejerciendo como prostituta de lujo.

Burroughs se convirtió en discípulo aventajado de Huncke y White. Pese a no haber probado nunca los opiáceos, al poco tiempo ya era un adicto, tenía la dirección de un médico que vendía recetas de morfina y las conexiones necesarias para conseguir cualquier sustancia en el Angler Bar de la esquina de la calle 43. Burroughs no tenía ninguna ocupación durante aquella época y la vida marginal colmó todo su tiempo. Huncke fue su maestro con la jeringuilla y White con la navaja. Una vez enganchado a la morfina, los 200 dólares de asignación mensual que le enviaba su familia no fueron suficientes, y la única solución que vislumbró fue seguir a White en sus aventuras nocturnas, rasgando los bolsillos de los borrachos en busca de carteras. Aquello tampoco resultó muy rentable, y al poco tiempo, sin mejor alternativa, estaba traficando con narcóticos. Estas experiencias le sirvieron para escribir en 1951 *Yonqui*, un recuento de su adicción que logró publicar en Ace Books gracias a Allen Ginsberg, que habiendo visto el talento oculto de su amigo en las cartas que le envió mientras hacía un viaje por Sudamérica, decidió ejercer como agente literario y mostrarle el texto a Carl Solomon, sobrino del dueño de la editorial. *Yonqui* apareció en las vitrinas de las farmacias en 1953, con una truculenta carátula, sin relación con la historia, de una pareja vestida al estilo años cincuenta luchando por una jeringuilla y una papeleta de heroína.

Además de ser un adicto a los opiáceos, Burroughs encarnaba la más pura tradición individualista estadounidense. No soportaba las normas y las convenciones, y nada le era más detestable que el tufillo burocrático y legalista que emanaba de Washington y de la estructura gubernamental. Odiaba por igual el ideal estereotipado de felicidad de los cincuenta y el progresismo intelectual de izquierda. En esto se parecía a Kerouac y se diferenciaba de Ginsberg. Burroughs no sintonizaba con las buenas vibraciones hippies, y al igual que Kerouac tenía un carácter refractario al hedonismo multicolor y marihuanero que llegaría con la década de los sesenta. Si el autor de *En el camino* tenía fuertes prejuicios antisemitas —que Ginsberg, al ser judío, tuvo que padecer—, el autor de *Yonqui*, además de pedófilo, era misógino y amante de las armas. Si hubiera que describir la opción política de Burroughs, podría decirse que era un anarquista de derechas que sólo se sentía a gusto donde no hubiera o no se aplicara la ley. México le encantaba. En sus calles y bares podía andar armado y consumir cualquier tipo de droga sin temer la persecución del Estado. Fue allá donde el dinero de su padre compró una vez más su libertad, luego de que una noche, jugando a Guillermo Tell en el Bounty Bar de la Calle Monterrey, matara de un balazo a su esposa Joan. Además de la Ciudad de México, Burroughs sentía predilección por Tánger, especialmente por los jovencitos que podía llevarse a la cama a cambio de unos pocos dólares y al amplio surtido de opiáceos del que podía disponer sin mayor dificultad. Al igual que Cage y Kerouac, Burroughs había leído a Henry David Thoreau y las ideas de la soledad y la autosubsistencia le resultaban seductoras. Las últimas palabras que pronunció Hassan Sabbah, el místico medieval iraní conocido como El Viejo de las Montañas, jefe de la Secta de los Asesinos, también le resultaban inspiradoras: "No hay verdad. Todo está permitido". No es extraño que Kerouac decidiera convertirlo en un personaje de su famosa novela y lo describiera tal cual como lo veía en la vida real:

> Bull se mostraba un tanto sentimental con respecto a los viejos días de América, especialmente 1910, cuando se conseguía morfina en los *drugstores* sin receta y los chinos fumaban opio en la ventana al atardecer y el país era salvaje y ruidoso y libre, con gran abundancia de cualquier tipo de libertad para todos. El principal objeto de su odio era la burocracia de Washington; después iban los liberales; después la bofia.[67]

---

[67] Kerouac, J., *En el camino* (1957), Anagrama, Barcelona, 1989, p. 172.

Si la droga de Burroughs era el opio y sus derivados, la de Kerouac era el alcohol. El alcohol, el *bebob* y la velocidad. Desde 1940 había empezado a asistir con su amigo Seymor Wyse al Apollo Theater, en el corazón de Harlem, y había quedado hechizado con la improvisación y la espontaneidad de los nuevos músicos negros, especialmente con Charlie Parker. Al swing, demasiado influido por la música europea, le faltaba "tanto pureza como sinceridad".[68] No se comparaba con la nueva música que emergía de las profundidades del mundo negro. Si se quería sinceridad y pureza, había que buscarlas en el *jive*, en la actitud de los *hipsters*, en los músicos de barbita, boina, gafas negras y gesto impasible. Kerouac fue uno de los primeros bohemios norteamericanos en sentir fascinación por las culturas marginales y tercermundistas. Allí encontró la autenticidad que se había esfumado entre las miserias de la guerra, el auge de la burocracia y la naciente espiral consumista. Al hombre blanco le faltaba vitalidad. Estaba cansado, frustrado, golpeado. En 1949 Kerouac se dio cuenta de que su generación hacía honor a esas palabras: era una generación "beat".

Sin embargo, los golpeados que deambulaban por el mundo subterráneo de Nueva York tenían una vida más interesante y real que los trabajadores de oficina. Por eso, de un momento a otro, ser beat empezó a ser algo positivo. Ya no sólo significaba frustración y vida marginal, también implicaba un rechazo de todos las perversiones de la sociedad. Las razones de este cambio las explicó Norman Mailer en su famoso ensayo *The White Negro*, de 1957. Según el escritor, la Segunda Guerra Mundial le había mostrado al hombre occidental lo frágil que era su existencia. En cualquier momento, cuando menos lo pensara, podía morir despojado de honra y dignidad en una cámara de gas o en una ciudad contaminada por residuos radioactivos. Después de la guerra, Occidente no había tenido más remedio que mirarse a sí mismo y preguntarse qué imagen del ser humano ha-

---

[68] McNally, D., *Jack Kerouac. América y la generación beat. Una biografía.* (1979), Paidós, Barcelona, 1992, p. 53.

bía creado, y la conclusión a la que había llegado estaba lejos de ser alentadora. De ese desencanto habían surgido los existencialistas norteamericanos, es decir, los *hipsters*, jóvenes blancos que se sentían condenados a morir de una de dos formas igualmente aterradoras: rápidamente, con la explosión de la bomba atómica; o lentamente, conformándose y aburriéndose hasta la náusea. Si el horizonte era la hecatombe o el tedio, ¿por qué no renunciar a todas las seguridades y sacar al psicópata que se llevaba adentro? ¿Por qué no vivir al límite, asumiendo riesgos y tentando la suerte para sentir, así fuera por breves instantes, el sabor del éxtasis? Al fin y al cabo, ¿qué se podía perder?

El modelo más cercano que tuvieron los jóvenes que quisieron vivir a fondo en una época de conformismo y monotonía fue el negro. Ciudadano de segunda categoría, cautivo en un sistema democrático que no le ofrecía ninguna garantía, el negro había vivido en constante estado de peligro y ansiedad desde el siglo XVI, cuando tocó por primera vez suelo americano. Era precisamente esta situación incierta, de riesgo constante, la que le impedía darse el lujo de inhibir sus instintos primitivos. El negro vivía en estado de guerra, al margen de la civilización, buscando la forma de vivir el día a día. Como decía Kerouac, "el dolor o el amor o el peligro te hacen real de nuevo",[69] y por eso el negro, que sabía mejor que nadie lo que eran estas experiencias, era más "real" que el blanco. Nada lo demostraba mejor que el jazz. La experiencia negra era mucho más intensa y orgásmica que la blanca. El negro era el nuevo maestro que enseñaba la vida auténtica, no desdibujada por la seguridad económica, los empleos mediocres y las casas atestadas de mercancías artificiales y alienantes.

En uno de los pasaje más significativos de *En el camino*, Kerouac expresaba claramente esa sensación de desencanto hacia el mundo blanco y su deseo de ser otra persona: "Lo mejor que podría ofrecerme el mundo de los blancos no me proporcionaba un éxtasis suficiente"; hubiera preferido ser "un mexicano

---

[69] Kerouac, J., *Los Vagabundos del Dharma* (1958), Anagrama, Barcelona, 1996, p. 95.

de Dénver, e incluso un japonés agobiado de trabajo, lo que fuera menos lo que era de un modo tan triste: 'un hombre blanco' desilusionado".[70] La vida del hombre blanco de posguerra era tan próspera y segura como insípida. Al mismo drama se enfrentaba Stiller en la aséptica Suiza que retrataba Max Frish en su novela, un paraíso de perfección en el que hasta los barrotes de las cárceles relucían, pero que al mismo tiempo aburría y frustraba hasta la enajenación. Kerouac sintió algo similar, la angustiosa sensación de que la vida real estaba en otra parte, no en Occidente, no en la opulenta Europa o en la aún más próspera Norteamérica, sino en los márgenes, y que la manera de vivirla era convirtiéndose en otro, saliendo de sí, multiplicándose en seres de otras razas y culturas. En *Los Vagabundos del Dharma*, Japhy Ryder, personaje inspirado en el poeta Gary Snyder, decía lo mucho que le gustaría ser indio y libre y viajar por todo el país pidiendo aventón. Ésa era la vida verdadera, no la que tenía que asumir el hombre blanco. Incluso para los aventureros Sal Paradise y Dean Moriarty, que *En el camino* cruzaron el país de punta a punta a 150 kilómetros por hora, Estados Unidos y la estrecha mentalidad de sus habitantes se quedaban chicos. Sólo al llegar a México encontraron lo que en realidad buscaban: "La tierra mágica al final de la carretera".[71]

Seymour Wyse introdujo a Kerouac en el mundo de los *beboppers* y Neal Cassady, el amigo de Hal Chase que apareció en Nueva York un día de 1946, en el del vértigo y el éxtasis de la carretera. Cassady era "un estallido salvaje y afirmativo de pura alegría americana",[72] lo más parecido a un *cowboy* que podía encontrarse en los años cuarenta. Aquel joven de veinte años ya tenía quinientos robos de vehículos a sus espaldas (muchos de ellos, en realidad, sólo para dar una vuelta por Dénver y luego devolverlos a su sitio), diez arrestos y quince meses tras las rejas. Los autos, la velocidad y el sexo eran los ingredientes del coctel

---

[70] Kerouac, J., *En el camino*, p. 216.

[71] *Ibid.*, p. 327.

[72] McNally, D., *Jack Kerouac. América y la generación beat. Una biografía*, p. 111.

vital con el que Cassady se embriagaba a diario. Sus habilidades como seductor le permitían llevarse a la cama a camareras que había conocido hacía sólo unos minutos. Era un erotómano irrefrenable. Embestía cualquier cuerpo que se prestara como objeto de satisfacción sexual, bien fuera masculino o femenino. Una temporada estuvo acostándose con su esposa LuAnne, su amante Carolyn Robinson y su amigo y maestro de literatura Allen Ginsberg. No había ningún límite que frenara su libertad. Kerouac quedó hechizado con Cassady. Como decía James Campbell, uno de los cronistas de la generación beat, Kerouac se dio cuenta de que aquel joven descontrolado "tenía las llaves de América".[73] Era un rebelde sin causa ni propósito distinto a satisfacer sus apetitos. Un Thoureau en movimiento que había cambiado su cabaña solitaria a orillas del lago Walden por el volante de un auto robado; un manifiesto viviente que exprimía el jugo a la experiencia con una fórmula infalible: decirle ¡sí!, ¡sí!, ¡sí! a todo y no arredrarse ante nada.

La búsqueda gratuita del éxtasis y la experiencia euforizante que encarnaban los personajes de Kerouac, sin embargo, defraudó a Paul Goodman. En la reseña de *En el camino* que escribió en 1958, no pudo ocultar el mal sabor de boca que le dejó el libro. Los protagonistas Sal Paradise y Dean Moriarty eran el síntoma de todos los males que él había diagnosticado en la Norteamérica de la posguerra; eran un par de jóvenes que huían de algo que no podían definir, en busca de algo aún más etéreo y escurridizo. La falta de sentido de sus correrías los obligaba a gritar, a silbar y a repetirse a sí mismos lo magnífica y excitante que era su aventura. Parecían rebeldes, pero en realidad no lo eran. Para rebelarse se debía tener un contacto sostenido con la gente y las instituciones; se debía querer algo y verse frustrado en el intento de conseguirlo. Y estos jóvenes no querían nada. Se equivocaban al creer que la actitud *cool* y la indiferencia hacia cualquier problema público eran el mayor acto de rebeldía.

---

[73] Campbell, J., *Loca sabiduría. Así fue la Generación Beat* (1999), Alba Editorial, Barcelona, 2001, p. 89.

Goodman no vio en la generación beat una verdadera fuerza cultural capaz de crear nuevos estilos de vida, debilitar las convenciones sociales, generar cambios en el mercado laboral o crear una nueva comunidad acorde con las necesidades humanas. El síntoma más flagrante de su confusión era la curiosidad que sentían por los negros y los latinoamericanos. Aquello no tenía ningún sentido, pues tanto los unos como los otros sólo esperaban la oportunidad para abandonar su "pureza" y "espontaneidad" y vivir como los hombres blancos adinerados. Era fácil desear ser negro, puertorriqueño, mexicano o indio sabiendo que nunca lo serían. Dos negros viajando por Estados Unidos en los años cuarenta, buscando aventuras, seduciendo camareras, robando cigarrillos y gasolina, era algo impensable. ¿Cuántos kilómetros hubieran logrado avanzar por la Ruta 66 antes de ser linchados por auténticos y puros hombres blancos supremacistas?

Goodman acertó al diagnosticar la incapacidad de la rebelión beat para generar cambios institucionales de calado, pero no se dio cuenta que estos jóvenes y escritores que garabateaban sus primeras páginas lo querían todo y estaban dispuestos a todo, como cualquier rebelde, excepto a sacrificar la aventura y la libertad con tediosas luchas en pro de la transformación social. Al igual que los vanguardistas europeos, los beats sólo buscaban expandir los límites de la libertad personal, expandirlos porque sí, sin otro fin que vencer tabúes, convenciones y normas que acechaban al individuo en la sociedad. Kerouac y Burroughs lo hicieron espontáneamente, llevados más por su instinto libertario y el seductor influjo de autores como Jack London, Thoreau, Kafka y Emerson que por un deseo consciente de transformar la sociedad. Fue el clima social de finales de los cincuenta el que propició el éxito de estos escritores. Su búsqueda de libertad absoluta y su repudio a la mentalidad cuadriculada del oficinista resultaron seductores en un momento en que muchos ideales fundacionales de Estados Unidos parecían diluirse en el torbellino de la Guerra Fría. Lo curioso es que mientras el conjunto de la sociedad se hacía beat y buscaba fugarse de las convenciones y vivir con mayor libertad y espontaneidad, Keroauc se cansaba de su rebelión individualista y empezaba a buscar sentido en la espiritualidad. En 1957, cuando finalmente, después de seis años de frustraciones, Viking Press publicó *En el camino*, lo que más deseaba Kerouac no eran caóticas vivencias euforizantes sino la armonía espiritual. *En el camino* se convertía en el manifiesto libertario de toda una generación ansiosa de nuevas formas de vivir y, Kerouac lo único que quería era que lo dejaran en paz. Le habían pasado tantas cosas desde que mecanografió aquel rollo de 1951, que sus intereses y preocupaciones ya no eran los mismos. Estaba descorazonado, y la causa, en gran parte, había sido el rechazo sistemático que había sufrido por parte de las editoriales. Durante ese negro período, sacudido por fuertes dudas y asaltado por divagaciones místicas, Kerouac regresó a Lowell y al entrar en una iglesia lo asaltó una visión sorprendente. La Virgen se dio la vuelta y lo bendijo. Aquel episodio lo animó a redefinir el concepto de generación beat. Beat ya no significaba golpeado ni agotado, significaba beatífico. Meses antes, en febrero de 1954, había leído *Walden*, de Thoreau, y fascinado con el rechazo de la civilización y las referencias orientales que fundaban su pensamiento, empezó a leer libros de budismo zen. Al poco tiempo se había convertido a la religión oriental, planeaba escribir una biografía de Buda y se consideraba a sí mismo una autoridad mundial en el tema. Cuando le propuso a Ginsberg que se convirtiera en su alumno, le advirtió que debía atender a sus enseñanzas sobre el zen como si se tratara de Einstein hablándole de relatividad.

La búsqueda sin objeto de Kerouac lo había llevado por el mundo de los negros, el vacío de la carretera, el paraíso mexicano de libertad, prostitutas y drogas y, finalmente, el ascetismo de la montaña y la espiritualidad zen. Las fuentes de éxtasis de *En el camino* eran la velocidad y el vértigo; en *Los Vagabundos del Dharma*, novela que escribió en 1958 bajo el influjo del zen, sería la soledad de la montaña y la oración. Neal Cassady fue la musa de la primera novela; Gary Snyder, el poeta y "lunático zen" de Berkeley, de la segunda. Cassady le enseñó los misterios del México arcaico; Snyder le ayudó a ver la Norteamérica mágica y los caminos para "encontrar mi alma auténtica y pura".[74] Cassady lo llevó a buscar la autenticidad en otras culturas; Snyder en su propio interior. A diferencia de *En el camino, Los Vagabundos del Dharma* clamaba por el reencuentro del individuo con el vasto paisaje norteamericano. La huida y el viaje tenían ahora un sentido: la iluminación, el éxtasis religioso y la dimensión espiritual. Sin embargo, no sería Kerouac quien asumiría el rol de místico y profeta de las nuevas religiones alternativas. Ese lugar estaba reservado para otro de sus amigos que desde muy joven se vio sorprendido por visiones reveladoras.

Allen Ginsberg tenía veintitrés años la primera vez que fue asaltado por raptos místicos. En una ocasión, acababa de masturbarse en la casa de Harlem donde vivía con su padre Louis y su madre Naomi —una judía de origen ruso que luchó toda su vida contra la esquizofrenia—, cuando oyó la voz de William Blake recitándole un poema. La voz del poeta se convirtió luego en la de Dios, y entonces Ginsberg le oyó pronunciar un sermón sobre el "compromiso del hombre con la poesía y de la poesía con la experiencia inmediata, con la percepción del momento [...] y con la memoria nacida durante el tiempo de éxtasis".[75] Desde ese instante, Ginsberg supo que la poesía debía ser subversiva, y que su destino era enfrentarse a una sociedad fundada en el trabajo, el matrimonio y las fábricas de bombas. En otras palabras, Ginsberg entendió que su futuro era convertirse en un artista de vanguardia. Lleno de euforia, el poeta corrió a la Universidad de Columbia a dar cuenta del testimonio divino y de la certeza recién adquirida en la capacidad humana de transformar el mundo, pero las primeras personas con las que se topó fueron Lionel Trilling y Mark Van Doren, sus dos profesores, quizás los menos indicados para oír aquel testimonio místico. A los pocos días, por decisión propia, Ginsberg en-

---

[74] Kerouac, J., *Los Vagabundos del Dharma*, p. 152.

[75] Campbell, J., *Loca sabiduría. Así fue la Generación Beat*, p. 125.

traba en el Columbia Psychiatric Institute, donde pasaría ocho decisivos meses.

Fueron decisivos porque allí conoció a Carl Solomon, un joven culto y afrancesado que tenía una elevada idea de la locura, en la que no veía un desequilibrio psíquico sino la estrategia más conspicua de rebelión. Su interés por los estados alterados de conciencia no sólo venía de sus propias tendencias esquizoides, sino de su fascinación por Antonin Artaud. En 1947, mientras caminaba por Saint-Germain, Solomon creyó haber visto al ex surrealista pronunciando una conferencia ante el público de una galería. En realidad se trataba de un desconocido que leía un texto de Artaud, pero eso fue lo de menos. Lo importante fue que las palabras que oyó quedaron grabadas en su mente, como si el mensaje de Artaud hubiera sido lanzado directamente para él: el loco era loco porque prefería enfermar antes que renunciar a una idea superior de la moral humana. Nada más cierto, nada más iluminador que esas palabras. Gracias a ellas, Solomon entendió que el loco no era un perturbado que había perdido contacto con la realidad, sino el último bastión de moralidad en un mundo cada vez más corrompido y frívolo. La sociedad suicidaba al loco, decía Artaud. Por eso el dadaísmo, con sus actos disparatados y sus desplantes iconoclastas, era una especie de inyección de cordura en las arterias de la sociedad. Y por eso Solomon quiso cargar a dadá en sus hombros y llevarlo de paseo por las calles de Nueva York, asaltando al novelista Wallace Markham con proyectiles de ensalada, y haciéndose pasar por W. H. Auden para autografiar sus libros. Gestos como estos recordaban la irreverencia de Tzara y sus compinches, que luego, al contárselos en el psiquiátrico, fascinaron a Ginsberg. Las lecciones de surrealismo y dadaísmo que el poeta beat recibió de Solomon quedaron plasmadas en *Aullido,* su poema más famoso, y despertaron en él una gran devoción por Duchamp. Ginsberg refrendó esta devoción en 1957, cuando se hospedó en el famoso Hotel Beat de la rue Gît-le-Cour y conoció al ex dadaísta, a quien pidió su bendición y siguió en cuatro patas por toda la fiesta.

Aullido para Carl Solomon fue escrito en 1955. Ese mismo año se organizó una lectura de seis poetas en la Six Gallery de San Francisco, evento que daría origen al Renacimiento de San Francisco, un grupo afín a los beats y a los poetas del Black Mountain College. Ginsberg había llegado a San Francisco a principios de la década de 1950, y gracias a William Carlos Williams había entrado en contacto con Kenneth Rexroth, un escritor de ideas estéticas y políticas radicales que se había convertido en el referente de los escritores y bohemios de San Francisco. A través de él, Ginsberg conoció a otros poetas, escritores y pintores, y entre tertulias y fiestas empezó a tomar forma la idea de organizar un recital en la Six Gallery. Al principio, el tímido Ginsberg opuso resistencia, pero finalmente acabó asumiendo las riendas del proyecto y buscando a los poetas más prometedores de la Bahía de San Francisco. Rexroth le sugirió que buscara a un poeta menudo y místico que vivía en la Calle Milvia, en Berkeley, llamado Gary Snyder. El encuentro con Snyder fue tan importante como el anterior descubrimiento de Cassady. Si el movimiento beat terminó combinando la furia del jazz con los mantras budistas fue, en gran medida, gracias a su influencia. Por ese entonces, Snyder planeaba viajar a Japón para estudiar zen y meditación en un monasterio cercano a Kyoto. En medio de una generación de místicos y budistas que buscaban en Oriente la sabiduría y el consuelo espiritual, Snyder, como John Cage, fue uno de los pocos que abordó la religión oriental en serio, como algo más que una mera excusa para rechazar a Occidente. Snyder había estudiado lenguas orientales en la Universidad de Berkeley, estaba fascinado con el arte chino y llevaba una vida que se asemejaba a la de un monje zen. Kerouac lo conoció aquel mismo año, y fue gracias a él que profundizó en sus precarios conocimientos budistas y descubrió el desahogo espiritual que brindaba la naturaleza. Imitando a Snyder, trabajó como guardabosques en la reserva forestal de las montañas de Washington en 1955, experiencia fundamental que luego le serviría para escribir *Los Vagabundos del Dharma.*

Además de Snyder, Ginsberg y Rexroth, los otros poetas que se presentaron en la Six Gallery fueron Mike McClure, Philip Whalen y un anarquista que a los trece años había buscado a Breton y a los surrealistas en Nueva York llamado Phillip Lamantia. Kerouac llegó a San Francisco justo a tiempo para asistir al evento y encargarse de comprar y repartir vino californiano entre los asistentes. El éxito fue total. El movimiento poético de la Bahía de San Francisco, en el que también había participado Robert Duncan, profesor del Black Mountain College, cobró visibilidad. Los poetas vanguardistas de la Costa Oeste se unieron a los de la Costa Este, incluidos los del Black Mountain College, para consolidar un poderoso movimiento contracultural. *Aullido*, el poema que Ginsberg leyó en la Six Gallery, se convirtió inmediatamente en el electrizante emblema de la vanguardia norteamericana de los cincuenta. Lawrence Ferlinghetti, dueño de la mítica City Lights, la librería que sobresale en la cuesta de Columbus Avenue, lo publicó en 1956. Era el cuarto título de su famosa colección, la City Lights Pocket Poets, en la que también aparecieron varios otros poetas vanguardistas de la generación beat, del Black Mountain College y del Renacimiento de San Francisco, e incluso precursores como William Carlos Williams y latinoamericanos como Nicanor Parra y Julio Cortázar. La publicación de *Aullido* y *En el camino* marcaría oficialmente el despegue de la generación beat, aunque aún faltaría la arremetida de las perturbadoras obras del aún más perturbador William Burroughs.

Ocio, alcohol y drogas: el espíritu de Diógenes y el germen de la contracultura europea
1950-1953. París

Ivan Chtcheglov fue una buena muestra del tipo de personalidades que se vincularon a la vanguardia artística durante aquellos confusos años de la posguerra europea. Los letristas —tanto los seguidores de Isou como los de Debord— eran jóvenes que no sobrepasaban los veinte años, que habían vivido la ocupación nazi mientras estaban —o decían estar— en la escuela y cuyos padres, como en el caso de Jean-Michel Mension y Jean-Louis Brau, eran comunistas y habían participado en la Resistencia. Al igual que dadaístas y surrealistas, vieron de cerca la guerra, pero a diferencia de ellos su corta edad les impidió vivirla directamente en el frente. Cuando llegaron a la madurez, a finales de los años cuarenta o principios de los cincuenta, se encontraron con un paisaje totalmente distinto al que vieron Grosz, Huelsenbeck, Breton o el mismo Tzara al finalizar la Primera Guerra Mundial. Mientras el índice de crecimiento económico entre 1913 y 1950 había sido de 0.4% y de 0.7% en Alemania y Francia, respectivamente, en la década de los cincuenta el promedio de crecimiento fue de 6.5% en Alemania y de 3.5% en Francia. Con la eliminación de las barreras al comercio entre los países europeos y el aumento de la productividad de los trabajadores, la economía tuvo una reactivación desbordante. Entre 1950 y 1973 el Producto Interno Bruto (PIB) se triplicó en Alemania y aumentó 150% en Francia. En la década de 1930 —es decir, la década surrealista— la tasa de paro en Europa occidental había sido de 7.5%. En la década de 1950, salvo en Italia, estaba por debajo de 3%. El pleno empleo y una red de seguridad social también fomentaron la explosión demográfica. Con mayor confianza en el futuro inmediato, las parejas empezaron a tener hijos. En el fértil año de 1949 nacieron 869,000 bebés en Francia, casi 350,000 más que en 1939. Los protagonistas de este *baby boom* serían los que años después, en los sesenta y setenta, vendrían a ocupar con pleno derecho la categoría social que los letristas estaban tratando de legitimar y hacer visible entre 1947 y 1954: la juventud.

Antes de que surgieran las primeras pandillas juveniles —como los *blousons noirs* de Burdeos o los *teddy boys* de los distritos obreros de Londres—, la Internacional Letrista fue lo más parecido a una tribu urbana juvenil. Lo que reverberaba en la mayoría de sus miembros no era una vocación artística ni filosófica, sino el ansia de aventura y diversión. En torno a los cuatro firmantes del panfleto contra Chaplin —Debord, Wolman, Brau y Berna— se formó una pequeña pandilla que frecuentaba el café Moineau, en el 22 de la rue du Four. Allá llegaban Jean-Michel Mension, Joël Berlé, Auguste Hommel (conocido como Fred), Éliane Derumez, Chtcheglov, Michelle Bèrnstein (futura esposa de Debord), Vali Meyers y los editores de *Soulévement de la Jeunesse.* También se unían muchos otros jóvenes venidos de distintos lugares del mundo, sin documentos, hogar ni padres, algunos oficialmente vagabundos, que acababan formando parte de lo que posteriormente se conoció como La Tribu. La mayoría de ellos eran ladronzuelos alcoholizados, sin ideología concreta y un solo rasgo en común: el odio visceral que sentían por el mundo que los rodeaba. No querían estudiar ni trabajar, y mucho menos vincularse con alguno de los dos bandos, el capitalismo o el comunismo, que pugnaban por el alma de la sociedad francesa. Mension decía que aquel era un mundo que no le pertenecía:

> Yo estaba completamente excluido, tanto por el lado del Este como por el lado de Occidente, tanto por el lado de los estalinistas como por el lado de la burguesía. Necesitábamos encontrar una respuesta. A la larga no estábamos obligados, podías vivir sin respuesta, se podía vivir únicamente de alcohol y droga, pero yo no era así y quería una solución.[76]

Las respuestas las empezaron a encontrar en las discusiones etílicas del Moineau. Habían llegado a este local porque sus dueños, un norteafricano y una francesa, eran los únicos que no se quejaban por su consumo de éter. Todos ellos preferían el hachís, que compraban en la rue Xavier-Privas a marroquíes y argelinos, pero el éter era más barato y se podía adquirir en cualquier farmacia. En el Moineu podían dormir, pasar las horas y hasta comer, por poco dinero, un plato de arroz o papas. Jean-Michel Mension conoció allí a Debord. Juntos celebraron su cumpleaños número dieciocho con una bacanal de la que luego no recor-

---

[76] Mension, J. M., *La Tribu. Entretiens avec Gérard Berréby y Francesco Milo*, Allia, París, 2001, p. 47.

daría nada. Bebían con un ímpetu autodestructivo similar al de Jaques Vaché o Arthur Cravan. El ron Negrita lo servían en latas de cerveza y se lo tomaban de un solo golpe, sin respirar. Y así todos los días: Mension pasaba la noche entera en los cafés o en la calle, y volvía a su casa de día, cinco minutos después de que su madre saliera a trabajar. Su único oficio, como el de la mayoría de los miembros de La Tribu, era empinar el codo y salir a la calle en busca de algún pequeño botín. Berlé se colaba en los hoteles a robar; Mension prefería desvalijar automóviles; algunos otros no dudaban en sacar provecho de los turistas que llegaban al Barrio Latino a ver filósofos existencialistas. El fotógrafo Ed Van Der Elsken inmortalizó varias escenas del café Moineau y de los personajes que deambularon por las filas de la Internacional Letrista. En una de ellas aparecen Mension y Fred, el primero luciendo unos pantalones mugrientos, con inscripciones referentes a la Internacional Letrista y a *Aullidos a favor de Sade*, la película de Debord. En otra fotografía, esta vez publicada en el diario *Qui?*, volvían a aparecer los dos jóvenes frente a un tribunal, compareciendo por una acusación de robo. La singular noticia decía que los artistas de vanguardia ya no se conformaban con escandalizar a la burguesía, ahora también la robaban.

La rebelión de estos jóvenes fue muy distinta a la de Isou. Quizás guardaba más similitud con la del Tristan Tzara que le confesó a Breton no estar interesado en la escritura sino en divertirse. A estos jóvenes también les espantaba el aburrimiento. Chtcheglov iniciaba su *Formulario para un nuevo urbanismo* diciendo: "Nos aburrimos en la ciudad, ya no hay ningún Templo bajo el sol",[77] y todos en el Moineau hablaban de rechazar el modo de vida y las aspiraciones burguesas. Como producto de estas conversaciones, el 2 de febrero de 1953 la Internacional Letrista expidió su primer manifiesto. Se trataba de un panfleto belicoso en el que repudiaban la condición humana, insultaban a André Breton y expresaban una penosa queja: todo lo divertido estaba prohibido, desde el uso de estupefacientes hasta la

---

[77] Chtcheglov, I., "Formulario para un nuevo urbanismo", p. 16.

corrupción de menores. Ya no había nihilistas, sólo impotentes. También se quejaban de que sus camaradas estuvieran en la cárcel acusados de robo. Eso era intolerable. Los letristas se levantaban a favor de aquellos que habían tomado conciencia de que no se debía trabajar en absoluto. Si no se podía vivir la vida con pasión, entonces era hora de saludar al Terror. Al poco tiempo de escribir este panfleto, Debord consignaría en un muro de la rue de Seine una frase que se convertiría en todo un planteamiento vital y filosófico: *Ne travaillez jamais*, no trabajen nunca.

¿Se podía decir que este grupo de ladronzuelos beodos, que ni pintaban ni escribían y se limitaban, cuando la borrachera se los permitía, a plasmar su firma en los textos que Debord o Wolman publicaban en la *Internationale Lettriste*, era una vanguardia artística? En la carta fundacional del movimiento —un pequeño texto titulado *Conférence d'Aubervilliers*, que Berna, Brau, Wolman y Debord firmaron el 7 de diciembre de 1952— se decía que la meta de la Internacional Letrista era sobrepasar las artes. En eso no se distanciaban de los propósitos de dadaístas y surrealistas. Como ellos, los letristas querían liquidar el arte y devolverle a la vida su dimensión estética. "El único arte real es la vida",[78] decía Mension. La novedad de la propuesta letrista radicaba en que ellos estaban intentando convertir el estilo de vida marginal, la borrachera, el uso de drogas y el rechazo del trabajo, en una manifestación política. De un modo u otro, la Internacional Letrista inauguró la época en la que lo personal se convertía en un asunto público, político. El estilo de vida ya no sería una cuestión meramente privada, sino un manifiesto andante, un grito y un petardo con el cual aturdir la sensibilidad de la sociedad. Nada de lo que hiciera un letrista, así atentara contra las normas y leyes, podía ser un crimen. Era una acción política, la expresión de rebeldía de unos jóvenes que sentían náuseas cada vez que veían el mundo en que vivían. El ocio no era un mero capricho de estudiantes descarriados. Era una declaración de guerra a la Europa de posguerra, al pleno empleo, al auge económico,

---

[78] Mension, J. M., *La Tribu, Entretiens avec Gérard Berréby y Francesco Milo*, p. 54.

a la industrialización, a la incipiente sociedad de consumo, a la burguesía, al estalinismo, a la miseria de tener que vivir una vida productiva en lugar de una vida excitante.

El espíritu de Diógenes el Cínico volvía a recorrer Europa veinticuatro siglos después de que el filósofo de Sínope escandalizara a los habitantes de la *polis*. Diógenes fue, si no el primero, al menos sí el más decidido crítico y objetor de la civilización griega. Prefigurando el modo de vida de los vanguardistas de mediados del siglo xx, tanto él como Antístenes, su maestro, vivieron al margen, en clara oposición a las normas y expectativas de la *polis*, proclamando como única premisa moral la virtud. Ambos renegaron de las convenciones impuestas por la ciudad, y vivieron según un criterio moral que trascendía la idiosincrasia de Atenas. A Diógenes no le importó mendigar ni ser llamado *perro*. Despreció el amor al dinero, "metrópoli de todos los males",[79] y proclamó que la mujer no debía plegarse al matrimonio sino al hombre que lograra seducirla. Tampoco encontró problema en tomar libremente lo que encontraba en los templos, ni en fornicar ni masturbarse en público. Instó a que se abandonaran los trabajos inútiles, a que se desintegrara la familia, a que la gente se desprendiera de los bienes materiales. Diógenes no escribió nada. Su vida era su obra, su manifiesto filosófico, su protesta contra los artificios y las convenciones. Algo similar empezaba a acontecer con los letristas. Pese a ser artistas, ellos tampoco pintaban, ni esculpían, ni escribían nada; vivían, y sus experiencias y acciones eran su obra. La muestra más clara eran sus desafíos públicos. La acción que Serge Berna, un antiguo seguidor de Isou y cliente habitual del Moineau, planeó en 1950, antes incluso de que Debord se vinculara al letrismo, era un ejemplo evidente. El 9 de abril de aquel año, Berna, Jean-Louis Brau, Ghislain Desnoyers de Marbaix y Michel Mourre se colaron en la misa de Pascua que se celebraba en la iglesia de Notre-Dame. Mourre iba disfrazado de dominico. Según Christopher Gray, el vestido lo consiguió en la misma iglesia,

---

[79] Laercio, D., *Vidas, opiniones y sentencias de los filósofos más ilustres*, p. 344.

asaltando y amordazando a un cura en uno de los cuartos traseros. Cuando terminaba la ceremonia, el falso dominico subió al altar para leer un sermón redactado por Berna, en el que proclamaba la muerte de Dios y acusaba a la Iglesia de ser la llaga que se extendía por el cuerpo pútrido de Occidente.

Aquel episodio, que recordaba el asalto de Baader a la catedral de Berlín, casi les cuesta la vida. El sable de un soldado de la guardia suiza rajó el rostro de Jean Rullier, otro cómplice de los letristas, mientras los asistentes trataban de linchar a Mourre. Marc, Ó y Pomerand, camuflados entre el público, lograron escapar de la turba y de la policía. Mourre, Berna y de Marbaix, en cambio, acabaron detenidos y retratados en una famosa instantánea. Los tres aparecían sentados, Mourre aún con el vestido de dominico, esperando a ser procesados por la policía. La fotografía fue publicada el 12 de abril de 1950 en *Combat*, acompañada de los interrogantes: "¿Tres enfermos? ¿Tres patanes? ¿Tres héroes?" Los ajados surrealistas salieron en defensa de una acción que seguía la línea anticlerical de Péret, Buñuel y tantos otros, pero que también ponía de manifiesto una realidad menos halagadora. Estos nuevos grupos, más desenfrenados y osados, eran capaces de ir mucho más lejos de lo que jamás habían ido ellos. Los letristas, decididamente, de una forma mucho más radical que los surrealistas, habían transformado el arte en una acción provocadora, en un gesto radical destinado a herir la sensibilidad burguesa de la misma forma en que Diógenes había desafiado la sensibilidad griega. Y esto era sólo el comienzo.

El tercermundismo, la rebelión de los locos y la libertad surrealista: el odio a Occidente
1956-1961. Ciudad de México, Nueva York, Ciudad de Panamá, Bogotá, Mocoa, Lima, Tánger, París

Los insatisfechos, frustrados, marginados y golpeados que han vislumbrado lo maravilloso que podría ser el mundo si x, y o z cualidad resaltara más en el alma humana, o si desaparecieran los vicios A, B o C de la faz de la tierra, suelen buscar fuentes elevadas de moralidad que los distancien del mundo o paraísos perdidos donde la vida sea más pura y digna. Ése fue el caso de los escritores de la generación beat. Kerouac buscó incansablemente en la carretera y en la montaña la vida real, el lugar prístino, y fue uno de los escritores que inauguró esa gran preocupación norteamericana por el hogar, las raíces y los principios de la identidad. Son cientos, si no miles, las canciones y películas norteamericanas donde aparecen frases como *Take me home, Show me home, Come back home, There's a place called home, Feels like home*, etcétera, y sólo introduciendo la palabra *home* en Spotify se obtienen 54,615 canciones relacionadas. Para los jóvenes beat, ese hogar difícilmente podía encontrarse en la Norteamérica de posguerra. Fuertemente influenciados por *La decadencia de Occidente* de Spengler, Burroughs consideraba que Estados Unidos era un infierno burocrático y Ginsberg una sociedad enferma. Snyder creía que ser norteamericano era un karma que se pagaba por las faltas cometidas en otra vida, y Kerouac que la occidental era "una miserable civilización sin expresión".[80] El verdadero hogar y la verdadera libertad había que buscarlas en otros lugares. Kerouac plasmó mejor que nadie esta sensación en *En el camino*, convirtiendo la insatisfacción en el motor de una inquietante búsqueda, en un alegato en favor del peregrinaje eterno y veloz por una carretera que ponía distancia entre ellos y los vicios de Occidente y conducía, por fin, a un nuevo sitio auténtico y real: el Tercer Mundo.

El viaje al Tercer Mundo se convirtió en un rito iniciático —también en una moda chic— que "abría los ojos" al joven occidental y lo iluminaba. Para personas como Kerouac, era el paso a seguir después de haber descendido a los bajos fondos de su sociedad, después de haberse mezclado con los negros y las clases trabajadoras, después de haber vestido sus ropas —jeans— y haber disfrutado su música. Si el contacto con los negros era una inyección de vitalidad y aventura, el contacto con nativos

---

[80] Kerouac, J., *Los Vagabundos del Dharma*, p. 42.

latinoamericanos ofrecía una dosis de pureza y autenticidad. La experiencia de ver y sentir lo no occidental dentro y fuera de sus sociedades daba a los jóvenes primermundistas la sensación de recuperar algo perdido. La peregrinación los volvía a poner en contacto con la vida real, con sociedades no pervertidas por la industrialización, el consumismo y la burocracia, y con hombres y mujeres que no habían pasado por ese nocivo proceso de falsificación del ser y pérdida del impulso vital.

En las escenas finales de *En el camino*, Sal Paradise grita con entusiasmo al cruzar el desierto mexicano "¡Qué país tan salvaje!".[81] Eso es lo que buscaban los dos protagonistas de la novela: naturaleza y humanidad no domesticada ni echada a perder por la civilización. En sus diálogos se vislumbra un tema recurrente del tercermundismo. Desde el momento en que entran en suelo mexicano, los ojos hechizados de Sal Paradise y Dean Moriarty ven un mundo que sólo existe en sus fantasías y deseos, no en la realidad. Al encontrarse con unas casas destartaladas al lado de la carretera, Dean grita: "¡Auténticas chozas miserables!"[82] No se le pasa por la mente que el triste estado de las casas es un indicio de pobreza y duras condiciones de vida; no, lo que ocurre es que "esta gente no se *preocupa* por las apariencias".[83] Los males y los vicios no existen en el paraíso, y eso es México para los dos aventureros: "Al fin hemos llegado al cielo. No puede ser más tranquilo, no puede ser mejor, no puede ser nada más".[84] Al otro lado de la frontera norteamericana, en la antigua y olvidada tierra mexicana, "nadie desconfía, nadie recela. Todo el mundo está tranquilo, todos te miran directamente a los ojos y no dicen nada, sólo miran con sus ojos oscuros, y en esas miradas hay unas cualidades humanas suaves, tranquilas, pero que están siempre ahí".[85] Sal Paradise

---

[81] Kerouac, J., *En el camino*, p. 327.

[82] *Ibid.*, p. 328.

[83] *Ibid.*

[84] *Ibid.*, p. 329.

[85] *Ibid.*, p. 330.

y Dean Moriarty van a vivir la experiencia más iluminadora de sus vidas. Se van a conocer a sí mismos, van a desmentir los tontos prejuicios del norteamericano promedio y van a entrar en contacto con una verdad que emana de una fuente antigua olvidada por los occidentales. Viajar por México, escribía Kerouac,

> era como conducir a través del mundo por lugares donde por fin aprenderíamos a conocernos entre los indios del mundo, esa raza esencial básica de la humanidad primitiva y doliente que se extiende a lo largo del vientre ecuatorial del planeta. [...] Eran indios solemnes y graves, eran el origen de la humanidad, sus padres.[86]

Tal como la describía Kerouac, se trataba de una experiencia radical. La sabiduría que ofrecía el contacto con el Tercer Mundo diferenciaba al viajero del resto de sus compatriotas, lo elevaba por encima del modesto ciudadano que se conformaba con un trabajo de oficina y la información parcializada que vomitaban los medios de comunicación. El aventurero se sentía superior porque se lanzaba en busca de la autenticidad perdida, y al ver al nativo en su entorno, con sus costumbres y formas de vida estrechamente ligadas a la tierra, a la comunidad, al pasado, sentía que de alguna forma recuperaba la pureza perdida. Al regresar a su entorno habitual, quizás sentiría el rechazo de los otros, pero no le importaría; incluso le parecería lógico, pues en una sociedad artificial "se considera raro al hombre auténtico".[87]

La particularidad de Kerouac es que pasó del tercermundismo de lo prístino al tercermundismo de lo espiritual en tan sólo pocos años. Al descubrir el zen y Oriente, dejó de sentir fascinación por México y empezó a buscar la magia en la naturaleza no contaminada por la civilización. En *Los Vagabundos del Dharma*, México dejaba de ser el cielo y Juárez, con su oferta nocturna de bares y prostitutas, se convertía ahora en "la ciudad del mal".[88] El

---

[86] *Ibid.*, p. 332.

[87] Kerouac, J., *Los Vagabundos del Dharma*, p. 41.

[88] *Ibid.*, p. 152.

desierto, por contraste, era un lugar santo donde Kerouac pudo encontrar la pureza y autenticidad de su alma. Son dos formas de tercermundismo. Uno busca la autenticidad a través del contagio con el indígena; el otro despojándose de los demonios de la civilización. La búsqueda, sin embargo, es siempre la misma: la identidad, saber quién se es, descifrar cuál es el camino, purificarse de los vicios, encontrar fuentes superiores de moralidad, llegar al lugar al que verdaderamente se pertenece.

Allen Ginsberg también emprendió una búsqueda espiritual por la India, el budismo y el krishnaísmo, pero eso fue después de ser asaltado por sus visiones místico-proféticas. La primera baza que usó el poeta para rechazar la civilización occidental fue la locura. Al igual que Carl Solomon y Antonin Artaud, Ginsberg vio en este trastorno la pureza, la sinceridad y el candor no mancillado por la hipocresía social. El loco era moralmente superior al heraldo de la normalidad que señalaba con dedo acusador su excentricidad y rareza. La conducta extraña era prueba de que el individuo se había emancipado de las convenciones y los códigos falsos. Ginsberg se sentía afortunado de sufrir desequilibrios mentales: "*I'm so lucky to be nutty*", decía en su poema *Bop Lyrics*. El loco era una especie de mártir sacrificado por una sociedad enferma, que mantenía sus principios morales y no se conformaba ni cedía a la hipocresía general. En pocas palabras, era el último bastión de pureza y autenticidad en los confines de Occidente.

Estas ideas inspiraron *Aullido*. En su famoso poema, Ginsberg hacía un crudo retrato de la generación beat, casi un homenaje a los jóvenes bohemios y nocturnos que deambulaban por Greenwich Village, Times Square, el Upper West Side, y que fueron sacrificados al Moloch de la sociedad norteamericana. Desde la primera y célebre estrofa del poema, Ginsberg se presenta como un testigo que ha visto con sus propios ojos la decadencia de su generación:

He visto los mejores cerebros de mi generación destruidos por la locura, famélicos, histéricos, desnudos,

161

arrastrándose de madrugada por las calles de los negros en busca
de un colérico picotazo, pasotas de cabeza de ángel consumién-
dose por la primigenia conexión celestial con la estrellada dinamo de la maquinaria de la noche,
que, encarnación de la pobreza envuelta en harapos, drogados y
con vacías miradas, velaban fumando en la sobrenatural oscuridad de los pisos de agua fría flotando sobre las crestas de la
ciudad en contemplación del jazz [...][89]

William Carlos Williams tenía razón al advertir en el prólogo
de *Aullido* que el lector se disponía a atravesar el Infierno. La
primera parte del poema era un lamento desesperado, en ocasiones surrealista, en honor a los jóvenes que se habían atrevido a ser locos y libres, a los jóvenes que habían renunciado al
lugar que la sociedad les tenía reservado y se habían apoderado del submundo de la noche, los trenes, la carretera, los viajes alucinógenos, la homosexualidad, la embriaguez, las
visiones de Eternidad, la escritura, la música, el sexo, la armonía cósmica. Como si observara desde una atalaya, Ginsberg
describía las más osadas, extravagantes y libérrimas aventuras,
y en cada una de ellas refulgían las hazañas de su propia pandilla de parias: Cassady, Solomon, Burroughs, Kerouac y Gregory Corso, otro delincuente juvenil y poeta que se unió al
grupo a principios de los cincuenta. Tras el velo poético, se
observaba una descripción fiel, casi un recuento antropológi-
co, de cuanto ocurría en el mundo oculto, oscuro y marginal
de los beats, donde la vida se vivía a más velocidad y con mayor
voltaje. Esa generación sabia y desesperada fue encerrada en
cárceles y asilos, rechazada y excluida, sofocada por la presión
de una sociedad que exigía el sacrificio de la libertad y del espíritu. La segunda parte del poema ponía nombre al enemigo
de la generación beat. Ginsberg utilizaba la imagen de Moloch, el dios fenicio y cartaginés al que se ofrecían sacrificios
humanos, como metáfora de la sociedad norteamericana. Es-

---

[89] Ginsberg, A., *Aullido y otros poemas* (1956), Visor, Madrid, 1993, p. 7.

tados Unidos era un pérfido Moloch que devoraba la iniciativa y los deseos de los hombres. Moloch era una prisión, una maquinaria movida por el dinero; "Moloch cárcel de tibias cruzadas y Congresos de aflicciones";[90] Moloch penetra en el alma tempranamente, sin que nos demos cuenta, y nos saca del "éxtasis natural". Destruye el paisaje original y a cambio nos deja industrias, suburbios, apartamentos robóticos, bombas y manicomios. Todos somos prisioneros de Moloch, pero sólo los locos —los mejores cerebros— son conscientes de ello. Por eso acaban encerrados en el más atroz de sus inventos, los "manicomios invencibles".

En la tercera y última parte de *Aullido*, Ginsberg recuerda su estadía junto a Solomon en el hospital psiquiátrico de Columbia, aquí llamado Rockland. A su lado, tras los sombríos muros, los locos hierven en deseos de luchar contra Moloch. Veinticinco mil locos cantan la Internacional y Solomon prepara la revolución socialista hebrea. Con tono profético, Ginsberg anuncia una lucha eterna que empezará cuando caigan bombas angélicas que derriben las paredes del hospital psiquiátrico. Entonces, la locura saldrá a las calles y se convertirá en la fuerza emancipadora que devolverá la sensatez a Occidente.

Aunque Ginsberg finalmente acabó viajando a otros lugares en busca de umbrales espirituales y morales, en realidad no hubiera tenido que hacerlo. La locura estaba en casa. Su madre Naomi era esquizofrénica, y Ginsberg había sido testigo de sus alucinaciones desde la infancia. El caso de Burroughs era muy distinto. Para encontrar los fundamentos espirituales y la anomia que buscaba, el escritor tuvo que cruzar las fronteras de Estados Unidos y seguir camino más allá, por México, por remotas zonas selváticas de Colombia y Perú, por albergues cochambrosos del Norte de África. De New Orleans había huido con su esposa Joan luego de que la policía hiciera una redada en su casa y encontrara cartas que hacían referencia a las drogas. Primero se instalaron en Texas, luego en la Ciudad de México.

---

[90] *Ibid.*, p. 26.

Esta última ciudad, ideal por sus bajos precios y la facilidad para ir armado a todas partes, fue su refugio hasta que aquel oscuro y desafortunado incidente en el que Joan acabó muerta obligó a Burroughs a emprender de nuevo la huida. Esta vez su destino fueron las selvas de Colombia y Perú, y el objetivo de su viaje conseguir una droga fabulosa, capaz, según había leído, de desarrollar facultades telepáticas. La droga era el yagé.

Durante seis meses estuvo Burroughs deambulando por Sudamérica y contándole por escrito sus aventuras a Ginsberg. Estas *Cartas del yagé*, fechadas entre el 15 de enero y el 8 de julio de 1953, y enviadas desde Bogotá, Lima, Ciudad de Panamá y pequeñas poblaciones selváticas y montañosas de Sudamérica, revelaron las mordaces habilidades de Burroughs como cronista. Comparándolas con *En el camino*, lo primero que sobresale de ellas es la imagen desencantada que trasmiten de los países sudamericanos. Burroughs no sucumbió a la fascinación por lo exótico que hacía vibrar a los personajes de Kerouac. Panamá le pareció una ciudad de rufianes, putas y putos, y los panameños "los individuos más piojosos del hemisferio". Bogotá lo sobrecogió por el "peso muerto de España", que se podía sentir en cada uno de sus lúgubres y sombríos rincones. Llamó su atención que los subalternos de las oficinas llamaran "doctor" al primero que veían, y que todo el mundo, así estuviera en la miseria, llevara una lustrosa corbata colgando del cuello. Colombia, en general, le pareció un país poblado de policías incompetentes y terriblemente feos, "resultado final de las radiaciones atómicas", que sólo servían para incordiar al ciudadano. La entrada a Pasto era "un golpe en el estómago, un impacto físico de depresión y horror". Los brujos que preparaban el yagé en Mocoa resultaron ser viejos borrachos y sinvergüenzas. Y en Puerto Asís se topó con "el especialista local en Místers", espécimen que ya había visto en otros lugares de Sudamérica, que, no satisfecho con cobrarle 20 dólares por acostarse con él, le robó los calzoncillos. En cuanto a Ecuador, le pareció un país horrible, afectado por "un complejo de inferioridad nacional", que correría mejor suerte si el Perú lo conquistaba y civilizaba. Lima fue el único lugar que despertó la simpatía de Burroughs, por recordarle a México, y también porque allí encontró lo que en Ecuador y Colombia escaseaba: jovencitos baratos a los cuales llevarse a la cama.

El encuentro con el yagé fue emocionante y le produjo alucinaciones, pero no las capacidades telepáticas que tanto anhelaba. La excursión fue, en muchos sentidos, decepcionante. Iba en busca de la raíz sagrada que le permitiría desarrollar habilidades sobrehumanas, y sólo se llevó amargas anécdotas de engaños, robos, enfermedades, detenciones arbitrarias y encuentros con brujos embaucadores. Pero a pesar de todos estos contratiempos, Burroughs descubrió en su viaje algo que le gustó:

América del Sur no obliga a la gente a ser anormal. Uno puede ser homosexual o drogadicto y no obstante conservar su posición. En especial si uno es educado y tiene buenos modales. Hay aquí un gran respeto por la educación. En los Estados Unidos uno tiene que ser un anormal o vivir en un lúgubre aburrimiento.[91]

¡Sorprendente revelación la que tuvo Burroughs! Sudamérica era un lugar donde la heterodoxia no condenaba a la marginalidad, lo cual suponía una gran ventaja teniendo en cuenta sus inclinaciones. En estos países era lícito llevar una vida excitante, divertida, rica en placeres proscritos, sin verse obligado a burlar al sistema sumergiéndose en las profundidades de la sociedad, tal y como había tenido que hacer la generación beat. El aburrimiento no era el precio que se pagaba por firmar el contrato social. El subdesarrollo era excitante y divertido. Quizás fue Burroughs el primero en darse cuenta de ello, pero sin lugar a dudas no el último. Detrás de él vendrían cientos de jóvenes norteamericanos y europeos hartos de sus normativizadas, aburridas y artificiales sociedades, en busca de aventuras, revoluciones, éxtasis, redención, mesianismo, espontaneidad y todo tipo de experiencias fuertes y adrenalínicas.

---

[91] Burroughs, W. y A. Ginsberg, *Cartas del yagé* (1963), Ediciones Signos, Buenos Aires, 1971, pp. 7, 11, 12, 15, 23, 36 y 40.

Estos jóvenes tenían que viajar a Latinoamérica porque en Estados Unidos todo esto estaba vedado, y buena parte de *Almuerzo desnudo*, la inclasificable novela que lanzó a Burroughs a la fama, intentaba demostrarlo. La obra no mostraba a su país como un Moloch que demandaba el sacrificio de los jóvenes, sino como una madeja burocrática, controlada por científicos como el doctor Benway, en la que el individuo perdía la voluntad y el control de sus decisiones. Benway era la encarnación del tecnócrata que tanto haría hervir la sangre de la Nueva Izquierda estadounidense de los sesenta. Burroughs lo describía como un "manipulador y controlador de sistemas de símbolos, un experto en todas las fases del interrogatorio, el lavado de cerebro y el control".[92] Siendo consejero de la República de Libertonia, Benway había desarrollado sutiles y efectivas técnicas de control, cuya eficacia radicaba en que el individuo no se daba cuenta de que estaba siendo vigilado. Por el contrario, gracias a las técnicas de manipulación, el ciudadano sentía que había algo anormal, gravemente patológico, en él, y que por lo mismo necesitaba tratamiento. En Anexia, el lugar donde había trabajado antes, los habitantes vivían bajo una nube burocrática que los obligaba a salir a la calle con un maletín lleno de documentos, porque en cualquier instante, sin ninguna razón aparente, un inspector podía interrogarlos, o podían toparse con algún examinador, siempre atento a pedirles algún certificado. En estos lugares no había policías, y tampoco hacían falta. En un estado policial, todos sus miembros se vigilaban mutuamente.

La obsesión por el control y la asfixia social estaba presente a lo largo de todo *Almuerzo desnudo*. Sólo las experiencias con las drogas, el sexo y el lado irracional del ser humano parecían abrir campo a la libertad del individuo. Por eso Burroughs aborrecía el objetivo de la terapia freudiana. Desarrollar el Yo consciente allí donde antes reinaba el Ello inconsciente le parecía absurdo. La irracionalidad era la única manera de retar y vencer los sistemas de control. En una sociedad ideal, donde no hubiera una

---

[92] Burroughs, W., *Almuerzo desnudo* (1959), Leviatán, Buenos Aires, 1992, p. 35.

constante ansiedad por vigilar al otro, cada cual se ocuparía de sus propios asuntos sin ser molestado ni molestar a nadie.

M.O.B.: My Own Business; había gente M.O.B. en el mundo que sólo se preocupaba por sus asuntos y no se entrometía en la vida de los demás. Si alguien vendía o consumía droga, no era asunto de nadie, salvo del propio implicado; lo mismo si se acostaba con hombres, mujeres, niños o animales: qué más les daba a los demás. Burroughs era un M.O.B. radical que no soportaba la más mínima intromisión en sus asuntos. Solitario y nómada, dio el salto de Sudamérica —después de un paso fugaz, cargado de yagé, por Nueva York— a Tánger, atraído por las novelas de Paul Bowles. Allí, mezclando las visiones kafkianas del infierno burocrático, escenas sexuales que recordaban los panfletos de Sade y juegos irracionales al mejor estilo surrealista, escribió los primeros esbozos de *Almuerzo desnudo*. El proceso de creación estuvo acompañado de viajes opiáceos y núbiles marroquíes, adictiva mezcla que le hizo cambiar sus planes. Burroughs pensaba quedarse en Tánger unos pocos meses, y finalmente se quedó varios años. Hasta allá fueron Ginsberg y Kerouac a visitarlo y a ayudarle a organizar ese caos de páginas roídas y episodios delirantes que acabaría tomando la forma de su sorprendente novela.

Con el manuscrito a medio terminar, Burroughs llegó al Hotel Beat de París en enero de 1958. Allí se encontró con un viejo conocido, Brion Gysin, dueño del 1001 Nights Café de Tánger y antiguo miembro de la secta surrealista de Breton. En el Hotel Beat se hicieron realmente amigos y Gysin le reveló a Burroughs las teorías del azar y del poder de lo irracional esgrimidas por Breton y Tzara. Burroughs quedó fascinado. Incluso llegó a creer que al fin, después de búsquedas infructuosas en las drogas y en la delincuencia, había encontrado la clave para traspasar la realidad y liberarse del sistema predominante. El poder del sueño era liberador; sólo en los mundos surgidos de la ensoñación había absoluta libertad. La verdad estaba en el disparatado juego de lo irracional, más allá del cuerpo —siempre susceptible de vigilancia— y más allá del lenguaje —otro instrumento de control—. La materialización de estas ideas fue *La máquina blanda*, de 1961, en la que Burroughs utilizó la técnica de Tzara de cortar y pegar frases al azar para componer la obra. La libertad asomaba al fin, allá, en el caos de lo irracional, en la confusión de diálogos azarosos surgidos del ensueño y de las más terribles pesadillas.

POTLATCH: LA REVOLUCIÓN EN AMÉRICA LATINA Y EN EUROPA 1954-1957. PARÍS

La etapa del café Moineau duró hasta 1954. Aquel año, Debord adoptó una actitud más seria, empezó a interesarse por el marxismo, expulsó a todos los borrachos y delincuentes de la Internacional Letrista y fundó *Potlatch*, un pasquín semanal con clara vocación política. 1954 también fue el año en que el gobierno estadounidense de Dwight D. Eisenhower, con ayuda de la CIA, planeó una intervención en Guatemala para derrocar a Jacobo Arbenz. Aunque militar de profesión y miembro de la Junta que reemplazó a Federico Ponce Vaides, sucesor y continuador de las políticas autoritarias del dictador Jorge Ubico, Arbenz se inscribía en la tradición democrática que había inaugurado Juan José Arévalo en 1945. Había ascendido a la presidencia en 1950, con 65% de los votos, en unas elecciones libres que parecían consolidar la democracia guatemalteca. Pero para ese entonces la Guerra Fría ya había comenzado y las reformas que Arbenz quería impulsar despertaban suspicacias. En especial aquellas que perjudicaban a la poderosa United Fruit Company, que gozaba de enormes privilegios en Guatemala. Arbenz se propuso hacer una reforma agraria que restaría 380,000 acres de tierra, la mayor parte no cultivada, a las propiedades de la compañía bananera, medida que fue interpretada como prueba evidente de la infiltración comunista en Centroamérica. Tad Szulc, corresponsal del *New York Times* en América Latina entre 1956 y 1961, describió al gobierno de Arbenz como "una extraña mezcla de revolución social caótica y pro-comunismo".[93] Además,

---

[93] Szulc, T., *Winds of revolution*, Frederick A. Praeger, Nueva York, 1963, p. 81.

afirmaba que Arbenz estaba rodeado de comunistas y que el bloque soviético empezaba a actuar como si hubiera obtenido su primera conquista en Latinoamérica. Michael Reid, corresponsal de *The Guardian* y la BBC en la década de 1990 y editor de la sección *Americas* de *The Economist* desde 1999, recientemente ha matizado estas afirmaciones. Más que un feroz comunista, en su opinión Arbenz era un reformista que Estados Unidos confundió con un potencial enemigo.

Cualquiera que haya sido el caso, este acontecimiento hizo que Latinoamérica volviera a despertar el interés de la opinión pública europea después de muchas décadas de olvido. La Guerra Fría ya no sólo se peleaba en el plano ideológico, sino en el real, y el escenario en el que los dos grandes imperios movían sus primeras fichas era América Latina. No fue casual que los europeos sintieran interés por las maniobras sucias y antidemocráticas de Estados Unidos. Entre 1948 y 1953, la presencia de tropas norteamericanas en su suelo exacerbó el odio hacia la potencia trasatlántica. En la imaginación de muchos europeos, especialmente los jóvenes que no vivieron la Segunda Guerra Mundial, Estados Unidos pasó de ser el país que había liberado a Francia y Alemania del nazismo, al poder imperial que ocupaba ambos países para humillarlos y satisfacer sus intereses comerciales. Esta percepción distorsionada equiparó la vil actuación de Estados Unidos en América Latina con la loable defensa de las libertades en Europa y facilitó la identificación de los jóvenes franceses y alemanes con los campesinos del Tercer Mundo.

En una ocasión, el poeta francés Claude Roy dijo que "los europeos detestaban América porque se detestaban a 'sí mismos'".[94] Y en efecto, odiar a Estados Unidos, el país que después de la Primera Guerra Mundial empezaba a encarnar, como ningún otro, la modernidad, era odiar los rasgos más salientes del estilo de vida occidental. Como alternativa a ese tipo de sociedad, unos invocaron a los comunistas del Este, otros a los bárbaros de Oriente, unos más el ruralismo anticapitalista chino y otros,

---

[94] Citado en: Judt, T., *Pasado imperfecto. Los intelectuales franceses 1944-1956*, p. 215.

como había hecho Gauguin décadas antes, el exotismo primitivista. Los miembros de la Internacional Letrista creyeron que los eventos de Guatemala iniciarían una nueva y gran revolución antiimperialista, y que este era el camino que debían seguir. En el primer número de *Potlatch*, publicado el 22 de junio de 1954, advertían a Arbenz que armara a los obreros. Decían que a los ataques del imperialismo debía responder con una guerra civil en Centroamérica, y animaban a los voluntarios de toda Europa a viajar a Guatemala a combatir para evitar otra experiencia trágica como la pérdida de la República española. Como habían insinuado en el panfleto contra Chaplin, a los ataques reaccionarios había que responder con revoluciones, ante la violencia y con el terror.

Pero aunque hubieran estado dispuestos a responder a él, cosa poco probable, los rebeldes europeos recibieron el llamado de los letristas demasiado tarde. Las tropas del coronel golpista Carlos Castillo Armas ya habían entrado en Guatemala, y cinco días después de que saliera el primer número de *Potlatch* forzaban la renuncia de Arbenz. En el tercer número de su revista, publicado el 6 de julio de 1954, los letristas culpaban al presidente por su propio derrocamiento. Afirmaban que Arbenz debió haber convocado a la clase obrera de toda Centroamérica, en lugar de haberse fiado de una institución esencialmente fascista como el ejército. La lección que extraían de la derrota guatemalteca revelaba el poder profético de Saint-Just: quien hace la revolución a medias, cava su propia tumba.

Los letristas necesitaban esta lección porque ellos, al igual que los surrealistas, se habían impuesto la meta más alta imaginable: cambiar la vida. La necesitaban, además, porque el esfuerzo revolucionario de Breton y su grupo de surrealistas había fracasado estrepitosamente. Aquella idealizada unión del lado racional e irracional del ser humano no había conducido a un mundo de libertad total, sino a su contrario, a Auschwitz, un sofisticado laboratorio para materializar racionalmente la más irracional de las perversiones. Pero Debord estaba decidido a vencer allí donde Breton había fallado. Lejos de buscar la transformación social invocando una suprarrealidad maravillosa, lo que se propuso fue cambiar la forma de vida reconstruyendo la ciudad. Y no sólo eso. A diferencia de los marxistas, obsesionados con el trabajo, Debord creía que el problema fundamental que debía afrontar la juventud de posguerra no era ese sino su contrario, el tiempo de ocio, y que era allí donde debía darse una verdadera revolución.

Tratándose de un grupo de jóvenes dipsómanos cuyo mayor orgullo y premisa fue no trabajar, no sorprende que el tema central del letrismo girara en torno al ocio. "Después de algunos años sin hacer nada en el sentido común del término, podemos hablar de nuestra actitud social de vanguardia, porque en una sociedad basada aún provisionalmente en la producción no hemos querido ocuparnos en serio más que del ocio",[95] escribieron en "...*Una nueva idea en Europa*", artículo publicado en el séptimo número de *Potlatch*. Para los letristas, el verdadero problema revolucionario en una sociedad productiva era el tiempo libre. El capitalismo y el socialismo habían olvidado que el mayor anhelo del ser humano no era trabajar, sino tener una vida apasionante, y que la única forma de tenerla era disponiendo de tiempo y de un entorno urbano propicio para vivir experiencias excitantes. Los dadaístas berlineses habían dicho algo similar. La diferencia era que los letristas, además de privilegiar el juego, el ocio y la diversión, querían diseñar un programa urbanístico que transformara París por completo, convirtiéndola en un escenario intrigante dispuesto para la aventura y lo inesperado. Si los surrealistas hacían recorridos aleatorios en busca de lo maravilloso, los letristas querían que la aventura no surgiera como un capricho del azar, sino como consecuencia lógica de un minucioso diseño del espacio urbano.

Otra diferencia con respecto a los dadaístas y surrealistas era que los letristas no creían en el poder terapéutico o emancipador del arte. Creían, eso sí, que el espacio físico —su decoración, su color, su distribución— tenía un impacto directo en

---

[95] Internacional Letrista, *Potlatch*, Literatura gris, Madrid, 2001, p. 21.

las emociones y comportamientos de las personas y, por eso, al hilo de sus discusiones, crearon una nueva ciencia, la psicogeografía, con la que pretendían estudiar la influencia del espacio sobre el ser humano. También se propusieron diseñar un mapa de París a partir de las sensaciones que producían cada uno de sus distritos y calles. No era un simple pasatiempo para ocupar sus horas libres. Con estas investigaciones pretendían transformar la relación del hombre con su ciudad, convirtiéndola en un espacio apto para la diversión y el juego, no para el trabajo.

Aunque descabelladas y utópicas (como todos los diseños urbanísticos de vanguardia), las ideas letristas se anticipaban a las preocupaciones que vendrían con los cambios económicos y sociales de mediados de los cincuenta. El crecimiento económico y los altos índices de empleo estaban creando en Francia y en los otros países europeos un nuevo espécimen social, el empleado consumidor, que además de tener ingresos para equipar su casa con la creciente gama de artículos de consumo —televisión, frigorífico, tocadiscos, lavadora—, desde 1955 empezaba a gozar de tres semanas de vacaciones pagadas al año. Esto constituía un lujo hasta entonces inimaginable. El trabajo dejaba de ser una actividad estrechamente vinculada a la vida y la supervivencia, y se convertía en una labor profesional que se alternaba con períodos de descanso y ocio. Pero esta conquista, en apariencia positiva, era un engaño para los letristas. El tiempo libre que daba el sistema capitalista, en lugar de constituir una victoria de los trabajadores, era lo contrario: una forma de hacer tolerable lo intolerable. Como si esto fuera poco, el capitalismo había diseñado una estrategia para que aquellos espacios de inactividad fueran aún más insatisfactorios que las jornadas laborales. En lugar de fomentar la experiencia, la industria cultural había creado una serie de productos, tan alienantes como el trabajo mismo, destinados a saturar los ratos de ocio. "En todas partes el ocio se limita al embrutecimiento obligatorio de los estadios o de los programas de televisión",[96] decían los letristas (frase que

---

[96] *Ibid.*, p. 21.

Noam Chomsky repetiría, casi textualmente, dos décadas después). Durante su tiempo libre, el trabajador no participaba en ninguna actividad ni vivía situaciones emocionantes. Se pasaba el tiempo viendo espectáculos tediosos, tan poco inspiradores, tan estúpidos y tóxicos, que a la larga acababa añorando su embrutecedora rutina laboral. El ocio no liberaba; por el contrario, aniquilaba la capacidad lúdica. La nueva sociedad de consumo (que más tarde Debord llamaría sociedad del espectáculo) estaba anulando toda posibilidad de reacción frente al sistema. Ya no bastaba con una dictadura del proletariado para hacer una revolución, ahora lo primordial era redefinir el concepto de ocio.

"Contribuiremos a la ruina de esta sociedad burguesa prosiguiendo la crítica y la subversión total de su idea de goce y proporcionando consignas a la acción revolucionaria de las masas",[97] decían los letristas en el número 14 de *Potlatch*. Precisamente para eso querían convertir la ciudad en un gran teatro donde los ciudadanos pudieran participar en un juego deliberadamente elegido. Como representante de la Internacional Letrista en un congreso de artistas de vanguardia celebrado del 2 al 8 de septiembre de 1956 en Alba, Italia, Wolman explicó que la verdadera creación debía buscar una síntesis que aspirara a construir atmósferas y maneras de vivir. Les habló a sus colegas de un nuevo concepto, el urbanismo unitario, que sintetizaba el arte y la tecnología para mejorar las condiciones de vida, y les explicó que el reto al que se enfrentaban los artistas de vanguardia era crear nuevos espacios donde germinaran nuevas maneras de vivir.

La idea de que cambiando el entorno físico se podía cambiar la forma de vivir no era nueva. Desde principios del siglo XX, la misma obsesión impulsó la creación de escuelas de arquitectura modernista como la Bauhaus y el International Style. Aunque los letristas también querían transformar la vida con el rediseño del espacio, sus propuestas no tenían nada en común con las de estas escuelas. Entre sus propuestas pedían que se dejara abierto el metro por la noche, cuando cesara el tránsito

---

[97] *Ibid.*, p. 38.

de trenes. También que se mantuvieran los pasillos y las vías mal iluminadas; que se abrieran los techos de París para pasear por ellos, acondicionando escaleras y creando pasarelas donde fuera necesario; que se dejaran los jardines abiertos las 24 horas; que se instalaran interruptores en las farolas de las calles para que el público decidiera el grado de iluminación; que se trocaran arbitrariamente las indicaciones de paradas, destinos y horarios de los trenes para favorecer los recorridos azarosos; que se suprimieran los cementerios y destruyeran los cadáveres; que se abolieran los museos y se repartieran las obras de arte más importantes por los bares de la ciudad; que se diera acceso libre a las prisiones y se contemplara la posibilidad de convertirlas en sitios turísticos; y que además se borraran las distinciones entre turistas y presos e incluso se sorteara un período de reclusión entre los visitantes.

Esto suena descabellado, desde luego, pero resulta mucho más sensato que los proyectos urbanísticos de otros importantes arquitectos del siglo xx. En 1925, por ejemplo, el célebre Le Corbusier —a quien los letristas odiaban— propuso su Plan Voisin, un proyecto para arrasar buena parte del centro histórico de París, más concretamente la orilla derecha del Sena, incluyendo los alrededor del mercado de Les Halles, la place de la Madelaine, la rue de Rivoli, la Opera y el faubourg Saint Honoré, para levantar inmensos edificios de vidrio y acero. El centro de París, decía Le Corbusier, era una "costra seca", un residuo medieval anacrónico e insalubre que se había quedado chico para los requerimientos de la época moderna, sobre todo para el nuevo rey de la ciudad: el automóvil. Le Corbusier quería rasgar la geografía de París con una gran autopista que facilitara el tráfico vehicular. Quería eliminar la calle, aquel residuo del pasado, y darle a la ciudad un ritmo dinámico y veloz, propio del siglo de la máquina, con grandes arterias vehiculares. Sus investigaciones y proyectos, por cierto, las financió el constructor de autos Gabriel Voisin.

Arquitectos futuristas como Sant'Elia y Mario Chiattone, y modernistas como Adolf Loos, Walter Gropius, Mies van der

Rohe y Paul Scheebart, estaban fascinados con el hormigón y el vidrio, los nuevos materiales que reemplazaban al ladrillo y a la madera, y creían que construyendo edificios y ciudades racionales se difundiría el espíritu racional entre sus habitantes. La psicogeografía letrista tuvo sus antecedentes en esta idea —tan propia del utopismo vanguardista—, según la cual la arquitectura podría resolver todos los problemas sociales. Pero los letristas no querían más velocidad ni más motores ni más eficacia ni más racionalidad. Su propuesta era la perversión del sueño modernista. Si una ciudad racional creaba personas racionales, ellos iban a crear una ciudad completamente irracional y anárquica para crear ciudadanos apasionados.

Para los letristas, el revolucionario no era aquel que les decía a los demás cómo debían vivir, sino el que les daba herramientas para que vivieran con intensidad. La *deriva* era una de esas herramientas. Basándose en los paseos azarosos que los surrealistas emprendían por París, Debord y sus seguidores inventaron una manera distinta de recorrer la ciudad, dejándose llevar por la influencia del decorado, y sin tener en mente ninguna meta ni objetivo. En la utopía letrista, París se transformaría en un inmenso laberinto donde las personas vivirían distintas situaciones, cada una más intensa que la otra, y en donde el espacio físico, transformado a partir de las propuestas de Chtcheglov, se convertiría en una sucesión de escenarios que afectarían las emociones y las conductas de las personas. Sin labores productivas que cumplir, ya no habría necesidad de aquel intervalo entre horas de oficina llamado ocio. La vida sería enteramente libre y cada segundo de la existencia estaría dedicado a experimentar situaciones excitantes. La utopía de la libertad absoluta ya no apelaba a las fuerzas inconscientes e irracionales, sino a la negación de una realidad basada en la actividad productiva y la remuneración económica. ¿De dónde saldría el dinero para alimentarse, vestirse y pagar un techo? Eso, desde luego, era lo de menos para un grupo exaltado de visionarios.

De la bohemia a la revolución: el viaje a Cuba 1957-1965. Nueva York, La Habana

El 16 de mayo de 1959 se dio una curiosa movilización de poetas beat y ex estudiantes del Black Mountain College para acompañar a Hettie Cohen, una habitual del Cedar Bar, al parto de su primera hija. Su esposo, el famoso poeta LeRoi Jones, no había contemplado la posibilidad de que su hija Elizabeth llegara al mundo precisamente ese día y se encontraba dando un recital. Él y Hettie se habían conocido en 1957 en *Record Changer*, una publicación especializada en jazz, donde Hettie trabajaba llevando al día las suscripciones de la revista. LeRoi llegó solicitando el puesto de encargado del correo, y por cuestiones del azar fue Hettie quien acabó conduciendo una entrevista. Debido a la espontanea empatía que surgió entre los dos, el encuentro se prolongó durante una hora en la que hablaron de diversos temas y acabó con un intercambio de ideas sobre Kafka. Hettie había buscado un trabajo en una revista de jazz porque, a pesar de venir de una familia blanca y judía, sentía una irreprimible pasión por todo lo que fuera negro. Su amiga Joyce Johnson contaba que para Hettie el negro era "el color de muchas cosas, de las cosas más auténticas que había conocido jamás, de una expresión de la experiencia más pura, de una sabiduría primigenia que los barrios blancos les negaban a sus hijos".[98] Y LeRoi Jones, además de aspirante a poeta, era negro.

Hettie Cohen se convirtió en Hettie Jones en 1958. Al casarse con LeRoi no sólo rompió radicalmente con su familia, sino que se convirtió en una de las pocas mujeres blancas dispuestas a traspasar el umbral de las diferencias raciales. Instalados en el Greenwich Village, los dos fundaron *Yugen*, una revista de poesía que publicó escritos de los más relevantes miembros de la generación beat. *Yugen* les abrió las puertas del mundo bohemio de Nueva York y no tardaron en convertirse en habituales del Cedar Bar. También se volvió costumbre que la clien-

---

[98] Johnson, J., *Personajes secundarios*, p. 287.

176

tela de aquel bar, donde se reunían expresionistas abstractos, ex alumnos del Black Mountain y miembros de la generación beat, acudiera a las veladas que organizaban en su apartamento de la calle 20 oeste. Así conocieron a Ginsberg, ídolo de LeRoi, y también a Gregory Corso, a Kerouac y a Diane Di Prima, una poeta con quien Jones publicó luego la revista *The Floating Bear*, y que acabó participando en las experiencias contraculturales de Timothy Leary y los Diggers de San Francisco.

En el Village y el submundo de artistas, poetas y bohemios, lo negro estaba bien visto. Kerouac, que no podía vencer sus prejuicios antisemitas, misóginos y homófonos, y que no se cansaba de llamar a Ginsberg "marica judío comunista", se enamoró locamente de una mujer negra llamada Mardou. Lo negro era *hip* porque estaba fuera de la sociedad, justo donde los bohemios querían estar. Patti Smith, la última heredera de la generación beat, lo hizo explícito años después en una de sus mejores canciones: *Outside of society, that's where I want to be. Outside of society, they are waiting for me*; por fuera de la sociedad, es allí donde quiero estar. Por fuera de la sociedad, ellos están esperando por mí. Lo excitante, lo interesante, lo real estaba ocurriendo allí, en esa zona prohibida y oscura que no se ajustaba a las aspiraciones del mundo blanco protestante. Lo paradójico era que los negros se habían desplazado a esa zona, no porque necesariamente lo quisieran, sino porque no habían tenido otra opción. Su marginalidad no era el resultado de un rechazo voluntario de las convenciones sociales y la estrecha y cuadriculada mentalidad de la clase media, sino del racismo y de las pétreas barreras que durante los años cincuenta separaron a las razas en Estados Unidos. El mundo bohemio del Village era una trinchera desde la cual un hombre negro como Jones podía lanzarse a la vida artística e interactuar con otros poetas y escritores blancos. Pero para hacer parte de ese ambiente y disfrutar de las relaciones interraciales y la camaradería de escritores como Ginsberg y Keroauc, la condición era que acallara las preguntas que asaltaban con fuerza arrolladora a sus amigos de la generación beat —¿quién soy?, ¿cuál es mi hogar?, ¿dónde está lo puro y lo real?—, porque en el momento en que LeRoi Jones se las hizo, su vida dio un giro de ciento ochenta grados.

LeRoi Jones encarnó mejor que nadie algunos de los cambios culturales y sociales que se produjeron con la llegada de la década de 1960. Durante los cincuenta, Jones fue un joven apolítico, cuya única preocupación fue consolidar su carrera como escritor y disfrutar del mundo bohemio del Greenwich Village. Cuando se le preguntaba por cuestiones sociales, evadía la respuesta diciendo que tan sólo era un poeta y poco tenía que aportar a las discusiones políticas. Disfrutaba de la noche y de los recitales, y tenía un espíritu incluyente y cosmopolita. Pero de un momento a otro, algo produjo un cambio radical en su personalidad que lo hizo abdicar de todas las aspiraciones e ilusiones que lo habían acercado a los poetas beat, y lo forzó a divorciarse de Hettie, a dejar a sus dos hijas, a cambiarse el nombre y a mudarse a Harlem. Todo esto por motivos estrictamente políticos.

La transformación de LeRoi empezó en 1960, justo después de que el Fair Play for Cuba Committee lo invitara, junto con otros once escritores, la mayoría negros, a ver con sus propios ojos los logros de la Revolución cubana, y culminó en 1965, cuando Malcolm X fue asesinado. Durante los cinco años que le tomó asimilar la experiencia de su viaje a la isla, LeRoi fue cambiando la espontaneidad beat por la inflexibilidad ideológica, y el matrimonio interracial por la fidelidad a la raza negra. En sólo cinco años pasó de ser un negro que derribaba los obstáculos raciales, a erigirse en estandarte del radicalismo racial, en el defensor de la separación de las razas e incluso en promotor del Poder Negro y la eliminación evolutiva de los blancos. Su mutación fue un presagio del cambio de época. Si el derrocamiento de Arbenz en 1954 había frustrado a los jóvenes revolucionarios de Occidente, ahora tenían motivos para alegrarse, pues 1959 entraba en el calendario de la historia como el año en que triunfaba la Revolución cubana, una revolución antiimperialista, capaz no sólo de derrocar al prototipo de dictadorzuelo latinoamericano, sino al entramado de intereses estadouniden-

ses que medraban a su amparo. El impacto emocional que tuvo
esta noticia entre los jóvenes que empezaban a sentirse incómo-
dos con el estilo de vida americano, fue equivalente al de una
revelación mística, y uno de los primeros en sentir la conversión
interior que inspiraba el ejemplo de los revolucionarios cubanos fue LeRoi Jones.

A la luz de lo que vio, sintió y experimentó en Cuba durante su viaje, las diversiones de los jóvenes bohemios de los
cincuenta —las drogas, las orgías, los viajes, las noches de jazz y
alcohol— empezaron a parecerle chiquilladas irresponsables de
niños majaderos. Visitando La Habana, viendo los festejos del
aniversario del asalto al Cuartel Moncada, el alucinado LeRoi
descubrió lo que un grupo de treintañeros barbados podían hacer después de conquistar el poder. ¡Poder!, ahí estaba la clave.
A la generación beat parecía no importarle, pero el poder era el
determinante de todo. En *Cuba libre*, la crónica que escribió con-
tando los pormenores de su viaje, LeRoi decía que la rebelión de
los bohemios norteamericanos, aunque dirigida contra todo lo
que odiaban de su sociedad, carecía de dirección y propósito.
La rebeldía se agotaba en unas barbas largas, en la delincuencia juvenil y en el desinterés absoluto por la política. En caso
de triunfar y reventar el sistema, los jóvenes beat no hubieran
sabido qué alternativa proponer. En Cuba, en cambio, el proceso había sido muy distinto. Los revolucionarios no sólo eran
barbudos, también tenían un objetivo serio y trascendente. En
lugar de vagar por garitos como el Cedar Bar, el Five Spots o el
Fugazi's en busca de aventuras sexuales, borracheras o noches
de heroína, manejaban tractores, sembraban caña, alfabetiza-
ban a los pobres, planeaban el futuro del país, hacían algo por
los demás, por su gente, por su pueblo, y no se les cruzaba la
idea de saciar su impulso revolucionario en una vulgar orgía
hedonista sin resonancia en la sociedad. Aunque todo esto era
ya de por sí deslumbrante, lo que más impresionó a LeRoi fue
otra cosa: la forma en que una idea compartida embellecía a
la gente. En todos los pueblos que visitó, se encontró con personas bailando, cantando, celebrando. No había nadie que no

estuviera inspirado por la contagiosa embriaguez de una misma idea y de unos mismos ideales. El éxtasis que su amigo Kerouac había encontrado en la carretera y en la montaña, él lo vio brotar de la euforia revolucionaria.

LeRoi Jones, el joven apolítico que llegó a Cuba sin saber muy bien qué hacía allí, regresó al Village a punto de cambiar de piel. Su sensibilidad se había abierto a nuevas preocupaciones y a nuevas posibilidades, había descubierto lo que ocurría en sociedades del Tercer Mundo, donde sin duda, como creyó haber comprobado, había más libertad que en Estados Unidos y la presión social no asfixiaba el brío revolucionario. Allí la revuelta no era una simple idea romántica desahuciada, era mucho más, era el aire que se respiraba. En Estados Unidos, para lograr algo similar, se debía recorrer un largo camino que empezaba por despojarse de las mentiras que inmovilizaba el pensamiento. Se tenía que luchar contra el "horrible vacío" en que vivían los intelectuales estadounidenses, el "vacío de ser aniquilado por lo que hay en este país y no saber lo que hay afuera".[99] Pero ahora que LeRoi había abierto los ojos, ahora que sabía lo que podía lograrse uniendo a un grupo de hermanos en torno a un ideal, las preguntas sobre su identidad, su lugar en el mundo, su misión en la vida se hacían apremiantes. Eran las mismas preguntas de los beat, que ahora, formuladas por un negro bajo un prisma racial, darían respuestas muy distintas: el Village no era su hogar, los blancos no eran su gente, los beats no eran sus compañeros de ruta, la revolución bohemia no hacía nada por mejorar las condiciones de sus hermanos negros.

Durante los siguientes cinco años, sus nuevas intuiciones y preocupaciones fueron madurando hasta transformar por completo su percepción del mundo. Sólo faltaba un evento traumático que rompiera su crisálida y lo animara a mostrar su nuevo rostro al mundo. Ese evento ocurrió el 21 de febrero de 1965, fecha en que Malcolm X fue asesinado. LeRoi no soportó más. Al poco tiempo abandonó a su familia y se mudó a Harlem. En la

---

[99] Jones, L., *Home: Social Essays* (1966), Akashic Books, Nueva York, 2009, p. 54.

Calle 130 Oeste fundó el Black Arts Repertory Theatre/School, y delineó las bases del Arte Negro, una poderosa arma que emplearía en la batalla cultural para congregar a la hermandad negra en una nación separada del mundo blanco occidental. Para completar su mutación, dejó el cristianismo y el zen que había abrazado en los cincuenta y se unió a la Nación del Islam. En 1967 se despojó de su nombre original y adoptó el de Amiri Baraka, antecedido por la palabra Imamu, que significaba líder espiritual en swahili. Ahora, reforzado por la sensación de pertenecer a la Nación Negra y con la fortaleza espiritual que le daban los férreos principios del islam, podía ver desde las alturas la corrupción de la vida norteamericana y la degeneración que el hombre blanco intentaba hacer pasar por una seductora forma de vida. Las preguntas que se había formulado en *Cuba libre* encontraban respuesta. ¿Qué lado debía tomar? El de las víctimas, el de la pureza y la autenticidad que brotaba de la raza y de una religión con principios elevados que los blancos no podían seguir. ¿Rebelarse contra quién? Contra una realidad blanca opresora. ¿Rebelarse cómo en un país donde todo se regía por el "debido proceso"? Siguiendo el ejemplo de Cuba, formando una comunidad al margen y homogénea, de hermanos iguales, inspirados por los mismos sentimientos de odio y resentimiento hacia un enemigo común.

No es gratuito que el libro de ensayos en el que Jones mostraba su evolución ideológica e identitaria entre 1960 y 1965 se titulara, precisamente, *Home*, hogar. El título es la declaración más contundente del libro. LeRoi Jones estuvo buscándose a sí mismo durante años en el mundo bohemio de Greenwich Village, en la poesía beat, en las relaciones interraciales y finalmente encontró lo que buscaba en la politización de la existencia y en la identidad racial. Su hogar no era otro que su color de piel. Tras haber transgredido todos los tabúes de la época, casándose con una chica blanca y judía, dio marcha atrás para buscar las fuentes de la superioridad racial, espiritual, deportiva y artística de lo negro. Liberó la ira contenida y, excepto por Allen Ginsberg, perdió todo el respeto que sentía por los hombres blancos. Escribió poemas y ensayos animando a que se violara a las mujeres blancas, pronunció fuertes consignas antisemitas y asoció lo blanco con la ausencia total de virtud, con la debilidad, la homosexualidad, la corrupción y la explotación del Tercer Mundo. El Teatro Revolucionario que puso en práctica tuvo como fin ventilar abiertamente todas estas ideas. Jones decía que este teatro debía "acusar y atacar porque es un teatro de Víctimas".[100] La víctima empezaba a ocupar un lugar importante en las distintas artes y a otorgarse el derecho de atacar a su enemigo. Durante las funciones del Teatro Revolucionario, el negro en la audiencia debía ver el dolor de sus hermanos y sentirse motivado a unirse en contra del enemigo común. El blanco, mientras tanto, debía temblar en su butaca intuyendo el desprecio que sentían por él los asistentes sentados a su alrededor.

Como armas para luchar en la guerra identitaria, Jones no dudó en usar el terrorismo cultural de dadaístas, surrealistas y existencialistas. En *Black Dada Nihilismus*, poema de 1964, decía: "Acércate, nihilismo dadá negro. Viola a las chicas blancas. Viola a sus padres. Corta la garganta de la madre. Nihilismo dadá negro, asfixia a mis amigos en sus dormitorios con sus bebidas…"[101] Ahora la víctima se arrogaba el derecho de convertirse en victimario. Eldridge Cleaver, uno de los líderes de los Panteras Negras que ofició como jefe de la sección internacional de la organización en Cuba y Argelia, encontró inspiradoras las palabras de LeRoi, y en un famoso libro que escribió en 1968, titulado *Soul on Ice*, confesó haberse entrenado violando mujeres negras para luego salir en busca de presas blancas. Según él, "la violación era un acto de insurrección",[102] la forma de desafiar las leyes y valores del hombre blanco.

Hacia 1966 no quedaba una gota del espíritu cosmopolita, tolerante e incluyente del poeta que organizaba tertulias

---

[100] *Ibid.*, p. 237.

[101] Jones, L., *Selected Poetry of LeRoi Jones/Amiri Baraka*, William Morrow & Co., Nueva York, 1979, p. 41.

[102] Cleaver, E., *Soul on Ice* (1968), Delta, Nueva York, 1999, p. 33.

tumultuosas en su apartamento del Village. Aquel año, LeRoi escribió *Black Art*, otra declaración poética de principios que mezclaba la estridencia del futurismo y la apología a la violencia de Sartre: "Queremos 'poemas que maten'. Poemas asesinos. Poemas que disparen pistolas. Poemas que luchen con los policías en los callejones y les quiten sus armas dejándolos muertos con las lenguas extirpadas y enviadas a Irlanda. [...] Poemas aviones rrrrrrrrrrrrrrrrrrrrrrrrrrrrr... tuhtuhtuhtuhtuhtuhtuh-tuhtuhtuh... rrrrrrrrrrrrrrr... Prendiendo fuego y matando culos blancos...".[103] Era terrorismo cultural puro y duro, destinado a conquistar las mentes y los corazones de los negros y a establecer una clara separación entre las razas. Jones creyó que así, fomentando el odio hacia el enemigo común, iba a sellar con fuego los vínculos entre la hermandad negra. Pero se equivocaba. Con el tiempo advirtió que había logrado crear un movimiento de arte negro, pero no arrancar de raíz las manifestaciones de individualismo ni las diferencias de clase social entre los mismos negros. Desilusionado, en 1974 abandonó el nacionalismo cultural y se convirtió en un marxista-leninista radical. En la ideología comunista, por fin, creyó hallar la religión de la homogeneidad total.

ABURRIMIENTO, ABURRIMIENTO, ABURRIMIENTO: LA REBELIÓN SITUACIONISTA
1957-1967. PARÍS

En 1960 Alberto Moravia publicó *El tedio*, una novela que desvelaba con gran acierto las preocupaciones de los letristas y, en general, de buena parte de los jóvenes europeos que durante la posguerra, mientras la economía se recuperaba y los sistemas de protección social empezaban a garantizar el bienestar de los ciudadanos, tuvieron que encarar nuevos dilemas y malestares. En medio de la abundancia y la absoluta ausencia de

---

[103] Jones, L., *Selected Poetry of LeRoi Jones/Amiri Baraka*, p. 106.

preocupaciones, Dino, el protagonista de la historia, se enfrenta a un paradójico drama existencial, impensable para la mayoría de quienes tuvieron que soportar las dos guerras mundiales, la Gran Depresión y las largas décadas de penurias y afanes económicos: se aburre. Su madre es rica y en su enorme mansión le ofrece todas las comodidades y libertades: lujo, sexo, autos, dinero; Dino puede disponer de todo esto cuando quiera y como quiera y, sin embargo, por más que lo intenta, no logra establecer una relación directa y satisfactoria con las cosas. Nada lo colma realmente, nada le permite sortear ese terrible abismo que se abre ante él cada vez que intenta palpar y apresar la realidad. Se divierte, desde luego, como todo aquel que puede dar rienda suelta a sus caprichos, pero para él la diversión no es lo opuesto al tedio, sino una forma de aburrimiento que sólo provoca distracción y olvido. En lugar de anular la sensación de estar viviendo una vida falsa, hecha de retazos triviales en los que no se experimenta nada a fondo, la distracción y el olvido reforzaban el semblante artificial de su existencia.

Dino acaba de cumplir treinta y cinco años y es artista o al menos lo fue durante un tiempo, mientras se peleaba la guerra en las ciudades y él, refugiado en el campo, se dedicaba a pintar y a ver si así, mediante la expresión plástica, volvía a entrar en contacto con la realidad y dejaba de aburrirse. Pero hacia 1957, frustrado ante la evidencia de su fracaso, la emprendió a cuchilladas contra sus cuadros. Abandonó el arte y se dedicó a ser un no-artista que pasaba los días aturdido ante la blancura de los lienzos. La vida se le iba así, en medio de la inercia y el aburrimiento, hasta que conoció a Cecilia, una chica más joven, de diecisiete años, que lo enloquece. Cecilia es fruto de la nueva sociedad que empieza a emerger a mediados de los años cincuenta. Se aburre tanto o más que Dino, su vida es tediosa y su relación con la realidad es tan distante como la de él, pero esa falta de pasión y de emociones que le den sentido a la experiencia parece no afectarla. Era, reflexionaba Dino, "como si aquello que a mí me parecía una especie de enfermedad, fuese en ella un hecho sano y normal".[104] La ausencia de compromiso con la vida le permitía a Cecilia tener varios amantes, ponerles los cuernos y mentirles sin sentir remordimiento alguno. Dino pensó que se aburriría de Cecilia, como le ocurría con todo, pero sucedió lo contrario. ¿Cómo iba a aburrirse de alguien que padecía su mismo mal sin saberlo, sin notar nada extraño, sin siquiera sospechar que podía tener una relación distinta, cercana, apasionada, responsable, con la realidad?

La misma obsesión que sintió Dino por Cecilia fue la que tuvieron los miembros de la Internacional Situacionista por los jóvenes que, como ella, crecían en la sociedad del espectáculo, enfermos sin saberlo, ensalzando su propia alienación y asumiendo que el aburrimiento era una condición inherente a la vida, no una epidemia que se expandía como la peste por la sociedad capitalista de posguerra. Guy Debord y sus seguidores vieron en la naciente cultura del ocio, de la televisión y de la diversión pasiva el más grande enemigo a derrotar para revolucionar la vida y purgar el aburrimiento de la existencia humana. A esa conclusión habían llegado como letristas, pero viendo que sus ideas necesitaban mayor difusión y respaldo, en 1957, el mismo año en que Dino dejaba de pintar, la Internacional Letrista pasó a llamarse la Internacional Situacionista, y sus miembros a comprometerse con una crítica social mucho más afilada y ácida. También empezaron a editar la revista *Internationale Situationniste* y a establecer contactos con artistas radicales de otros países europeos. El Primer Congreso Mundial de Artistas Liberados, al que había asistido Wolman en 1956, sirvió de base para la consolidación del situacionismo. Un año después, algunos asistentes a ese congreso, como los miembros del Movimiento para una Bauhaus Imaginista (Guiseppe Pinot-Gallizio, Asger Jorn, Walter Olmo, Piero Simondo y Elena Verrone), se reunieron con Guy Debord y Michèle Bernstein, los dos representantes de la Internacional Letrista, y con el británico Ralph Rumney, único miembro de la improvisada Asociación Psicogeográfica

---

[104] Moravia, A., *El tedio* (1960), Planeta, Barcelona, 1998, p. 106.

de Londres, antiguo comensal del Moineau y futuro esposo de Pegeen Guggenheim, la hija de Peggy Guggenheim, para constituir la Internacional Situacionista.

Aunque el proyecto situacionista fue la continuación del letrismo, y aunque sus miembros siguieron haciendo experimentos psicogeográficos, divirtiéndose con la *deriva* y ejercitándose en el *détournement*, una técnica artística que consistía en tomar el material de la publicidad, del mundo del arte y de la sociedad de consumo e intervenirlo para desviar su significado, el núcleo de sus preocupaciones fue el aburrimiento, ese mortal enemigo de la juventud, el más grave daño colateral producido por la modernidad, la industrialización y la prosperidad económica, al que ahora estaban empeñados en hacer frente. No existe una historia del aburrimiento, pero es fácil suponer que aquella sensación de estéril consumo del tiempo, de incordio existencial o, como decía Moravia, de distanciamiento con el mundo, se convirtió en una preocupación general sólo en un momento muy particular de la historia, cuando el ser humano ya no tuvo que preocuparse por su supervivencia, cuando siguió teniendo fuerzas para enfrentarse al tigre y ya no hubo tigres que enfrentar, cuando quiso vivir aventuras y se vio encerrado en un conjunto habitacional, uniforme y gris, sometido a rutinas predecibles y tediosas, con dinero y tiempo pero sin ningún incentivo para salir a la calle a realizar grandes hazañas. La masificación del aburrimiento sólo fue posible con el tiempo libre, una nueva noción que se hizo realidad en la sociedad moderna cuando los jóvenes se convirtieron precisamente en eso, en jóvenes, es decir, cuando el aumento salarial de los padres —que entre 1953 y 1973 se incrementó casi tres veces en varios países de Europa— permitió que el espacio entre la infancia improductiva y la adultez productiva se ampliara, y que los hijos retrasaran el inicio de su vida laboral estudiando la secundaria e incluso una carrera universitaria. Durante este período, los jóvenes de entre dieciséis y veinticuatro años que en todo caso preferían soslayar las instituciones educativas y probar suerte en el mundo laboral, ya no se veían obligados a cubrir los gastos del hogar con sus ingresos. En 1962, cuenta el historiador Tony Judt, 62% de los jóvenes trabajadores se quedaban con su paga. De un momento a otro, una población joven tenía tiempo libre y dinero para consumir, pero al salir a la calle se encontraba con una ciudad pensada para la vida productiva y el consumo básico. Como era de esperarse, sin espacios destinados a la diversión y al hedonismo, sin lugares donde dar rienda suelta al brío hormonal, a la fanfarronería juvenil, al vigor y a la espontánea excitación que sienten los adolescentes por el simple hecho de verse juntos, liberados de la observancia paterna, con dinero y largas horas por delante, se aburrían miserablemente.

Síntoma de esta situación fue el surgimiento de grupos juveniles violentos y delincuenciales como los *blouson noirs* en Francia, los *Halbstarker* en Alemania, los *nozems* en Holanda y los *teddy boys* en Inglaterra. Los jóvenes buscaban diversión y aventura, y los únicos espacios que ofrecía la ciudad eran la calle, la noche y los bajos fondos. Debord y sus compinches del café Moineau ya se habían dado cuenta de esto y el resultado había sido el rechazo sin ambages del trabajo y del arte, y la concentración de todo su esfuerzo imaginativo en la difícil tarea de sacarle provecho a la vida cotidiana. En el primer número de la *Internationale Situationniste*, marcaban distancia con los surrealistas simplemente "*por no aburrirnos*",[105] pues los discípulos de Breton eran viejos caducos con altas pretensiones cifradas en el universo inconsciente y poquísimos logros, mientras que ellos, jóvenes y hermosos, iban a transformar sus vidas, iban a convertir sus existencias en una gran aventura justo en un entorno donde ya no había peligros, hazañas por realizar, conquistas por hacer. Debord no salió nunca de Europa y lo más cerca que estuvo del mundo no civilizado fueron los bares de Sevilla. Su gran aventura, por lo tanto, poco tuvo que ver con la del aventurero decimonónico que se enfrentaba a hombres y tierras desconocidas. Así quisiera diferenciarse de los surrealistas, su condición de europeo citadino y rentista lo acercaba inevitablemente a

---

[105] *Internacional situacionista*, vol. 1, núms. 1-6, p. 7.

la de los vanguardistas que deambulaban al azar por las calles de París. Él, sin embargo, fue un paso más allá al asumir como meta desquitarse de una sociedad que había matado el heroísmo y la emoción. Como decía un lema situacionista, en una sociedad que aniquila la aventura, la única aventura es aniquilar la sociedad. Para entender las actitudes contraculturales de los jóvenes de los sesenta, es preciso tener esta idea en mente. Jerry Rubin, el líder yippie estadounidense, diría años más tarde que ellos, la generación que no vivió la Revolución americana, ni la Segunda Guerra Mundial, ni la Revolución cubana, ni la Revolución china, no se iban a cruzar de brazos frente al televisor. De algún modo tenían que satisfacer sus ansias de heroísmo y el camino más expedito que habían encontrado había sido actuar coordinada y decididamente para destruir a Moloch, la sociedad norteamericana que había vaciado sus vidas de emoción.

Debord había empezado a despreciar el estilo de vida impuesto por la sociedad de posguerra gracias a un libro del marxista Henri Lefebvre llamado *Crítica de la vida cotidiana*. La obra había sido publicada en 1947, y el interés que despertó en los círculos intelectuales próximos a la vanguardia artística no fue casual, pues en sus primeras páginas el autor no sólo se anticipaba a Marcuse señalando la alienación como el mayor mal de la sociedad moderna occidental, sino que hacía un durísimo cuestionamiento a la actividad de los vanguardistas parisinos de los treinta y los cuarenta. Surrealistas y existencialistas —decía—, obsesionados con lo maravilloso y los momentos trascendentales de la vida, habían denigrado la vida cotidiana. Aquello constituía el acto más reaccionario que se podía cometer, pues quien gastaba el tiempo soñando con mundos imaginarios olvidaba que los destinos de las personas se jugaban a ras de suelo, en aquel espacio, trivial en apariencia, de la vida cotidiana. Las consecuencias de olvidar las preocupaciones reales de la gente eran la mistificación fascista en torno a problemas artificiales, ajenos a las complicaciones de todos los días, como la nación o la raza, y la absoluta libertad de la burguesía para transformar la vida en una vulgar lucha por la subsistencia. Mientras los existencialistas se atormentaban con densas preguntas sobre la muerte, el vacío o el sentido, el hombre común había sido esclavizado por las propias mercancías que producía. El joven Marx, siguiendo a Vico, había demostrado que era el hombre quien creaba la sociedad en la que vivía, pero las divagaciones de surrealistas y existencialistas habían conseguido que nos olvidáramos de ello. La vida se había convertido en una tediosa rutina, sin misterio ni emoción y nadie se había levantado para decir que aquello era un acto execrable, a contracorriente con los anhelos más profundos del ser humano.

Lefebvre no tenía duda alguna de que la Modernidad había traído progreso técnico y científico, pero también, al alejar al hombre de sí mismo, de la naturaleza y de su conciencia, era la responsable de la alienación. La complejidad del mundo moderno le impedía al hombre comprender su propia obra, dejándolo a la deriva, sin ninguno de los referentes que ofrecía la comunidad tradicional. La conclusión a la que había llegado resultaba evidente: "No sabemos cómo vivir",[106] y era por eso que cedíamos mansamente la potestad sobre nuestras vidas a jefes y patronos para que las saturaran con rutinas asfixiantes. Algunos pensaron que la salvación estaba en la literatura y el arte, pero se equivocaban: "La acción y sólo la acción puede traer esta salud y este equilibrio elemental, esta habilidad para comprender la vida en sus variados aspectos".[107] Y la acción debía estar encausada a cambiar la vida en sus más pequeños detalles. Sólo cuando el hombre conquistara su vida, cuando decidiera vivir de otra forma, comenzaría una nueva era. La acción, por tanto, debía estar destinada a crear. ¿A crear arte o literatura? No, a crear un arte de vivir. Las actitudes filisteas de la vanguardia de posguerra estaban prefiguradas en este temprano llamado de Lefebvre.

El letrismo, el situacionismo, el hippismo, el yippismo y todos sus derivados sólo pueden entenderse a la luz de esta premisa.

---

[106] Lefebvre, H., *Critique of Everyday Life,* vol. I (1947), Verso, Nueva York, 2008, p. 195.

[107] *Ibid.*, p. 186.

No más imaginación, no más fantasía, no más mundos imaginarios, no más cuestionamientos existenciales; había llegado el momento de la acción, de la transformación activa de la vida y del entorno, de la búsqueda de nuevas formas de ser y de existir. De ahí la pasión que empezaron a sentir los europeos revolucionarios por lo exótico, lo marginal, lo delincuencial, lo anormal y lo tercermundista, y la indiferencia que demostraron hacia los jóvenes rebeldes encarcelados por los comunistas en las prisiones de Praga y Varsovia, bastante más próximos a ellos que los barbudos de Castro, los campesinos guatemaltecos o la Liga de la Juventud del presidente Mao. Todos los personajes que se salían de la norma —primitivos, desarraigados, delincuentes, locos o revolucionarios del Tercer Mundo— ofrecían ejemplos de nuevas formas de vivir. Ahí estaban las opciones, el problema era que la autoritaria sociedad burguesa limitaba el margen de elección. Las libertades formales eran muy poca cosa cuando lo que se quería era cambiar la forma de vivir. Raymond Aron ya había advertido en 1963 sobre la imposibilidad de los intelectuales de izquierda para concebir la liberación humana en una sociedad opulenta. Para ellos, la cuestión no era la igualdad ante la ley o la inviolabilidad de su conciencia y su derecho a expresarse, sino la libertad positiva, la herramienta que les permitiría a los jóvenes vencer la alienación, reencontrarse con las necesidades inherentes al ser humano y vivir de acuerdo a ellas. Por eso debían prestar atención a los "momentos" que constituían la vida cotidiana y no a las estructuras profundas de la sociedad; es decir, la atención debía dirigirse a los instantes que, como en el amor o la revolución, rompían las certezas, lo previsible y lo acostumbrado y elevaban a quien los vivía a estados de plena libertad.

Siguiendo esta premisa, cualquier persona se convertía en un revolucionario potencial. Bastaba alterar las rutinas preestablecidas que componían la existencia creando momentos para resistirse al alienante mundo capitalista. Una vida interesante, excitante y divertida, en clara oposición al aburrimiento generalizado del trabajo y de las responsabilidades burguesas, era revolucionaria. No debe extrañar, por eso, que en los setenta se popularizara el eslogan: *Si no puedo bailar, no es mi revolución,* atribuido erróneamente a la anarquista Emma Goldman, ni que apareciera estampado en todo tipo de camisetas. La frase sintonizaba con la idea que los vanguardistas parisinos venían elucubrando desde finales de los años cuarenta, la de convertir la propia vida en un desafío al sistema. Y eso era justamente lo que hacían los situacionistas mientras conspiraban y se emborrachaban en el café Moineau. Todos ellos habían rechazado el arte imaginativo y destinaban sus energías a transformarse a sí mismos. ¿Cómo se transformaba la vida? Mediante el juego. En *Contribución a una definición situacionista del juego,* publicado en el primer número de la *Internationale Situationniste,* citaban una frase de Johan Huizinga que daba pistas al respecto: "En medio de la imperfección del mundo y de la confusión de la vida, el juego realiza una perfección temporal limitada".[108] En efecto, durante los breves instantes en que el niño se entregaba al juego, todo era perfecto, desaparecían el caos y la contradicción, y todo el potencial imaginativo se destinaba a crear situaciones que permitían a los participantes salir de un mundo opresivo para entrar en otro que se ajustaba a sus deseos.

Ése fue el objetivo inicial de Debord y de los situacionistas: forjar una nueva civilización en la que el ser humano jugara permanentemente y creara situaciones apasionantes. La importancia que le dieron al entorno físico y a la ciudad surgió de ahí. Si el espacio, tal como creían los arquitectos modernistas y los psicólogos conductistas, era un elemento determinante en el comportamiento y el estado anímico de las personas, los situacionistas debían convertirse en expertos escenógrafos capaces de crear espacios que despertaran los deseos y la pasión. El holandés Constant Nieuwenhuys, antiguo miembro del grupo COBRA (acrónimo de Copenhague, Bruselas y Ámsterdam, ciudades de donde venían sus miembros) y luego, después de que Debord lo expulsara de la Internacional Situacionista, animador

---

[108] *Internacional situacionista,* vol. 1, núms. 1-6, p. 11.

del movimiento provo en Ámsterdam, fue el más interesado en el urbanismo unitario. Su actividad se centró en el diseño de maquetas y planos de una ciudad utópica, que en un principio debía llamarse Dériville (ciudad de la *deriva*), pero que finalmente, por recomendación de Debord, acabó llamándose Nueva Babilonia. La ciudad se elevaba sobre columnas y se componía principalmente de inmensas terrazas que facilitaban el flujo peatonal y los encuentros azarosos. Nunca llegó a construirse, desde luego, pero sus diseños fueron una muestra más de esa utopía modernista, de ese gran sueño humano de lograr la perfección social mediante un entorno físico adecuado y la aplicación, por parte de expertos (los situacionistas), de un conocimiento científico infalible (la psicogeografía) que daría cabal satisfacción a las verdaderas necesidades del ser humano.

La ciudad tenía que reconstruirse porque las situaciones debían ser un producto de hombres y mujeres, no, como decía Sartre, un estado de cosas dado al que el ser humano era arrojado. Sartre había sido el primero en hablar de situaciones o, más exactamente, de situaciones concretas en las que el hombre o el escritor tenía que tomar decisiones. El hombre del existencialismo tenía autonomía y capacidad de elección, pero su libertad estaba lejos de ser absoluta. La libertad de Sartre estaba siempre *situada*, circunscrita a unas condiciones sociales y económicas creadas por otros. Más concretamente, circunscritas a una sociedad capitalista fundamentada en la producción de mercancías, el trabajo embrutecedor, el aburrimiento y la alienación de los productos de consumo y los medios de comunicación. Eso no era libertad para Debord y sus seguidores. Para ser verdaderamente libre, había que superar ese escenario dado, esa "ratonera", como la llamó el mismo Sartre, y empezar a crear situaciones. Sólo así, dejando de ser hombres *situados* en coordenadas históricas no elegidas y transformándose en constructores de *situaciones*, se podría vivir de acuerdo con los deseos.

La crítica del ocio y de las distracciones que adormecían el furor revolucionario del proletariado, convirtiendo a las personas en espectadores pasivos, completaba el proyecto situacionista. No se podía hacer una revolución sin revolucionar la vida cotidiana, y no se podía revolucionar la vida si cada cual permanecía en casa, aislado, complacido con las comodidades del Estado de Bienestar e idiotizado por los productos mediáticos. La sociedad del espectáculo, es decir, la sociedad capitalista avanzada, creaba la ilusión de libertad y de tiempo libre cuando en realidad alienaba e impedía vivir apasionadamente. Esta sociedad, además —como también diría Marcuse—, lograba cooptar cualquier producto artístico, incluso los más revolucionarios, para convertirlos en espectáculo. Desde su época letrista, Debord sabía que las revoluciones a medias no servían de nada y por eso sentía un absoluto desprecio por las prácticas artísticas de vanguardia que, como el *happening*, tenían un aura emancipadora pero en realidad eran sólo pirotecnia. Con ellas no se liberaba nada. Se creaba cierta ilusión de libertad, pero no se debilitaban las estructuras del antiguo mundo. Una premisa situacionista era que el arte debía ser superado y realizado en la vida, y por eso Debord consideraba que las obras de arte eran mercancías y los *happenings* espectáculo. El urbanismo unitario, en cambio, ofrecía la posibilidad de reunir todas las prácticas artísticas para crear espacios y situaciones. La pintura industrial de Pinot-Gallizio, por ejemplo, no buscaba ser un objeto decorativo sino un insumo más en la creación de escenarios propicios para vivir experiencias. Empleando metros y metros de lienzo, y sirviéndose de máquinas y productos químicos, Pinot-Gallizio creaba larguísimas pinturas que servían para envolver todo un espacio. En 1959 cubrió las paredes, pisos y techos de la galería René Drouin de París con sus largas telas. También roció perfume en el ambiente y vistió a unas cuantas modelos, que deambulaban por el lugar, con sus lienzos. Era una verdadera atmósfera en la que esperaba producir vivencias insólitas y novedosas.

Esto fue lo más cerca que los situacionistas estuvieron de crear un entorno adecuado a sus fines. Pinot-Gallizio y Constant, y prácticamente todos los que en algún momento pisaron los feudos situacionistas, fueron expulsados antes de que lograran concretar el primero de los proyectos urbanísticos con los que tanto soñaban. Diez años después de conformada la Internacional Situacionista, aún no habían creado ninguna situación. Seguían publicando sesudos análisis de la sociedad, reuniéndose y, sobre todo, peleándose, pero aún no habían logrado coordinar esfuerzos para llevar sus ideas a la práctica. Esto no significa que las actividades situacionistas hubieran sido en balde ni que todas sus propuestas hubieran caído en saco roto. Todo lo contrario. Las ideas de Debord y de los muchos aliados que tuvo desde 1952 se fueron filtrando y difundiendo entre sectores juveniles hasta afectar su forma de pensar y actuar. La revolución de la vida cotidiana, la transformación de la ciudad, el derrumbe del antiguo mundo, el gran carnaval lúdico que mezclaría a estudiantes y obreros, la gran situación en la que el deseo tomaría las riendas de la vida, explotó finalmente en las calles de París en mayo de 1968. Las profecías de Isidore Isou, de Lemaitre, de Marc, Ó, de Wolman, de Debord parecieron haberse cumplido en esas fechas. Por un lado, se demostraba que la gran fuerza revolucionaria era la juventud, el sector marginado que deseaba un lugar protagónico en la sociedad; por el otro, quedaba en evidencia que el gran motor de la revolución en Occidente no sería la ideología marxista, sino las ideas libertarias y vanguardistas que privilegiaban el deseo individual y la transformación de la vida en arte.

Cuba y el antiamericanismo: la revolución sociológica 1951-1969. Nueva York, La Habana

Amiri Baraka ventiló la ira que LeRoi Jones contenía; Amiri Baraka se despojó de las virtudes cívico-bohemias que acrisolaba LeRoi Jones y, además de erigirse en líder espiritual, se convirtió en guerrero. En Cuba comprobó que el mundo contemporáneo aún dejaba espacios para el heroísmo. El ejemplo de Castro mostraba con claridad que las virtudes del guerrero debían imponerse a la rebeldía apolítica y frívola de la bohemia. LeRoi no fue el único que vio resurgir el tiempo sepultado de los héroes y la esperanza de una vida más apasionada con el triunfo de la Revolución cubana. Muchos intelectuales y artistas norteamericanos sintieron que la vida se regeneraba en la isla caribeña. El inapelable magnetismo que ejerció la improbable victoria de los revolucionarios cubanos, forzó comparaciones entre la lucha entablada en La Habana y la revuelta de los jóvenes apolíticos que se reunía a oír jazz y fumar marihuana en los principales centros urbanos de Estados Unidos. Aunque el abismo que separaba las actitudes hedonistas y lúdicas de la naciente contracultura americana del ascetismo e inflexibilidad de los barbudos verde olivo era infranqueable, los jóvenes primermundistas sintieron que la revolución tercermundista tenía algo que ver con ellos. El 27 de abril de 1961, Norman Mailer publicó su *Carta abierta a JFK y Fidel Castro* en *The Village Voice*, en la que vaticinaba que Estados Unidos, gracias al ejemplo heroico de los rebeldes cubanos, no tardaría en ver emerger una turba sediciosa dispuesta a derrocar el tiránico poder que mantenía al sistema en pie. "Ha habido un nuevo espíritu en América desde que entraste en la Habana",[109] le decía Mailer a Castro. Deslumbrado por la temeraria gesta que el líder revolucionario emprendió en 1956, desembarcando en Niquero con tan sólo 82 hombres dispuestos a enfrentar a un ejército de 30,000, Mailer lo llamaba el mayor héroe en surgir desde la Segunda Guerra Mundial. Aquel heroísmo era turbulento y contagioso. "Como Bolívar", continuaba el escritor, "estabas enviando el viento de una nueva rebelión a nuestros pulmones. […] Estabas ayudando a nuestra guerra".[110]

En efecto, Estados Unidos estaba en guerra contra un letal enemigo que no apresaba los cuerpos sino que mataba el espíritu. "Hemos tenido una tiranía aquí", afirmaba Mailer, "que no tenía las características de la de Batista; era una tiranía que se respiraba pero que no podíamos definir; se sentía nada menos que como la muerte lenta de nuestras mejores posibilidades, como

---

[109] Mailer, N., "Open Letter to JFK and Fidel Castro", en: *The Village Voice*, 27 de abril de 1961, p. 14.

[110] *Ibid.*

una tensión que no podíamos nombrar, resultado de la suma de nuestras frustraciones".[111] Las palabras del escritor daban a entender que los jóvenes norteamericanos estaban desahuciados, sumidos en la apatía y la falta de idealismo, reconfortados única e ilusoriamente por las eternas noches de borrachera. Tanto ellos como los intelectuales necesitaban un tonificante espiritual, justo lo que les había dado Castro, munición psicológica para luchar contra las corporaciones, los medios de comunicación, el clero, la policía, los políticos, los editores... "el frío e insidioso cáncer del poder que nos gobierna".[112]

Pero ¿cómo se iban a rebelar los jóvenes norteamericanos? Quienes viajaron por esas fechas a la isla, volvían con la sensibilidad a flor de piel, ilusionados con la posibilidad de una sociedad distinta y desilusionados con la falta de emoción y heroísmo, con el vacío espiritual y el trabajo rutinario y tedioso que ofrecía su propia sociedad. Aunque era improbable replicar en suelo estadounidense las hazañas de Sierra Maestra, algo se podía hacer para salvar el alma de los jóvenes. Susan Sontag fue una de las intelectuales que más insistió en este tema. Su conclusión, después de pasar por Cuba, fue que "en una cultura que se juzga inorgánica, muerta, coercitiva, autoritaria, estar vivo se convierte en un gesto revolucionario".[113] Eso significaba que en su país natal los estilos de vida alternativos, la excentricidad existencial y los momentos de éxtasis eran revolucionarios, pues iban en contra de todo lo que representaba el sistema americano. De ahí a decir que lo personal era lo político, el lema que luego haría suyo la Kommune 1 en Alemania, había sólo un paso. Mientras los empleados de IBM, General Motors, el Pentágono y la United Fruit eran muertos vivientes, sometidos por un sistema totalitario, los jóvenes que no se dejaban cooptar y renunciaban al sistema educativo, experimentaban con las dro-

---

[111] *Ibid.*

[112] *Ibid.*

[113] Sontag, S., "Some Thoughts on the Right Way (for us) to Love the Cuban Revolution", en: *Ramparts*, abril de 1969, p. 10.

gas o se entregaban a las sensaciones hedonistas ofrecidas por la música y el sexo, tenían vidas intensas y apasionadas. Estar vivo era sinónimo de cultivar una individualidad prometeica, sincera, real, no envenenada por las miserias de la vida norteamericana. Y no sólo eso, también era una forma de hacer la revolución. "Atacar el sistema es hacer algo para uno mismo, para mi yo auténtico",[114] apuntalaba Sontag. Esta frase expresaba la más radical propuesta de la Nueva Izquierda y su más flagrante contradicción. La transformación de la sociedad no pasaba por involucrarse en la política ni en los problemas públicos, sino fomentando el más radical individualismo. Max Stirner volvía a asomar su cabeza. Tanto en Europa como en Estados Unidos, el placer, la euforia, la autoexpresión y el abandono de lo público para ir en busca de un refugio interior, un yo auténtico, un yo prístino, se convirtió en la manera de hacer la revolución social. Los cubanos, los mexicanos, los chinos y los vietnamitas eran maestros que guiaban en ese viaje interior.

No deja de ser curioso que una lúcida intelectual como Sontag haya considerado que para hacer la revolución en Estados Unidos se debía desertar de las aulas —fábricas de trabajadores dóciles— y consumir drogas que disminuyeran la claridad, la eficacia y la productividad. No cabe duda de que un escuadrón de jóvenes hedonistas, con la piel hipersensibilizada debido al sexo y los sentidos hiperestimulados por las drogas psicodélicas, era poco apto como mano de obra barata de las corporaciones, ese gran enemigo de los radicales norteamericanos. Pero tampoco era garantía de un cambio social que solucionara los problemas de desigualdad e injusticia, ni mucho menos los que tenían que ver con proyectarse hacia el futuro como comunidad. Sólo en una época de hiperabundancia, donde las preocupaciones no eran materiales sino espirituales, se podía esperar que una generación de jóvenes con los sentidos nublados y la cabeza asaltada por mil placeres señalara el horizonte hacia el cual debía dirigirse la sociedad.

[114] *Ibid.*, p. 7.

No es extraño que hubiera sido Sontag, precisamente, la que defendiera las actitudes dadaístas y surrealistas como fórmula secreta para debilitar al sistema norteamericano. Hacia 1966, año en que publicó su influyente *Contra la interpretación*, difícilmente había en Nueva York alguien más familiarizado con la cultura y las vanguardias francesas como ella. A través de Sontang, la fuerza de la transgresión surrealista cobró nuevo aire. Se adaptó al contexto norteamericano y desplegó las armas de lo irracional y lo azaroso para atacar lo que más odiaban los jóvenes insatisfechos: la masa, la homogeneidad, la normalidad; el gran marco uniformador del estilo de vida americano. El disparate vanguardista permitía dar una nueva vuelta de tuerca al problema de la autenticidad. Si el sistema era artificial, una forma de resistirse a él era la naturalidad; era siendo flexible, relajado, *laid-back*; era haciendo *happenings* improvisados y autoexpresivos en los que se dejaba salir todo lo que había adentro sin censuras ni los filtros de la convención. Lo que sí resultaba extraño era que Sontag, al tiempo que escribía estas reflexiones sobre la rebelión contracultural estadounidense, hubiera caído hechizada por la Revolución cubana. Es extraño porque la revolución que vio en la isla caribeña en 1969 era muy distinta a la rebeldía contracultural de su país. En Cuba sintió energía, vitalidad y el fervor de unos jóvenes capaces de trabajar día y noche sin descanso, lo cual, desde luego, daba ilusión a alguien que venía de una cultura que consideraba agonizante. Pero Sontag también vio rigidez, disciplina, puritanismo revolucionario, moralización de las conductas públicas —pelo corto, eliminación de la pornografía, encierro de homosexuales— y erosión de la individualidad en favor del orden colectivo. Tan llamativa era la diferencia entre las actitudes de la Nueva Izquierda norteamericana y las de los líderes cubanos, que Sontag no tuvo más remedio que urdir una compleja explicación que las justificara. Según ella, la discrepancia se debía a que Cuba era un país subdesarrollado. Una pequeña isla del Tercer Mundo necesitaba disciplina, esfuerzo y productividad para salir de la pobreza. Todo lo contrario que Estados Unidos, donde se necesitaba hedonismo, rebeldía dadaísta y estilos de vida transgresores que frenaran una sobreproducción que infectaba al país entero con mercancías superfluas e innecesarias. Las dos revoluciones, la cubana y la estadounidense, se desarrollaban siguiendo las necesidades y particularidades de cada sociedad. En Cuba se intentaba crear una conciencia; en Estados Unidos se intentaba desmantelar las estructuras represoras, inculcadas por los padres y la sociedad, con experiencias psicodélicas, psicoanálisis, estilos de vida más simples, neo-primitivismo, espontaneidad; en definitiva, con el conjunto de actitudes que habían llevado al arte norteamericano —jazz, expresionismo abstracto, literatura beat— a sus cuotas más alta de creatividad.

Sontag trató de justificar la rigidez del sistema cubano justo cuando la desconfianza en las promesas de la revolución empezaba a rondar a muchos intelectuales. En el artículo que escribió tras su visita a la isla, Sontag mencionaba los ataques por parte del gobierno al poeta Heberto Padilla. Aunque era un síntoma preocupante, le parecía poco plausible que el régimen tomara una deriva autoritaria. El tiempo, sin embargo, demostraría que su percepción estaba equivocada, y dos años más tarde ocurriría lo que en su visita de 1969 le pareció improbable: Padilla fue encarcelado, acusado de haber colado pasajes contrarrevolucionarios de su poemario *Fuera del Juego*, y sometido a una farsa judicial que debilitó las ilusiones puestas en la utopía caribeña. Sontag fue una de las primeras en notar el cambio y no le tembló el pulso para estampar su firma en la carta que Mario Vargas Llosa envió a Castro protestando por la humillación pública a la que se sometió a Padilla. Luego siguió criticando vehementemente la falta de libertad en Cuba hasta su muerte, e incluso en 2003, en plena Feria del Libro de Bogotá, denunció a García Márquez por su ciega y servil complacencia con el régimen de Castro.

El peregrinaje a Cuba fue una constante entre los intelectuales del Primer Mundo. Sontag, LeRoi y los demás escritores que regresaban de la isla con el sabor de la ambrosía en los labios, creían reencontrar fuentes de vitalidad extintas en sus países desarrollados. La gran diferencia entre Estados Unidos y Cuba era que allá, por muy duro que fuera el trabajo, por interminables que fueran las jornadas, por penosos que fueran los sacrificios, cuanto se hacía tenía sentido. El esfuerzo estaba justificado porque las energías se canalizaban hacia un fin superior, hacia una meta que llenaba de orgullo y esperanza y, lo más importante, daba plenitud espiritual. En Estados Unidos ocurría exactamente lo contrario. La seguridad económica de los años de bonanza había desecado el alma. Se vivía en medio del confort con la permanente sospecha de que la vida, al menos la vida verdadera, podía ser mucho más que eso: aventura, emociones, pasiones, todo aquello que parecía latir más allá del horario de oficina y los confortables suburbios norteamericanos.

Quien más ayudó a difundir la idea de que la nueva clase trabajadora norteamericana —la *white collar*— llevaba una existencia que se debatía entre las comodidades ofrecidas por la tecnología y las terribles frustraciones e insatisfacciones generadas por la monotonía y la falta de aspiraciones, fue el sociólogo Charles Wright Mills, otro de los padres de la Nueva Izquierda estadounidense. Durante la década de 1950, Wright Mills publicó un influyente libro que desgranaba las condiciones laborales de la nueva clase media americana y otro que mostraba cómo las corporaciones, los complejos militares y los políticos habían conformado nuevas camarillas de poder. Luego, en 1960, ilusionado con la primera revolución que triunfaba en el continente americano, viajó a Cuba y fue uno de los pocos privilegiados que pudo compartir tres días, cada uno de dieciocho horas, con Fidel Castro, quien personalmente lo instruyó en todos los pormenores de la revolución y los proyectos para el esperanzador futuro de Cuba.

No es de extrañar que Wright Mills, el sociólogo norteamericano más influyente de la segunda mitad del siglo xx, fundara su prestigio investigando los cambios sociales y económicos que deslumbraron y frustraron a las generaciones de los cincuenta y sesenta. En *White Collar: The American Middle Class,* publicado en 1951, hacía un minucioso análisis del nuevo especimen que inundaba las grandes compañías y los grandes almacenes que empezaban a funcionar a todo gas durante la posguerra. Estos empleados de cuello blanco, columna vertebral de la nueva clase media americana, recibían salarios más que decentes, podían acceder a un estilo de vida confortable, adornado, además, con nuevos artículos que aliviaban las fatigosas labores domésticas, pero a cambio debían sacrificar sus vidas en labores mediocres y tediosas. Y no sólo eso, había algo mucho peor. La nueva cultura empresarial obligaba al trabajador de cuello blanco a fingir simpatía, interés y cordialidad en todo momento, hasta el punto en que la palabra que mejor describía su conducta era falsedad. Una falsa sonrisa adornaba su rostro desde que fichaba hasta que se iba, unos falsos modales moldeaban un cuerpo cortés y servicial, una falsa consideración hacia creer que estaba dispuestos a plegarse a cualquier demanda del cliente: todo hacía parte de un nuevo disfraz existencial con el que se firmaban contratos y cerraban ventas, mientras el verdadero yo, el auténtico, el que odiaba a los jefes, despreciaba a los clientes y quería prender fuego a las compañías se minimizaba en el interior de un caparazón artificial hasta desaparecer.

El mismo año en que Castro desembarcó en Niquero, el sociólogo publicó *La élite del poder*, otro estudio que mostraba las alianzas entre unas doscientas o trescientas grandes compañías con el poder político centralizado y el orden militar. Según Wright Mills, desde la Segunda Guerra Mundial la economía se había politizado, y cada vez dependía más de las instituciones y arbitrajes militares. Este reducido círculo del poder estaba tomando decisiones que afectaban a toda la nación. Se habían lanzado bombas A sobre Japón, se había intervenido en la guerra de Corea, por poco se reproduce un desastre nuclear durante la primera crisis del Estrecho de Taiwán, ¿y quién estaba detrás de todas estos acontecimientos? Pequeños grupos que habían amasado suficiente poder para dar saltos de tal envergadura sin consultar a la opinión pública. Como si esto fuera poco, la vida norteamericana se había mercantilizado por completo. Todos los miembros de la sociedad, por el mero hecho de serlo, se inscribían en una competencia cuyo premio era la riqueza. ¿Que el dinero no daba la felicidad? ¿Que incluso los ricos padecían frustraciones e insatisfacciones existenciales? Tonterías. La sociedad había encarrilado a sus miembros en una carrera donde la riqueza no sólo garantizaba la felicidad, sino la libertad. "En la sociedad norteamericana el hacer lo que se quiere, cuando se quiere y como se quiere, exige dinero. El dinero da el poder, y el poder da la libertad",[115] sentenciaba Wright Mills con desencanto. El sociólogo creía que los ideales de su país habían sido traicionados y que la lucha del emprendedor por conquistar mercados, truncada por el monopolio de las grandes corporaciones, era un claro ejemplo. Los problemas no se limitaban sólo a los nuevos poderes civiles. Los militares, que hasta la Segunda Guerra Mundial no habían tenido ascendencia sobre el poder político, acababan de construir el Pentágono y empezaban a participar activamente en el diseño de las políticas de Washington y en el ejercicio económico del país. Como si fuera poco, la reciente consolidación de una sociedad de masas, adiestrada por unos medios de comunicación manipuladores, era el escenario donde grupos de interés, repartidos entre las corporaciones, el ejército y el poder político, luchaban por imponer sus prerrogativas. Las ideas habían dado paso al interés, y la carencia de una ideología en los gobernantes se disfrazaba con un pragmatismo pusilánime. Bajo el lema de la practicidad, cualquiera podía venderle cualquier cosa a la masa. Estas estrategias del poderoso para justificar decisiones arbitrarias constituían, para Wright Mills, "la inmoralidad mayor".

A pesar del éxito económico, Estados Unidos se encontraba en pleno declive, con instituciones corroídas, una sociedad embrutecida y trabajadores de cuello blanco alienados. Los viejos valores y los códigos de rectitud habían sido reemplazados por el nuevo valor absoluto del dinero, y así, con el terreno despejado, emergía el nuevo rey de la sabana: el cínico de "personalidad eficaz" que irradiaba confianza en sí mismo y se desentendía

---

[115] Wright Mills, C., *La élite del poder* (1956), FCE, México, 1957, p. 157.

por completo del sentido de la moral y de las virtudes públicas. Hacer carrera en la élite del poder, sentenciaba Wright Mills, suponía hacer creer a los demás, y también a sí mismo, que uno era "lo contrario de lo que en realidad es".[116] Nada raro que la búsqueda de la autenticidad se convirtiera en una de las grandes obsesiones de los jóvenes de los sesenta que renunciaron a estos ideales.

Al igual que los otros intelectuales mencionados, Wright Mills encontró en la Revolución cubana la euforia y la vitalidad desterradas de las banales existencias norteamericanas. Su estadía en Cuba, en agosto de 1960, lo llenó de historias, anécdotas, datos e imágenes que quiso volcar sobre el papel para que sus compatriotas norteamericanos entendieran de una buena vez qué estaba ocurriendo realmente en Cuba. En pocas semanas escribió un librito de casi doscientas páginas, al que bautizó con el punzante título de *Listen, Yankee*, y que al poco tiempo se convirtió en *best seller*. En él, con tono pendenciero, lanzaba un mensaje claro al público norteamericano: ustedes, *yankees*, sepan que todo lo que han oído o leído sobre Cuba es falso. Lo ocurrido en la isla nada tiene que ver con la Unión Soviética ni con el comunismo. Lo que intelectuales y revolucionarios tratan de hacer a la sombra de los cocoteros y los cañaverales es recobrar la libertad, la libertad que ustedes, *yankees*, usurparon al pueblo cubano entablando una sucia connivencia con los monopolios azucareros, el turismo prostibulario y la dictadura de Fulgencio Batista.

Lo más notorio del libro es el punto de vista desde el que está contado. Wright Mills alterna entre la tercera y la primera persona del plural, asumiendo la perspectiva de los revolucionarios cubanos. Es decir, escribe como si también él fuera un cubano hastiado de la opresión norteamericana, que lanza una advertencia a su hostil vecino: si la política del saqueo de Estados Unidos no cambia, dentro de poco el poderoso país del Norte no sólo tendrá una, sino diez, quince, veinte Cubas repartidas

---

[116] *Ibid.*, p. 323.

por todo el continente latinoamericano. Hartas de la violencia estadounidense, 180 millones de personas están dispuestas a enfrentarse al poder imperialista. A pesar de la cercanía geográfica, Cuba no se considera próxima a Estados Unidos o a la civilización occidental; Cuba no pertenece a ese mundo sino a la civilización de los hambrientos y sus hermanos no son los rubios monopolistas que se habían apropiado de las plantaciones, sino los africanos, los asiáticos y los latinoamericanos.

"¿Qué significa Cuba?", se preguntaba Wright Mills. Y enseguida contestaba: "Significa otra oportunidad para ustedes".[117] Los *yankees* cínicos, conformistas o alienados que él mismo, en sus libros, había estudiado con la meticulosidad de un entomólogo, tenían la oportunidad de salvar sus almas si observaban con atención lo que ocurría en Cuba. La isla reflejaba mejor que cualquier otro caso las relaciones abusivas que la superpotencia, con su política imperial, había establecido con el Tercer Mundo. Si se analizaba la historia de las relaciones binacionales, se podía ver que desde el Manifiesto de Ostende, redactado en secreto en 1854, Estados Unidos se proponía adueñarse, mediante el pago de dinero a España o el asalto bélico, de Cuba. En el siglo XIX pretendía formar un nuevo estado esclavista, en el XX una colonia de mano de obra barata que supliera las demandas de los monopolios. Esta cadena ininterrumpida de abusos había pasado inadvertida para la población norteamericana, pero no por más tiempo. La Revolución cubana obligaba a abrir los ojos. Ya no podían seguir pretendiendo que nada ocurría. La erosión interna de los valores y los ideales se traducía en un comportamiento despiadadamente agresivo e interesado hacia fuera. Había miseria y violencia en el Tercer Mundo, y el causante era el imperialismo estadounidense. Sus compañías se llevaban las riquezas y sus gobiernos, a cambio, dejaban armas con las que el gobierno local silenciaba las voces disidentes. ¿Cómo se podía tolerar esa situación? ¿Cómo no sentirse humillado y sucio al

---

[117] Wright Mills, C., *Listen, Yankee. The Revolution in Cuba*, Ballantine Books, Nueva York, 1960, p. 36.

ver lo que se hacía en nombre del ciudadano estadounidense? *Listen, Yankee,* escrito desde el lado cubano, ponía a Wright Mills del lado de los buenos. Con ese gesto inauguraba una nueva tendencia en la Nueva Izquierda norteamericana, la de no sentirse *yankee,* la de profesar un furibundo antiamericanismo, la de identificarse con los oprimidos del mundo y culpar, en ocasiones de manera ingenua o injustificada, a los Estados Unidos por todos los males de la humanidad.

Viniendo de un país contaminado por el dinero, el consumo, el mercantilismo, el cinismo y el poder, estos esfuerzos eran síntoma de una búsqueda más profunda, más vital. Como Kerouac, como LeRoi Jones, lo que intelectuales como Wright Mills buscaban era pureza. La manera de desprenderse de la inmundicia estadounidense era volcando los afectos hacia tierras lejanas, tan opuestas al infierno estadounidense como fuera posible, mejor aún si eran sus adversarios. En cuanto a los latinoamericanos, ¿cómo habrían ellos de cortar los hilos del imperialismo corruptor? Wright Mills no dejaba duda al respecto. La solución pasaba por la lucha guerrillera. Esta forma de resistencia combinaba dos elementos purificadores, el campesino y la montaña, dotándola a ojos del intelectual occidental de una fuerza mística, casi mágica, no sólo legítima moralmente sino imbatible. La pluma electrizada de Wright Mills hacía ver a las cuadrillas de guerrilleros como fuerzas invencibles. La guerrilla, afirmaba, "puede derrotar batallones organizados de tiranos, equipados hasta con la bomba atómica".[118] Y así tenía que ser, pues en los demás países de Latinoamérica, al igual que en Cuba, la libertad pasaba por la lucha subversiva. No había otra salida. El imperialismo no daba otra solución. Afirmaciones tan rotundas como estas exaltaron a muchos intelectuales latinoamericanos y encendieron las alarmas de los servicios secretos norteamericanos. Carlos Fuentes le dedicó *La muerte de Artemio Cruz,* refiriéndose a Wright Mills como la "verdadera voz de Norteamérica, amigo y compañero de la lucha de Latinoamérica". El FBI, por su parte, le abrió un

---

[118] *Ibid.,* p. 114.

expediente y lo mantuvo vigilado. Cuba empezaba a convertirse en una obsesión. Por un lado, era el espejo que revelaba las impurezas de Norteamérica; por otro, el elixir que salvaría su alma de los vicios imperialistas. La generación de los sesenta vivió con pasión este dilema. Se debatió entre odiar a Estados Unidos y escapar de su manto corruptor, o iniciar una revolución en su suelo para echar por tierra las estructuras que impedían desplegar una vida auténtica y real.

Recetas para las nuevas generaciones: rebelión contra el bienestar y el espectáculo
1961-1967. París

Fue gracias a Lefebvre que Debord conoció al belga Raoul Vaneigem, un filólogo, escritor y filósofo, fascinado con las sectas gnósticas y la herejía, que se convertiría en uno de los principales animadores del situacionismo. Su prosa exaltada, llena de frases ingeniosas y de imágenes sugerentes, le imprimió el sello romántico y épico al movimiento que Debord, con su austeridad y densidad teórica, hubiera sido incapaz de darle. Su firma apareció por primera vez en el sexto número de la *Internationale Situationniste*, publicado en 1961, y desde entonces no dejó de figurar en ninguna edición de la revista. A partir de esta fecha, también, las preocupaciones del situacionismo empezaron a mutar. Debord dejó a un lado su interés por el urbanismo unitario y se centró en el análisis de la sociedad mediatizada, mientras Vaneigem emprendía una encarnizada denuncia de las nuevas formas de alienación que acechaban en la sociedad de consumo y de los falsos beneficios del Estado de Bienestar. Ambos revolucionarios se complementaron para realizar una puntillosa crítica a la sociedad del espectáculo, un nuevo engendro que surgía con el auge económico de la posguerra, rico en mercancías, innovaciones técnicas y conquistas sociales, pero tremendamente pobre para quien, con Nietzsche como referencia, creía que la moral del rebaño, los entornos seguros, la sensibilidad democrática y la igualdad de derechos degeneraban al hombre. Mientras que los peligros externos e internos, la dureza, la violencia, la esclavitud, "todo lo terrible, todo lo tiránico, toda la brutalidad de los animales rapaces, toda la perfidia de serpiente que se halla en el hombre", lo perfeccionaban.

Debord sentía repulsión por la forma en que esta naciente sociedad del espectáculo empezaba a implantar imágenes que reemplazaban la experiencia real. Para alguien obsesionado con la vivencia y la aventura, el sucedáneo virtual que ofrecía la televisión y la publicidad era una ofensiva forma de alienar al ser humano. Si Nietzsche aborrecía la religión porque ofrecía un orden celestial de cosas que distraía al hombre y propiciaba la aceptación de su vida miserable, Debord odiaba el fuego de artificio de la imagen y la fantasía porque obraba de la misma forma, negando la vida, alejando de la realidad. "Todo lo directamente experimentado se ha convertido en una representación",[119] decía al inicio de *La sociedad del espectáculo*, el libro en el que sintetizaba sus reflexiones de diez años como situacionista. La distancia entre el ser humano y el mundo se abría hasta convertirse en un abismo. La relación entre las personas no se daba de forma directa, sino a través de imágenes, y aquel traspapelado de efigies falsas terminaba por convertirlo todo en apariencia. El mundo real desaparecía y en su lugar sólo quedaba la ideología de la sociedad de consumo. ¿Cómo hacerle frente a este sistema de dominación, si para cuando nos dábamos cuenta de lo que ocurría ya estábamos completamente aislados, ajenos a los acontecimientos de la calle y obnubilados por la bazofia cultural que se consumía en los momentos de ocio? El espectáculo no era un producto más, era una herramienta de alienación, el equivalente de lo que había sido la religión en el pasado.

A esta crítica de los medios de comunicación, Vaneigem añadió una feroz crítica a la sociedad de consumo. En los números 7 y 8 de la *Internationale Situationniste* publicó un ensayo

---

[119] Debord, G., *La sociedad del espectáculo* (1967), Pre-textos, Valencia, 1999, p. 37.

titulado *Banalidades de base,* en el que volcaba su ira contra el falso bienestar de la sociedad capitalista. Era cierto que el aumento de la producción había reducido la pobreza, concedía Vaneigem, pero a cambio había pauperizado la vida cotidiana. "El estado de bienestar nos impone hoy, en forma de técnicas de confort (batidora, conservas, Sarcelles y Mozart para todos) los elementos de una supervivencia a cuyo mantenimiento no han dejado y no dejan de consagrar toda su energía la mayoría de las personas, prohibiéndoseles al mismo tiempo VIVIR".[120] Así veía Vaneigem la sociedad de consumo: como un falso paraíso plagado de mercancías que no satisfacían ninguna necesidad y que por el contrario exacerbaban la alienación y el tedio. "No queremos un mundo en el que la garantía de no morir de hambre equivalga al riesgo de morir de aburrimiento",[121] añadía en *Tratado del saber vivir para uso de las nuevas generaciones,* publicado, al igual que *La sociedad del espectáculo,* en 1967. Este libro hacía una enérgica defensa del deseo individual, de la subjetividad y de la violencia revolucionaria. Vaneigem consideraba que esta mezcla de elementos era necesaria para echar abajo un mundo embrutecido por las mercancías y el confort —los enemigos naturales de la imaginación, la pasión y el éxtasis— y por la insaciabilidad que generaba la alienación, la mejor forma de exacerbar el consumismo, ese vacuo intento de saturar lo insaturable.

"La muerte espanta menos a los hombres del siglo xx", decía, "que la ausencia de verdadera vida".[122] La lucha por la libertad, por evitar que se repitieran Guernica, Auschwitz o Hiroshima, no había colmado las expectativas de quienes añoraban un mundo feliz, la sociedad perfecta por la que se habían sacrificado tantas almas. El resultado había sido otro. Una "muerte pacífica", una esclavitud asalariada, una rutina sin los

---

[120] Vaneigem, R., "Banalidades de base II", en: *Internacional situacionista,* vol. 2, núm. 8, Literatura gris, Madrid, 2001, p. 90.

[121] Vaneigem, R., *Tratado del saber vivir para uso de las nuevas generaciones* (1967), Anagrama, Barcelona, 1977, p. 8.

[122] *Ibid.,* p. 44.

momentos de éxtasis que encandilaban a Bataille, sin la dicha del revolucionario (la única verdadera para Vaneigem), sin la embriaguez de quien escapaba de las balas en un callejón oscuro o irrumpía en Palacio con una antorcha en la mano. Ésa era la vida verdadera, la misma que el capitalismo avanzado les había robado. En este penoso escenario no había más salida que la revolución o el suicidio. Vaneigem estaba seguro que la gente, esos seres sin alma que veía por doquier, abrirían los ojos para darse cuenta de su miserable estado. Una vida sin emoción no valía la pena de ser vivida; una existencia malgastada en una cadena de montaje era igual a una condena en un campo de concentración. Bastaba una chispa para que las nuevas generaciones, las mismas a quienes iba dedicado su libro, estallaran. Entonces echarían por tierra la sociedad que les arrebataba la vida, demolerían sus cimientos y empezarían a vivir atendiendo única y exclusivamente, como bien hubiera recomendado Stirner, a sus deseos.

Vaneigem soñaba con un gran *potlatch* en el que los jóvenes quemarían las mercancías. Un homenaje tardío, se diría, al futurista Marinetti, aunque sus objetivos fueran distintos. En lugar de arrasar la cultura del pasado, lo que Vaneigem quería destruir era el capitalismo y la modernidad, falsas promesas de progreso que se habían convertido en su contrario. ¿Qué era más terrible?, se preguntaba, ¿el riesgo de contraer la malaria, o terminar suicidándose por culpa del aburrimiento? ¡Adelante!, les decía en su libro a las nuevas generaciones, ¡a destruir la sociedad!, ¡a vivir! La historia ofrecía ejemplos de irrupciones violentas en contra del poder y la alienación. La Comuna de París de 1871, ese gran mito que inspiró a las vanguardias revolucionarias, era una de ellas; las revueltas del barrio Watts, que paralizaron la ciudad de Los Ángeles entre el 13 y el 16 de agosto de 1965, era otra más reciente.

En la subversión de los negros pobres de Los Ángeles, los situacionistas no vieron una protesta contra el racismo y la exclusión sino "una revuelta contra la mercancía, contra el mundo de la mercancía y del trabajador-consumidor jerárquicamente sometido a los valores de la mercancía".[123] Al igual que los personajes de *En el camino*, que vieron en las chozas destartaladas de los pauperizados campesinos mexicanos autenticidad y no pobreza, los situacionistas interpretaron los saqueos de los negros de Los Ángeles como una tentativa de destruir la sociedad del espectáculo y no como un intento desesperado de obtener los productos de consumo que sus magros ingresos les impedía comprar. Esta particular interpretación de Debord y Vaneigem les hizo creer que el estallido revolucionario que echaría abajo el viejo mundo estaba cerca. La juventud de medio mundo se mostraba inquieta. En Francia, contaba *Le Monde* el 2 de septiembre de 1965, la policía había abierto centros para que los jóvenes a quienes el aburrimiento hubiera llevado a la delincuencia se entretuvieran. Las ansias de vivir se manifestaban en cada rincón de Occidente. Los dos bandos que dividían a la juventud inglesa de los sesenta —los mods y los rockers— se habían enfrentado en marzo de 1964 en los balnearios del sur del país, causando destrozos y aterrorizando a la población. Todas estas noticias, que los situacionistas coleccionaban con agrado, parecían síntomas promisorios, indicios de que la revolución poética de la que hablaba Vaneigem estaba a punto de arrasar con todo el sartal de mentiras que conformaba la sociedad contemporánea. De un momento a otro, la resistencia activa de jóvenes y obreros a lo largo y ancho de Europa quebraría el sistema. El resultado sería la vida real, ese nuevo universo que descubrirían una vez se aniquilara el espectáculo y la sociedad se organizara en consejos obreros. Sólo entonces, por fin, la gente podría ver el mundo y la vida con sus propios ojos.

---

[123] *Internacional situacionista*, vol. 2, núm. 10, p. 170.

El lsd y el troquelado de conciencia: la revolución psicológica
1960-1970. Cuernavaca, Cambridge, Zihuatanejo, Millbrook, Argel

El mismo año en que LeRoi Jones y Wright Mills viajaron a Cuba e iniciaron una revolución sociológica, pública, destinada a alterar por completo la sociedad, un profesor de Harvard llamado Timothy Leary hizo un descubrimiento que también llenó su mente de fantasías de insurrección y cambios integrales de la sociedad. Aunque su hallazgo nada tuvo que ver con doctrinas políticas o revueltas armadas, su efecto fue tal que le permitió vislumbrar un cambio tan radical en el alma norteamericana como el infligido por Castro en la sociedad cubana. Era en Latinoamérica, nuevamente —esta vez en Cuernavaca, México—, donde se hallaba la combinación mágica que podría solucionar todos los problemas humanos. No se trataba de células guerrilleras ni de manifiestos antiimperialistas que predicaban la reestructuración de la sociedad. Esta vez se trataba de hongos alucinógenos con suficiente poder psicodélico para estrucuturar por completo el alma. Curiosa década esta de los sesenta, en la que la revolución tercermundista y las drogas psicodélicas sirvieron para fines espirituales similares.

En aquel verano de 1960, Leary probó las setas mágicas y tuvo una trascendental revelación. El poder de la psilocibina le mostró que la realidad era algo mucho más complejo que el mero registro sensorial captado por nuestro aparato perceptivo. Lo que entendíamos por realidad no era más que un conjunto de convenciones inventado por la sociedad. Sin darnos cuenta, y a costa de mucho sufrimiento psíquico, éramos programados para pensar que esa red de creencias y normas tenía solidez ontológica. Sin embargo, todo era un espejismo. Los hongos habían catapultado a Leary a distintos niveles de conciencia que relativizaban las nociones inculcadas de verdad, realidad, sociedad, norma y estilo de vida. Analizando su experiencia psicodélica, advirtió que el poder de los hongos iba incluso más allá de la mera alteración sensorial. Las setas eran la fórmula para aliviar, ¡sin excepción!, todos los males del mundo, no sólo los que producían frustración y ansiedad en las vidas individuales, también los que encendían conflictos ideológicos que desembocaban en grandes tragedias, como el enfrentamiento de dos superpotencias encarriladas en una peligrosa carrera nuclear. La psilocibina, al relativizar la verdad, podía producir cambios rápidos y efectivos en las creencias y en las conductas de las personas. En otras palabras, bajo el efecto relativizador de la droga, una persona podía modificar la estructura de su personalidad —sus creencias, ideas, prejuicios, categorías, valores— de un modo más efectivo y rápido que con la terapia tradicional. Deslumbrado por su descubrimiento, Leary abandonó las teorías psicológicas y se volcó por completo a la experimentación con esta sustancia. Convenció a las directivas de Harvard de que pusieran a su disposición cuantiosos recursos materiales y humanos, y se embarcó en un proyecto que prometía cambiar al individuo, primero y luego a la sociedad, de la forma más radical imaginable. Se trataba de una revolución psicológica que empezaría con el individuo, pero que muy pronto, a medida que gente influyente pasara por la experiencia psicodélica, tendría consecuencias políticas y sociales de gran calado.

Por su residencia en el Newton Center de Massachussets, y con el beneplácito de Harvard, desfilaron importantes personajes que ya habían tenido experiencias psicodélicas, como Aldous Huxley y Arthur Koestler, o que por pertenecer al mundo de la vanguardia artística estaban más que dispuestos a experimentar con nuevas sustancias, entre ellos Charles Olson, Allen Ginsberg, Peter Orlovsky, William Burroughs, Jack Kerouac y Neal Cassady (en realidad, Leary fue buscar a Cassady a Nueva York y, al igual que tantos otros, tuvo el gusto de conocerlo mientras hacía el amor con una de sus amantes). Las experiencias fueron casi todas positivas. Allen Ginsberg encontró en los hongos el alimento idóneo para cebar su vena mística y, creyéndose un nuevo Mesías, se propuso bajar de las alturas para predicar el amor y enseñar a la gente a dejar de odiar. Kerouac, en cambio, revelando las resistencias que le impedirían contemporizar con las buenas vibraciones hippies de los sesenta, odió la experiencia y se comportó como un patán de cantina.

El percance con Kerouac no desanimó a Leary. El psicólogo siguió haciendo pruebas y al poco tiempo notables miembros de la comunidad académica de Harvard y el MIT acudían a las sesiones de hongos que programaba en su residencia. Entre los más entusiastas se contaban los teólogos, que creyeron haber encontrado la forma de desentrañar y reproducir las experiencias místicas, y un canal directo que revelaba la presencia de Dios. Los presos de la cárcel de Concord, donde Leary fue autorizado a conducir sesiones, también se mostraron receptivos a la psilocibina. En su caso el objetivo no era encontrar a Dios, sino forjar en el cerebro nuevas creencias y actitudes con respecto a ellos mismos y la sociedad.

Leary estaba convencido de haber hecho un descubrimiento tan importante como el desciframiento del ADN. La experiencia inicial con hongos y, luego, a partir de 1962, con LSD, una sustancia con efectos similares pero muchísimo más poderosa, permitía hacer radicales modificaciones en la conducta. El concepto con el que Leary explicaba los cambios ocurridos durante el viaje alucinógeno era "troquelado", término que formuló por primera vez el etólogo Conrad Lorenz para explicar cómo, en momentos cruciales de la vida del animal, ciertas imágenes quedaban impresas para siempre en su cerebro. Un ejemplo era la figura materna. Si los patitos veían en el momento cumbre del nacimiento a un perro o a un humano, en su sistema nervioso troquelarían esa imagen para asociarla con la protección materna. En el caso de los humanos, la experiencia psicodélica era tan poderosa y desconcertante que equivalía a un nuevo nacimiento o, al menos, a un nuevo despertar a la realidad. Tras una sesión adecuadamente dirigida —por un guía espiritual o gurú— las personas verían otras realidades posibles y troquelarían nuevas creencias y actitudes que cambiarían su patrón de conducta. Los mismos males que Wright Mills había diagnosticado en los cincuenta, podían solucionarse ahora mediante la terapia psicodélica. Ya no era necesaria una revolución colectiva al estilo de las que planeaban LeRoi Jones, los Panteras Negras o los jóvenes blancos insatisfechos; bastaba con millones de micro-rrevoluciones personales, propulsadas por el LSD, para generar los mismos cambios sociales.

Leary experimentó en carne propia la transformación que deseaba para el resto de la humanidad. Dejó de ser un sosegado y tímido profesor de Harvard y se convirtió en el gurú de la re-volución psicodélica. Convencido de las bondades del LSD, se propuso enchufar a la humanidad entera en la nueva onda del amor y de la paz espiritual. Sus metas eran, por decir lo menos, ambiciosas:

> Se nos antojaba que las guerras, los conflictos de clase, las tensiones raciales, la explotación económica, las luchas religiosas, la ignoran-cia y los prejuicios eran consecuencias de un condicionamiento social intolerante. Los problemas políticos eran manifestación de los problemas psicológicos, que en el fondo parecían ser de índole neurológico-hormonal-químico. Si podíamos ayudar a la gente a enchufarse a los circuitos empáticos del cerebro, entonces era po-sible un cambio social positivo.[124]

En otras palabras, una sesión bien dirigida de LSD con J. F. Ken-nedy y Nikita Krushchev acabaría de un plumazo con la Guerra Fría.

Cuando Leary empezó a experimentar con hongos y LSD, las sustancias alucinógenas, además de legales, despertaban mucho interés en la comunidad académica y en organismos estatales como la CIA. Grandes fantasías se habían tejido en torno a es-tos alteradores de conciencia; se creía que sus efectos podían curar la locura, doblegar la voluntad o controlar la mente del enemigo. El entusiasmo científico-militar permitió a Leary pro-mocionar abiertamente su terapia. Además de los cientos de

---

[124] Leary, T., *Flashbacks. Una autobiografía* (1983), Alpha Decay, Bacelona, 2004, p. 78.

personas que pasaron por su residencia en Harvard y de las muchas otras que él mismo visitó en distintos lugares —como Hollywood, donde embarcó a Cary Grant en el consumo de LSD—, en 1962 organizó un campo de verano en Zihuatanejo, México, donde se reunieron personajes influyentes a disfrutar de unas vacaciones psicodélicas. Al año siguiente, el campo terapéutico de Leary era tan famoso que la revista *Life* y las cadenas CBS, NBS y BBC enviaron reporteros. Leary se había vuelto un fenómeno mediático y portavoz inesperado de la contracultura y del nuevo movimiento hippie.

Su éxito atrajo por igual la atención de gente rica y de las fuerzas de seguridad del Estado. En medio de las controversias que causaba su particular terapia, Leary se vio obligado a dejar Harvard y a fundar un nuevo templo psicodélico en una impresionante casa de 64 habitaciones en Millbrook, Nueva York, que pusieron a su disposición los hermanos Hitchcock. Su nuevo objetivo era "crear un cielo en la tierra. [...] Forjar un nuevo paganismo y una nueva dedicación a la vida como arte".[125] Nada que no se hubiera intentado antes. Convertir la vida en arte era el objetivo de los surrealistas, y en sus largas sesiones de asociación espontánea, hipnosis y juegos poéticos buscaron desbordar el inconsciente para que el lado irracional del ser humano abriera puertas a nuevas realidades. Aunque a Leary no le interesaba mucho el inconsciente freudiano, sus experimentos no estaban muy lejos de estos propósitos. La gran diferencia era que el LSD hacía innecesarias esas extenuantes sesiones de verborrea y garabatos. El ácido lisérgico, además, demostraba que la realidad era un tejido fino, fácil de rasgar y la conciencia sólo una isla en un mar de conexiones sinápticas inexploradas. Su efecto abría de par en par las ventanas de la creatividad, y modificaba las creencias y las actitudes para potenciar la armonía y la paz espiritual. Como si esto no fuera ya bastante, erotizaba cada poro de la piel, permitiendo experiencias sensuales inimaginables

---

[125] *Ibid.*, p. 310.

para erotómanos sobrios y contenidos como André Breton y sus secuaces surrealistas.

Tanta euforia y felicidad se vio eclipsada en 1965, luego de que Leary fuera sorprendido en Laredo, Texas, con 15 gramos de marihuana. Desde entonces empezaría el acoso incesante de la policía y una pesadilla legal de cinco años que, tras varios juicios y diversas acusaciones, acabaría en 1970 con Leary sentenciado a pagar condena en una prisión de mínima seguridad en la Colonia de Hombres de California-Oeste, en San Luis Obispo. Una década exacta de experimentación con drogas alucinógenas lo había convertido en icono mediático y héroe de la contracultura. En 1967 fue la estrella invitada del Love-in celebrado en el Golden Gate Park; recibió el apoyo de los yippies Jerry Rubin y Abbie Hoffman, que se amordazaron para denunciar la persecución policial de la que era víctima; Marshal McLuhan le dio las claves para hacer más efectiva su promoción de las drogas y su imagen ante las cámaras (de la reunión con él surgió el estribillo que lo haría famoso: *Turn on, tune in, drop out*); y John Lennon le compuso *Come together*, una de sus grandes canciones, para promocionar su campaña política cuando quiso ser gobernador de California. Leary se relacionó con los rostros más visibles de la cultura oficial y no oficial de Estados Unidos —músicos, actores, escritores y activistas— y también con las fuerzas oscuras que estaban incubando una revolución violenta en Norteamérica. Fue una facción disidente de los Students for a Democratic Society, los famosos y violentos Weathermen, quienes ayudaron a Leary a escapar de la prisión y a emprender una rocambolesca travesía por París y luego Argelia, donde lo recibió Eldridge Cleaver, el pantera negra que había establecido un gobierno estadounidense en el exilio.

La experiencia de Leary y su esposa Rosemary con los separatistas raciales fue nefasta. Después de unos días recluido en Argel cayó en cuenta de que Cleaver no les estaba prestando ayuda y refugio sino que los tenía prácticamente secuestrados, sin pasaportes y bajo la amenaza de entregarlos a las autoridades argelinas por consumir drogas. La mojigatería religiosa, sumada a la versión árabe del socialismo practicada en Argelia, era poco compatible con la visión del mundo de Leary, el nuevo Dionisio espiritual que se proponía liberar a la humanidad con el LSD. El antiguo profesor de Harvard tuvo que ingeniarse una treta para recuperar sus pasaportes y escapar a Suiza. Luego, separado de Rosemary, acabó en Kabul, donde una joven le pidió su pasaporte en el aeropuerto y luego desapareció. A los pocos minutos se acercó un agente de la DEA que lo detuvo por estar en Afganistán sin la documentación necesaria.

La década de los sesenta vio surgir dos tipos de revolucionarios en Norteamérica: los que buscaban crecimiento personal, espiritualidad, armonía y creatividad se iban a la India, a Japón o a Nepal; los que buscaban autenticidad, pureza, identidad, reconocimiento y venganza viajaban a Cuba y, posteriormente, durante los setenta, a China. Los primeros buscaban salud y paz; los segundos, reivindicación y lucha. Fueron la rama psicológica y la rama sociológica de la revolución de los sesenta: Timothy Leary por un lado, Charles Wright Mills por el otro; Allen Ginsberg acá, LeRoi Jones allá. Las iracundas corrientes subversivas que hasta entonces habían fluido por canales ocultos, encontraron de pronto un desagüe por donde salpicar a las grandes masas. Leary, héroe mediático de la contracultura, fue un claro ejemplo. De un momento a otro, gracias a los medios de comunicación, cualquier persona podía identificarse con los revolucionarios culturales. La revolución salía de los cafetines de la orilla izquierda del Sena, en París, o de los minúsculos apartamentos del Village o Columbia y se convertía en algo cotidiano, algo que podía verse por televisión. Esto, inevitablemente, tendría repercusiones en la cultura y la sociedad.

La marea pro-situ: los rebeldes alemanes
1958-1969. Múnich, Berlín

El pintor danés Asger Jorn fue otro de los protagonistas en los inicios de la Internacional Situacionista. Antes, junto al holandés Constant, había sido miembro del grupo COBRA y luego del Movimiento para una Bauhaus Imaginista. Fue gran amigo de Debord y una de las pocas personas que, previendo su expulsión del grupo, prefirió adelantarse y presentar una carta de dimisión para no enturbiar su amistad con el líder situacionista. Aquello ocurrió en 1960. Para ese entonces, los dos amigos ya habían bebido, conspirado, editado la *Internationale Situationniste* y colaborado en la elaboración de *Fin de Copenhague* y *Mémoires*, dos libros experimentales en los que ponían en práctica la técnica del *détournement*, interviniendo viñetas de comics con textos y comentarios (técnica que se convertiría en la insignia del situacionismo), y añadiendo imágenes publicitarias, frases encontradas al azar en revistas, mapas, fotografías de ellos mismos en el café Moineau y manchas de pintura. Pero la contribución más significativa de Jorn al situacionismo no fueron sus pinturas desviadas, sino los contactos que estableció con jóvenes de Alemania y los países escandinavos. En 1958, mientras preparaba en Múnich una exposición para la galería Van de Loo, conoció a los artistas del grupo SPUR, cuatro jóvenes que intentaban publicar una revista con la cual darse a conocer y expresar sus radicales puntos de vista sobre el arte y la sociedad. Los cuadros de Jorn se cotizaban bien en el mercado y parte de sus ganancias iban destinadas a financiar distintos proyectos editoriales. Debord pudo publicar la *Internationale Situationniste* gracias a Jorn y lo mismo ocurrió con los jóvenes de SPUR, que lograron trasmitir su entusiasmo al pintor danés y persuadirlo de que les financiara su revista. Desde entonces, SPUR se convirtió en la sección alemana de la Internacional Situacionista.

Los manifiestos y ensayos de este grupo compartían similitudes con las ideas de Debord: despreciaban las vanguardias artísticas, juzgaban que Europa era una civilización decadente, defendían el imperativo de demoler la sociedad actual y creían en la necesidad e inminencia de una revolución. Pero su visión de la actividad artística era muy diferente. Heimrad Prem, Helmut Sturm, HP Zimmer y Lothar Fischer eran sobre todo pintores o escultores. Se habían conformado como grupo en 1957, y a pesar de haber entablado vínculos con la Internacional Situacionista, una vanguardia antiartística, aquello no supuso el abandono de los pinceles. A Debord, como era de esperarse, esto le produjo muchas suspicacias y finalmente los expulsó, acusándolos de no haber entendido las ideas del situacionismo y de haber empleado la vanguardia sólo como una plataforma para triunfar como artistas.

La historia de spur quizás hubiera acabado ahí, y su vinculación a la Internacional Situacionista hubiera sido una anécdota más en esta historia de conspiradores y revolucionarios culturales, de no ser por el activista Dieter Kunzelmann. Kunzelmann era un dadaísta de corazón, que se unió a Prem, Sturm, Zimmer y Fischer en 1960, después de haber vivido ocho meses en París como *clochard*. Su paso por spur fue determinante, no tanto porque influyera de forma sustancial en el arte de este grupo de pintores, sino porque su espíritu de alborotador callejero lo convirtió en uno de los primeros revolucionarios en promocionar y divulgar las ideas vanguardistas en amplios sectores de la población alemana. Directa o indirectamente, fue gracias a Kunzelmann que la radical defensa de la libertad dadaísta derribó los muros del submundo reducido de la vanguardia e impregnó a buena parte de la sociedad. Él fue el encargado de llevar el legado vanguardista a las calles y convertirlo en un arma de protesta y revolución social.

Desde su primer manifiesto, firmado en 1958, los miembros de spur habían dejado en claro que el arte era el último espacio de libertad y se habían mostrado dispuestos a emplear cualquier medio para defenderlo del "monstruo tecnológico", coloso al que culpaban de haber desertificado el terreno de la cultura, de haber agotado las ideas, del academicismo y, como si esto no fuera poco, de haber concebido la bomba atómica. spur quería ir más allá de la democracia y del comunismo; quería renovar al individuo devolviéndolo al lodo original, introduciendo el caos y el error en la vida. Querían, al igual que Debord, que la existencia se convirtiera en un festival, en un juego, pero a diferencia del francés los miembros de SPUR, y en especial Dieter Kunzelmann, estaban dispuestos a añadir a esa búsqueda de libertad y de expresión individual un elemento que hasta entonces había estado ausente de todas las demandas libertarias vanguardistas: el sexo. Mejor aún: la orgía.

Ni Breton ni Bataille, adalides del erotismo y la trasgresión, habían ido tan lejos como él. Kunzelmann, el símbolo más prominente de la nueva corriente antiautoritaria que emergía en Alemania, supo combinar como nadie la blasfemia anticlerical y la incitación al sexo colectivo para ofender a las conservadoras y ultracatólicas autoridades de Baviera. Con su propuesta de convertir las iglesias —especialmente Notre Dame— en lugares para organizar orgías y rendir culto al cuerpo en lugar de a Dios, logró lo que no habían conseguido intrépidos saboteadores como Johanes Baader o Michel Mourre: provocar a la sociedad para que reaccionara legalmente contra SPUR. En uno de sus artículos, Kunzelmann anunció que la Internacional Situacionista había creado un Comité Europeo de Orgías, que colaboraría con la Agencia Escandinava del Sexo para organizar incluyentes manifestaciones de amor colectivo. Si el artista, como decía el dadaísta Huelsenbeck, era el ser más libre; si su misión, como decían los herederos de Rimbaud, era cambiar la vida; si además, como decían los miembros de SPUR, había nacido para transformar el entorno y forjar nuevos valores, el siguiente paso en esa cadena de trasgresiones y desplantes a la sociedad burguesa era destruir la monotonía del sexo en pareja, superar el angelical erotismo surrealista y entregarse al comunal contubernio de los cuerpos.

La policía no se tomó a broma las propuestas de SPUR. Además de secuestrar el sexto número de su revista, aquel en el que se ventilaban tan sugestivas propuestas, sus editores fueron perseguidos y procesados por blasfemia y publicación de material pornográfico. Era la primera vez que un grupo de artistas se veía sometido a persecuciones y juicios desde el final de la Segunda Guerra Mundial. No fueron encarcelados y todo quedó en una multa económica pero el incidente, además de producir un gran escándalo e indignación pública, puso de manifiesto que este grupo, a diferencia de los situacionistas de París —aún enfrascados en discusiones de alto vuelo teórico a la espera de condiciones favorables para crear la primera situación—, estaba dispuesto a emprender acciones directas para atacar a la sociedad. A Debord, el inventor del *détournament,* no había nada que le molestara más que el desvío de las líneas maestras que dictaba desde París y por eso no toleró que SPUR demostrara iniciativa propia. Con la expulsión de los alemanes estaba intentando evitar lo inevitable. El virus situacionista, alejado del contexto original en el que había nacido, empezaba a mutar para adecuarse a las preocupaciones de personas distintas, con ímpetus renovados, y a convertirse en armamento para la acción y la revuelta callejera.

Kunzelmann fue uno de estos impenitentes que no se resignó a seguir atado a Debord ni a ningún movimiento en particular. En 1964, dos años antes de que SPUR se desintegrara, desertó del grupo y se instaló en la dividida Berlín dispuesto a desplegar todos los recursos de la vanguardia artística, desde las tácticas dadaístas hasta la idea situacionista de revolucionar la vida cotidiana, para desafiar a la cultura occidental. Su primera escala la hizo en Subversive Aktion, un grupo influido por la Escuela de Frankfurt y conformado por personajes heterodoxos que venían de las artes y de la bohemia berlinesa, al que se unieron otros dos estudiantes provenientes de la República Democrática Alemana. En una intrépida maniobra, los dos jóvenes habían cruzado la frontera que dividía la ciudad para estudiar sociología en la Universidad Libre de Berlín y, paradójicamente, para promover el marxismo-leninismo en Alemania occidental. Se trataba de Rudi Dutschke, futuro líder del SDS, el Sindicato de Estudiantes por una Sociedad Democrática, y de su compañero de lucha Bernd Rabehl, otro radical de izquierda que con el tiempo, acabaría militando en el extremo opuesto, en el ultraderechista y xenófobo Partido Nacionaldemócrata de Alemania, y dándole la razón a Horkheimer cuando dijo que los estudiantes radicales alemanes tenían "afinidad con el marco mental de los nazis".[126]

En diciembre de 1964, aprovechando la visita oficial a Alemania de Moise Tschombe, el cristiano, anticomunista y prooccidental primer ministro del Congo, los rebeldes de Subversive Aktion demostraron que estaban lejos de ser simples conspiradores de cafetín, como Breton o Debord, y pusieron a andar una maquinaria revolucionaria carburada con las ideas vanguardistas, cuya finalidad era tomarse el espacio público. Ya no se trataba de escandalizar a los espectadores que asistían a alguna velada o *soirée*. Ahora la transgresión era pública, callejera y violenta. Armados con proyectiles caseros, salieron a demostrarle a la opinión pública con actos lo que pensaban de Tschombe. Tanto en Múnich como en Berlín, el líder congoleño fue recibido con bombas fétidas, tomatazos y folletos que denunciaban los crímenes que había cometido en su país. Artistas de vanguardia, bohemios y jóvenes libertarios estaban dispuestos a ensanchar los espacios donde exponían sus ideas y a actuar directamente en cada situación que así lo demandara. Con ello rompían la tradición vanguardista parisina, que se limitaba a la conspiración y el manifiesto, y entraban en el inexplorado territorio de la acción directa. Dutschke fue consciente de este cambio y por eso se refirió al sabotaje de la visita de Tschombe como "el inicio de nuestra revolución cultural".[127]

El mismo nombre del grupo liderado por Kunzelmann y Dutschke, Subversive Aktion, llevaba implícito el propósito de emprender acciones directas contra el sistema. Su objetivo explícito era desvelar el rostro represivo del capitalismo. Kunzelmann y Dutschke pensaban que sería suficiente rasgar alguna

---

[126] Citado en: Kundnani, H., *Utopia or Auschwitz? Germany's 1968 generation and the Holocaust*, Columbia University Press, Nueva York, 2009, p. 80.

[127] Citado en: Klimke, M., *The other Alliance: Student Protest in West Germany and the United States in the Global Sixties*, Princeton University Press, Princeton, 2010, p. 57.

fibra sensible de la sociedad para desatar la represión policial y demostrar que, tras el falso bienestar, tras el hipnótico consumismo, tras el "milagro económico" alemán, seguían intactas las estructuras de un sistema totalitario. Bajo el lema "la crítica se tiene que transformar en acción. La acción revela el régimen de represión",[128] mezclaron la táctica guerrillera con la protesta social para que la violencia abstracta del sistema, la misma que pasaba inadvertida a los ojos del consumidor obnubilado, se manifestara en actos de violencia explicita. La bufonada dadaísta de Tzara, ese disparo al aire que carecía de blanco preciso, se iba a convertir en una emboscada certera, urdida para derribar a un enemigo específico. Incitando a los estudiantes a romper las reglas, a convocar manifestaciones, a realizar sentadas e incluso a colgar la bandera de Estados Unidos a media asta y a bombardear con huevos la Amerika Haus, invocaban a la policía, la forzaban a desenfundar sus mazos y a demostrar, tras una sucesión de cabezas abiertas y manos esposadas, el carácter represivo —nazi— de la sociedad alemana.

El 10 de diciembre de 1966, nueve días después de que los democristianos reemplazaran a Ludwig Erhard al frente de la cancillería por el ex nazi Kurt-Georg Kiesinger, y justo cuando las manifestaciones contra Estados Unidos y la guerra de Vietnam estaban al rojo vivo, Kunzelmann aprovechó una protesta antibélica para volver a poner en práctica el *détournament* situacionista. Con otros doscientos manifestantes, se mezcló entre los peatones que hacían compras navideñas en el sector comercial de Kurfürstendamm y cantó villancicos desviados cuyas letras no hablaban de los buenos deseos para la Navidad y el Año Nuevo, sino de las bombas estadounidenses que caerían del cielo como regalo navideño. La policía respondió como esperaban, arrestando a los involucrados y, de paso, demostrando lo que Sub-

---

[128] Teune, S., "Humour as Guerrilla Tactic: The West German Student Movement's Mockery of the Establishment", en: *Humor and Social Protest*, editado por M. Hart y D. Bos, Cambridge University Press, Cambridge, 2008, p. 119.

versive Aktion quería desvelar: que el régimen de Bonn era tan represivo y autoritario como su antecesor nazi.

Aunque Subersive Aktion se disolvió un año después, sus dos protagonistas continuaron desde distintos frentes la lucha antisistema que habían emprendido juntos. Rudi Dutschke se concentró en la militancia estudiantil. Al poco tiempo estaba liderando el SDS y se había convertido en el principal animador de la Oposición Extraparlamentaria en Alemania, un movimiento que se opuso a la coalición del Partido Socialista y de la Unión Demócrata Cristiana que formó gobierno entre 1966 y 1969. La Oposición Extraparlamentaria, que reunía a intelectuales de izquierda, estudiantes radicales y unos cuantos sindicalistas y socialistas, veía el pacto entre los dos partidos como la prueba de que todos los políticos apoltronados en el Parlamento defendían lo mismo: los intereses de la industria, las finanzas y los grupos empresariales que controlaban los medios de comunicación. La sistemática desconfianza hacia los políticos animó a Dutschke a promover una lucha política paralela, con la calle y la universidad como escenario, con los estudiantes y los jóvenes como protagonistas, y con la protesta, la marcha y las sentadas como métodos. Sus discursos ardorosos encendieron los ánimos de los jóvenes y los persuadió de que también ellos, viviendo sometidos por la "tolerancia represiva" del sistema y amenazados por la presencia de tropas estadounidenses en suelo alemán, padecían los mismos males que los habitantes del Tercer Mundo. Al igual que Vietnam, Alemania estaba dividida y controlada por potencias imperialistas. Un poema de la época reflejaba bastante bien el estado de ánimo de los jóvenes: "Vietnam es Alemania / Su destino es nuestro destino / Las bombas son su libertad / Son bombas para nuestra libertad".[129] Lo había escrito Erich Fried, un judío alemán, superviviente del Holocausto que ahora, al verse en una Alemania ocupada por Esta-

---

[129] Citado en: Dirk Moses, A. y E. Neaman, "West German Generations and the Gewaltfrage. The conflict of the Sixty-Eighters and the Forty-Fivers", en: *The Modernist Imagination: Intellectual History and Critical Theory*, editado por W. Breckman, P. E. Gordon, A. Dirk Moses, S. Moyin y E. Neaman, Bregan Books, Nueva York, 2009, p. 273.

dos Unidos, volvía a sentirse bajo un sistema tan opresor como el impuesto por el Tercer Reich. "Vietnam es el Auschwitz de Estados Unidos",[130] decía otro eslogan pintado sobre los muros del campo de concentración de Dachau. Aunque este graffiti revelaba el desencanto hacia la presencia estadounidense en Alemania, el lema que mejor revelaba la confusión que tenían los jóvenes nacidos a partir de 1940 entre liberador y opresor era el que decía, escuetamente, "US=SS ".[131] Este galimatías era favorecido por los más prestigiosos teóricos alemanes del momento, entre ellos Marcuse, Fromm, Reich, Adorno, Horkheimer e incluso el mismo Habermas, cuyas furibundas críticas a la naciente sociedad industrial avanzada —una sabrosa mezcla de Marx y Freud— parecían demostrar que aquel sistema no sólo producía explotación económica, sino que además impedía la satisfacción de todos los impulsos sexuales. En pocas palabras, el sistema era para ellos una trampa que creaba necesidades falsas, embrutecía y adoctrinaba con la técnica y los medios masivos de comunicación, y todo esto para impedir cualquier forma de emancipación verdadera. ¿Cómo no convencerse de que los jóvenes alemanes, al igual que los habitantes del Tercer Mundo —sometidos por el colonialismo, la dependencia económica o el dominio imperial—, eran las nuevas víctimas de Occidente? Dutschke se identificó tanto con las luchas tercermundistas, que a uno de sus tres hijos lo llamó Hosea-Che: un pequeño homenaje al profeta del Antiguo Testamento y al revolucionario argentino.

Pese a que Horkheimer, Adorno y Habermas trataron de moderar el extremismo de sus propios estudiantes, el corazón de Europa se tercermundizaba. Todos los elementos para que se diera ese proceso mental estaban servidos: renuencia a aceptar las culpas del pasado (el nazismo); un Moby Dick que aglutinaba todos los males sociales y al cual culpar de todas las frustraciones e insatisfacciones (Estados Unidos); unas víctimas reales con las cuales identificarse con extrapolaciones forzadas (los

---

[130] Judt, T., *Postguerra* (2005), Taurus, Madrid, 2006, p. 610.
[131] *Ibid.*, p. 609.

vietnamitas quemados por el napalm); y la pureza de quien rechaza todos los vicios y se siente moralmente autorizado para combatir, empleando cualquier medio, incluso la violencia, al enemigo opresor que corrompe con sus mercancías y dinero. Como Hans Shnier, el artista cojo y decadente que protagoniza *Opiniones de un payaso*, la famosa novela de Heinrich Böll, los jóvenes alemanes sintieron que no encajaban en una sociedad corroída por la hipocresía, plagada de ex nazis reconvertidos mágicamente en demócratas, de católicos dispuestos a torcer su fe y sus principios para ganar poder, y de familias burguesas, rígidas y despóticas, que castigaban cualquier desviación de la norma con el rechazo y la inclemencia. Que este libro, publicado en 1963, fuera un éxito de ventas, muestra el sentimiento compartido de que la sociedad alemana, tal como se había reconfigurado durante la posguerra, condenaba al hombre honesto —al artista, al payaso— que no sucumbía a la decadencia ni a la hipocresía y decía la verdad sin tapujos, que quería vivir una vida pura, en concordancia con sus más nobles sentimientos y su vocación artística, al más triste ostracismo y decadencia.

Los jóvenes rebeldes de la posguerra no aceptaron el destino prefijado por esta sociedad viciada con resignación y estoicismo. Para no acabar pidiendo limosna en el metro, como ocurría a Schnier al final de la novela, procuraron destrozar el sistema que amenazaba con cerrarles cualquier otro camino. Como excluidos del sistema, los jóvenes oyeron el canto de sirena que lanzaba Marcuse animándolos a sumarse a las filas de la revolución social. Un año después de publicada la novela de Böll y quince años después de que Isidore Isou hablara del potencial revolucionario de la *externalidad*, el filósofo invocó a "los proscritos y los 'extraños', los explotados y los perseguidos de otras razas y de otros colores, los parados y los que no pueden ser empleados"[132] para que dieran el golpe definitivo al sistema. De nada valió que Adorno le escribiera a California, donde Marcuse residía en ese

---

[132] Marcuse, H., *El hombre unidimensional* (1964), Ediciones Orbis, Barcelona, 1968, p. 222.

momento, contándole los exabruptos que estaban cometiendo los estudiantes en nombre de la Teoría Crítica. Marcuse mantuvo su solidaridad con los radicales e incluso se molestó cuando Habermas los llamó "fascistas de izquierda". Si tenía que escoger entre la policía que establecía el orden o los estudiantes radicales que lo subvertían, él se quedaba con los segundos.

Durante aquellos años, mientras Dutschke convocaba marchas en protesta por el asesinato de Benno Ohnesorg, baleado por la policía en las revueltas que convulsionaron la visita del Sha de Irán a Berlín en 1967; mientras debatía públicamente con Habermas; mientras se convertía en el icono de la revolución estudiantil alemana y acababa tendido en el suelo, blanco de un disparo que un ultraderechista enloquecido con las noticias publicadas en el diario *Bild-Zeitung* de Alex Springer le descerrajó en la cabeza, Kunzelmann adoptaba una línea de combate muy distinta, acorde con los preceptos de Lefebvre y encaminada a dinamitar el ámbito público con un estilo de vida trasgresor, cuya mera existencia supusiera un desafío a las normas, rutinas y estructuras de la familia media pequeño burguesa.

A comienzos de 1967, con otros cuatro hombres y dos mujeres de Subversive Aktion, Kunzelmann formó una comuna en pleno centro de Berlín, más exactamente en la zona de Friedenau, en el piso del escritor Uwe Johnson que en ese momento se encontraba de viaje. Hacían parte de la comuna varios parientes del intelectual de izquierda y vocero del tercermundismo Hans Mangus Enzensberger: su ex esposa Dagrun, su hija de nueve años Tanaquil y su hermano Ulrich. Al enterarse de que su casa era el epicentro de la liberación sexual berlinesa, Johnson llamó a su vecino, el escritor Günter Grass, para que expulsara a los invasores. De modo que sólo fue mientras Grass lo permitió que allí se instaló la comuna de Kunzelmann, la famosa Kommune 1, el primer intento de la vanguardia y la contracultura alemana de convertir el estilo de vida en un arma revolucionaria. Si la sociedad alemana, tal como la veían los jóvenes y los intelectuales de izquierda, era un espejismo bajo el que descansaban las mismas estructuras represivas del pasado, el acto revolucionario más eficaz consistía en reblandecer el carácter autoritario inculcado por la sociedad. Como ellos mismos decían, la cuestión era matar el "nazi interior". Para ello leyeron con avidez a Wilhelm Reich (incluso se financiaron vendiendo copias piratas de sus libros), se psicoanalizaron mutuamente, liberaron el deseo y renegaron de los condicionamientos sociales e instituciones opresivas como el matrimonio, la monogamia y el trabajo. Durante esas veladas nudistas y libérrimas, por fin, la vida parecía convertirse en arte. Era tan seductora la experiencia, que la comuna atrajo a personajes famosos y glamorosos, como la modelo Uschi Obermaier, símbolo de la rebeldía y liberación sexual de los sesenta en Alemania, y los músicos Mick Jagger y Jimmy Hendrix.

Así surgió Kommune 1, un verdadero intento de combatir el sentimiento de alienación convirtiendo la vida cotidiana en campo de experimentación. La comuna mezcló la expresión artística con el maoísmo, el nudismo y el terrorismo cultural que habían empleado todos los movimientos de vanguardia. Al igual que el movimiento estudiantil de Dutschke, Kommune 1 se oponía a la guerra y se solidarizaba con los países tercermundistas, pero su lucha, al menos inicialmente, se regía por la espontaneidad dadaísta, la experimentación situacionista y el sexo comunal preconizado por SPUR. Rainer Langhans, otro miembro de la comuna y pareja de Ushi Obermaier, dijo en alguna ocasión que a él, mientras tuviera problemas para llegar al orgasmo, cuanto ocurriera en Vietnam le tenía sin cuidado. Era el tipo de frases provocativas que diferenciaban a los miembros de la comuna de Dutschke, un hombre con fuertes creencias religiosas, casado y con hijos, que no estaba dispuesto a deambular enhiesto por la sala de su casa ni a intercambiar pareja cada noche.

Kommune 1 se dio a conocer mediante acciones públicas inspiradas en los actos de provocación social que por aquellos años realizaban los provos de Ámsterdam. La primera de ellas fue el "atentado del pudín" contra el vicepresidente estadounidense Hubert Humphrey, de visita en Berlín occidental el 6 de abril de 1967. Inspirándose en el sabotaje que habían realizado los holandeses al matrimonio de la princesa Beatriz con el ex nazi Claus von Amsberg, los miembros de la comuna planearon recibir a Humphrey con pasteles, pintura y bombas de humo. La policía, creyendo que se trataba de un intento real de asesinato, vigiló de cerca a la comuna y detuvo a sus miembros cuando probaban sus artefactos humosos en el bosque. Al registrar su vivienda, sin embargo, no encontraron ningún material peligroso y los sospechosos fueron liberados. A los pocos días, los miembros de Kommune 1 convocaron una rueda de prensa que atrajo la atención de todo Berlín. Ulrike Meinhof, la futura líder del grupo terrorista RAF, Facción del Ejército Rojo, también conocida como la banda Baader-Meinhof, escribió para la ocasión que en Alemania, por lo visto, era ilícito arrojar comida a los políticos pero no recibir a políticos que arrasaban pueblos con bombas y napalm.

La mezcla de irreverencia, protesta lúdica, desafío a la autoridad y violencia simbólica convirtió a Kommune 1 en referente del movimiento revolucionario estudiantil. En 1967 organizaron un Comité para Salvar a la Policía, que pedía una reducción de su jornada laboral a 35 horas semanales para que los agentes tuvieran tiempo libre y pudieran leer y desfogar su agresión haciendo el amor. La comuna proponía una nueva forma de hacer política, demostrando que las opciones personales, las inclinaciones, gustos y modos de vida tenían un impacto político directo. Ulrich Enzensberger lo explicaba así: "Una vida plena de libertad y la emancipación de los deseos tienen una relación directa con el trabajo político efectivo".[133] En otras palabras, lo personal era lo político. Ésa fue la consigna que popularizarían en 1967, mientras uno de sus miembros más activos, Fritz Teufel, pasaba una temporada en la cárcel por su participación en las protestas que tuvieron lugar durante la visita del Shah de Irán a Berlín. La frase acompañaba una foto de los miembros de la comuna, incluida la pequeña Tanaquil, desnudos, con los brazos levantados y las piernas abiertas, apoyados contra la pared.

---

[133] Citado en: Thomas, N., *Protest Movements in 1960s West Germany: A Social History of Dissent and Democracy*, Berg, Nueva York, 2003, p. 104.

La revolución de la vida privada y de los momentos que constituían la existencia cotidiana, como había anunciado Lefebvre, se convertía en un arma para hacer la revolución social.

Fritz Teufel era un viejo conocido de la policía. El 24 de mayo de 1967, dos días después de que en Bruselas ardieran los almacenes *A L'Innovation* y más de 300 personas murieran entre las llamas, Teufel y Langhans habían repartido una serie de folletos provocativos en la Universidad Libre de Berlín. En uno de ellos afirmaban que el incendio lo había producido un grupo de activistas pro vietnamitas y que su acto podía animar a otros grupos, en otras ciudades, a repetir *happenings* similares. Otro folleto celebraba que los cuerpos ardiendo en medio de un gran almacén dieran a los europeos, por fin, una muestra de lo que estaban sufriendo los campesinos del Tercer Mundo. Y finalmente, en el tercer folleto se preguntaba cuándo iba a ocurrir algo similar en Berlín. Las líneas finales decían: "Bruselas nos ha dado la respuesta: ¡Arde, almacén, arde!"[134]

Kommune 1 caminó durante un tiempo por esa delgada línea que separa el terrorismo cultural del terrorismo real, y era sólo cuestión de tiempo para que se dieran las circunstancias adecuadas y alguien decidiera que las consignas incendiarias de los futuristas, el nihilismo dadaísta, el asesinato azaroso surrealista, el tercermundismo existencialista y la conspiración situacionista debían llevarse del plano cultural al político y del simbólico al real. Diez meses después de que Langhans y Teufel fueran acusados —y absueltos— de haber incitado al terrorismo con sus folletos, Andreas Baader y Gudrun Ensslin —los otros futuros miembros de la banda Baader-Meinhof— fueron de visita a la Kommune 1 en busca de cómplices para repetir los eventos de Bruselas en suelo alemán. Entre los miembros de la comuna, sólo Thorward Proll se les unió, y el 2 de abril de 1968 los revolucionarios alemanes se dieron a conocer po-

---

[134] Varon, J., *Bringing the War Home: The Weather Underground, The Red Army Faction, and the Revolutionary Violence in the Sixties and Seventies*, California University Press, Berkeley, 2004, p. 201.

niendo artefactos incendiarios en los almacenes Schneider y Kaufhof de Frankfurt.

Thorward Proll fue el primero que dio el salto de la revolución cultural a la revolución violenta, pero no el último. Unos años después, Teufel se vincularía al grupo terrorista Tupamaros de Múnich y provocaría media docena de incendios en dicha ciudad, siendo condenado finalmente a una pena de cárcel en julio de 1970. Luego, una vez recobrada la libertad, se vincularía al Movimiento 2 de Junio, otro grupo terrorista cercana a la banda Baader-Meinhof, cuyo nombre hacía referencia a la fecha del asesinato de Benno Ohnesorg. Teufel acabaría procesado por el secuestro de Peter Lorenz, candidato a la alcaldía de Berlín por la Unión Demócrata Cristiana.

Mientras tanto, el orgiástico Kunzelmann acabaría entrenándose en un campo de Al-Fatah en Jordania, antes de formar su propio grupo terrorista, los Tupamaros de Berlín Occidental, también inspirado en las guerrillas tercermundistas. Su acto de violencia más estridente fue plantar una bomba —que no estalló— en un recinto de la comunidad judía de Berlín el 9 de noviembre de 1969. Ocho meses después fue arrestado, sumándose a la lista de radicales alemanes que, como dijo Barbara Koster, estudiante alemana y compañera sentimental de Daniel Cohn-Bendit durante aquellos años de comunas, descontento y experimentación, optaron por el terrorismo, las drogas o la enfermedad al comprender "que éramos prisioneros de la mezquindad del mundo, acorralados en la mediocridad general".[135] Kunzelmann había optado por el arte, luego por el sexo, y finalmente por el éxtasis de la violencia. Sesenta años después de que Marinetti, en un rapto de euforia, escribiera que el arte no podía ser más que violencia, crueldad e injusticia, y convocara a los incendiarios a prender fuego a museos y bibliotecas, a destruir las ciudades y a no dejar un solo monumento en pie, un heredero de todas las ideas vanguardistas surgidas durante

[135] Cohn-Bendit, D., *La revolución y nosotros, que la quisimos tanto* (1986), Círculo de Lectores, Barcelona, 1987, p. 244.

el siglo xx en Europa acabó, finalmente, empuñando las armas y poniendo explosivos para rebelarse en contra de la sociedad occidental. Era el comienzo del fin del primer tiempo de la revolución cultural.

LOS *HAPPENINGS* EN CALIFORNIA... Y MÁS LSD: LA REVOLUCIÓN DE LOS PILLOS
1959-1966. PALO ALTO, LA HONDA, MILLBROOK, SAN FRANCISCO

Mientras Leary intentaba popularizar el LSD de arriba abajo, empezando por las poderosas élites de la Costa Este y de Washington, en el otro extremo de Estados Unidos un escritor se propuso cambiar el mundo y propulsar una revolución psicodélica desde abajo, con los vagabundos, *hipsters*, bohemios y desadaptados de California. Ken Kesey descubrió el LSD a finales de 1959, incluso antes que Leary, luego de pasar por las aulas de Standford y mudarse con su esposa Faye a Perry Lane, al barrio bohemio de Palo Alto. Allí conoció a un psicólogo llamado Vic Lovell que se ganaba unos dólares extras como conejillo de indias en experimentos médicos conducidos por la CIA en el Hospital de Veteranos de Menlo Park. Al oír lo que contaba Lovell de aquellas sesiones, Kesey no dudó en ofrecerse como voluntario. Los 75 dólares diarios que ofrecían los médicos por prestarse al experimento eran seductores, pero la promesa de tener aquellas visiones y sensaciones que habían deslumbrado a Lovell lo era aún más. Entre los métodos ensayados por la CIA para controlar la mente, sobresalía el suministro de suculentas dosis de LSD. Kesey probó el ácido y el descubrimiento le cambió la vida. Como Prometeo, de pronto se vio a sí mismo en posesión de una herramienta capaz de cambiar la vida del género humano. En una sociedad cuadriculada y uniforme, el LSD era el arma que buscaban los bohemios desencantados para emprender una lucha contracultural, que abriría las puertas a nuevas formas de entender la realidad y vivir la vida: algo similar al tonificante espiritual que Mailer había encontrado en la Revolución cubana.

En el caso de Kesey, el LSD también fue un estímulo literario. En menos de tres años, el conejillo de indias de la CIA se transformó en el famoso autor de *Alguien voló sobre el nido del cuco,* un *best seller* inspirado por sus experiencias en el Hospital de Veteranos de Menlo Park que se coló en las estanterías de más de seis millones de lectores y que, al ser llevada al cine en 1975, le dio a Jack Nicholson su primer Oscar encarnando el papel de un enfermo mental.

Kesey también se convertiría en el nuevo imán de la contracultura californiana. Su venado sazonado con LSD atrajo a reconocidas personalidades, desde Richard Alpert, el colega de Leary en Harvard, hasta Jerry García, el líder de los Greatful Dead. Veteranos de la generación beat, entre ellos al legendario Neal Cassady, y nuevos escritores y músicos de rock, también acudieron a su llamado. Esto era una novedad. Hasta entonces quienes habían pretendido revolucionar la sociedad atacando sus cimientos culturales —universidades, bibliotecas, museos, valores estéticos, valores morales— habían sido, con excepción de Cage, artistas y escritores, principalmente poetas. Ahora los rockeros se sumaban a esta lucha, empuñando una nueva arma con la que intentarían remover las entrañas y comunicar directamente con las masas: la guitarra eléctrica. Unos años después, en 1964, John Sinclaire retomaría esta idea, poniendo en marcha una revolución social con su banda pro-punk MC5, que cambiaría (o en todo caso juntaría) las guitarras y los fusiles.

En 1963, cuando Kesey se mudó a La Honda, otro pueblo californiano al oeste de Palo Alto, les propuso a sus compinches de Perry Lane que se mudaran a vivir con él en carpas, tiendas o cualquier vivienda que fueran capaces de construir. Varios lo siguieron y el resultado fue la primera gran comuna moderna de Estados Unidos. Kesey se erigió en el no-maestro y no-líder de este grupo que, inspirado en las visiones del LSD, adoptó una estética extravagante y colorida —trajes chillones, pintura fluorescente— y una actitud lúdica y jovial ante la vida. La comuna adoptó el nombre de The Merry Pranksters (Los alegres pillos) y se impuso a sí misma una misión: llevar el mensaje del LSD a la humanidad, abrir la mente de las personas y hacer que se reencontraran con el mundo. Para ello, lo más importante era que vivieran la *experiencia*, es decir, que probaran el LSD, pues una vez hubieran volado con el ácido lisérgico descubrirían la verdadera vida y se liberarían de todas las constricciones del modo de vida americano.

Los Pranksters retomaron las diversas experiencias de las vanguardias artísticas y las mezclaron en un experimento estético, vital y lúdico. Con el dinero que Kesey ganó con su novela, decidieron recorrer Estados Unidos en *Furthur*, un autobús escolar de 1939 decorado con motivos psicodélicos, al que adaptaron una plataforma en el techo que añadía un piso al vehículo. Neal Cassady, la gran musa de la generación beat, ocupó el lugar que por naturaleza le pertenecía al volante del vehículo, para verse una vez más atravesando Norteamérica a toda velocidad, de California a Nueva York, esta vez trasportando un escuadrón de promotores de la psicodelia. El autobús fue adecuado con cables y micrófonos que registraban los sonidos del interior y del exterior del vehículo, como si el mismo John Cage los hubiera asesorado en la forma de aprovechar los ruidos del ambiente para hacer arte. También llevaron abundante material fílmico para rodar, tal como quiso Debord en su momento, la primera película experimental que no fingiera la vida sino que la mostrara como era, realzada en todo su esplendor por el LSD, la marihuana, las anfetaminas y las travesuras de un grupo de pillos dispuesto a hacer cuanta payasada dadaísta fuese necesaria para escandalizar a la sociedad. Para completar el cuadro, un joven periodista llamado Tom Wolfe merodeaba por ahí, buscando información para escribir un curioso libro al que pondría un título aún más insólito, *Gaseosa de ácido eléctrico,* que mezclaba la literatura con el periodismo e inauguraba, junto con los reportajes de Truman Capote, Gay Talese, Hunter S. Thompson, Norman Mailer y algunos otros, el género del Nuevo Periodismo.

En ese libro, Wolfe captaba el drama existencial de la juventud de los cincuenta y la razón por la cual los vanguardistas habían emprendido una lucha por reivindicar la vida cotidiana.

"La juventud no había tenido nunca más que tres opciones: estudiar, buscarse un trabajo o vivir en casa. ¡Y qué aburridas eran las tres!":[136] lo decía Wolfe pero también lo hubieran podido decir Lefebvre, Debord o incluso Breton y Tzara. En el caso de Kesey y los Prankster, la manera que encontraron de rebelarse contra todo esto fue muy americana: siendo ellos mismos, viviendo de acuerdo con la verdad que residía en su interior y que ahora, conduciendo sin límite de velocidad hacia los márgenes de la sociedad, podían revelar sin reservas ni temor. "Todo el mundo será lo que es y, sea lo que sea, no tendrá que disculparse de nada", decía Kesey. "Vamos a manifestar claramente lo que somos".[137] Una vez entendido esto y liberados de todas las represiones, alienaciones e imposiciones que obligaban a los demás a escalar en la sociedad, sus vidas se convertían en obras de arte. La escala social quedaba hecha añicos y con sus astillas prendían hogueras alrededor de las cuales bailaban cada noche. La experiencia se había convertido en arte, en un arte del buen vivir, que iba quedando registrado en horas y horas de película filmada durante el trayecto en autobús. Era la vida en tiempo real, espontánea, tal como se revelaba en condiciones de absoluta libertad. Kesey decidió dejar de escribir. Vivir era mucho más interesante. Leary podía afirmar que cultivaba la vida como arte, pero los verdaderos artistas de la experiencia eran ellos, los Merry-Pranksters-exploradores-de-mundos-invocadores-de-Kairos-sabedores-de-la-COSA.

De regreso a California, después de pasar por Nueva York, Kesey y su grupo se desviaron hacia la mansión de Millbrook para visitar a Timothy Leary. A pesar de las expectativas, el encuentro fue decepcionante. Leary estaba en una cámara de aislamiento, experimentando con el consumo continuo de LSD en absoluta soledad. Durante aquella reunión, además, fue evidente que ambos grupos vibraban en frecuencias distintas, Kesey no pretendía salvar a nadie ni arreglar ningún problema,

---

[136] Wolfe, T., *Gaseosa de ácido eléctrico* (1968), Ediciones Júcar, Gijón, 1988, p. 74.
[137] *Ibid.*, p. 82.

ni siquiera la guerra de Vietnam. Sólo quería jugar, bromear, viajar por la carretera y por los mundos que le abrían las drogas psicodélicas. Leary, en cambio, se creía un redentor que había dado con la Piedra de Rosseta que desenredaría todos los conflictos y dramas humanos. La de Kesey y la de Leary eran dos sectas con un mismo dios, pero con distintas visiones de la salvación. Para unos el fin era la paz espiritual, para los otros la exaltación de la experiencia. Leary confiaba en que por medio de sus contactos en las altas esferas se daría una transformación mundial, e incluso lo obsesionaba la idea de que a Kennedy lo habían matado porque el LSD que él mismo le hacía llegar a través de Mary Pinchot Meyer había afectado su visión de la Guerra Fría. Kesey, en cambio, creía que protestar contra Vietnam era seguir el juego de los poderosos y por eso, como los dadaístas de Zúrich, profesaba la más radical indiferencia hacia las manifestaciones públicas.

Buena parte de las regalías que ganó Kesey las invirtió en las aventuras de sus pillos. Para cuando regresaron a California y se disponían a iniciar una serie de fiestas psicodélicas, había gastado más de 100,000 dólares manteniendo a sus compinches y revelando las 45 horas de filmación captadas durante el viaje. El dinero, afortunadamente, abundaba y era la última de sus preocupaciones. Ahora lo que realmente le interesaba era impulsar el consumo masivo del LSD. Para ello, además de organizar fiestas en La Honda —una de ellas en honor a los Ángeles del Infierno, a quienes introdujo en el consumo del ácido—, planeó tomas masivas de LSD a las que dio el nombre de La Prueba del Ácido. La primera de estas pruebas se organizó a las afueras de Santa Cruz y el resultado no sólo fue una gran concentración de bohemios dispuestos a explorar los límites de sus consciencias, sino un experimento sensorial y artístico que en gran medida reeditaba los *happenings* realizados en el Black Mountain College.

Como habían hecho Cage, Olson, Cunningham, Rauschenberg y sus demás colegas, Kesey concibió La Prueba de Ácido como un gran evento en el que se combinaban varias manifestaciones artísticas. Sólo había una diferencia: las nuevas tecnologías electrónicas. En lugar de recitar, exponer pinturas o tocar radiolas, ahora los Pranksters proyectaban sus películas sobre las paredes, hacían sonar los mil ruidos que habían grabado en la carretera, tocaban instrumentos, rasgaban acordes atonales y experimentaban con varios tipos de luces —estrobos, luz negra, bolas de cristales—, creando sin saberlo ni proponérselo el ambiente de discoteca que se ha impuesto hasta el día de hoy como el espacio idóneo para la diversión y el hedonismo. La deuda con el Black Mountain College no se quedaba en esta mezcla simultánea de estímulos. Kesey pensaba que el escenario ideal para esta experiencia sería una de las cúpulas geodésicas de Buckminister Fuller en la que, rodeada de micrófonos y magnetófonos, la gente pudiera tenderse a ver proyecciones en el techo.

Con sus pillerías, viajes y tomas de ácido, Kesey convirtió la vida en arte y el *happening* en fiesta. Fue el héroe de Haight-Ashbury, el Fidel Castro de la psicodelia que revolucionó la vida bohemia de San Francisco llevando el LSD que preparaba Owsley Stanley III hasta las puertas de las casas. Mostró el camino que seguirían otros grupos de activistas y *happeners* como los Diggers, la San Francisco Mime Troupe y los Yippies. Incluso, una de las últimas travesuras planeadas por Kesey, embadurnar de arriba abajo con LSD y disolvente —para que se filtrara por la piel— el salón donde se reuniría el Partido Demócrata el 1 de noviembre de 1966, fue el antecedente de la famosa amenaza de los Yippies de contaminar el acueducto de Chicago con ácido lisérgico.

El consumo de LSD fue legal hasta octubre de 1966. No así el de la marihuana, proscrito por ley desde la segunda década del siglo XX y perseguido con duras penas desde los cincuenta. Por unos cuantos gramos de hierba se podía acabar pagando una sentencia de varios años. Kesey, al igual que Leary, estaba siendo vigilado por la policía y dos pequeños descuidos, un porro en La Honda y otro en San Francisco, por poco lo entierran en la cárcel. Para evitar la condena, Kesey ideó la última de sus bromas, la payasada mayor, el *happening* más disparatado: fingir un suicidio y huir a México. Pero la cosa salió bastante mal y al poco tiempo corría la noticia de que Kesey estaba refugiado en el país del sur. Él tampoco se preocupó por mantener la farsa y no tardó en dar entrevistas para la prensa y la televisión. Kesey volvió a San Francisco como héroe-mártir a enfrentar tres cargos, dos por posesión de marihuana y uno por fuga de la justicia, pero la suerte estuvo de su lado y sólo fue sentenciado a seis meses en una granja de trabajo. Antes de pagar la condena, tuvo tiempo de realizar su última travesura: decirle a su multitud de seguidores que era hora de "ir más allá del ácido". ¿Qué significaba esto? Nadie lo supo con claridad. El caso fue que Kesey sintió de pronto que el movimiento psicodélico, a pesar de que Bill Graham empezaba a hacer Pruebas de Ácido cada fin de semana en el teatro Fillmore de San Francisco, estaba llegando a su fin.

Tras salir de la granja penitenciaria, Kesey volvió a Oregon y los Pranksters se disolvieron. Unos acabaron en Hog Farm, la comuna hippie y otros viajando con los Grateful Dead. Cassady se fue a México, donde apareció muerto en las vías del tren luego de consumir anfetaminas y alcohol durante dos semanas. Era 1967. Había pasado justo un año desde que se separó de los Pranksters. Por aquel entonces, Kesey volvía a escribir, la contracultura se volvía hippie, los asuntos políticos importaban cada vez menos, la fiesta, el ocio y la alteración de la conciencia se volvían actos de rebelión, lo personal se hacía político y todo el mundo, por consiguiente, se hacía rebelde. Ser rebelde ya no tendría necesariamente que ver con asuntos políticos, sino con actitudes vitales y hedonistas. A finales de 1966, el LSD llegó a Londres e inspiró los mejores discos de los Beatles. El famoso grupo de Liverpool emprendió un viaje con sus amigos en autobús por la campiña inglesa, que también sería registrado para el cine. Paul McCartney mandó construir una cúpula geodésica en el jardín de su casa en St John's Woods, igual a la que aparecía en las fantasías de Kesey. Al poco tiempo, el británico Mick Farren, cantante del grupo de rock psicodélico The Deviants, editor de la revista contracultural *International Times* y líder de los Panteras Blancas ingleses, diría que, mucho más efectivo que una docena de manifestaciones callejeras protestando por x o y motivo, eran unos cuantos centenares de personas bailando en medio de Drury Lane un sábado en la noche. El primer tiempo de la revolución cultural llegaba a su fin. En el segundo tiempo, el que empezaría a finales de los sesenta y principios de los setenta, todos nos convertiríamos en rebeldes porque la misma sociedad asumiría los valores de los revolucionarios. El ocio, el hedonismo, las drogas, el estilo individual y la revolución permanente de la moda, las tendencias y las manifestaciones artísticas dejarían de ser prácticas marginales. Las placas tectónicas de la sociedad se desplazarían para abrir grandes cráteres por donde saldrían a la superficie las actitudes vanguardistas, antes reservadas a pequeños grupos y sectas de rebeldes y visionarios. La rebeldía se imponía como un nuevo valor y una nueva manera de ser. Y también…

Y también la discoteca… La nueva versión de club nocturno que, sin darse cuenta, impulsaron Kesey y Bill Graham (y también Timothy Leary, cuyas simulaciones lumínicas del viaje psicodélico fueron el referente de David Mancuso, el fundador de The Loft, el primer local de baile *underground* de Nueva York) se asemejaba a un *happening* pero con la inmensa ventaja de no tener *performers*. Eso permitía que el público asistente hiciera lo que quisiera y aprovechara la mezcla de estímulos sensoriales —música, imagen, ruido, proyecciones, luces— para dejarse sorprender por el azar. Aquel espacio era un pequeño laboratorio dispuesto para vivir experiencias verdaderamente humanas. Entre los haces de luces, la gente se conocía, se seducía, se enamoraba, se desafiaba, se divertía, se desengañaba, se enfurecía, se peleaba… Todo podía ocurrir en este espacio cargado de sensaciones. El arte y la vida se fusionaban. Los medios artísticos estaban al servicio del deseo y la fantasía. Aquí ya no se hablaba de arte; el lenguaje era otro, se hablaba de diversión, sexo y aventura. Ahí se sofocaba, por fin, el ferviente anhelo de experiencias fuertes, excesos, locura, irracionalidad, pasión y peligro que el opulento, aséptico y seguro Occidente le negaba a la juventud.

La marea pro-situ: los rebeldes escandinavos 1961-1966. Provincia de Hallands, Odense, Copenhague, Malmö

La idea de las comunas no le vino a Kunzelmann de la nada. En el verano de 1961, mientras eran juzgados en Alemania por atentar contra Dios y el Estado, los miembros de spur viajaron al sur de Suecia para refugiarse en una granja de 200 acres que otro artista, también vinculado al situacionismo, había comprado en 1960. La granja tenía el premonitorio y fantástico nombre de Drakabygget, guarida del dragón, y su dueño era Jorgen Nash, hermano de Asger Jorn, fundador de la Bauhaus Situacionista y rebelde visionario que dispuso de todas las condiciones para hacer realidad la utopía creativa y existencial de la vanguardia artística. En la provincia de Hallands, en medio de las montañas, Drakabygget abrió sus puertas para recibir a artistas de todo el mundo. Los alemanes de spur, durante su plácida y fértil estadía, no sólo publicaron un número de su revista, sino que también participaron en algunas de las actividades lúdicas y provocativas que planearon los rebeldes escandinavos, y que le mostrarían a Kunzelmann la manera de llevar la revolución artística a las calles.

Al igual que su hermano, Jorgen Nash había sido miembro de cobra y luego de la Internacional Situacionista. Estuvo muy interesado en las ideas de Debord, especialmente las que hablaban de revolucionar la vida cotidiana y rompían la diferencia entre artista y espectador. Pero su relación con el dogmático Debord, un hombre que se enorgullecía de no cambiar nunca de opinión, no fue buena. Su osadía chocaba con la intransigencia del francés y generaba tanta tensión que finalmente nadie se sorprendió cuando él y toda la sección escandinava fueron excomulgados.

Había motivos de sobra para que los dos vanguardistas chocaran. Mientras los situacionistas parisinos estaban cada vez más volcados en cuestiones teóricas y políticas, Nash había impulsado en su granja la Bauhaus Situacionista, un proyecto que pretendía fomentar todas las manifestaciones artísticas que condujeran a la emancipación del ser humano. Como si esto fuera poco, Nash demostraba poco interés en controlar a sus huéspedes o en imponer delirantes restricciones a sus seguidores escandinavos. Quien quisiera ser situacionista podía serlo sin mayores formalidades. Su filosofía era inversa a la de los parisinos: Drakabygget estaba abierta para que cualquiera que quisiera experimentar con alguna forma artística lo hiciera sin verse obligado a seguir ningún catecismo o fidelidad canina a un líder. Prueba de ello era que quien entraba en Drakabygget tenía total libertad para marcharse cuando quisiera. No había exigencias ni compromisos, cada cual podía hacer lo que quisiera. La apertura radical a la experimentación, como era de esperarse, atrajo a gran variedad de artistas provenientes de las cuatro esquinas del mundo, entre ellos el KRW-group sueco, exiliados de los provos holandeses, el Gruppo Settanta italiano, el grupo Maruni de Córcega, los Situacionistas Mexicanos, el grupo Joynes de Estados Unidos, además de expatriados de Polonia, Japón, Francia, Irlanda y Canadá.

Mientras en los oscuros cafés de París, rodeados de alcohol, humo y densos escritos teóricos, se hablaba de la revolucionar la vida cotidiana y dinamitar la sociedad del espectáculo, en Drakabygget se jugaba y se construía una vida libre, al margen de las responsabilidades y los requerimientos de la sociedad. "Somos hombres y exiliados libres, reunidos aquí, en las montañas de Hallands, en un país libre, que no pertenece a la OTAN ni a ningún otro bloque militar u horda de hombres lobo con armas atómicas que amenazan a gente inocente",[138] escribió el británico Gordon Fazakerley en el primer número de la revista *Drakabygget*, editado en la granja en marzo de 1962. En ese mismo ensayo, Fazakerley mandaba al mismísimo demonio a todas las instituciones de su país —la BBC, el Consejo Británico, el *Establishment*, el partido Tory, los Laboristas, los Liberales— y proclamaba la libertad e independencia de la nueva comuna de

---

[138] Fazakerley, G., "Fuck Off!", en: *Drakabygget*, núm. 1, marzo de 1962, p. 62.

artistas que crecía al margen de la sociedad. Esa independencia absoluta, que se acercaba a la utopía anarquista de los sindicatos autogestionados, definía a los artistas que llegaban hasta ese rincón montañoso de Suecia. Todos ellos habían roto sus vínculos sociales e institucionales para vivir en entera libertad, experimentando colectivamente con todas las actividades lúdicas y creativas. Parecían ser ellos, por fin, quienes ponían en práctica las consignas del *Manifiesto situacionista* de 1960, aquel texto firmado por las secciones alemana, escandinava y francesa que recalcaba el infinito "valor del juego" y de la "vida construida libremente",[139] y que se había convertido en papel mojado hasta que Nash decidió actuar, vivir de acuerdo a como pensaba y acabar con el espectáculo para transformar a todos los hombres y mujeres en artistas.

El tronco central del situacionismo, cada vez más receloso con quienes insistían en la inocua labor de pintar cuadros o escribir novelas, desaprobó las acciones de Nash. En la Quinta Conferencia del movimiento, celebrada en 1961 en Gotemburgo, el situacionista húngaro Attila Kotanyi propuso rechazar por completo el arte vanguardista. Dijo que la asimilación social del arte le había robado por completo a la pintura su carácter trasgresor, y acusó a muchos artistas de apelar al situacionismo sólo para triunfar como pintores y escultores. Propuso que ellos mismos se declararan antisituacionistas y se desvincularan por completo de cualquier actividad artística. A Nash le fue difícil ocultar la rabia que le produjo aquel discurso. Al igual que los miembros de SPUR, él no quería sosegar el impulso creador del ser humano a la espera de ciertas condiciones idóneas para la revolución, y mucho menos estaba dispuesto a renunciar a la pintura o a la escultura para someterse a una doctrina ajena. En su granja, quien quisiera pintar podría pintar y quien quisiera escribir poesía podría escribir poesía. ¿Por qué habría que restringir la libertad expresiva del artista?

---

[139] "Manifiesto", en: *Internacional situacionista*, vol. 1, núms. 1-6, p. 144.

La ruptura entre los seguidores de Nash —desde entonces llamados nashistas— y los de Debord, no supuso el estancamiento de las secciones alemana o escandinava. Al contrario, Nash fundó la Segunda Internacional Situacionista, publicó los primeros números de *Drakabygget*, "revista contra los papas, los políticos y las bombas atómicas",[140] firmó con Hardy Strid y Jens Jorgen Thorsen el *Manifiesto Co-Ritus*, y salió de la granja para tomarse las calles de las ciudades de Suecia y poner en práctica las ideas que la sección parisina se limitaba, una y otra vez, a rumiar con pasividad bovina durante eternas madrugadas rociadas con alcohol.

Las exhibiciones que organizaron los nashistas fueron claras reivindicaciones de los principios situacionistas. Eran, a la vez, provocaciones a los valores predominantes en la sociedad e intentos de romper la dinámica del espectáculo que separaba al creador del espectador. En la galería Westing de Odense, solidarizándose con los miembros de SPUR, protestaron contra la reintroducción de los crímenes de blasfemia y pornografía en el código penal alemán. Jens Jorgen Thorsen, emulando a Jesucristo, cargó una cruz por la galería, mientras Hardy Strid, desnudo, oficiaba como papa. Tras la blasfemia vino la creación colectiva. El 11 de diciembre de 1962, en la galería Jensen de Copenhague, dejaron materiales en el suelo a disposición de los asistentes que quisieran participar activamente en la creación de un gran *collage*, que luego cortaron en trozos para que cada cual se llevara uno a casa. Si la meta de la vanguardia era eliminar al espectador, lo lógico era crear situaciones incluyentes que alteraran los roles de quienes entraban en una galería. Y eso fue precisamente lo que se propuso hacer Nash: transformar el acto pasivo de observar en un evento participativo y creador.

Durante esta exhibición en la galería Jensen, los nashistas vieron que no muy lejos se había erigido una gran valla para cerrar un lote que estaba en obra. Era una oportunidad magnífica para salir de la galería y hacer un *collage* público, en medio

---

[140] Nash, J., "Who are the situationists?", en: *Drakabygget*, núms. 4-5, 1966, p. 46.

de la ciudad, que animara a todos los habitantes a trasformar su entorno a través del arte. Todos ellos eran artistas transgresores, desde luego, pero también eran escandinavos, de modo que pidieron autorización para pintarla. Pero al no obtenerla, decidieron asaltar el lugar durante la noche. Nash y Thorsen acabaron detenidos. Strid y Kunzelmann, que se encontraban mezclando pintura, lograron escabullirse. Después de esta acción, los artistas involucrados escribieron el *Manifiesto de la Acción Co-Ritus* incitando a todos sus colegas a tomarse los medios artísticos de producción —teatros, televisión, radio, editoriales— y eliminar la industria y acabar con los empresarios culturales. Querían que la ciudad entera se convirtiera en un campo de experimentación para los artistas. Los centros comerciales se debían convertir en talleres para creadores, el urbanismo unitario se debía poner en práctica para privilegiar y fomentar el juego, y las orgías públicas se debían instituir a lo largo y ancho de la ciudad. Este último punto, desde luego, delataba la participación del lascivo Kunzelmann en la redacción del manifiesto.

En 1963, los nashistas crearon un laberinto espiral en el ayuntamiento de Malmö, la tercera ciudad de Suecia, materializando el proyecto que los situacionistas de París se negaron a realizar en el Steledjk Museum de Ámsterdam, cuando su director les ofreció 37 salas del edificio para poner en práctica las ideas del urbanismo unitario. Los escandinavos también organizaron grandes acciones callejeras para defender la libertad artística y criticar las restricciones impuestas a los artistas callejeros. En agosto de 1965, marcharon por la calle Ströget de Copenhague, la zona comercial para peatones más grande de Europa, abogando por el "arte incontrolable" de los artistas que permanecían al margen de la industria. Decenas de músicos callejeros y cerca de 3,000 personas se unieron al carnaval espontáneo que atravesó el centro de la ciudad. Estas manifestaciones demostraban que los situacionistas escandinavos no estaban, como los parisinos, a la espera de las condiciones sociales apropiadas para empezar a crear situaciones. Como decían en *El nuevo manifiesto situacionista*, también publicado en *Drakabygget*, para ellos la acción era el resultado de la emoción, no a la inversa, como sostenían Debord y sus seguidores.

La acción estelar de los nashistas fue el sabotaje del más famoso símbolo de Dinamarca, la Sirenita que posa en una gran roca, a las orillas del mar Báltico, en la ciudad de Copenhague. La escultura apareció decapitada una mañana del verano de 1966. Nunca se supo oficialmente quién o quiénes, habían sido los responsables, pero Nash aprovechó el incidente para atraer la atención de la prensa y de la policía. Afirmó saber quién tenía la cabeza y cómo había sido robada. La policía inspeccionó Drakabygget y la casa de Hardy Strid sin ningún resultado. Entonces Nash dijo que señalaría al responsable y enseñaría la cabeza de la Sirenita durante la exhibición que acompañaría el lanzamiento del volumen 5-6 de *Drakabygget*. Expectante, el público se reunió en Varbeg, una ciudad costera de Suecia, para ver cómo se resolvía el misterio. Pero lo único que se vio fue a un buzo que emergía del mar y que, durante unos segundos, antes de volver a sumergirse y desaparecer, enseñaba en sus brazos un bulto con la forma de la cabeza desaparecida.

La Segunda Internacional, reunida en torno a Drakabygget, fue una agrupación antiautoritaria y hedonista que creyó fielmente en que a través del arte y de la transformación de todos los hombres y mujeres en artistas la sociedad del espectáculo se desmoronaría y, con ella, el consumismo, el capitalismo y todas las formas de alienación social, desde la bomba atómica hasta la acción policial. No fue así, desde luego, porque incluso estos artistas creyeron que la humanidad entera se regía por un mismo ideal, ligado a la expresividad artística y la actividad lúdica, olvidando que ser libre significa, precisamente, hacer lo que uno a bien tenga, incluido odiar el arte y cumplir las normas sociales. Aun así, los nashistas, libertarios hasta la médula, hicieron mucho por convertir las ciudades en espacios lúdicos, abiertos a la expresión artística y no sólo a las rutinas productivas.

Los *HAPPENINGS* EN Nueva York: REVOLUCIONAR LA VIDA CON EL ARTE
1959-1978. Nueva York, New Marlborough

Mientras el mundo artístico e intelectual de Estados Unidos descubría la revolución armada en Cuba y la revolución psicodélica con el LSD, un pequeño grupo de pintores neoyorquinos se propuso retomar las enseñanzas de John Cage y enseñar al público a ver la vida cotidiana como arte. La cabeza más visible del movimiento fue Allan Kaprow, lector apasionado de John Dewey —especialmente de su libro *Arte como experiencia*— y alumno del mismo Cage cuando éste se vinculó, en 1957, al New School for Social Research de Nueva York y empezó a dar sus seminarios de experimentación musical, fuente inagotable de inspiración para toda una generación de artistas estadounidenses.

Gran admirador de los expresionistas abstractos, Kaprow quiso romper con lo que habían hecho Pollock, Rothko, Kline y compañía llevando el arte un paso más allá en la carrera vanguardista. Empezó experimentando con el *collage* y, en un torpe intento por reeditar las hazañas de Pollock, se dedicó a pegar papelitos al azar en grandes lienzos blancos. El *action collage* no llegó a ninguna parte, pero al menos sirvió para una cosa: le hizo ver a Kaprow que los enormes paneles de Pollock, más que pinturas individuales, eran una sola obra que creaba un ambiente en la galería donde eran expuestos. Como la pintura industrial de Pinot-Gallizio, los cuadros de Pollock envolvían al espectador hasta transformar todo el espacio y eso, a la larga, era lo importante. Ni la tela ni la pintura; lo fundamental era el espacio por el que transitaba el espectador y las experiencias que allí se vivían.

El crítico Harold Rosemberg ya había dicho que los cuadros de Pollock no eran pinturas sino eventos, justamente lo que Kaprow quería replicar, no en los lienzos, donde el único que participaba era el pintor, sino en ambientes donde todo se mezclaba, artistas y espectadores, arte y vida, calle y galería, objetos cotidianos y objetos de arte, hasta difuminar las barreras que separaban los unos de los otros. El objetivo de Kaprow era convertir la existencia en una experiencia estética; mejor aún, quería que se le prestara atención estética a la vida cotidiana, tal como Cage había hecho con los ruidos. No se trataba de un simple experimento más. Poniendo al ser humano en contacto con su vida cotidiana, reenganchándolo al flujo de la experiencia y desvelando el rostro oculto, estético, de las vivencias diarias, no se estaba creando un estilo artístico más, se estaba realizando "un acto moral, una toma de posición humana de máxima urgencia, donde lo que prima no es el estatus profesional como arte sino la certeza de su compromiso existencial".[141] Kaprow podía decir esto en 1961, porque durante aquellos años los intelectuales y artistas sintieron que el consumo, los trabajos alienantes y las rutinas tediosas generaban un divorcio entre el ser humano y su existencia. Si el artista lograba convertir la vida en arte y el arte en vida, creando para ello situaciones en las que los participantes volverían a conectarse con sus vivencias cotidianas, entonces se resolverían los problemas de inautenticidad y alienación previamente diagnosticados y se desbordarían las fronteras del arte para arañar el campo de la moral y la salud espiritual.

El gran inspirador de esta práctica artística, que empezó a llamarse oficialmente *happening*, fue, desde luego, John Cage, el autor del Evento de 1952 en el Black Mountain College. Kaprow tomó de Cage varios elementos presentes en sus composiciones y experimentos escénicos —desde el uso del azar a la combinación simultánea de distintos medios artísticos— para convertir la galería en un gran lienzo donde artistas y público actuarían y algo, no se sabía muy bien qué aunque se suponía que debía ser importante, ocurriría. El *happening* también era, como el jazz, espontáneo, sucio e improvisado; era impredecible, pues carecía de principio, clímax y final; era desechable, perecedero, irrepetible, agresivo; era, además, inaprensible, vivencial, etéreo y, por lo tanto, imposible de ser capturado por

---

[141] Kaprow, A., *Essays on the Blurring of Art and Life*, editado por J. Kelley, University of California Press, Berkeley, 1993, p. 21.

el mundo burgués, es decir, por lo que Tom Wolfe llamaba el Complejo Galería-Museo.

El primer *happening* público de Kaprow —antes había realizado dos experimentos similares en el Douglas College y en la finca de pollos de George Segal— tuvo lugar en la Reuben Gallery de Nueva York, en 1959. Se llamó *Eighteen happenings in six parts* y fue un *collage* de acciones realizado por ayudantes de Kaprow en tres cubículos trasparentes, acondicionados con bombillas de colores, proyectores de diapositivas, magnetófonos, altavoces, olores y sonidos pregrabados. Los espectadores, que según la filosofía del *happening* debían tener una participación activa, fueron divididos arbitrariamente en dos grupos y trasteados de un lado a otro de la galería. Dependiendo de la sala que se les asignara, verían unas y se perderían otras; ningún asistente podría ver todas las acciones ejecutadas.

Eighteen happenings in six parts fue un éxito y un fracaso a la vez. Pasó a la historia como la primera puesta en escena pública de esta manifestación artística y animó a varios creadores —entre ellos Jim Dine, Claes Oldenburg, Robert Whitman y Red Grooms— a realizar eventos similares y a conformar una pequeña escena neoyorquina del *happening*. Pero no logró cumplir ninguno de sus trascendentales objetivos. Entre los 75 invitados a quienes se les envió una invitación para el evento, en su mayoría artistas, gente del mundo del arte, críticos y escritores, se encontraba John Cage, la musa de esta nueva generación de artistas norteamericanos. Y lo que experimentó Cage en la Reuben Gallery fue cualquier cosa menos una fusión del arte y la vida; aún menos una aproximación estética a la vida cotidiana. Lo que sintió Cage fue que Kaprow había abusado de sus invitados. Mover al público de un lado a otro y forzarlo a ver sólo lo que el artista quería que viera, lejos de abrir las puertas del azar, era un simple pavoneo del yo del artista, un yo que se revelaba, además, voluntarioso y autoritario.

Susan Sontag tuvo una experiencia similar en los muchos *happenings* a los que asistió a comienzos de los sesenta. En uno de sus famosos ensayos dedicado a esta novedosa práctica artística, decía que aquellos sucesos parecían ideados para "molestar o maltratar al público".[142] A Sontag aquello le gustó; incluso le pareció positivo, pues vio en la confrontación directa con el público un revulsivo que lo despertaba de su "cómoda anestesia emocional".[143] Pero para un monje zen moderno como Cage, la idea de la revulsión, las sacudidas y el choque emocional era una tortura. ¿Dónde estaba la vida cotidiana en los *happenigs* de Kaprow o de Dine? ¿En la mirada ausente y en los gestos mecánicos de los actores? ¿En la falsa espontaneidad con que se presentaban ante el público? ¿En el caos, la improvisación y el ambiente denso y lúgubre? Verse obligado a participar en estos eventos era, muchas veces, quedar expuesto al capricho del *performer*. Mientras el artista creía que con sus acciones desafiantes obraba como emancipador, el público podía sentirse, simple y llanamente, incomodado. Aun si la visión de Estados Unidos como una sociedad alienante y totalitaria estuviera muy extendida, las técnicas de emancipación de los *happeners* podían errar de blanco.

Otro rasgo de los *happenings* era lo aburridos que podían ser. Eso los diferenciaba de las situaciones y juegos urbanos de la Internacional Situacionista —aunque no de su cine—, en los que se buscaba la sorpresa, la aventura o la experiencia novedosa. Algunos *happenings* eran eternas repeticiones, en cámara lenta, de gestos y movimientos cotidianos; otros eran actividades rutinarias ejecutadas con aspavientos mecánicos y mirada perdida. La dilatación en el tiempo de la acción y la extenuante reiteración del movimiento eran elementos que acusaban la influencia de Cage. A diferencia de los situacionistas, que querían hacer una revolución permanente de la vida cotidiana, el músico estadounidense buscaba el quietismo, la aceptación de lo existente, la reivindicación de la vida tal como era. Cage tenía un claro interés en reivindicar la vida cotidiana, pero su forma de acercarse a ella era muy distinta a la de los franceses. Mientras

---

[142] Sontag, S., *Contra la interpretación* (1966), Alfaguara, Madrid, 1996, p. 342.
[143] *Ibid.*, p. 352.

ellos pretendían combatir el tedio a través de la trasgresión, la aventura y la experiencia límite, el músico insistía en las contemplativas técnicas del zen, en el azar y en la eliminación del deseo que instigaba a buscar algo que no estaba aquí, a la mano, en la vida tal como era.

Se debe tener esto en mente para entender gran parte de los *happenings* realizados en las últimas décadas. El aburrimiento se vence en una lucha cuerpo a cuerpo, sin desfallecer, insistiendo en la monotonía de las rutinas hasta que lo banal parece extraordinario y lo tedioso excitante. Hacer muecas, ordenar objetos, ejecutar una misma acción durante años o acciones por el estilo, frecuentes en los *happenings*, no son una ventana para escapar de lo rutinario y lo banal, sino para sumergirse de cuerpo entero en ello. ¡Y qué aburrimiento! Pasada la novedad, muchos *happenings* inspirados en Kaprow resultan tan desalentadores que la distancia entre el arte y la vida vuelve a abrirse como el foso de un castillo. Extraña medicina la que proponían Cage y algunos de sus seguidores: curar el tedio con el tedio, la banalidad con la banalidad y la rutina con la rutina. Más que una cura, parecía una resignada aceptación de la incapacidad imaginativa. Si la creatividad humana no podía crear mundos mejores, no había más remedio que conformarse con éste, el que pisamos y soportamos a diario, rebosado de rutinas tediosas y banales. El influjo cageiano en el arte estadounidense, que desde finales de los años cincuenta dejó toda ambición por recrear mundos imaginativos y se centró en reflejar la sociedad tal como era, permitía anticipar lo que ocurriría después: dejaba el camino despejado para que llegara, triunfal, el arte pop de Warhol, la más conspicua renuncia a la imaginación artística.

No todos los herederos de Cage, sin embargo, optaron por los *happenings* agresivos o tediosos. Hubo otro grupo, también persuadido por la idea de convertir la vida en arte, que supo combatir el aburrimiento con el ingenio. Fluxus, como se llamó el grupo, fue el sueño y delirio de un lituano que también, al igual que dadaístas y surrealistas, vivió en carne propia los desastres de la guerra. Su nombre era Jurgis Mačiūnas; había nacido en Kaunas, la segunda ciudad más importante de Lituania, el 8 de noviembre de 1931, y la Segunda Guerra Mundial lo sorprendió a las puertas de la adolescencia. En 1944, cuando el ejército soviético invadió Lituania, su familia se vio obligada a escapar a Alemania. De haberse quedado, el padre de Mačiūnas, un ingeniero que trabajaba para la Siemens, hubiera sido acusado de colaboracionismo nazi. Antes de llegar a la edad adulta, Jurgis ya había estado a punto de perder la vida en tres ocasiones. La primera, en Lituania, cuando tuvo que someterse a una apendicectomía sin anestesia; la segunda, en su nueva patria, cuando un bombardeo aliado lo sorprendió de camino a la escuela; y la tercera, también en Alemania, cuando un avión pasó lanzando cargas de metralleta mientras él recogía carbón en las vías del tren. Como resultó evidente, el suelo germano tampoco era la tierra prometida para los lituanos, de modo que al finalizar la guerra, tan pronto el padre de Jurgis consiguió trabajo con el ejército estadounidense, todos los Mačiūnas se trasladaron a Nueva York.

En Estados Unidos Jurgis pasó a llamarse George Maciunas. Estudió arte y diseño en el Cooper Union de Nueva York, y luego arquitectura en el Carnagie Institute of Technology de Pittsburg. Allí también tomó cursos de música y descubrió los novedosos experimentos de John Cage. También siguió tomando clases de historia del arte mientras trabajaba para importantes estudios de arquitectura. Como estudiante se interesó por las escuelas y movimientos artísticos del pasado, y como arquitecto se convirtió en un radical crítico del International Style de Mies van der Rohe, Saarinen, Bunshaft y Frank Lloyd Wright, a quienes acusó de ser expertos derrochadores de recursos materiales y humanos. A Mačiūnas le gustaban las cúpulas de Buckminister Fuller, ejemplo de estructura liviana y económica que podía ser usada para un sinfín de construcciones, desde hangares y fábricas hasta supermercados y jardines. Pero la arquitectura no era su verdadera pasión. Lo que en realidad desvelaba a Mačiūnas era el arte y el diseño y, por eso, siguiendo ese llamado, abrió en 1961 la AG Gallery en la avenida Madison, e invitó a exponer a músicos contemporáneos radicalmente cageianos como La Monte Young y Yoko Ono. La empresa, sin embargo, fracasó y tuvo que volver con su madre a Alemania a trabajar con el ejército estadounidense.

Fue allí donde empezó realmente la aventura fluxus. Mačiūnas contactó a artistas y músicos de distintas nacionalidades y organizó los primeros conciertos en varias ciudades de Alemania y otros países europeos. Para ese entonces, ya era claro lo que pretendía Mačiūnas: quería crear una vanguardia radical que triunfara allí donde las anteriores habían fracasado. John Cage le daba las herramientas necesarias para revolucionar la sociedad, acabar con el arte y la burguesía y fundar una comunidad espartana, donde no hubiera derroche de recursos —la gran obsesión de Mačiūnas— y el arte fuera una actividad que todo el mundo pudiera realizar a partir de los elementos de su vida cotidiana. Del futurismo, Mačiūnas rescató el fuego purificador que arrasaría todo el arte previo (el francés Ben Vautier materializó la idea en la obra *Total Art Match Box*, una caja de cerillas con la indicación en la cubierta de usar el contenido para prender fuego a museos, librerías y obras de arte), y de los dadaístas el humor, el ingenio y la idea del *soirée* provocador que escandalizaría con la irreverencia y la profanación de las grandes obras del pasado.

Fluxus se convirtió en una vanguardia radical, con un líder que combinaba el autoritarismo y el radicalismo leninista con el ingenio, el humor y la irreverencia duchampianos. Al interior de Fluxus, Mačiūnas era un pope estricto y controlador más, incluso, que Breton y Debord juntos, pero ante el público, en sus conciertos fluxus, era el genial desmitificador de las manifestaciones artísticas serias y trascendentales, que le demostraba al público que todo hombre, como decía el alemán Joseph Beuys, podía ser artista. Desacralizando la música clásica, el arte burgués por excelencia, promovió una inversión radical de valores. Reemplazó el talento por el ingenio, la técnica por la ironía, la disciplina por el juego y la imaginación por la ocurrencia. Algunos ejemplos de las obras presentadas en los conciertos fluxus lo demuestran. La Monte Young compuso *Poems for Chairs, Tables and Benches*, pieza que consistía en arrastrar todo tipo de objetos por el suelo para producir, al mejor estilo de Cage, música con los chirridos de las patas de los muebles. *Solo for sick man*, de Mačiūnas, era una partitura con indicaciones que decían al intérprete en qué momento toser, escupir, hacer gárgaras, tomar píldoras, sacudir cajas de medicinas o accionar el inhalador para el asma. *One for violin solo*, de Nam June Paik, se ejecutaba sujetando un violín entre las manos y destrozándolo de un golpe seco contra una mesa.

Otras obras fluxus eran, simplemente, ideas o instrucciones para *happenings* hipotéticos y risueños. *Concert Piece*, de Yoko Ono, daba las siguientes instrucciones al intérprete: "Cuando se levante la cortina, corre a esconderte hasta que todo el mundo se vaya. Luego, sal y toca". Eran piezas que jamás se ejecutarían y cuya gracia radicaba en el estímulo mental que ofrecían. Fluxus, al ser un movimiento internacional que agrupaba a estadounidenses, franceses, alemanes, japoneses y hasta un coreano, también organizaba piezas internacionalistas, como invitar al mayor número de personas al escenario a mear en un platón mientras cada cual cantaba su respectivo himno nacional. A diferencia de los *happenings*, los conciertos fluxus eran divertidos. Un *Movimiento para piano* se traducía en un músico arrastrando un piano por el escenario y una *Pieza para piano* en un intérprete clavando las teclas del instrumento con martillo y clavos. La música se convertía en una broma. Disociada de la técnica y el talento, quedaba convertida en algo que todo el mundo podía hacer apelando al ingenio y la ironía. Quien asistía a uno de estos eventos no se aburría ni se espantaba; más probable era que se divirtiera e incluso riera a carcajadas. Eso sí, el pacto con Fluxus suponía aceptar que el concierto no estimularía los sentidos y, más bien, obligaría a entrar en un juego intelectual.

Como los dadaístas, Fluxus irrespetaba el arte culto y elevado, y en especial la música clásica, un arte reservado a poquísimos superdotados que, mezclando talento y disciplina, habían alcanzado la maestría. Alentado por un antielitismo radical, Fluxus arremetía contra este valor atacando cualquier expresión artística que supusiera desigualdades cualitativas entre las personas. Si todos los hombres eran artistas, el arte no podía ser una actividad refinada, resultado de acrisolar la técnica y los sentidos durante años. Debía, por el contrario, ser algo que naciera de gestos cotidianos y no profesionales, como arrastrar un mueble, toser, mear, verter agua o dar un golpetazo, fáciles de ejecutar por cualquiera y con instrumentos al alcance de la mano.

Mačiūnas fue radical en cuanto a la no profesionalización del arte. En 1963, de regreso en Nueva York y convertido en el gran jerarca de Fluxus, obligó a sus seguidores a conseguir trabajos alimenticios de ocho horas, no relacionados con actividades artísticas, después de los cuales podían planear sus conciertos y piezas. Nadie estaba autorizado a ganarse la vida como creador. Los productos fluxus, que se pusieron a la venta en Backworks, una tienda regentada por Jon Hendrix y Barbara Moore, debían ser simples y económicos. El arte tampoco podía servir para promover el ego del artista. Fluxus era, antes que nada, un estilo de vida, una actitud purgada de los dos vicios que Mačiūnas más odiaba, el individualismo y el europeísmo.

Los beatniks y las drogas quedaban descartados del panorama Fluxus. El estilo de vida que Mačiūnas estaba promoviendo, basado en la erosión de las fronteras entre arte y vida, nada tenía que ver con la bohemia marginal de Greenwich Village o los alrededores de Columbia. La disciplina que exigía a sus seguidores era total. Un miembro de Fluxus debía vivir al estilo fluxus, es decir, debía seguir los tres principios que Mačiūnas había consignado en su manifiesto de 1963: Purgar, Promover y Fusionar. Debía PURGAR el mundo de la "enfermedad burguesa", de la "cultura intelectual, profesional y comercializada", del "arte muerto, la imitación, el arte artificial, el arte abstracto, el arte ilusionista, el arte en serie"; en definitiva, "purgar al mundo de europeísmo". Debía PROMOVER un torrente revolucionario en las artes que privilegiara el no-arte, es decir, el arte vivo, susceptible de ser comprendido por todo el mundo. Por último, debía FUSIONAR, "unificar los cuadros de la revolución cultural, social y política en un frente unificado y en la acción".[144]

Como radical vanguardista, Mačiūnas aborreció el arte del pasado y se propuso, con más éxito que los futuristas y dadaístas, echar por tierra sus pedestales para que, a ras de suelo, untadas de lodo humano, dejaran de ser contempladas como manifestaciones de genio sobrenatural. A pesar de su retórica marinettiana, no fue a través del fuego ni de la viril bravuconada como logró desacralizar el arte, sino mediante una actitud irónica y sarcástica ante la vida, que restaba valor a todo lo que la alta cultura glorificaba. El resultado del talento, la disciplina, la práctica constante y el refinamiento empezaría a verse como algo risible; no como un gran logro de la imaginación y el esfuerzo, sino como un producto colateral de una burguesía enferma. El marxismo ya no era el estilete indispensable para herir a las clases privilegiadas. Ahora se odiaría lo burgués por una simple razón: por ser serio y elitista, por tener un carácter sobrio y exaltar el esfuerzo y las cualidades que introducían diferencias cualitativas entre los hombres. El igualitarismo radical expresado en la frase "todo hombre es un artista", suponía convertir en vicios todas estas virtudes. Ya no se valorarían las obras de arte que encarnaran la destreza, la técnica, el esfuerzo, la habilidad, la paciencia, la dedicación o el talento. Con Fluxus empezaría el reino del ingenio, del chispazo, del fogonazo y de la humorada. También el de la chambonada, la parodia chabacana y la vulgaridad rampante. Con el tiempo, esta actitud encontraría un nicho fértil en la sociedad contemporánea; en sus galerías, desde luego, pero sobre todo en sus programas de televisión.

Todos estos valores —el humor, la burla, la ironía, el sarcasmo, la autoparodia— empezaron a conectar con el público de forma mucho más efectiva que los valores encarnados en la alta cultura. El ingenio, ese engranaje del humor que rebajaba la solemnidad a todas las cosas laudables, sagradas o importantes,

---

[144] Citado en: Kellein, T., *The Dream of Fluxus. George Maciunas: An Artist's Biography*, Editions Hansjörg Mayer, Londres, 2007, p. 72.

se convirtió, también, en un escudo de la mediocridad y la ociosidad. Para ser artista ya no fue necesario cultivar una técnica o un talento: más fácil y efectivo resultó burlarse de estas cualidades. La necesidad se convirtió en virtud, y la normalidad y la media se elevaron a valor supremo. No saber hacer nada o no poder hacer nada especial —excepto lanzar buenos chistes—, se convirtió en la característica principal de muchos artistas y, luego, con el tifón mediático, del personaje televisivo.

El sueño de fusionar vida y arte que inspiraba a Mačiūnas no contempló esta deriva mediática. El lituano soñaba con comunidades utópicas, donde artistas de todas las ramas pudieran vivir juntos y dedicarse exclusivamente a sus labores creativas. Es posible que nunca hubiera oído hablar de Drakabygget, pero era un proyecto similar el que animaba sus fantasías. Y todo se puede decir de él menos que se tomara a broma su utopía. Mačiūnas trabajó sin descanso cada día de la semana, cada hora del día, tratando de hacerla realidad, hasta que un cáncer que le devoraba el páncreas y el hígado lo fulminó a los 46 años de edad. Su primer proyecto comunitario se le ocurrió cuando el gobierno promovió una ley que contemplaba ayudas económicas a quienes quisieran convertir los edificios industriales de la zona de Soho en viviendas residenciales. Mačiūnas pensó que con esa ley se abría la posibilidad de establecer una comunidad fluxus en el centro de Manhattan. Sin dudarlo, se lanzó a la aventura y adquirió cuatro edificios, uno en el 18 de la calle Greene, otro en el 80 de la calle Wooster, uno más en el 109-111 de la calle Spring y el último en el 36 de la calle Walker. Él mismo, aprovechando sus conocimientos de arquitectura, planeó las reformas; incluso, cuando le faltó el dinero para pagar trabajadores, ayudó a pintarlos y a adecuarlos con sus propias manos. La fabulosa idea de reunir a decenas de artistas, que sólo tendrían que dar un anticipo y una mensualidad para hacerse con uno de estos *lofts*, fracasó y dejó a Mačiūnas en la ruina. En aquel tiempo nadie imaginaba que el lúgubre Soho se convertiría en el escaparate más cotizado del arte de vanguardia. Mačiūnas contribuyó a que así fuera, fundando la Fluxhouse Cooperative Inc., encargada de la compra y rehabilitación de edificios, de las hipotecas, de formar las cooperativas, de los servicios legales y arquitectónicos, y de todo lo que demandara esta utópica comunidad de vecinos.

El fracaso de la Cooperativa no desterró la idea de una comuna fluxus. Aprovechando una retrospectiva de Yoko Ono en el Everson Museum of Art de Syracuse, Nueva York, Mačiūnas, que participaba como organizador, alteró las facturas para pagar sus propias deudas y financiar otro sueño fluxus: la compra de una agradable isla de clima cálido donde instalar su comunidad de artistas. El 30 de marzo de 1972 partió hacia las Azores, y viajó por Grecia, Madeira, el Mediterráneo y las islas Baleares en busca de la tierra prometida. Al parecer, llegó a una isla ideal en el Mediterráneo que hubiera estado dispuesto a comprar de haber logrado vender sus propiedades de Soho. Pero la venta de los lofts estaba paralizada y en lugar de mudarse a una isla se vio obligado a seguir al frente de la Cooperativa Fluxus, solucionando los innumerables problemas que surgían con los trabajos de remodelación.

El visionario Mačiūnas no sucumbió a los golpes de la realidad; tampoco se dejó intimidar por los dos matones enviados por un electricista al que le debía dinero, que lo dejaron sin vista en un ojo y tres costillas rotas. Siguió adelante, haciendo pequeños trabajos para Lennon y Ono (le remodeló el cuarto a Sean Lennon) y, en 1976, al borde de la ruina total, se embarcó en otro proyecto megalómano. Con un préstamo bancario, compró una inmensa finca en New Marlborough, Massachussets, de doce viviendas y una casa principal de treinta habitaciones, pensando que sería el sitio ideal para albergar a sus amigos artistas. Las aportaciones de todos ayudarían a saldar la deuda, y la suma de brazos bastaría para convertirla en un segundo Black Mountain College de una nueva era post John Cage. Muchos miembros de Fluxus se mostraron interesados en este proyecto, pero nadie se comprometió realmente con él. Al final, el pope de Fluxus acabó viviendo solo en su inmensa propiedad, sin ayuda para acondicionarla y viéndose obligado a convertirla en una especie de hotel, que de tanto en tanto daba posada a quien pasaba por allí y organizaba fiestas fluxus cada vez que encontraba un pretexto.

A pesar del nuevo fracaso, aquel proyecto en New Marlborough le deparó a Mačiūnas una alegría. Una poeta llamada Billie Hutching se alojó un tiempo en la finca y acabó enamorándose de él. La pareja formalizó su relación con una boda fluxus, tres meses antes de que el cuerpo corroído del artista colapsara por completo.

LA MAREA PRO-SITU: LOS REBELDES HOLANDESES
1960-1972. ÁMSTERDAM

El urbanismo había sido una de las preocupaciones centrales de la Internacional Situacionista hasta 1960. Aquel año, sin embargo, el genio de Debord volvió a entrar en erupción y el vertido de su bilis cayó sobre Constant Nieuwenhuys, el fervoroso planificador de la Nueva Babilonia. El motivo de la disputa fue la relación de Constant con dos arquitectos que habían cometido el acto más blasfemo para la vanguardia artística: construir una iglesia. En el quinto número de su revista, Debord anunció la expulsión de Constant, y desde el sexto el urbanismo pasó a ser una preocupación secundaria, muy por debajo de los análisis sociales que culminarían en la crítica de la sociedad del espectáculo. Eso no significó que las ideas y proyectos urbanos de Constant cayeran en el olvido. A medida que la década de los sesenta llegaba a su ecuador, en Holanda, más concretamente en Ámsterdam, las mismas preocupaciones que atormentaban a los jóvenes alemanes y franceses —el consumismo, la bomba atómica, el autoritarismo de la sociedad capitalista, el aburrimiento— empezaban a inspirar críticas, *happenings* y protestas públicas. En medio de esta búsqueda juvenil de alternativas lúdicas y creativas al omnipresente sistema laboral, las ideas de Constant, tan cercanas a las de Huizinga, despertaron el interés de un particular movimiento de revolucionarios culturales.

Desde finales del siglo XIX, Holanda había sido lo que los historiadores denominan una "sociedad pilarizada", es decir, una sociedad dividida en asociaciones y organizaciones controladas por los pilares religiosos e ideológicos de la sociedad: el catolicismo, el protestantismo y el socialismo. Además de partidos políticos que encarnaban la visión del mundo de cada uno de estos grupos, también había escuelas, estaciones de radio, periódicos, agrupaciones deportivas e incluso residencias para mayores que servían como cadena de trasmisión de sus ideas. En un principio, estas organizaciones fueron un emancipador ejemplo de libre asociación, pero durante la posguerra y, especialmente al llegar la década de 1960, la integración en comunidades cerradas, donde incluso los espacios de ocio estaban pensados para que padres e hijos compartieran actividades en grupos religiosos y organizaciones profesionales, empezó a verse como una forma de control social. Veinte años después de que el líder del Comité de la Resistencia de Ámsterdam, H. M. van Randwijk, gritara "¡Gente de Ámsterdam, somos libres!",[145] los jóvenes que habían nacido por aquellas fechas, cuando terminaba la Segunda Guerra Mundial, y que ahora navegaban sin rumbo por los cauces de la próspera sociedad europea, soñaban con gritar lo mismo, pero no al Tercer Reich, sino a una sociedad adicta a los rituales de producción y consumo.

También en Holanda se producían los cambios de mentalidad que tomaban desprevenidas a las sociedades de Estados Unidos y Francia. Lo que los marxistas llamaban despectivamente libertades formales —sufragio universal, libertad de opinión, igualdad ante la ley, competencia entre partidos—, parecían no ser suficiente. Los jóvenes querían libertades reales; querían ser, participar, actuar, tener protagonismo en la sociedad. Buscaban la libertad que ponía el énfasis en la capacidad de hacer y no en la que se conformaba con espacios privados donde nadie, especialmente el Estado, pudiera entremeter sus narices.

---

[145] Citado en: Schuyt, K. y E. Taverne, *Dutch Culture in a European Perspective. 1950 Prosperity and Welfare* (2000), Palgrave Macmillan, Nueva York, 2004, p. 215.

El problema ya no era la amenaza del totalitarismo o la imposibilidad de encontrar un trabajo. La gran preocupación de las
nuevas generaciones era cómo vivir, cómo dilatar la existencia
para hacerla exuberante y plena. Calidad de vida, creatividad,
juego: nuevamente volvían a ser estos los términos que esgrimían los jóvenes para rechazar las ofertas de empleo que tanto
habían valorado sus padres. De poco sirvió que en Holanda se
instaurara el sábado como día libre en 1961. Los jóvenes aún
seguían sintiéndose obligados a sacrificarse, a malgastar las mejores horas del día para garantizar un sueldo con el cual acudir,
como zombis, a saciar el vicio atizado por un amplio y novedoso
surtido de objetos de consumo.

> Lo que realmente nos enfurece es la falta de influencia del indivi-
> duo en los acontecimientos. Un *happening* es un intento de aferrar
> al menos el breve protagonismo que deberías tener en las cosas y
> que las autoridades tratan de arrebatarte. Un *happening* es por
> tanto una demostración del poder que te gustaría tener: influencia
> en los acontecimientos.[146]

Con estas palabras, Roel Van Duyn, líder de los rebeldes holandeses, reflejaba muy bien el horizonte mental de la generación de posguerra, jóvenes que en los años sesenta, con veinte
o treinta años y dosis desbordantes de confianza en sí mismos
y desprecio hacia el sistema que forjaron sus padres, rechazó
los logros de las democracias liberales y se propuso conquistar
un nuevo horizonte, el de la libertad nietzscheana y anárquica,
arma prometeica con la cual liberar definitivamente al género
humano de toda constricción. A pesar de que la mayoría de artistas revolucionarios rechazó a Marx, e incluso, como el propio
Van Duyn, llegaron a culparlo de ser la semilla del estalinismo,
todos ellos remedaron su menosprecio por las libertades formales. Odiaban el sistema opresivo que atenazaba al individuo

---

[146] Citado en: De Jong, R., "Provos and Kabouters", en: *Anarchism Today* (1971),
editado por D. E. Alter y J. Joll, Anchor Books, Nueva York, 1972, p. 201.

en los países comunistas, pero tampoco querían las cadenas invisibles que ataban a los trabajadores a las fábricas y talleres. En ambos sistemas el paradigma humano era el del trabajador y, un trabajador, por definición, estaba inserto en un organigrama jerárquico que le robaba control sobre su vida. Podía votar, podía expresar sus opiniones, podía rezar al dios que quisiera, pero de nada servía esto si cada mañana, en contra de su voluntad, tenía que levantarse para malgastar las horas más productivas del día en labores impuestas por sus superiores. Nadie que estuviera sumido en esa dinámica podía decir que controlaba su destino. Eso no era vida ni libertad; eso era alienación, un espejismo con el que la burguesía capitalista mantenía el control de la sociedad. El *happening*, en cambio, era una situación creada por los jóvenes; era un paréntesis en el tiempo y la historia en el que los participantes propulsaban los acontecimientos en lugar de ser determinados por ellos. Aunque siempre había espacio para el azar, las coordenadas, las reglas del juego y el itinerario de la acción, por primera vez, estaban determinadas por los marginados y no por el poder. Ya no se trataba, como decía Sartre, de ser arrojado a una situación en la que se debían tomar decisiones. El *happening* creaba la situación y excitaba la sensación de poderío. Quien planeaba uno de estos acontecimientos ya no era un simple actor que jugaba sus mejores cartas sobre un escenario predeterminado; era un director que intervenía en el curso de los acontecimientos y hacía historia.

Para los rebeldes holandeses, la sociedad consumista era un agente corruptor. Igual que el camello que tienta al inocente en un callejón oscuro con una papeleta de cocaína, la sociedad de consumo tentaba a los jóvenes con televisores, autos, refrigeradores y radios. El resultado, en ambos casos, era el mismo: el joven se convertía en un esclavo. Los provos, nombre con el que se conoció a estos jóvenes insatisfechos, quisieron devolver a los habitantes de Ámsterdam la pureza arrebatada por las dinámicas de consumo y producción. Uno de sus referentes era la Nueva Babilonia de Constant, "el mundo de la abundancia, el mundo en que el hombre, en vez de trabajar, juega".[147] Creían que la automatización eliminaría el trabajo asalariado, y que entonces surgiría el hombre nuevo, el *homo ludens* descrito por Huizinga. Pero primero tenían que vencer al gran enemigo que se anteponía entre ellos y la utopía: la adicción, la necesidad imperiosa de consumir objetos y espectáculos superficiales y, por tanto, de trabajar más y más para tener con qué comprarlos; un grillete aun peor que la carestía y la pobreza de entreguerras.

Contra esta lógica productiva, que no tenía en consideración el medio ambiente ni las necesidades fundamentales del ser humano, se rebelaron los provos. El término provo salió originalmente de la pluma de un sociólogo holandés llamado Wouter Buikhuisen, que lo usó para referirse despectivamente a los *nozems* holandeses, especialmente a un tipo de joven poco talentoso y problemático, proclive a causar disturbios en las calles debido a que simple y llanamente se aburría. Van Duyn aprovechó este término y lo adoptó para definir el movimiento revolucionario que pretendía formar. Él, a diferencia de Buikhuisen, creía que a esos jóvenes revoltosos no les faltaba talento. Al contrario, eran la última esperanza de la revolución social porque, como él mismo dijo, "sólo ellos, los jóvenes holgazanes y desempleados y las masas provocadoras que rondan las calles, pueden ser aún movilizadas".[148]

Inspirándose en las utopías urbanas del situacionismo, en la provocación dadaísta, en las protestas de los movimientos antinucleares y en los escritos anarquistas de Bakunin y Kropotkin, Van Duyn se reunió con un grupo de jóvenes en una casita del siglo XVII, en el centro de Ámsterdam, para planear un nuevo tipo de levantamiento social. Era 1964 y aún los provos no habían encontrado el canal de expresión que les permitiría cumplir los objetivos que empezaban a plantearse. Querían hacer

---

[147] Citado en: Carrasquer, F., "Holanda después de mayo de 1968 en París", en: *Cuadernos de Ruedo Ibérico*, núms. 37-39, junio, septiembre de 1972, p. 68.

[148] Citado en: Schuyt, K. y E. Taverne, *Dutch Culture in a European Perspective. 1950 Prosperity and Welfare*, p. 363.

visibles las contradicciones del sistema; como los rebeldes alemanes, creían que debían desvelar el verdadero rostro represivo de la sociedad capitalista, su problema era que aún no sabían cómo actuar.

Esas dudas se solucionaron al año siguiente, cuando Van Duyn conoció a un excéntrico personaje llamado Robert Jasper Grootveld, cuya peculiar forma de plantear su malestar social se convertiría en la fórmula perfecta para provocar a la sociedad holandesa y promover un ingenioso proyecto de transformación urbana. Grootveld era un limpiador de ventanas y empedernido fumador de tabaco y marihuana, con alma de exhibicionista y vagas nociones, extraídas de los discursos contraculturales de los sesenta, sobre los males de la sociedad de consumo. Su falta de rigurosidad teórica era plenamente compensada por sus facultades histriónicas. Grootveld estaba convencido de lo que decía y sabía expresarlo con tanto candor y pureza que los jóvenes de Ámsterdam empezaron a verlo como una especie de gurú contracultural, y ni siquiera la policía, que lo trataba con el beneplácito que se le dispensa al loco inofensivo del pueblo, se atrevía a interrumpir sus *happenings* callejeros.

Grootveld venía realizando rituales antitabaco desde finales de los años cincuenta. Los escenificaba en un estudio que le había cedido Klass Kroese, un rico y excéntrico empresario gastronómico, para que allí, convertido en el Hechicero Antitabaco y vestido como Black Pete, el mítico ayudante holandés de Papá Noel, organizara rituales de purificación con los adictos a la nicotina. Los *happenings* consistían, básicamente, en que Grootveld tomaba los cigarrillos de los asistentes y se los fumaba. El público tosía "*ugge, ugge*" y gritaba "¡publicidad, publicidad!", o "¡imagen, imagen!", mientras él, con el rostro pintado de negro, pantalones bombachos hasta el muslo y decenas de collares y objetos colgando de su cuello, pronunciaba sermones para liberar a los asistentes de su dependencia a los objetos de consumo. Grootveld había sido arrestado por imprimir la letra K, de *Kanker* (cáncer), en los avisos de las compañías tabacaleras. No era casual que su blanco de ataque fuera la industria del tabaco. Para Grootveld más que nicotina y vicio, el cigarrillo era el símbolo de las adicciones promovidas por la sociedad de consumo; era, también, el mejor ejemplo de lo que él llamaba "falsas imágenes", armas con las que la sociedad industrial avanzada corrompía y alienaba a sus habitantes.

En una ocasión, mientras ejecutaba uno de sus rituales, Grootveld prendió una hoguera que terminó devorando el estudio donde solía convocar a sus seguidores. Sin otra alternativa, se trasladó a la plaza Spui, enfrente de la estatua del Lieverdje (pilluelo), donada a la ciudad de Ámsterdam por una compañía tabacalera. El Lieverdje representaba para Grootveld el consumidor adicto del futuro. Los sábados a medianoche, ante un público de incondicionales —en su mayoría *nozems* y jóvenes marginales—, aparecía con sus vestidos escandalosos y cubría la estatua con material inflamable, daba sus arengas —"No hay fumador feliz que promueva un motín"— y luego le prendía fuego.

En 1965, durante uno de estos *happenings*, apareció Roel van Duyn repartiendo folletos del movimiento provo. Grootveld se interesó e inmediatamente se vinculó al grupo. El príncipe de los payasos y el sesudo intelectual estaban a punto de formar la combinación perfecta. Uno tenía las claves filosóficas, el otro el temperamento y el histrionismo para convocar a las masas. Entre los dos lograrían reunir a un nutrido grupo de personas que encajaban a las mil maravillas en la definición que había dado Isou de la externalidad, jóvenes marginales, sin un lugar definido en la sociedad, que no lograban vincularse a las labores productivas y padecían el más tenebroso mal primermundista: el aburrimiento. Van Duyn llamó a este colectivo el provotariato.

A diferencia de Debord, y en sintonía con Breton, Isou, Kunzelmann y Nash, Van Duyn descreía del poder revolucionario de la clase obrera. Eran los jóvenes quienes podían provocar a la sociedad, desafiar los valores burgueses de las generaciones pasadas y desvelar las contradicciones del sistema capitalista; eran ellos, también, quienes podían encontrar nuevas formas vivir, opuestas a los valores imperantes y a las instituciones que regulaban la vida de una sociedad burguesa y calvinista. Así, mediante acciones simples y provocativas, como repartir propaganda política sin autorización o gritar "¡imagen, imagen!" en la calle, lograron desconcertar a las autoridades y hacerlas reaccionar de forma desproporcionada. Cachiporra en mano, la policía salió a arrestar y golpear a jóvenes cuya única falta consistía en tener un manojo de panfletos en la mano. Aquellas persecuciones se convirtieron en un elemento fundamental de los *happenings*. El éxito de una manifestación dependía de la aparición brutal de las fuerzas represivas. Grootveld llegó incluso a referirse a los policías como "Co-Happeners". El escándalo que producía la efervescencia de las persecuciones, las golpizas y los arrestos jugaba a favor de los provocadores. Más aún cuando sus acciones estuvieron dirigidas a enfrentar y solucionar problemas reales de la ciudad de Ámsterdam, como el tráfico, la contaminación, la represión sexual o la brutalidad policial.

Fue al combinar la provocación con soluciones imaginativas a problemas urbanos reales que los provos se convirtieron en una verdadera fuerza de renovación cultural. En los quince números de la revista *Provo*, publicados entre 1965 y 1967, dieron a conocer sus "planes blancos", cada uno diseñado para dar una solución artística a algún mal social. Los planes eran blancos porque aquel fue el color que caracterizó a los provos, el color de la pureza, de la higiene, de la simpleza. Crear una ciudad blanca, que hiciera honor a estos conceptos, era el primer paso para lograr la "utopía realizable" que Van Duyn se había propuesto materializar.

Con el plan de las "bicicletas blancas" trataron de descongestionar el tráfico del centro de Ámsterdam, mejorar el medio ambiente y prevenir accidentes. Consistía, simplemente, en dejar a disposición de los ciudadanos 20,000 bicicletas que podían usar libremente en sus recorridos urbanos y que luego volverían a dejar en la calle para que otro las usara. En un acto de ceguera, producto del desconcierto y desconfianza que producían las actividades de los provos, la policía decomisó las primeras cincuenta bicicletas dispuestas para el uso público, aduciendo que, al no estar aseguradas con candados, eran una incitación al hurto. Otros planes blancos estuvieron dirigidos a fomentar la liberación sexual y la independencia de las mujeres (chicas blancas); a señalar las casas deshabitadas para que quien quisiera las pudiera ocupar (casas blancas); a identificar las edificaciones contaminantes pintando todos los techos de blanco (chimeneas blancas); a convertir el palacio real en un ayuntamiento abierto a toda la ciudad (reinas blancas); y a transformar a los policías en verdaderos servidores públicos (pollos blancos), vistiéndolos de blanco y equipándolos con objetos de primera necesidad como preservativos, material sanitario, cerillas, etcétera. Por último, su plan más ambicioso era el de la ciudad blanca: convertir a Ámsterdam en un lugar liberado de las rutinas laborales, donde las máquinas ejecutarían todo el trabajo productivo y hombres y mujeres, con todo el tiempo libre, se dedicaran exclusivamente a las actividades creativas. En definitiva, la meta —que casi consiguen— fue convertir a Ámsterdam en la Nueva Babilonia de Europa.

La propuesta activa de los provos fue combinada con la confrontación directa. El acto de sabotaje público más espectacular que protagonizaron tuvo lugar el 10 de marzo de 1966, con ocasión de la boda de la princesa Beatriz y el príncipe alemán Claus von Amsberg, antiguo miembro de la unidad de tanques nazi. Durante sus *happenings* antitabaco, Grootveld, disfrazado de Black Pete, solía gritar: "Ven, Claus; ven, Claus". Se refería a Santa Claus, y era la forma irónica que había ideado para purgar a una sociedad consumista que aguardaba ansiosamente la llegada de la Navidad y su consecuente avalancha de regalos. Fue una coincidencia que un año después, en efecto, llegara Claus a Holanda, aunque este Claus no fuera el símbolo conspicuo de la adictiva sociedad de consumo, sino del mayor sistema represivo y autoritario jamás concebido por el hombre. La sociedad holandesa en conjunto se alarmó y los provos reaccionaron. Durante el cortejo real que paseó a los recién casados por Ámsterdam, los seguidores de Grootveld y Van Duyn atacaron el carruaje con bombas de humo. La policía la emprendió durante toda la noche contra los provos, convirtiendo las calles de Ámsterdam en un campo de batalla. El cineasta Louis van Gastaren captó con sus cámaras aquellos disturbios y las imágenes no tardaron en salir por las televisiones de medio mundo. Dos efectos inesperados se desprendieron de aquellos sucesos: un aumento de la represión policial contra toda acción o manifestación de los rebeldes, y una creciente popularidad y simpatía de los habitantes de Ámsterdam hacia los jóvenes contestatarios.

Entre el 1 de abril y el 1 de junio de 1966, varios miembros de este grupo fueron arrestados por los motivos más absurdos, como darle un folleto a un policía que denunciaba los abusos de la autoridad, decir "imagen" delante de un policía o incluso repartir uvas pasas por las calles de Ámsterdam. Tan desproporcionada fue la reacción de las autoridades, que el 18 de junio se publicó en *Provo* una carta firmada por 1,200 ciudadanos quejándose de los abusos cometidos por la policía contra los jóvenes rebeldes y denunciando los fallos en la administración de justica por parte de los jueces. La presión policial, sin embargo, no lanzó a los provos a la clandestinidad o al terrorismo, como ocurrió con los victimistas alemanes. Los lanzó a la política.

El humor, la protesta lúdica y las iniciativas innovadoras para la ciudad, algunas de ellas sensatas y visionarias (no son pocas las ciudades que hoy en día tratan de impulsar el uso de la bicicleta como medio de transporte público), tuvieron impacto en la sociedad. El historiador Jan L. van Zanden (en *The Economic History of the Netherlands, 1914-1995*) ubica el proceso de despilarización de la sociedad holandesa justo después de 1965, fecha que coincide con el protagonismo social de los provos y su participación no convencional en la política convencional. Su debut en unas elecciones tuvo lugar el 1 de junio de 1966, en la disputa por el Concejo Municipal de Ámsterdam, obteniendo 13,105 votos y una silla en el ayuntamiento de la ciudad.

El éxito de los provos, sin embargo, sentenció su final. Al ver que se habían convertido en un fenómeno mediático y que, incluso, como ocurrió en San Francisco con los hippies, se publicitaban tours por Ámsterdam para ver los lugares frecuentados por los jóvenes rebeldes, no tuvieron más remedio que ser coherentes y realizar un último *happening* para desintegrar el movimiento. Aquello ocurrió en mayo de 1967. Para ese entonces, Ámsterdam estaba en camino de convertirse en una de las ciudades más abiertas a la experimentación con drogas, más tolerantes en temas sexuales y, a raíz de la destitución de un jefe de policía y un alcalde señalados como promotores de la reacción desproporcionada contra los jóvenes, menos represivas de toda Europa. Como escribieron los historiadores Kees Schuyt y Ed Taverne en *Dutch Culture in a European Perspective*, Holanda, para bien o para mal, había salido transformada de los sesenta. Antes, en comparación con el resto de Europa, estaba rezagada. Después, sin lugar a dudas, se proyectaba ante el mundo como una de las sociedades más avanzadas del continente. El auge económico había tenido mucho que ver en este cambio de mentalidad. Pero también la actividad de los jóvenes. El arte, el humor y las manifestaciones lúdicas y creativas habían demostrado ser más efectivos para producir cambios sociales que la violencia, la confrontación directa o los proyectos de reestructuración integral de la sociedad. Debord, desde luego, no valoró estos logros y despotricó contra los provos. No contento con condenar su pacifismo, su desconfianza hacia el potencial revolucionario del proletariado y su llamado a la moderación, denunció sus tácticas como meros experimentos lúdicos y decorativos, incapaces de remediar la aridez de la vida cotidiana.

Roel Van Duyn se definió siempre como anarquista, pero su discurso estuvo más cerca del principio de apoyo mutuo defendido por el príncipe Piotr Kropotkin que de las soflamas incendiarias de Bakunin. Es verdad que en el primer número de la revista *Provo* había publicado instrucciones —ineficaces— para elaborar bombas. Pero cuando regresó a la escena pública tras la disolución de los provos, el lema que sustentó su nuevo proyecto político-social nada tenía que ver con el terrorismo cultural. Por el contrario, lo que buscó Van Duyn en esa ocasión fue la cooperación de todos los sectores que se resistían a vivir en una sociedad autoritaria y capitalista. El 5 de febrero de 1970, en un salón de la Universidad de Ámsterdam, Van Duyn realizó otro acto simbólico con el que proclamó la fundación del Estado Libre de Orange. El *happening* tenía un fin radical. Van Duyn quería forjar una nueva sociedad alternativa al interior de la sociedad tradicional, cuyos habitantes se autodefinirían como *kabouters*. Antiguos provos y nuevos activistas provenientes de distintos movimientos —como el Action Group Tomato, que se dedicaba a lanzar tomates a los actores famosos, o el Action '70, especialistas en ocupar viviendas abandonadas— asumirían ahora esta nueva identidad. Los *kabouters* provenían del folclor holandés. Eran una especie de gnomos que habitaban un universo intermedio entre la sociedad humana y la naturaleza. La metáfora era suficientemente explícita para explicar lo que se proponían Van Duyn y sus seguidores. Ellos, los nuevos *kabouters*, vivirían en este espacio intermedio y mítico, y desde allí levantaría los cimientos de una sociedad paralela, contracultural y utópica, que serviría de espejo a la precariedad de la vida burguesa tradicional. En el Estado Libre de Orange todas las formas de control y sujeción autoritaria desaparecerían. La prioridad sería la acción conjunta a través de comunas agrícolas y comerciales, y la solución de problemas sociales concretos, como el cuidado de los ancianos, la ocupación de viviendas deshabitadas, el saneamiento de los barrios y la investigación en temas relacionados con el medio ambiente y las tecnologías limpias. Con este programa alternativo, semilla del anarcosindicalismo contemporáneo, los *kabouters* lograron aumentar su cuota electoral en 1970 y conquistar, con un total de 11% de los votos a nivel nacional, cinco sillas en el Concejo Municipal de Ámsterdam y doce más en el resto de Holanda.

Van Duyn defendía la teoría de "las dos manos". Con una, la izquierda, se actuaba en la realidad para transformarla; con la otra, la derecha, se participaba activamente en política para corroer lentamente las estructuras que frustraban los deseos revolucionarios. Era una simple cuestión de estrategia. Van Duyn siguió renegando de la democracia parlamentaria y de las libertades formales, y aprovechó el espacio político para convertirlo en teatro de sus *happenings*. Ninguno de los cinco miembros que salieron elegidos en las elecciones se consideró miembro pleno del Concejo de Ámsterdam, sino embajadores del Estado Libre de Orange que llevaban, tal y como hacían Rafael Hythloday en la *Utopía* de Moro o Genovés en *La Ciudad del Sol* de Campanella, las buenas nuevas de cuanto ocurría en su lugar de procedencia, una república ideal, donde todos los problemas que atormentaban a los ciudadanos de Ámsterdam habían encontrado solución.

Como habitantes de un estado utópico al margen del estado holandés, los *kabouters* diseñaron sus propios pasaportes y sus propios sellos postales; establecieron "tratados internacionales" con movimientos contraculturales en el extranjero, entre ellos los yippies y la Hog Farm; y designaron "misioneros" que viajaban a otras ciudades a promover el Estado Libre de Orange. En los debates del Concejo, en lugar de seguir los ritos preestablecidos, Van Duyn leía cuentos infantiles con moralejas anticapitalistas y realizaba *happenings* espectaculares, como robar la silla del alcalde y amenazar con no devolverla hasta que construyera diez conjuntos habitacionales o renunciara. La tribuna que tenía ante sus ojos no le merecía respeto y se divertía provocándola. En los consejos y en los parlamentos, según él, no se debatía realmente. Las decisiones se tomaban de antemano y los políticos se limitaban a seguir el guión en un ritual carente de significado. Quien creyera estar participando activamente en política por haberle dado su voto a uno de esos actores se engañaba. La democracia representativa era una farsa; era la gente la que debía tomar sus propias medidas, formando asociaciones democráticas donde todos los interesados pudieran tomar parte en las decisiones que les afectaban. Que los políticos se desvanecieran en el aire: participación directa, eso es lo que proponían los *kabouters*.

El Estado Libre de Orange estaba dividido en doce Departamentos Populares que correspondían a los ministerios estatales, encargados de enfrentar todas las problemáticas sociales. La diferencia era que cualquiera podía acudir a los Departamentos Populares a proponer alternativas. La mezcla que proponía Van Duyn de creatividad y humor, de burla hacia las instituciones

formales y actos para remediar problemas concretos, de cooperación kropotkiniana y hedonismo vanguardista, fue exitosa.
Sus acciones constructivas, como plantar árboles, atender a los
ancianos, limpiar los parques, crear tiendas de productos orgá-
nicos y fundar periódicos, abrieron un nuevo horizonte para
la cultura alternativa. De haber seguido por ese camino, los
kabouters hubieran podido convertirse en un partido similar a
los Verdes alemanes, ganándose un espacio permanente en el
arco parlamentario. Van Duyn lo intentó, pero su propia desconfianza hacia la política y la democracia y el rechazo de un
sector de los *kabouters* a seguir usando "la mano derecha" en el
parlamento, supuso abandonar la carrera legislativa y la posterior disolución del grupo. De los provos originales, Rob Stolk
acabó fundando una empresa y convirtiéndose en empresario
burgués. Van Duyn se vinculó al Partido Político de Radicales
y luego, tras un retiro en una granja al norte de Holanda, pu-
luló por varios partidos verdes hasta acabar convertido —según
Cohn-Bendit, que lo entrevistó para uno de sus libros— en un
místico que le hablaba a los árboles. Grootveld, tras la disolución
de los provos, desapareció de la primera línea de la contracultura y añadió el alcohol a la lista de sus adicciones. Bart Huges
se trepanó el cráneo y fundó el primer movimiento moderno a
favor de esta particular técnica quirúrgica. ¿Su argumento? La
trepanación era como estar permanentemente colocado y sentirse como un preadolescente: una cura contra la adultez.

DE LOS TEATROS A LAS CALLES: EL TEATRO DE GUERRILLAS Y
LA REBELIÓN DE LOS MIMOS
1958-1971. NUEVA YORK, OURO PRETO, SAN FRANCISCO, DELANO

La obsesión por atacar el espectáculo y borrar la distancia entre
actores y público también contagió a algunos grupos de teatro
experimental. Si el teatro quería sumarse al espíritu vanguardista, sacudir al público y aportar a la revolución, debía cambiar
tanto sus metas como sus métodos. La encrucijada era evidente:

la obra que representaban podía ser revolucionaria, pero la misma lógica del teatro, recluido entre cuatro paredes y con una fosa entre tablas y gradas, convertía al espectador en agente pasivo y la representación en espectáculo. Los *happenings* de Kaprow habían dado luces para franquear las barreras entre artista y espectador y entre el arte y la vida. Ahora el reto consistía en replicar ese mismo experimento en las representaciones teatrales e incluso ir un paso más allá.

Varios colectivos de teatro de principios de los sesenta lo intentaron, no sólo incorporando al espectador en sus montajes sino saliendo a las calles y parques en busca de su público. Luis Valdez, líder de uno de estos grupos, lo decía claramente (y en jerga chicana): "Si la Raza no va al teatro, el teatro tiene que ir a la Raza".[149] Y así, armados con escenarios portátiles, se propusieron buscar su público para convertirlo en cómplice de su asalto a la sociedad. Los autores que los inspiraban eran heterogéneos: por un lado los teóricos del teatro, por otro los teóricos de la revolución; Grotowski, Artaud y Piscator por aquí, el Che Guevara y Regis Debray por allá. Su forma de maniobrar replicó las tácticas de las células guerrilleras que incursionaban en territorio hostil para golpear y huir sin dar tiempo al enemigo a reaccionar. Tras sus ataques no quedaban llamaradas ni escombros; quedaba un público enardecido con ganas de emprender la revolución. Al menos eso era lo que esperaban ellos.

El primer grupo de este estilo fue el neoyorquino The Living Theatre, un colectivo de actores liderado por Julian Beck y Judith Malina, dos anarquistas y pacifistas que, unidos por convicciones y sentimientos, se casaron y pusieron en práctica sus convicciones dentro y fuera del escenario. Beck era bisexual y Malina compartía cama con otros hombres. Vivían y creaban en comunidad, como si fueran una banda de jazz improvisando con sus cuerpos en lugar de instrumentos. Al igual que los miembros de Kommune 1, consideraban que la revolución empezaba por

---

[149] Citado en: Hernández, G., *La sátira chicana: un estudio de cultura literaria* (1991), Siglo XXI Editores, México, 1993, p. 81.

casa, y que para trasformar la sociedad primero se debía transformar el estilo de vida experimentando con el sexo, las drogas y las formas alternativas de convivencia. Beck y Malina contaron con la valiosa ayuda de otros artistas reconocidos que patrocinaron sus proyectos, entre ellos John Cage, Merce Cunningham, Willem de Kooning, Tennessee Williams, William Carlos Williams, Jean Cocteau y Allen Ginsberg. Paul Goodman, además de ser uno de los dramaturgos favoritos del Living Theatre, era el terapeuta de Malina.

A pesar de haberse creado en 1947, Living Theatre no definió con claridad su personalidad y estilo hasta 1958, año en que tuvieron una afortunada revelación. Estando en una tertulia en casa de Anaïs Nin, Mary Caroline Richards, la poeta y profesora del Black Mountain College que participó en el primer *happening* de Cage compartiendo escalera con Olson, le habló a Beck de un libro que estaba traduciendo. Se trataba de *El teatro y su doble*, el famoso manifiesto donde el ex surrealista Antonin Artaud desgranaba sus ideas sobre el teatro de la crueldad. Aquel libro tuvo una influencia capital en Living Theatre. La idea de sacudir al espectador hasta deshacer la falsa imagen que tenía de la realidad fascinó a Beck y Malina, y no sólo los animó a crear obras cargadas de violencia y angustia, sino a transformar su grupo en una compañía de teatro revolucionario con un fin claro y radical: colisionar de frente contra la sociedad norteamericana.

El primer experimento que realizaron bajo el hechizo de Artaud fue *The Connection*, una obra de Jack Gelber que mezclaba los temas recurrentes de la generación beat —el jazz y la heroína—, para cuyo montaje emplearon las técnicas de improvisación y las estrategias para romper la distancia entre actores y público de John Cage. En la obra no ocurría gran cosa. La música en directo alternaba con los diálogos de un grupo de yonquis que esperaban su camello (su conexión) y de tanto en tanto los actores improvisaban con el público, mendigando entre ellos para obtener unas monedas con las cuales comprar su dosis. La obra tenía otra característica que la asociaba al legado de Cage: era tremendamente aburrida. Varios críticos de la época resaltaron este enervante rasgo. Uno de ellos dijo que, de no sucumbir a causa de la heroína, los yonquis acabarían muriendo de tedio. El sopor que invadía el teatro, sin embargo, no era el resultado de un error de montaje. En una época de emociones fuertes empaquetadas en formato de celuloide, lo más interesante y retador para un público acostumbrado a Hollywood era el tedio. Beck esperaba que el auditorio se exasperara hasta el punto de sentir la urgencia vital de rebelarse. "Sólo cuando la audiencia se dé cuenta de su impotencia se rebelará", decía. "Si tan sólo pudiera conducirla a tales extremos de exasperación en el teatro que sus protestas contenidas empezaran a subir por sus gargantas, entonces tal vez lograría hacer que representaran sus necesidades al salir del teatro".[150] Beck creía que un público enervado era un público cargado de energía revolucionaria.

Si *The Connection* era aburrida, *The Brig*, obra de 1963, era enervante y angustiosa. Ambientada en el calabozo de un barco de la Marina estadounidense, hacía una despiadada crítica al poder arbitrario y despótico que ostentaban los altos rangos militares. En la obra, diez reclutas castigados por diversas faltas eran sometidos a 24 horas de tortura psicológica. Desde que se levantaban hasta que se acostaban, debían someterse a los caprichos despóticos y absurdos de sus carceleros. Un pequeño corredor que rodeaba la celda, dividido con líneas blancas en el suelo, era el único espacio por el que podían moverse. Pero cada vez que se cruzaban con una línea —es decir, cada tres zancadas— debían detenerse y gritar, voz en cuello, "¡Prisionero número X solicita permiso para cruzar la línea blanca, señor!". Cada recluta debía hacer lo mismo, de modo que cualquier actividad, desde lavar el suelo hasta vestirse, se convertía en un acto esquizofrénico. Diez prisioneros aglutinados, pidiendo autorización a gritos cada tres pasos, marchando con mirada perdida y cuerpo tenso, creaba una atmósfera de opresión y sinsentido

---

[150] Citado en: Munk, E., "The Living Theatre and Its Audiences", en: *Restaging the Sixties: Radical Theatres and Their Legacies*, editado por: J. M. Harding y C. Rosenthal, University of Michigan, Ann Arbor, 2006, p. 33.

asfixiante. *The Brig* era un infierno en el que todos y cada uno de los movimientos, desde el más simple al más complejo, estaban controlados por agentes externos. La voluntad y la individualidad quedaban desterradas, dejando caparazones vacíos doblegados por el golpe y la orden. La despersonalización y la sumisión, el alboroto y el dolor, las rutinas arbitrarias y el caos incontrolable acababan logrando su propósito. Al borde de la locura, uno de los prisioneros se viene abajo y con él la imagen falsa de las instituciones, que ahora parecen lugares donde un poder arbitrario doblega al cuerpo y aniquila al yo.

Después de *The Brig*, Living Theatre se vio obligado a cerrar su teatro —unos dicen que por problemas de impuestos, otros por no tener medidas de seguridad contra incendios, otros por la reacción de los militares a *The Brig*— y se mudó a Europa. Mayo del 68 los sorprendió en París, donde se sumaron a las revueltas estudiantiles y aportaron su grano de arena al levantamiento tomándose el teatro Odeon. Poco después estaban de regreso en Estados Unidos con una potente arma en las maletas, *Paradise Now*, la más radical de sus obras y, según Beck, "nuestra real y valiosa contribución a la Revolución".[151]

Paradise Now rompía por completo la barrera entre público y actores. Los actores, desnudos o con estrechos taparrabos, lanzaban consignas sobre la libertad y ejecutaban una serie de ritos que incluían el consumo de marihuana, el nudismo e incluso el contacto sexual. Se animaba al público a que se mezclara entre los actores y a que tomara parte en todas sus actividades, incluso en el frenesí sexual, que podía acabar con algunos miembros del público teniendo relaciones con el reparto del Living Theatre. Jenny Hecht, una de las actrices de la compañía, demostraba su compromiso revolucionario mostrándose generosa y ofreciéndose a tener sexo con cualquiera que se lo pidiera.

Aquello era el paraíso. La obra mostraba que estábamos a sus puertas y que el único obstáculo que se interponía era el Estado autoritario, un ogro que les prohibía fumar marihuana, les obli-

---

[151] Citado en: *Ibid.*, p. 43.

gaba a llevar pasaporte, les impedía quitarse la ropa y todas esas cosas —viajar libremente, drogarse, apreciar la belleza de los cuerpos y expresar el amor sin tabúes— era lo que Living Theatre hacía. *Paradise Now* ponía sobre las tablas su estilo de vida y confrontaba al público para que saliera a las calles e hiciera una revolución que, eliminando todo impedimento, transformara la árida vida en sociedad en una utopía paradisíaca. Ningún artista norteamericano de los sesenta sentó con más claridad las bases de la revolución que pregonaba la nueva contracultura libertaria. Living Theatre la vociferó, la defendió y la mostró, permitiendo además que el público la viviera en carne propia. Como afirmaba Beck, la compañía estaba "demoliendo las barreras que existen entre el arte y la vida, barreras que mantienen al hombre a las puertas del paraíso".[152]

Sustentada en demandas netamente individuales e inspirada en un anarquismo hedonista y refractario a las masas, la revolución de Living Theatre se limitó a atacar toda norma, ley, tabú o costumbre que limitara el ejercicio de la individualidad y la experimentación con el cuerpo, la mente y la vida en comunas, esas nuevas familias que empezaban a brotar en los principales centros urbanos de Occidente. Ni Beck ni Malina estaban haciendo demandas sociales o reivindicando los intereses colectivos que caracterizaron las luchas de la vieja izquierda. Cuando se acordaban de la noción de justicia era para defenderla en países remotos. Como tantos otros intelectuales y artistas de aquellos años, Beck y Malina se dejaron contagiar por la fiebre tercermundista y a principios de los setenta acabaron presentando sus obras e ideas sobre el amor libre en las favelas de Brasil. Después de hacer una gira con *Paradise Now* por las universidades norteamericanas, se dieron cuenta, decepcionados, de que la energía revolucionaria había que buscarla en otra parte, entre los más pobres y explotados, y allá fueron a buscarla.

---

[152] Citado en: Tytell, J., *The Living Theatre. Art, Exile, and Outrage*, Grove Press, Nueva York, 1995, p. 242.

Sin saber muy bien a dónde llegaban, y creyendo que con sus obras contribuirían a liberar estas tierras desesperadas, se vieron, de pronto, en un país atenazado por una dictadura militar y sacudido por levantamientos subversivos. Su pacifismo los hizo ver como agentes de la CIA a ojos de los estudiantes, y sus actitudes ante las drogas y el sexo sembraron la desconfianza entre los habitantes de Ouro Preto. Denunciados por posesión de marihuana ante las autoridades, Beck y Malina acabaron en la cárcel y sólo los esfuerzos de la vanguardia cultural de medio mundo —Sartre, Sontag, Miller, Ginsberg, Becket, Genet, Godard— y especialmente de John Lennon, Bob Dylan, Mick Jagger y Jane Fonda, que publicaron una carta de protesta en los diarios brasileros, lograron ejercer presión suficiente para que el gobierno militar los liberara.

En la Costa Oeste también se formaron otros grupos de teatro revolucionario con objetivos similares a los de Malina y Beck. Entre ellos, el más visible e influyente fue el San Francisco Mime Troupe, un grupo fundado por Ronnie Davies, heredero de la *commedia dell'arte* del siglo XVI y de sus tácticas humorísticas, a las que supo dar buen uso para ridiculizar a los poderosos. Este eficaz instrumento le sirvió a Davies para bajar del cielo a la tierra a los gobernantes evidenciando sus vicios y flaquezas. Mientras Living Theatre era serio, místico y trascendental, el San Francisco Mime Troupe buscaba la complicidad del público mediante la risa. Desacralizaba con la burla, revelaba verdades con la ironía y empequeñecía al poderoso mediante la sátira. Un escuadrón armado con esta infalible arma debía, también, actuar con cautela. Ronnie Davies era un ávido lector del Che Guevara y de Regis Debray, y sus teorías sobre los focos guerrilleros le habían servido para planear efectivas tácticas para incursionar en el terreno enemigo y causar un impacto entre el público. Davies planeaba sus presentaciones teatrales como si se trataran de asaltos en medio de una lucha prolongada contra la sociedad y el statu quo. Su estrategia consistía en tomar por sorpresa lugares públicos controlados por el enemigo y representar una obra subversiva que tuviera un efecto emocional e intelectual en la conciencia del público. Así, poco a poco, la tropa de San Francisco iría ganándose a la población local hasta crear una fuerza social capaz de producir transformaciones integrales de la sociedad. "El revolucionario cultural, al igual que la guerrilla armada, debe querer y ser capaz de tomar el poder",[153] decía Davies. A falta de una Sierra Maestra desde la cual planear incursiones subversivas, su lugar de operaciones favorito eran los parques de San Francisco. Él y sus camaradas llegaban sigilosamente, montaban un sencillo escenario portátil y atacaban. La ironía les resultaba más efectiva que las balas. En 1968 Davies pronosticaba una futura victoria: "En diez años miraremos alrededor y veremos que pudimos minar la monstruosidad de América".[154] Se refería, desde luego, a todos los males que habían diagnosticado los artistas de vanguardia en la opulenta sociedad de posguerra.

Las tácticas de la tropa eran efectivas para socavar la autoridad de los representantes del orden y la ley. En 1965, mientras se disponían a presentar *El Candelaio*, obra de Giordano Bruno, Davies advirtió la presencia de la policía y, previendo el inevitable desenlace de la redada, anunció al público que se preparara para una función especial: ¡El arresto! Convirtiendo a la policía en parte del espectáculo, tal como hacían los provos, puso en evidencia lo ridículo que era emprender una redada para detener a un grupo de mimos y payasos. En actos como estos, la tropa de San Francisco desplegaba esa efectiva estrategia de provocar a la policía con actividades en apariencia inocentes, para que luego, cuando por fin se decidían a reaccionar, cualquier acto pareciera absurdo y desproporcionado. Davies y sus camaradas se refugiaron en el humor, el juego y el infantilismo para atacar sin misericordia a sus víctimas. Esta técnica de acoso

---

[153] Citado en: Doyle, W. M., "Staging the Revolution: Guerrilla Theatre as a Countercultural Practice, 1965-1968", en: *Imagine Nation: The American Counterculture of the 1960s and '70s*, editado por P. Braunstein y W. M. Doyle, Routledge, Nueva York, 2002, p. 78.

[154] The San Francisco Mime Troupe, *Bread & Puppet Theatre, Teatro Campesino, San Francisco Mime Troupe. Radical Theatre Festival*, The San Francisco Mime Troupe, San Francisco, 1969, p. 33.

y derribo derivó en el humor político de algunos programas de televisión. Hoy en día es habitual ver a risueños e iconoclastas actores haciendo pasar las duras y las maduras a políticos y gobernantes, en directo, por la televisión, con una táctica similar a la de los mimos de San Francisco. Con un micrófono, una cámara y un arsenal de preguntas ingeniosas, imposibles de ser respondidas sin quedar en evidencia, asaltan a sus víctimas en plena calle, donde no tienen opción de esquivar la embestida. El resultado es infalible. Algunos políticos se ven más apremiados a la hora de responder con tino a estos personajes mediáticos, cuyas preguntas serán trasmitidas en horario estelar, que cuando sus opositores los interrogan en los debates parlamentarios.

En el verano de 1966, Davies reunió a varios actores, artistas y escritores para formar una asociación de ayuda mutua, el Artists Liberation Front. En el transcurso de las discusiones, tres miembros del San Francisco Mime Troup, Emmett Grogan, Peter Berg y el posteriormente famoso Peter Coyote, decidieron emprender un proyecto paralelo, destinado a crear una sociedad utópica, emancipada del dinero, con sede en el barrio Haight-Ashbury de San Francisco. Los tres amigos, además de coincidir en que el mayor peligro para la humanidad era el dinero, también compartían una misma premisa: debían obrar en concordancia con sus ideales, es decir, debían actuar como si la revolución ya hubiera triunfado. Si el problema era el dinero, la solución era eliminarlo. Se debía liberar la ciudad de su dependencia adictiva por los dólares, creando condiciones de vida en las cuales fuera factible vivir gratis y en absoluta libertad, las dos acepciones que tiene la palabra *free* en inglés.

Retomando el nombre de la comuna protoanarquista inglesa de 1649, los Diggers, que renegó de la propiedad privada y fundó un estilo de vida igualitario y libre, en estrecha relación con la tierra, Grogan, Coyote y Berg se propusieron rescatar aquel espíritu libertario y fundar una comuna que hiciera honor a sus legendarios antecesores. El nuevo colectivo siguió haciendo teatro y *happenings*, pero con un objetivo distinto. Su prioridad ya no fue criticar el sistema para preparar la revolución, como hacía la

San Francisco Mime Troupe, sino crear una comunidad utópica distanciada del estilo de vida americano, similar a la que intentaron fundar los provos y kabouters en Ámsterdam. Esta sociedad debía ser un espacio de libertad absoluta, donde el individuo no se viera coaccionado por ninguna imposición y menos aún por la falta de dinero. En octubre de 1966 implantaron su primer programa de servicio a la comunidad, la Comida Gratis, una convocatoria abierta a todo el que quisiera asistir al Panhandle del Golden Gate Park, a las cuatro de la tarde, a disfrutar de una comida gratuita. Buscando donaciones en el Mercado de San Francisco y la Ukrainian Bakery, lograron suministros diarios para alimentar a las decenas de personas que acudían a la cita, entre 50 y 100 los días de semana y hasta 400 los sábados y domingos. Luego vino la apertura de la tienda gratuita Free Frame of Reference, en la calle Page, donde regalaban ropa a quien la necesitara. También prestaban atención médica y servicios legales gratuitos, y buscaban la forma de alojar, en apartamentos o en el mismo local de la tienda, a los hippies recién llegados al barrio. Todos estos programas eran la consecuencia lógica de la filosofía Digger: "Crear las condiciones que describes". Si la sociedad había sido corroída por el dinero, entonces se debían transformar las relaciones y las instituciones para que la gente pudiera operar sin enlodarse con el agente corruptor. Los Diggers fueron los últimos puros, la última comunidad obsesionada con convertir su barrio en un bastión de la contracultura auténtica, libre y gratuita, donde cada cual pudiera "hacer lo suyo" manteniendo vínculos fraternales con los demás.

Pero la corrupción acechaba. En 1958, Herb Caen, periodista del San Francisco Chronicle, había ridiculizado la cultura beat agregándole el sufijo *nik*. Con ello intentaba asociarla al Sputnik y rodearla de un aura comunistoide. Habiendo saltado a los medios, el fenómeno beatnik se hizo popular y el *jetset* encontró atractiva la idea de alquilar *beatniks auténticos* para amenizar sus fiestas. Con los hippies estaba pasando lo mismo. Para mediados de los sesenta, se organizaban rutas turísticas por el Haight sólo para verlos. Las calles también vieron florecer al-

macenes que vendían parafernalia hippie, y con el auge mediático del fenómeno cientos de jóvenes empezaron a consumirla
creyendo que una pose radical bastaba para crear un estilo de
vida contestatario. Los Diggers sabían que sembrarse flores en
el pelo y colgarse collares no convertía a nadie en un verdadero
miembro de la contracultura. Por eso se opusieron con vehemencia a la mercantilización que llegaba a su barrio a instaurar
dinámicas de consumo y a filtrar con ellas los más abominables
vicios de la sociedad norteamericana.

Como acto defensivo, los Diggers empezaron a realizar *happenings* públicos cuyo fin fue demostrar que el Haight-Ashbury
les pertenecía. Lo primero que se propusieron fue dificultar la
entrada al barrio a los extranjeros. *Intersection Game*, realizado
el 31 de octubre de 1966, fue un *happening* colectivo y público
en el que se animaba a la gente a tomarse las calles del Haight
para producir un monumental caos vehicular en protesta por la
invasión de tráfico. Como preámbulo, los Diggers interpretaron
la obra *Any Fool on the Street*, usando dos marionetas gigantes de
la San Francisco Mime Troupe y un enorme Marco de Referencia con el que pretendían simbolizar un cambio de perspectiva
para ver la realidad. Al final de la velada, como no podía ser de
otra forma, llegó la policía a tratar de desenredar el atasco y en
una escena memorable uno de ellos se vio discutiendo con una
de las gigantescas marionetas. El diálogo versó sobre el uso del
espacio público y dejó en claro lo que los Diggers pensaban al
respecto: el Haight era un espacio público, desde luego, pero el
público eran ellos, no los extraños que venían a contaminarlo
con sus vehículos y su dinero. Quienes podían decidir qué hacer
y qué no, a quién dejar entrar y a quién mostrarle su rechazo,
eran ellos, no la policía. Los dueños de la Psychedelic Shop y de
otros comercios de parafernalia *hipster* sufrieron la presión de
los Diggers, que los instaban a vivir según los ideales que ellos
habían forjado, no como mercachifles que se enriquecían con
los productos de la contracultura.

En diciembre de 1966 y en octubre del 1967, Grogan y sus
colegas realizaron otros dos *happenings* que tuvieron un fin

purificador. El primero fue *La muerte del dinero, el nacimiento del Haight* y el segundo *La muerte del Hippie, el nacimiento del Hombre Libre*. Ambos fueron una especie de ritos funerarios para exorcizar los males que estaban dañando la vida utópica imaginada por los habitantes del barrio. En el segundo de los *happenings*, el ataúd que encabezó el ritual de despedida del hippie llevaba la inscripción "Hippie, hijo de los medios". Querían deshacerse de la imagen artificial creada por la televisión y, para ello, una vez enterrado el hippie y desterrada la palabra del vocabulario, los Diggers empezaron a llamarse a sí mismos *free men*, hombres libres, término que expresaba con más luminosidad lo que eran y la forma en que deseaban vivir.

Estos ritos, sin embargo, no lograron contener la mercantilización y popularización de su estilo de vida. Hordas de jóvenes empezaron a llegar al barrio atraídas por la publicidad del Human Be-In y del Verano del Amor de 1967, los eventos contraculturales que acapararon por completo la atención mediática. La creciente población hippie o pseudohippie hizo imposible sostener los programas de comida, vivienda y ropa gratis, y poco a poco todas las iniciativas de los Diggers se fueron agotando. El ambiente del Haight cambió con la llegada de la heroína y la masificación de la indigencia, y finalmente fueron ellos mismos quienes tuvieron que marcharse del barrio.

Bautizados ahora como la Free Family, la familia libre, los ex Diggers se esparcieron por Estados Unidos y formaron decenas de comunas rurales, sumándose al movimiento de regreso a la tierra y al nuevo bucolismo. Su experiencia como teatro de guerrillas se agotó ahí, pero los vientos que sembraron en San Francisco formaron tempestades en la costa opuesta de Estados Unidos. En Nueva York, dos jóvenes judíos llamados Abbie Hoffman y Jerry Rubin formaron un colectivo inspirado directamente en las hazañas de Grogan, Coyote y Berg. Inicialmente se llamaron a sí mismos los Diggers de Nueva York; luego cambiarían aquel nombre por el de Youth International Party, los famosos yippies.

Por la San Francisco Mime Troupe también pasó un actor de origen mexicano llamado Luis Valdez, que vislumbró en las tácticas del teatro subversivo la estrategia idónea para denunciar las condiciones de la población chicana que trabajaba en California. Aprovechando la huelga organizada por los recolectores de uva de Delano, en 1965, Valdez se unió a la United Farm Workers, una organización de ayuda a los trabajadores del campo fundada por César Chávez y allí fundó El Teatro Campesino. Las obras que empezó a montar con su nuevo grupo llevaban el mismo mensaje de las proclamas de Chávez: los trabajadores de las plantaciones debían unirse en sindicatos para reclamar sus derechos y luchar, mediante la huelga, contra los muchos males que soportaban, que iban desde la explotación y el envenenamiento con pesticidas hasta el trabajo infantil y las infraviviendas en que eran alojados. Valdez y sus actores —que también eran campesinos— realizaban pequeños montajes llamados *actos*, una mezcla, según el mismo Valdez, de Bertolt Brecht y Cantinflas. Tal como lo hacían los chicanos, los diálogo de estos *actos* alternaban y mezclaban el español y el inglés. El objetivo primordial era llegar a la audiencia mexicana arraigada en Estados Unidos y crear un sentimiento de identidad y hermandad entre actores y público. Además de esto, los *actos* debían servir para varias cosas: animar a la audiencia a entrar en acción, alumbrar los conflictos sociales que soportaban los campesinos, expresar los sentimientos de la gente, buscar soluciones a los problemas y satirizar al opresor. Al igual que Chávez, Valdez quería que los campesinos se politizaran y sabía que la sátira era una herramienta poderosa para despertar pasiones y solidaridad de grupo.

Este proceso de politización tenía dos fines: la unión de los chicanos en sindicatos dispuestos a ir a la huelga, y la creación de una comunidad chicana pura, diferenciada y distanciada de la sociedad norteamericana. Valdez fue uno de los precursores de una identidad chicana fundada en el *spanglish*, y probablemente quien más reforzó la idea de que integrarse o *aculturarse* equivalían a traicionar a su familia chicana, a la carnalidad, a la Raza. En varios de sus actos —como *Los vendidos* y *No saco nada de la escuela*— el antihéroe es el méxicoamericano que se ha

educado en Estados Unidos y ha asumido sus valores, anhelos
y estilo de vida. Este personaje es ridiculizado incluso con más
saña que los explotadores gringos, pues ha caído en la peor falta
imaginable, la deslealtad cultural, convirtiéndose en la peor
amenaza para la unión de la *brotherhood* chicana. Algunos personajes traicionan a la Raza por debilidad, como Moctezuma, en
No saco nada de la escuela; otros por intereses materiales, como
la señorita Jiménez, en *Los vendidos*. Reafirmando la identidad
chicana, el teatro de Valdez intentaba impedir que ambas cosas
sucedieran. Los débiles no debían sucumbir al encanto de la
vida norteamericana y los méxicoamericanos no debían *aculturarse* sin sentir vergüenza por su traición. Los héroes, en cambio, eran los que se resistían a todas las presiones de la sociedad
norteamericana. Francisco, por ejemplo, se negaba a hablar en
inglés y a que sus profesores lo llamaran Franky en *No saco nada
de la escuela* y el méxicoamericano de *Los vendidos* se rebelaba
finalmente, lanzaba proclamas en favor de la huelga, la revolución y le robaba el dinero a la *aculturada* señorita Jiménez.

Valdez consideraba que la única conducta ética viable para el
chicano era mantener la lealtad grupal y rechazar las tentacio-
nes externas. Eso implicaba resistirse al sistema educativo que
les impedía hablar español o *spanglish*, resistirse a los patrones
explotadores que no les daban condiciones de vida aceptables
y resistirse a las instituciones norteamericanas, especialmente
al ejército, que los enviaba como carne de cañón a Vietnam. La
imagen que tenía Valdez de los chicanos era similar a la que tenían los negros de sí mismos: ambos colectivos eran las víctimas
de una sociedad explotadora. Valdez lo refrendaba comparán-
dose con Plauto, el dramaturgo romano que se hizo famoso con
sus comedias y que al parecer fue esclavo. "Me gusta el hecho de
que fuese esclavo y se convirtiese en dramaturgo. ¡Así soy yo!",[155]
decía; un esclavo que resiste al amo con la sátira y la fortaleza
de su identidad.

---

[155] Citado en: Hernández, G., *La sátira chicana: un estudio de cultura literaria* (1991),
Siglo XXI Editores, México, 1993, p. 57.

Soldado raso (1971) y *Vietnam campesino* (1970) son los *actos* que mejor ilustran la condición de víctima que Valdez adjudicaba a los chicanos. En el primero, Johnny se deja deslumbrar por el oropel del ejército y se alista para engrosar las filas que luchan en Vietnam. El joven, como muchos otros chicanos, cae en una siniestra trampa. Cree que el uniforme y la institución militar le dan respetabilidad, cuando en realidad sólo lo convierten en blanco fácil del enemigo en las selvas asiáticas. El *acto* tiene un mensaje claro: Chicanos, no se dejen engañar. No se alisten, en Vietnam sólo van a encontrar la muerte.

Más radical es la crítica de *Vietnam campesino*, obra en la que Valdez equipara a los vietnamitas quemados por el napalm con los chicanos envenenados con los pesticidas agrícolas. Así unos estuvieran en Vietnam y los otros en California, ambos eran víctimas del mismo enemigo, el complejo agromilitar estadounidense que oprimía, explotaba y aniquilaba a los dos pueblos. En este acto, una vez más, un *aculturado* ejercía una influencia nociva entre los chicanos, convenciéndolos de que se dejaran matar en Vietnam por ideales que no eran los de su Raza.

Entre 1965 y 1971, mientras Valdez montaba sus actos revolucionarios destinados a afirmar la identidad y el aislacionismo chicano (después ablandaría su retórica y se convertiría en el afamado director de *La bamba*, el gran éxito comercial de 1987), LeRoi Jones hacía lo mismo en Harlem, fundando el Black Arts Repertory Theatre/School (BARTS) para promover la identidad negra y el aislamiento al interior de la sociedad norteamericana. Si los negros, como había dicho en 1852 Martin R. Delany, padre del nacionalismo negro, eran una nación dentro de otra nación, su misión era cortar los lazos con el mundo blanco y definirse a sí mismos en sus propios términos. Nada mejor para ello que el teatro de Jones, Ed Bullins, Ben Cadwell y los demás dramaturgos negros. Como había dicho el primero, el teatro negro era un teatro de víctimas. Estaba destinado a una audiencia que había soportado la opresión blanca y que ahora, consciente de su sufrimiento, consciente de su poder, rechazaba de plano todo vínculo con ese mundo y buscaba las fuentes de su identidad. En la retórica de Jones, el ser víctimas daba derecho a dos cosas. Por un lado, a ventilar el resentimiento acumulado en demostraciones de terrorismo cultural, y por el otro, a negar la cultura, los valores, los ideales y las representaciones de los victimarios. Ambos proyectos confluían en manifestaciones culturales agresivas, destinadas a moldear una consciencia negra que rechazaba cualquier vínculo con el mundo blanco y reivindicaba el Poder Negro preconizado por Stokely Carmichael.

El abismo entre razas no sólo se ensanchó gracias a los dramaturgos del teatro negro revolucionario. Las Pantera Negras, con su actitud provocadora, la estética desafiante de Emory Douglas y sus pistolas, "herramienta básica de liberación", según Huey P. Newton, hicieron lo suyo. Y también las soflamas de Julius Lester, defensor de la autonomía cultural de los negros y belicoso profeta de una futura explosión de violencia que saldaría las cuentas con los blancos. Antes de ellos, Malcolm X y los promotores de la "Nación del Islam" habían desechado cualquier posibilidad de convivencia entre blancos y negros, y habían abogado bien por el regreso a África o por la cesión de un territorio en la misma Norteamérica exclusivo para los negros. La relevancia de las obras de teatro dentro de todo este marco aislacionista radicaba en su eficacia para llegar al ciudadano común. Al igual que los *actos* del Teatro Campesino, estas obras criticaban sin contemplación las actitudes pusilánimes de los negros que querían integrarse en la sociedad blanca o que confiaban en ella. Las obras mostraban cómo esa conducta lisonjera repercutía negativamente en el conjunto de la comunidad negra. Malcolm X lo había dicho el 10 de noviembre de 1963 y el teatro negro lo reafirmaba: el hombre blanco era el enemigo común y no había manera de integrase o convivir con él. Si los sueños de una nación afroamericana en Liberia, Haití o Centroamérica o de un territorio en el Oeste, Oregón, Idaho, Washington, California o Nevada, resultaban utópicos, al menos el separatismo en el suelo compartido debía ser radical. Unida, la familia negra recuperaría el control de la economía y de la política de sus comunidades, única manera de lograr la autodeterminación y la autoafirmación.

La experiencia del teatro radical de los años sesenta dejó dos ideas sembradas en la sociedad. Por un lado, reivindicó el anarquismo individualista y hedonista expresado por el Living Theatre y el hippismo; por el otro, forjó una nueva forma de familia, con una identidad cerrada y un fuerte rechazo a las contaminaciones exteriores. Por un lado, se gritó a los cuatro vientos que lo único importante era el yo, mi cuerpo, mi mente, mi sexualidad, mi espíritu, mi liberación; por el otro, se repitió incansablemente que lo único verdadero y valioso era mi grupo, mi comuna, mi raza, mi nación, mi familia. No la familia tradicional, desde luego, sino la familia de hombres libres, la familia negra, la familia chicana, la familia del Haight-Ashbury, la familia hippie, la familia de mi comuna.

El primer tiempo de la revolución cultural agrietó la sociedad. Dejó individuos hedonistas que buscaban expandir su mente y vencer cualquier obstáculo represivo que limitara su experiencia del placer, y colectivos asfixiados en sus búsquedas identitarias, obsesionados con la pureza y dispuestos a bloquear cualquier canal de contacto con el resto de la sociedad. Con el cambio de valores habían quedado reducidas a añicos las preocupaciones colectivas. Paradójicamente, este discurso que reivindicaba al individuo y a las familias y que acusaba a la sociedad y al gobierno de ser una entidad autoritaria y represiva —el último obstáculo para cruzar las puertas del Paraíso—, reviviría nuevamente en el segundo tiempo de la revolución cultural. Ya no sólo lo predicarían los sectores radicales de la contracultura, sino los sectores conservadores de la sociedad. Ronald Reagan tendría el terreno abonado para decir que el gobierno era el problema, no la solución, y Margaret Thatcher que no existía tal cosa como la sociedad, sino solo individuos y familias. Aquellas frases no hubieran desentonado en lo más mínimo si las hubiera voceado un digger, un pantera negra, un poeta beat o un alumno del Black Mountain College en los sesenta. Las batallas culturales de la vanguardia artística lanzadas a principios del siglo xx en los conciliábulos anarquistas y futuristas de Nueva York y Milán, habían dado un duro golpe a la sociedad y a la cultura. Algunos de los personajes que transitaron por el primer y segundo tiempo de la revolución cultural se vieron de pronto, a finales de los setenta, apoyando a partidos y personajes conservadores que habían hecho suyas la defensa del individuo y la desconfianza hacia el sector público y el Estado. Eldridge Cleaver se convirtió en mormón y se postuló al senado como candidato del Partido Republicano en 1986, Jerry Rubin pasó de ser un yippie hedonista en los sesenta a un yuppie jaranista en los ochenta, Tom Wolfe hizo un retrato en primera persona de la contracultura estadounidense y luego se ufanó de votar por George W. Bush, y William Burroughs, de seguir vivo, seguramente hubiera asentido sonriente al oír las arengas pro armamentistas y anti Washington del Tea Party.

La marea pro-situ: los rebeldes franceses 1966-1968. Estrasburgo, Nantes, París

En el verano de 1966, Debord y Mustapha Khayati, un argelino que se había incorporado al situacionismo en 1965, recibieron una visita inesperada. Se trataba de una comisión de jóvenes de la Universidad de Estrasburgo, que venía en representación de la Association Fédérative Générale des Étudiants de Strasbourg (AFGES), el sindicato estudiantil que hacía poco, desde el 14 de mayo, había caído en sus manos. Con 32 votos a favor, 5 en contra y 10 abstenciones, André Schneider había sido elegido presidente, Bruno Vayr-Piova vicepresidente y otros cuatro amigos miembros del consejo. Como dirigentes del sindicato, este grupo de estudiantes radicales tenía un solo propósito en mente: causar el mayor revuelo posible. Querían hacer algo llamativo y radical que no sólo despertara al amodorrado gremio estudiantil estrasburgués, sino que dejara en evidencia la inoperancia de los sindicatos. Por eso buscaron la asesoría de los veteranos conspiradores. Algunos de ellos habían leído la

Internationale Situationniste y sus potentes ensayos habían dejado el sedimento de la rebelión en sus mentes. Tras veinte años de conspiración letrista y situacionista, las ideas que habían chisporroteado en el café Moineau cumplían ese lento peregrinaje por la sociedad, impregnando las actitudes, formas de pensar y maneras de ver la realidad de algunos cuantos, hasta convertirse en referentes incuestionables para interpretar el mundo y actuar en él. A París llegaron los estrasburgueses asegurando que su fin al acceder al poder no era ejercerlo, sino disolverlo. Estaban dispuestos a acabar con el sindicato y a demostrar, con un gran acto de rebeldía, ojalá de corte situacionista, la gran farsa implícita en ese tipo de organizaciones. Para ello, además de brío y decisión, contaban con todo el presupuesto que en buena hora la universidad había destinado a la organización sindical.

Debord y Khayati los oyeron con paciencia y les dieron una única recomendación, que escribieran un ensayo en el que expusieran, una a una, todas sus críticas al gremio estudiantil y que no depusieran la pluma hasta convertir sus ataques en un cuestionamiento global de la sociedad. Los fondos del sindicato les servirían para imprimir miles de copias y repartirlas gratuitamente, y si el ensayo destilaba el mismo malestar que los había impulsado a viajar hasta París, seguramente lograrían generar algún tipo de reacción entre los estudiantes.

Los pronósticos de Debord se cumplieron, aunque el deficiente bagaje conceptual de los estudiantes obligó a Khayati a escribir el panfleto. El escrupuloso título que le dio, *Sobre la miseria de la vida estudiantil considerada bajo sus aspectos económico, político, psicológico, sexual e intelectual,* fue un latiguillo desafiante que afirmaba como un hecho incuestionable que la vida del estudiante era insufrible y además prometía, a lo largo de una treintena de páginas, explicar las causas de esta malandanza. A diferencia de los ensayos de Debord, farragosos y teóricos, el de Khayati tenía la potencia y claridad del panfleto, iba directo al problema y lo diseccionaba sin anestesia. La mañana del 22 de noviembre de 1966, un día antes de la rueda de prensa que Schneider había convocado para anunciar la disolución del sindicato, los

estudiantes de Estrasburgo se encontraron con aquel libelo fla-
mígero que se ensañaba contra ellos. *Sobre la miseria de la vida estudiantil* empezaba acusando al alumno de ser un agente pasivo,
que se había resignado a asumir un impasible y lamentable rol
en el sistema. Como borrego que era, se dejaba adoctrinar, formar y educar para acabar convertido en una pieza funcional de
la sociedad mercantilista. Y lo más detestable era que aguantaba
la miseria de su condición creyéndose afortunado. No se daba
cuenta de que engrosaba las filas de un nuevo proletariado, dependiente económicamente de su familia y dócil ante cualquier
forma de autoridad, tan alienado que no se sobresaltaba al ver
el futuro gris que le esperaba, tan indefenso ante la presión familiar y el Estado que no oponía resistencia al advertir cómo
le inculcaban cada uno de sus valores y tristes aspiraciones. El
estudiante de hoy era el mediocre y oscuro funcionario del mañana, estrangulado por un compendio de rutinas monótonas y
aburridas, amansado por una vida sin expectativas e ilusiones, e
incapaz de manifestar su descontento. Aun así, cada día, puntual
y entusiasta, asistía a las aulas donde aprendía resignadamente
a aceptar su condición de esclavo.

La culpa de toda esta lógica alienante era, desde luego, del
sistema capitalista y de la sociedad del espectáculo, pero la universidad también tenía su parte de responsabilidad. La institución educativa le ofrecía al estudiante un pacto perverso. A
cambio de la seguridad ofrecida por un espacio acotado y unos
horarios planificados por los "guardianes del sistema", le obligaba a rechazar la experimentación y la aventura. Así, la universidad se convertía en una fábrica que producía estudiantes,
mercancías adaptadas a las necesidades empresariales, tan con-
sumibles y predecibles como Godard o la Coca-Cola. Puede que
el estudiante se diera cuenta de ello, pero no hacía nada para
liberarse de su misérrima condición. ¿Por qué? Debord ya lo
había mostrado en los ensayos que antecedieron a *La sociedad
del espectáculo*. El estudiante compensaba los infortunios de su
vida evadiéndose con las mercancías culturales. En una época
que sólo producía arte espectacular, sin vida, aliciente de la pa-

sividad, el estudiante se estaba alimentando exclusivamente de cadáveres.

Para contrarrestar la alienación se debía emprender una lucha cuerpo a cuerpo afuera, en las calles, tal como lo estaban haciendo varios grupos de jóvenes que no pertenecían al desahuciado gremio estudiantil —los delincuentes, los provos, los renegados de Berkeley, los comités antinucleares de Inglaterra y los anarquistas japoneses del movimiento Zengakuren—. Aunque ninguno de ellos había entendido que sólo con la destrucción total del espectáculo podría el hombre convertirse en dueño de su existencia, al menos estaban haciendo algo para contrarrestar la alienación. Los estudiantes debían seguir este ejemplo teniendo en cuenta, además, algo fundamental: si todos los mecanismos represivos habían sido diseñados para sosegar a la clase trabajadora, se debía a que era en ella donde realmente hervía el espíritu revolucionario. Cuando los obreros se levantaran y rechazaran masivamente el trabajo, cuando negaran esa división opresora que separaba el tiempo libre del tiempo de trabajo, sus vidas empezarían a parecerse a sus deseos y entonces comenzaría el verdadero festival revolucionario.

Dos años después de que se repartiera este panfleto, las calles de París serían arrasadas por un carnaval revolucionario que se convertiría en el mito de una nueva generación de europeos. El "escándalo de Estrasburgo", protagonizado por los aprendices de situacionistas, fue uno de los antecedentes directos de las protestas estudiantiles que condujeron a las revueltas de Mayo del 68. Aunque en aquella famosa fecha tuvieron más visibilidad los anarquistas, los libertarios y alguno que otro trotskista y maoísta, los situacionistas fueron una pieza clave en el levantamiento. Varios autores han mostrado cómo, en la sombra, moviendo con mayor o menor efectividad algunos hilos de la revuelta, estuvieron Debord y sus seguidores, entre ellos René Viénet (*Enragés y situacionistas en el movimiento de las ocupaciones*), Greil Marcus (*Rastros de carmín*), Richard Gombin (*The Ideology and Practice of Contestation seen Through Recent Events in France*), Simon Ford (*The Situationist International. A user's Guide*) y Pascal Dumontier (*Les situationnistes et mai 68. Théorie et pratique de la révolution [1966-1972]*). Este último es quien mejor ha detallado la participación de los situacionistas en Mayo del 68. Su recorrido por aquellos días de conspiración nos lleva de regreso a Estrasburgo, al momento en que los miembros del sindicato de estudiantes, tras su contacto con Debord y Khayati, volvieron envalentonados y dispuestos a causar disturbios en las aulas de su universidad.

Antes de que Khayati tuviera listo su panfleto, el grupo de Schneider ya había emprendido su propia campaña de agitación. El 26 de octubre sabotearon con tomates la conferencia inaugural de un viejo conocido de los situacionistas, Abraham Moles, un experto en teoría de la información que había intentado contactar a los situacionistas en 1963. Luego, a principios de noviembre de 1966, André Bertrand distribuyó *El regreso de la columna Durruti*, un cómic realizado con la técnica del *détournement* situacionista que, inspirándose en las hazañas del anarquista español Buenaventura Durruti, recreaba la toma de posesión del sindicato de estudiantes contestatarios. Finalmente, el 23 de noviembre, anunciaron a la prensa el cierre del sindicato.

Las reacciones ante tal noticia fueron inmediatas. El *Nouvel Alsacien* dijo que el sindicato se había rendido ante los beatniks situacionistas y *Le Monde* que la Internacional Situacionista había tomado el mando de los estudiantes de Estrasburgo. Las provocaciones continuaron hasta que un juez del Alto Tribunal puso al AFGES bajo el control de una administración judicial. Eso no impidió que el 11 de enero de 1967, esta vez como presidente de la sección estrasburguesa de la *Mutuelle Nationale des Étudiants de France*, Vayr-Piova arreglara cuentas con una vieja institución detestada por los jóvenes rebeldes, el centro de atención psicológica, y ordenara su cierre aduciendo que aquel servicio sólo servía para ejercer un control represivo sobre los estudiantes.

Al igual que en Estados Unidos y en otras ciudades de Europa, en Francia los libros de Wilhelm Reich circulaban de mano en mano y el olor del sexo empezaba a perfumar el ambiente universitario. Como el matrimonio, como la familia autoritaria, el servicio psicológico suministrado por la institución educativa sólo podía servir para una cosa: reprimir los instintos e impulsos sexuales. Y justo en ese momento, cuando miles de jóvenes imbuidos en un entorno de turbulencia cultural se veían hacinados en universidades que no daban abasto para la avalancha de *baby boomers*, lo que menos querían era una institución que regulara su vida sexual. Así, la división por sexos de las residencias estudiantiles estaría a punto de convertirse en el mayor problema de Estado para el General de Gaulle.

La mecha estaba encendida y los disturbios y provocaciones se sucedieron en otras ciudades contagiadas por el síndrome de Estrasburgo. El panfleto de Kahayati vio varias reimpresiones y su número de copias ascendió a las 300,000. En Nantes, Yvon Chotard, miembro de la Asociación General de Estudiantes de Nantes (AGEN-UNEF), fue quien se encargó de hacerlo circular por las facultades de la Universidad. *Sobre la miseria de la vida estudiantil* había caído en sus manos gracias a Gabriel Cohn-Bendit, veterano del anarquismo estudiantil y hermano mayor del famoso Danny Cohn-Bendit, y la lectura de aquel efervescente panfleto lo había animado a buscar a los pro-situ estrasburgueses y a hacerse amigo de Debord. Inspirado por la retórica situacionista, Chotard logró la complicidad de los anarquistas de Force Ouvrière para infiltrarse en la burocracia estudiantil y promover el mismo tipo de acciones que habían sacudido la Universidad de Estrasburgo: cerrar el centro de atención psicológica y ocupar las residencias estudiantiles. Para noviembre de 1967, el tema de las residencias había adquirido importancia capital en Nantes. Juvenal Quillet, otro estudiante pro-situ y futuro amigo de Debord, se postuló para el Consejo de residentes de las ciudades universitarias con un programa que incluía la lucha conjunta con los sindicatos obreros, la supresión de los reglamentos internos de las residencias y la ampliación de los márgenes de libertad del estudiante. Quillet salió elegido en diciembre y casi desde ese mismo momento los estudiantes empezaron a tomarse las residencias. Si la vida del estudiante era miserable, quizás el sexo lograría hacerla tolerable. El 14 de diciembre, miembros de la AGEN de Chotard ocuparon la Cité Chanzy y distribuyeron un folleto en el que denunciaban el paternalismo de la institución y la falta de libertad del estudiante para controlar su vida. El 18 de diciembre la Cité Casternau fue ocupada y el 23 de enero de 1968 se repitió la escena en la Cité Launay-Violette. Todos estos asaltos concluyeron el 14 de febrero con la ocupación de la Rectoría y fuertes disturbios en las calles de la ciudad.

En la toma de la Rectoría de la Universidad de Nantes también participó uno de los protagonistas indirectos de Mayo del 68, Gérard Bigorgne, miembro de los *Enragés* de la Universidad de Nanterre. El grupo de los *Enragés*, con René Riesel a la cabeza, se había formado a principios de 1968 para protestar por la presencia policial en la universidad. Sus fuentes de inspiración habían sido la lucha de los estudiantes alemanes del SDS, y estridentes consignas como "Tomar los deseos por realidades" o "Borrar la diferencia entre diversión y política". No fue casual que todas estas reivindicaciones destilaran el efluvio de la vanguardia artística. Riesel era amigo de Debord y estaba ampliamente influido por el situacionismo, y también invocaba la violencia como antídoto contra el reformismo y sabía, como Saint Just, que una vez estallada la ira, no había vuelta atrás; la violencia transformaría total y absolutamente la sociedad o sería la tumba del revolucionario.

Los *enragés* René Riesel, Patrick Cheval y Gérard Bigorgne se entregaron al máximo para generar el mayor desorden posible en la universidad, interrumpiendo las clases, lanzando tomatazos, repartiendo panfletos y decorando los muros con graffitis. Finalmente, el 22 de marzo de 1968 realizaron su acción más osada, la ocupación del edificio administrativo de Nanterre. Los *Enragés* no fueron los únicos que participaron en esta toma. Diversos grupos izquierdistas hicieron parte de esta acción con la que reclamaban la liberación de Xavier Langlade y de otros estudiantes, arrestados dos días antes durante una manifestación contra la guerra de Vietnam frente a la sede de American Express. Aquel episodio fue el alumbramiento del Movimiento 22 de marzo y la gran apoteosis de Daniel Cohn-Bendit. Desde entonces, aquel estudiante pelirrojo con dotes de orador y provocador se convertiría en la cabeza más visible de todo lo que estaba por suceder. Mientras Cohn-Bendit afianzaba su liderato entre los estudiantes durante la ocupación, los *Enragés* daban su propia lucha en contra de los estalinistas que habían tomado parte en la sublevación. Al comprobar que las otras facciones no estaban dispuestas a expulsarlos, ellos mismos decidieron abandonar el edificio, no sin antes dejar las paredes cubiertas con dos lemas debordianos: "*Ne travaillez jamais*" y "El aburrimiento es contrarrevolucionario". Fue el antecedente de los famosos lemas que animarían las revueltas de Mayo del 68.

A pesar de que Cohn-Bendit frecuentaba el ambiente libertario de la universidad y se relacionaba con la publicación anarquista *Noir et Rouge*, no sería exacto afirmar que fuera *sólo* un anarquista. Sus influencias teóricas eran muchas, e iban desde las críticas trotskistas a la sociedad soviética hasta los análisis de Marcuse de la sociedad moderna, pasando por el maoísmo que defendía las alianzas con las masas campesinas, las estrategias de provocación de los estudiantes alemanes y la irreverencia dadaísta. También fue un lector de Vaneigem y de la *Internationale Situationniste* y sus ideas indudablemente lo marcaron. "La insignificante vida de ayer ha quedado atrás; adiós a la lúgubre oficina, al aburrimiento del minúsculo apartamento con una minúscula televisión y afuera una minúscula calle con un minúsculo auto; adiós a la repetición, a los gestos estudiados, a la reglamentación y a la falta de júbilo y deseo",[156] dejó consignado en un libro que escribió a cuatro manos con su hermano, al poco de terminar los disturbios del 68. El antecedente que claramente lo predestinó a convertirse en el icono de Mayo del 68 fue interrumpir a François Missoffe, ministro de Juventud y Deporte de De Gaulle, para preguntarle durante la inauguración de una piscina en Nanterre por qué había soslayado el tema de la sexualidad en su reciente libro sobre la juventud. Con aquel

---

[156] Cohn-Bendit, D. y G. Cohn-Bendit, *Obsolete Communism. The Left-Wing Alternative* (1968), McGraw-Hill, Nueva York, 1968, p. 79.

acto demostró que tenía la solvencia dadaísta para sabotear los actos solemnes y que entre sus preocupaciones, como en las de todos los jóvenes de su generación, el sexo tenía un lugar protagónico. Para cuando Cohn-Bendit interpeló a Missoffe, los estudiantes ya habían violado la prohibición de entrar en las residencias femeninas y estaban replicando las experiencias de Estrasburgo y Nantes. Cohn-Bendit no participó en las ocupaciones pues una pensión de 700 marcos, heredada de su madre, antigua funcionaria del Estado Alemán, le permitía darse el lujo de alquilar un apartamento en París, pero las apoyó y también apoyó las otras que condujeron a la detención de Langlade y a la ocupación del edificio administrativo de Nanterre.

Como resultado de todos estos acontecimientos, el *enragé* Bigorgne fue expulsado durante cinco años de todas las universidades de Francia y otros ocho estudiantes, entre ellos Riesel y Cohn-Bendit, tuvieron que enfrentarse al Consejo de Disciplina de la universidad. Para el 6 de mayo, día de su audiencia, Nanterre ya había sido cerrada y ocupada por la policía, y los disturbios estudiantiles se habían desplazado al Barrio Latino y luego a la Sorbona. De ahí en adelante la historia es de sobra conocida: en las noches del 10 y el 11 de mayo se forman barricadas, la policía evacua la universidad y los estudiantes se toman las distintas facultades. Y en medio de los tumultos, *enragés* y situacionistas (entre ellos Debord) se mezclan con los estudiantes para entrar a la Sorbona y liderar el Comité de Ocupación, el encargado de mantener la universidad bajo control estudiantil.

El 14 de mayo, instalados en la sala Jules Bonnot, formaron el comité Enragés-Internacional Situacionista y dieron prueba de su radicalidad con comunicados como este: "La violencia ya ha cerrado la boca a los pequeños jefes de grupúsculos; la sola contestación de la Universidad burguesa es insignificante, cuando *toda esta sociedad es la que hay que destruir*".[157] Debord no había olvidado la lección aprendida con el golpe de Estado en

---

[157] Dumontier, P., *Les situacionistes et mai 68. Theorie et Pratique de la Revolution (1966-1972)*, Editions Ivrea, París, 1995, p. 116.

Guatemala. Si se dejaban cimientos que pudieran asentar de nuevo las instituciones burguesas, la revolución se convertía en un espectáculo que debilitaba al revolucionario y fortalecía a su enemigo. En una carta dirigida a los situacionistas y a los camaradas afines, escrita en medio de aquellas acaloradas jornadas, dejó en claro sus propósitos: el cierre definitivo de la universidad, la ocupación de las fábricas y la crítica total a todas las formas de alienación. Tal radicalismo debilitó su influencia entre los estudiantes de la Sorbona, que no tenían intención de quedarse sin sus títulos de licenciatura, y el Comité de Ocupación que lideraba Riesel perdió protagonismo. Luego de tres días de encierro, *enragés* y situacionistas dejaron la universidad y partieron en busca de los sectores obreros.

Vaneigem, que curiosamente prefirió disfrutar de una tranquila semana de vacaciones en medio del frenesí revolucionario (lo cual, desde luego, hace que uno se pregunte si incluso ellos se tomaron su revolución en serio), volvió a París cuando los situacionistas se hallaban instalados en la rue d'Ulm e intentaban establecer consejos obreros por toda la ciudad. Habían emprendido esta misión inspirados en el mandato debordiano de involucrar al proletariado en el levantamiento social. Su estadía en la Sorbona había afianzado su desconfianza en el poder revolucionario del estudiante. Eduardo Rothe, un ex comunista venezolano que acabó involucrado con los situacionistas en las ocupaciones de mayo y que luego, en 1969, fue miembro de la sección italiana, recordaba que el peor insulto para ellos eran las palabras "estudiante", "artista" o "militante". La fuerza revolucionaria estaba en las fábricas y por eso conformaron otro comité encargado de establecer contacto entre los distintos centros tomados por obreros. Hasta el 15 de junio, el comité publicó cómics desviados y carteles pidiendo el fin de la universidad, una sociedad sin clases y todo el poder para los consejos obreros. Luego vino la arremetida de las fuerzas del orden, la evacuación de la Sorbona y el final de la aventura revolucionaria. Los chorros de agua que limpiaron las calles también se llevaron la ilusión de una victoria situacionista. La revolución lúdica y carnavalesca que reivindicaba el sexo, el antiautoritarismo y la revolución de la vida cotidiana, liderada, además, por estudiantes y obreros, se había materializado de la forma figurada en los escritos más optimistas de Khayati, Vaneigem y Debord, pero aquel triunfo había estado lejos de derribar la sociedad. Bajo los adoquines sí estaba la playa, pero la playa y todos los valores hedonistas que invocaba no contradecían ni ponían en riesgo al capitalismo ni a la burguesía. La revolución fue, por eso, parcial. Afectó los márgenes de libertad individual, abrió espacios insospechados para la expresión del yo, reblandeció las jerarquías, evaporó tabúes y legitimó el hedonismo, la irreverencia, la frivolidad y la humorada, pero no forjó una nueva era sin patronos ni burgueses. La izquierda rechazó el ascetismo comunista, se hizo hedonista y se contentó con transformar la vida privada de las personas. Volcados en la remodelación de la existencia, empecinados en que el mayor obstáculo para la expresión de las pulsiones era el trabajo, la sociedad, el Estado y la masa, la Nueva Izquierda europea y norteamericana se desentendió del ámbito público y se dedicó a explorar el alma, la identidad, la alienación, los prejuicios, el micropoder, las narrativas, los discursos, los sujetos (coloniales, postcoloniales, subalternos), la represión, el cuerpo, las estructuras mentales, la comunicación, el lenguaje, el *habitus*… todos los temas que se convertirían en la obsesión de la izquierda académica, protagonista indiscutible del segundo tiempo de la revolución cultural.

¿Y qué pasó con Debord y la Internacional Situacionista? A pesar de volverse famosa y, según el venezolano Rothe, recibir 4,000 cartas de personas deseosas de ingresar en ella, la organización no supo qué hacer con su éxito. El último número de su revista salió en septiembre de 1969, con un parte de victoria. En él afirmaban que el movimiento de ocupaciones había sido una muestra evidente del rechazo al trabajo alienado. A través de la fiesta y el juego, el hombre, por fin, había tenido una presencia real en el tiempo. Todos los sucesos de mayo manifestaban el claro "rechazo de toda autoridad, de toda especialización, de toda desposesión jerárquica; rechazo del Estado y por tanto, de los partidos y de los sindicatos, así como de los sociólogos y de los profesores, de la moral represiva y de la medicina".[158] En un libro posterior, titulado *La verdadera escisión en la Internacional Situacionista*, Debord llegó incluso a decir que, tras los sucesos del 68, una nueva generación comenzaba a ser por fin situacionista. Aquel libro, escrito en 1972 con ayuda del último situacionista que permaneció a su lado, el italiano Gianfranco Sanguinetti, era, también, un acta de defunción del movimiento en el que había pasado de ser un joven bebedor a un hombre alcoholizado. Con esta publicación decía adiós a más de dos décadas de aventura, conspiración y borracheras. Una nueva generación sería situacionista, pero ya no habría situacionismo.

Para ese entonces Debord se había divorciado de Michelle Bèrnstein y vivía en Champot, un pueblito de Haute-Loire, con Alice Becker-Ho, su nueva esposa. Según Andy Merrifield, autor de una breve biografía sobre el situacionista, su inesperada renuncia a la vida moderna, a la ciudad y a la conspiración revolucionaria le dio tiempo para repasar libros sobre temas bélicos: Clausewitz, Maquiavelo, Sun Tzu, Tucídides. Pero su verdadera guerra, la que dio contra el espectáculo, lo obligó a deponer las armas e imponerse a sí mismo un régimen de pasividad y silencio. Ésa era la única arma eficaz para vencer a su poderoso enemigo, la inercia, morir para el mundo y borrar todas las huellas dejadas en los lugares recorridos, pues todo acto que tuviera impacto en la sociedad, sobre todo los revolucionarios, inevitablemente producía conmoción, noticia, titulares y espectáculo.

Guarecido en su refugio campestre, Debord siguió despertando el interés de jóvenes revolucionarios de medio mundo, y también de la *Direction de la Surveillance du Territoire* francesa, que vigiló su casa sospechando vinculaciones con la banda Baader-Meinhof y las Brigadas Rojas. El 30 de noviembre de 1994, Debord puso fin al espectáculo de forma radical y efectiva. Tenía 62 años y las terminaciones nerviosas del cuerpo quemadas. La

---

[158] "El comienzo de una época", en: *Internacional situacionista*, núm. 12, septiembre de 1969, p. 534.

neuritis periférica, una enfermedad asociada al exceso de alcohol, le estaba haciendo imposible la existencia. Para acabar con el infatigable dolor, apoyó el cañón de su pistola contra el pecho, cerró los ojos y disparó directo al corazón.

De las calles a la televisión: la revolución de los yippies 1967-1969. Nueva York, Chicago

A mediados de los sesenta el Lower East Side de Manhattan era una zona de edificios ruinosos. Los inquilinos de los apartamentos tenían que luchar —o resignarse a convivir— con las cucarachas y al asomarse por las ventanas veían cómo, por turnos, los andenes se poblaban de ratas que revoloteaban entre la basura acumulada o de yonquis que esperaban su camello. El inglés era un idioma extraño. Predominaba el español, sobre todo el acento pegajoso y frenético de Puerto Rico, que retumbaba en las habitaciones atestadas por familias con más de dos o tres hijos. Los bajos arriendos, sin embargo, compensaban la absoluta falta de comodidades y oleadas de jóvenes desheredados, alienados y rebeldes empezaban a migrar al barrio desde las cuatro esquinas de Norteamérica.

Entre la movilización juvenil destacó un joven de origen judío y pelo ensortijado, que había estudiado psicología en la Universidad de Brandeis y luego, como tantos otros estudiantes insatisfechos de los sesenta, se había vinculado a los movimientos de derechos civiles y a las plataformas que se oponían a la guerra de Vietnam. Su nombre era Abbie Hoffman y se había instalado en el Lower East Side para montar la primera de una serie de Liberty Houses, tiendas que ofrecían productos de las cooperativas de Misisipi. La iniciativa la había lanzado la SNCC (Student Nonviolent Coordination Committee), una organización que luchaba por la igualdad entre blancos y negros liderada por Stokely Carmichael.

Aunque la tienda empezó a funcionar con éxito, el radicalismo de Carmichael y la retórica del poder negro no tardaron en generar tensiones entre los voluntarios blancos. Hoffman protestó: en Estados Unidos, a pesar del racismo, la mayoría de los pobres eran blancos, luego la idea de circunscribir las luchas por los derechos a una sola raza se le antojaba absurda. El nacionalismo negro le parecía contraproducente, no porque Hoffman fuera un universalista o creyera que se debía forjar una cultura rica y compartida, sino porque también él quería fundar su propia familia. Una familia no delimitada por el color de piel, sino por las franjas generacionales.

Por aquel entonces los *baby boomers* que habían nacido después de la Segunda Guerra Mundial llegaban a los 20 años de edad. Eran, además, multitud: 76 millones repartidos a lo largo y ancho de Estados Unidos, unos 30 millones más de lo que habían predicho los cálculos demográficos. Hoffman no pertenecía a esa generación —había nacido en 1936— pero conservaba el espíritu juvenil y un instinto de líder que le permitiría convertirse en el ídolo de todos esos jóvenes sin raíces, desorientados y necesitados de un nuevo nicho familiar.

Allí donde se mirara, bien fuera en St. Marks Place, en el Gem Spa, en la Peace Eye Bookstore, en la Psychedelicatessen —primera tienda de parafernalia marihuanera de Nueva York— o en el Fillmore East de Bill Graham, sólo se veían jóvenes que intentaban vivir libremente, emancipados de los rituales familiares y de las demandas del sistema productivo. A pocas cuadras del destartalado apartamento de Hoffman se editaban publicaciones contraculturales como *The Realist*, de Paul Krassner, o el *East Village Other*. Janis Joplin, The Greatful Dead y Jimi Hendrix hacían escala en el Fillmore East para dar conciertos cada vez que pasaban por Nueva York. Jim Morrison, al frente de The Doors, cantó en ese mismo escenario "Padre, te quiero matar", la temeraria estrofa de *The End* que anticipaba las amenazas que luego el mismo Hoffman lanzaría a la generación de sus padres. El barrio empezaba a cambiar de dueño. Ahora eran los jóvenes quienes se apropiaban del espacio público. Estaban ahí, conociéndose, caminando, viendo pasar la vida ante sus ojos y dejándose crecer el pelo, toda una declaración de intenciones que en aquel contexto y en aquel año de 1967 significaba "no voy a trabajar, no me voy a adaptar al sistema". Todo parecía ser indicio de que una nueva generación, por fin, materializaba el sueño de la vanguardia y decidía jugar en vez de trabajar, regresar a la niñez purificadora y tener una vida apasionada. Con el instinto a flor de piel y desentendida de los vicios de Occidente, del Estado autoritario, de la rutina, de toda imposición externa y con el azar y la espontaneidad como únicas premisas para afrontar la vida, esta generación parecía alcanzar las cotas de libertad ambicionadas por Stirner.

Así surgió el hippismo, como el producto de una compleja herencia que emparentó al anarquismo y a la vanguardia artística, y que fue tomando forma aleatoria en las calles de San Francisco, Berkeley y el Lower East Side. El término designaba, simplemente, lo que hacían los jóvenes como Abbie Hoffman: fumar marihuana, tomar LSD, experimentar con el sexo, estar en la calle, ir a conciertos de rock y organizar a la comunidad para estrechar los lazos y convertirla, poco a poco, en una gran familia. A esta labor dedicó Hoffman todas sus energías tras romper con la SNCC; empezó a recorrer el barrio, a hablar con la gente, a solucionar los problemas de los inquilinos, a reunirse con las distintas comunidades raciales, a sacar gente de la cárcel, a establecer albergues, a atender malos viajes de ácido, a abrir una Free Store, a plantar árboles y, entre muchas otras cosas, a organizar escuadrones de limpieza para dejar impecables las calles. Todo esto, desde luego, procurando generar un sentido de comunidad similar al que forjaron los Diggers en el Haight-Ashbury. El mismo sueño de una comunidad utópica, al margen del resto de la sociedad, animaba las actividades de Hoffman. Tanto así, que también él y sus amigos empezaron a ser conocidos como los Diggers de Nueva York, apodo al que hicieron honor adaptando y refinando las técnicas del teatro revolucionario y del sabotaje cultural que con éxito habían practicado sus referentes de San Francisco.

Al igual que los *free men*, la comunidad utópica de Hoffman y sus seguidores estaba inspirada en el ideal anarquista de libertad absoluta. *Do-your-own-thing*, haz tu cosa, ése era el lema que resumía su actitud ante la vida. Como parte de su proyecto pretendían que el arte reemplazara al trabajo y el teatro a la política. Los habitantes del barrio se tomarían las calles descalzos y con las caras pintadas para participar en *be-ins, sing-ins* o cualquier otro evento que sirviera como excusa para reunirse y compartir el inagotable tiempo libre. Bajo estas premisas, la vida se fue haciendo pública y actividades como comer, drogarse o hacer el amor dejaron de confinarse al espacio íntimo. Ahora se hacían a la vista de todos, como parte de una sublevación que empezaba alterando el ámbito privado y rechazando el entramado económico, legislativo, judicial y laboral del sistema.

La forma de vivir, el atuendo y el aspecto eran una manera de posicionarse políticamente ante la sociedad. Dejarse crecer el pelo y la barba era la señal más clara de compromiso. A diferencia de muchas otras desviaciones de la norma social, como el homosexualismo o el consumo de drogas, los cambios físicos y el atuendo extravagante no se podían disimular. No había clóset que los ocultara. Presentarse ante los demás sin velos, manifestando abiertamente lo mucho que despreciaban a la sociedad, reforzaba la sensación de compromiso con una nueva actitud existencial; también sensibilizaba ante cualquier presión de los adultos, la policía o las instituciones que supusiera coacciones a la expresión de su individualidad.

Durante esos días agitados apareció por el Lower East Side otro joven judío y barbudo, casi dos años menor que Hoffman, que había intentado, medio en serio medio en broma, hacerse con la alcaldía de Berkeley. Se llamaba Jerry Rubin y durante 1964 había sido una de las figuras más visibles del Free Speech Movement. Ese mismo año había viajado clandestinamente a Cuba y, rendido ante el implacable hechizo del Che Guevara, quiso quedarse para ayudar a fundar el socialismo caribeño. Si no lo hizo fue porque el mismo Guevara le recordó lo afortunado que era al poder hacer la revolución en el "vientre de la bestia". Así, Rubin regresó a Berkeley y destinó todas sus energías en la lucha contra la guerra de Vietnam. Durante ese período demostró tener alma de provocador y gran facilidad para convocar gente y adoptar las tácticas del teatro revolucionario. Cuando la Casa de Actividades Antiamericanas lo citó a declarar debido a las sospechas que levantó su activismo antibélico, Ronnie Davis, el fundador de la San Francisco Mime Troupe, lo convenció de presentarse disfrazado de soldado de la revolución americana. Su mente alborotada vibraba en la misma frecuencia que la de Hoffman y el inevitable encuentro de los dos revolucionarios fue celebrado como la unión del Fidel Castro y del Che Guevara de la contracultura americana.

Como tantos otros jóvenes hedonistas e individualistas influidos por el eco de la Revolución cubana y los gurús de la época —Wright Mills, Marcuse, Reich, Leary—, Rubin y Hoffman estaban convencidos de que Estados Unidos transitaba hacia la perdición moral y el totalitarismo tecnoburocrático. Aunque se les acusó de serlo, afirmar que fuesen antiamericanos no era del todo exacto. Hoffman y Rubin estaban en contra del gobierno, pero no porque odiaran a su país sino porque creían que estaba en malas manos. Para ellos, como en general para toda la Nueva Izquierda, el Mal se había encarnado en Washington, en las corporaciones, en la burocracia, en Wall Street y, por encima de todo, en el Pentágono. La consecuencia de ese inexplicable descarrilamiento de fuerzas malignas era el imperialismo, la guerra de Vietnam, la explotación del Tercer Mundo. Al igual que el Tea Party contemporáneo, todos estos jóvenes querían recuperar su país, arrebatárselo a quienes veían como malhechores encubiertos y desmantelar todo el sistema institucional y estatal para devolverle el control de sus vidas a la gente, a the people, el último reservorio de pureza que quedaba en Norteamérica.

Afectados por esta visión tenebrosa del destino estadounidense, los Diggers neoyorquinos no tardaron en pasar del activismo comunitario al sabotaje cultural. La fuerza histriónica de Hoffman y de Rubin, sumada al profundo convencimiento de estar obrando por la causa correcta, les hizo perder cualquier sentido del ridículo y el poco respeto que aún tenían por la autoridad convencional. Para lanzar su revolución contaban con las tácticas del teatro radical; también con un arma secreta hasta entonces ignorada por las vanguardias radicales. Rubin y Hoffman eran adictos a la televisión y a la cultura de masas, y sabían que todo lo que se hacía ante las cámaras tenía una repercusión inmediata en miles de hogares. En Estados Unidos había más televisores que inodoros. Si se quería conectar con la juventud alienada, lo más efectivo era trasmitir su mensaje por las pantallas. Lejos quedaban los días de conspiraciones secretas y de pasquines mal impresos. Todo eso, comparado con el poder de la televisión, era obsoleto y anacrónico. Si se teatralizaba la revolución, si se convertía en espectáculo y se promocionaba de la misma forma en que se promocionaba un champú o un detergente, entonces habría una posibilidad de aglutinar a toda la juventud del país en torno al mensaje hippie.

La primera vez que los Diggers pusieron en práctica el teatro revolucionario lejos del Lower East Side fue en el verano de 1967. Ya habían consolidado una comunidad hippie en su barrio, y ahora estaban preparados para salir de su territorio y a cortar la primera de las tres cabezas de la Bestia: Wall Street. Como cualquier turista, Hoffman solicitó una visita guiada a la Bolsa de Nueva York. El que hubiera usado como pseudónimo el nombre de George Metesky, un loco que plantó bombas por todo Nueva York durante los años cuarenta y cincuenta, no fue inconveniente. Con 300 billetes de un dólar en los bolsillos, él, Rubin y otro grupo de especialistas en teatro revolucionario entraron al templo del capitalismo y, tan pronto vieron cámaras, armaron escándalo y empezaron a lanzar puñados de billetes a la galería de operaciones financieras. Atraídos por la algarabía, los corredores de bolsa suspendieron sus actividades y se arremolinaron como niños bajo la suculenta lluvia de billetes. Rubin y Hoffman paralizaron por unos minutos el corazón del capitalismo mundial. No fue lo suficiente para asfixiarlo, pero sí, al menos, para sentir que habían ganado su primera batalla. Al salir a la calle, felices y exultantes, quemaron billetes y posaron para los periodistas. Su pequeña gran gesta, magnificada por el efecto de los medios de comunicación, los convertía en los nuevos profetas de la rebelión juvenil.

El éxito de su hazaña los hizo plantearse objetivos más elevados. Sumándose a la gran marcha antibélica organizada por el Comité Nacional de Movilización para acabar la Guerra de Vietnam, del que Rubin era figura destacada, Hoffman quiso poner en escena otra pieza de teatro revolucionario. La manifestación la organizaron David Dellinger y el mismo Rubin y la programaron para el 21 de octubre de 1967, frente al Pentágono. Escogieron este edificio porque, además de ser el símbolo absoluto del Mal para los nuevaizquierdistas, era el lugar donde, según ellos, se concentraba más poder en la Tierra y se planeaba la explotación y la muerte de miles de inocentes en el Tercer Mundo. Como si esto fuera poco, se trataba del edificio más grande de oficinas y, por lo tanto, la más grande fábrica de burócratas y mentes alienadas. Norman Mailer, Paul Goodman, Robert Lowell, Dwight MacDonald y Ed de Grazia fueron los oradores que animaron dos días antes a los activistas en el teatro Ambassador de Washington. En medio de la desbordante planificación de la marcha, que reunió a diversas plataformas y colectivos antibélicos que incluían representantes religiosos, grupos de negros y asociaciones feministas, Hoffman no descuidó un solo detalle del *happening* que tenía en mente. Si el Pentágono era la encarnación del Mal, lo apropiado era convertir la manifestación en una gran ceremonia de exorcismo. 1,200 hippies, tomados de las manos, debían rodear el Pentágono para hacerlo levitar. Suspendido en el aire, el edificio cambiaría su tono gris concreto por un naranja esplendoroso y, entonces, según el vaticinio de Hoffman, acabaría automáticamente la guerra.

El éxito del *happening* estaba garantizado de antemano. Hoffman había puesto en marcha una campaña de autopromoción sin precedentes entre los vanguardistas: había reclutado en St. Marks Place a un grupo de mujeres para que se disfrazaran de bruja e inundaran los platós de televisión anunciando el evento. También filtró la noticia de una supuesta droga, inventada por científicos a su servicio, que producía incontenibles ganas de hacer el amor. Ante tanta propaganda y desinformación, la prensa estaba expectante y cualquier movimiento de Hoffman y su grupo iba a ser seguido y captado al instante por las cámaras.

El día de la marcha, disfrazado de indio y con una dosis de LSD en la cabeza, Hoffman corrió entre la multitud tratando de burlar los cordones policiales y llegar al Pentágono. Allen Ginsberg lo animó con sus cánticos tibetanos. Ed Sanders y su grupo The Fugs, que minutos antes habían estado tocando, iniciaron el rito de exorcismo gritando "¡Fuera demonios, fuera!". Mientras tanto, los miembros del Frente de Liberación Nacional agitaban banderas del Vietcong, Norman Mailer seguía el ritmo de los coros con el pie, Noam Chomsky se estrenaba como manifestante y multitudes de jóvenes se lanzaban en carrera a estrellarse con las porras de los policías. Desde los tiempos de los *cowboys* no había tanta aventura en Norteamérica. Escritores como Mailer o Wolf ya no tenían que inventar grandes gestas ocurridas en geografías distantes y exóticas. Con que narraran aquellos eventos en los que participaban era suficiente. Si la generación beat volcó sobre el papel sus propias aventuras, el Nuevo Periodismo volcó las de sus amigos de la contracultura estadounidense: consumidores de LSD, Ángeles del Infierno, hippies, revolucionarios culturales.

Después del éxito mediático logrado ante el Pentágono, Hoffman y Rubin afilaron sus espadas para ir en busca de la tercera cabeza de la Bestia: el gobierno de Estados Unidos encarnado en la figura del presidente Lyndon B. Johnson. Había un motivo para arremeter con toda la fuerza de la imaginación y la ironía contra Johnson. Durante su mandato, en lugar de vislumbrarse el final de la guerra, se habían aumentado las maniobras bélicas en Vietnam. El desencanto de la Nueva Izquierda en general, y de los jóvenes en particular, hacia Johnson, convirtió en blanco perfecto la convención que debía celebrar su partido —el Demócrata— en agosto de 1968 para escoger candidato presidencial.

La idea de atacar la convención demócrata se les ocurrió a Hoffman, a Rubin, a sus respectivas novias y a Paul Krassner mientras celebraban el 31 de diciembre de 1967. A lo largo de una noche anublada por la marihuana, decidieron cambiarse el nombre de hippies por yippies, que era menos mediático y más sonoro y parecía un grito de alegría o la erupción de euforia de un niño dando botes por el suelo. ¿En que se iba a diferenciar un yippie de un antiguo hippie? La respuesta era muy simple. Un yippie era un hippie politizado; mejor aún, era un hippie que viajaría a Chicago a protestar contra Lyndon Johnson en la convención del Partido Demócrata.

Yippies, como nombre, era perfecto. No sólo parecía un grito infantil similar a dadá, sino que servía como acrónimo de Youth International Party (Partido Internacional de la Juventud), el partido que aglutinaría a todos los jóvenes de Norteamérica que desearan enfrentarse al sistema y abogar por nuevos valores —el ocio, el hedonismo, la psicodelia, la renuncia a una carrera y a competir en la sociedad—, que despreciaran las instituciones educativas y el intelectualismo abstracto, y que veneraran el fuego purificador que arrasaría universidades, escuelas y viejas formas de vida aburridas y planificadas. En abril de 1968, antes de viajar a Chicago, los yippies se unieron a la toma de la Universidad de Columbia instigada por los enfrentamientos raciales y, encerrados en la Facultad de Matemáticas, ayudaron a Mark Rudd, líder de los Students for a Democratic Society, y a los Motherfuckers, la última vanguardia radical norteamericana, a mantener el control de la ocupación. Luego viajaron a Chicago, donde designaron a un cerdo llamado Pigasus como candidato a la presidencia de Estados Unidos, amenazaron con rociar LSD en el acueducto local y organizaron un Festival de la Vida que acabó en una batalla campal sin precedentes en Estados Unidos. Todo esto al estilo Hoffman y Rubin: con cámaras de televisión rodando en directo y trasmitiendo en *prime time* las asonadas de los jóvenes y la desmedida reacción de la policía.

Los disturbios empezaron en el Lincoln Park, donde Hoffman quiso organizar un campamento para alojar a los miles de jóvenes que se habían desplazado hasta Chicago. El alcalde

Daley había dado autorización para que los MC5 dieran un concierto en el parque, nada más, lo cual significaba que los jóvenes debían desalojar la zona tan pronto acabara el espectáculo. Pero el ambiente estaba tan cargado que no tardaron en verse las primeras porras surcando el aire y desportillando cráneos. Desde ese momento los acontecimientos se precipitaron: los jóvenes se empecinaron en quedarse en el parque, las fuerzas del orden se sintieron desafiadas y a los pocos minutos padres de toda Norteamérica veían en directo cómo la policía embestía sin conmiseración contra sus hijos.

Durante los siguientes dos días se recrudecieron los enfrentamientos. Fueron especialmente feroces el 28 de agosto, cuando los manifestantes trataron de marchar por la avenida Michigan. El ubicuo Allen Ginsberg lanzó buenas vibraciones krishnas desde un altavoz, que de poco sirvieron: el ambiente era de guerra y la ciudad acabó convertida en campo de batalla. Rubin, Hoffman y varios otros organizadores de las protestas —Tom Hayden, David Dellinger, Ronnie Davis, Lee Weiner y John Froines— fueron arrestados. Los demócratas eligieron a Hubert Humphrey como candidato a la presidencia en un ambiente de caos y escándalo mediático que permitía presagiar el triunfo de Richard Nixon, el candidato republicano, en las elecciones del 5 de noviembre. Pero fue cuando acabaron los disturbios que empezó el verdadero espectáculo. Los siete activistas antisistema —ocho, si se cuenta a Bobby Seale, líder de las Pantera Negras que pasaba por Chicago y acabó enjuiciado; o diez, si se cuenta a los dos abogados que defendieron a Rubin y compañía— acabaron en los tribunales, convirtiéndose en los famosos 7 de Chicago. El grupo tuvo que enfrentar varios cargos, entre ellos traspasar los límites del Estado para incitar a la rebelión pero, finalmente, después de tres años de juicios y apelaciones, acabaron absueltos. A pesar de lo que podría parecer, el juicio fue para los yippies cualquier cosa menos un tormento. Aquellas comparecencias ante el juez —que paradójicamente también se apellidaba Hoffman— fueron una ocasión inigualable para divertirse, desafiar al sistema y, como habían hecho antes los rebeldes alemanes, lucirse ante un escenario de jóvenes en busca de héroes iconoclastas.

Desde las cuatro de la mañana, envueltos en mantas para contrarrestar el frío de octubre, decenas de jóvenes hacían fila a las puertas de la corte para ver a sus ídolos burlarse del sistema judicial. El espectáculo valía la pena. Antes de que iniciara el juicio, el padre de Hoffman le había enviado una sensata carta apelando a su sentido del decoro. Le pedía que se comportara a la altura de las circunstancias, pues al fin y al cabo "las cortes de nuestra tierra son aún nuestra forma de justicia, y cuando pierden su respetabilidad no nos queda nada".[159] Pero para Hoffman la voz de su padre era la voz del gobierno, así que hizo lo contrario de lo que le pedía. La corte se convirtió en su teatro. Disfrazándose de beisbolista o vistiendo una toga de juez, negándose a seguir los rituales del juicio o lanzándole besos volados al jurado, llevando tortas o banderas del Vietcong, demostró su total incredulidad hacia el sistema. Esa rebeldía, mezclada con desplantes cómicos e injustos atropellos cometidos por el juez Hoffman, lo catapultó a él y a Rubin a la fama y sembró la semilla de una actitud herética, refractaria a toda autoridad, que durante el segundo tiempo de la revolución cultural convencería a muchos jóvenes de que la forma más depurada de inteligencia era el sarcasmo y el cinismo. Al igual que Andy Warhol, los yippies se convirtieron en estrellas mediáticas, y su éxito contribuiría a que los valores de la contracultura y la vanguardia emergieran a la superficie de la sociedad. Lo que antes habían sido ideas y actitudes subversivas, dejaban de serlo y empezaban a transformarse en mercancía televisiva y en un estilo de vida subversivo que millones de personas alrededor del mundo podían consumir. Como advirtió Eric Hobsbawm, "los rebeldes que se opusieron a las convenciones y restricciones compartían los supuestos en los que se asentó la sociedad de consumo masivo".[160]

---

[159] Hoffman, A., *The Autobiography of Abbie Hoffman* (1980), Four Walls Eight Windows, Nueva York, 2000, p. 186.

[160] Hobsbawm, E., *The Age of Extremes. A History of the World, 1914-1991* (1994), Vintage Books, Nueva York, 1996, p. 334.

Pero este no fue el peor legado de los yippies. Al igual que los letristas parisinos, Hoffman quiso convertir a la juventud en una nueva clase social revolucionaria. Incluso soñó con crear una nueva nación, la Nación Woodstock, compuesta por los jóvenes alienados de la sociedad estadounidense, que tendría su propia bandera —una hoja de marihuana sobre una estrella roja y fondo negro— y acogería a una población amenazada por el sistema, pues ellos, al igual que los vietnamitas, al igual que los sioux que personificaba Hoffman en sus happenings, eran "una revolución cultural emergente [...] y una nación sitiada".[161] Hoffman y Rubin se habían identificado con las víctimas de la sociedad para legitimar una reacción violenta: "Nosotros, los hijos de la clase media, nos sentimos negros, indios, vietnamitas, los excluidos de la historia amerikana".[162] Ser indio o negro ya no era algo excitante y real, como para Kerouac; ahora significaba estar amenazado. Y algo similar parecía sentir el Revolutionary Youth Movement I, la facción más radical del SDS que pasó a la clandestinidad tras las revueltas y el juicio de los yippies en 1969, convertida en la organización terrorista Weather Underground.

Porque mientras Rubin y Hoffman desafiaban al sistema con su irreverencia en el juicio de los 7 de Chicago, afuera, en las calles, los recién formados Weathermen daban sus primeros pasos en el vandalismo callejero antes de emprender la lucha armada. Los disturbios producidos por John Jacobs y sus seguidores mientras el juez Hoffman conducía las audiencias pasaron a la historia como Los Días de Rabia. Una vez más, el terrorismo cultural desembocaba en terrorismo real.

Fue también en 1969 que Theodore Roszak publicó *The Making of a Counterculture*, un libro en el que anunciaba entusiasmado el inicio de una nueva forma de sublevación. La revuelta, según decía, tendría lugar cada mañana, pero no en las fábricas ni en las calles, no mediante las luchas obreras ni los motines

---

[161] Hoffman, A., *The Autobiography of Abbie Hoffman*, p. 176.

[162] Rubin, J., *Do It! Escenarios de la revolución* (1970), Blackie Books, Barcelona, 2009, p. 108.

de los negros, sino en la mesa del desayuno, donde los padres tendrían que enfrentar las miradas condenatorias de sus hijos. Roszak también creía que la nueva clase revolucionaria la compondrían los jóvenes. Era lógico que así pensara, no porque hubiera leído los premonitorios escritos de Isou, sino porque las arengas de los yippies animando a no confiar en nadie mayor de treinta años sonaban convincentes. Y también sus otras proclamas. Hoffman decía que la democracia sólo sobreviviría si se irrespetaba toda autoridad y Jerry Rubin, sencillamente, que se debía matar a los padres.

Las absurdas consecuencias de enfrentar a los jóvenes con sus mayores fueron abordadas con maestría por Philip Roth en su novela *Pastoral Americana.* ¿Cómo, a no ser por el flujo de ideas radicales que distanciaron a padres e hijos, se explica el desmoronamiento de Merry Levov? En el seno de una familia perfecta, de padres atléticos, guapos y trabajadores, que a base de esfuerzo y sacrificio habían logrado estabilidad económica, crece una hija insatisfecha que por algún motivo —¿su tartamudez?, ¿su obesidad?, ¿haber visto a un monje tibetano quemarse a lo bonzo?, ¿vivir bajo el amparo de unos padres perfectos?— incuba un terrible odio hacia todo lo que la rodea. La válvula de escape que encuentra para ventilar su frustración e incordio es la guerra de Vietnam, pero ¿sabe Merry algo del Tercer Mundo?, ¿sabe lo que ocurre en Asia?, ¿conoce al menos la historia de su propio país? No. Eslóganes vacíos como "traer la guerra a casa", "sistema podrido", "padres capitalistas", "complicidad con la explotación" agotan su recorrido intelectual y la llenan de razones para dirigir su resentimiento hacia el blanco más cercano, su familia perfecta. Según Merry, su padre se beneficiaba del trabajo de los negros de Newark, confiaba ingenuamente en el sistema y, con su pasividad e indolencia, demostraba complicidad con el criminal gobierno de Estados Unidos. Merry siguió palmo a palmo el camino de radicalización promovido por líderes mediáticos como Hoffman y Rubin y, en la cima de su fanatismo, detona una bomba en la oficina de correos de Old Rimrock. ¿El resultado? Un muerto: el médico del pueblo. Sin otra alternativa, Merry escapa y prosigue su carrera criminal al lado de los Weathermen.

Los episodios centrales de la novela ocurren en 1968, justo cuando la contracultura y la vanguardia transformaban sus críticas a la sociedad en radicalismo ciego. En manos de jóvenes menos dados al histrionismo y al espectáculo, más ofuscados y menos hedonistas, estas ideas condujeron a la violencia. El mismo Hoffman coqueteó con el mundo subterráneo de los detonadores y las explosiones antes de pasar definitivamente a la clandestinidad. Él tampoco tuvo otra alternativa: dos agentes encubiertos lo sorprendieron vendiendo cocaína en 1974. Quince años después, hundido en el ciclo depresivo de su trastorno bipolar, murió tras ingerir una dosis letal de fenobarbital.

A Jerry Rubin el destino le tenía reservado un futuro muy distinto. En 1972 dejó Nueva York y volvió a California, donde se convirtió en un maniático de las terapias alternativas. Se obsesionó con la salud y bebió tanto jugo de zanahoria que le cambio el color de piel. Dos años después regresó a Nueva York, pero no al Lower East Side, sino a Wall Street, donde montó una empresa de mercadeo dedicada a establecer redes de contacto entre altos ejecutivos. Tomando la discoteca Studio 54 como base de operaciones, empezó a organizar fiestas para la élite del mundo de las finanzas. Había vuelto convertido en yuppie, aunque básicamente seguía haciendo lo mismo que hacía como yippie: pasarla bien, reunir gente y sacarle provecho a sus dotes de animador irreverente y carismático organizador. Eso sí, ya no buscaba derrocar el sistema; ahora buscaba ganar dinero. La rebeldía hedonista, el hiperindividualismo, la conducta anárquica y el desprecio por todas las leyes ya no bullían en el Lower East Side. El fantasma de Max Stirner y de sus hombres anárquicos y egoístas rondaba ahora la zona financiera de Manhattan. Allí, Rubin se volvió a sentir en casa. Murió en 1994, atropellado.

La marea pro-situ: los rebeldes ingleses
1964-1971. Londres

Quien más ayudó a difundir las ideas situacionistas en Inglaterra y Estados Unidos fue el escritor escocés Alexander Trocchi, célebre por su adicción a la heroína y su libro *Cain's Book*, una novela autobiográfica en la que desglosaba su vida como yonqui en Nueva York. Al igual que Ralph Rummey, el borrachín inglés del Moineau que terminó casado con Peegen Guggenheim (y luego acusado de haberla asesinado), Trocchi conoció a Debord en París y se unió a la Internacional Letrista a mediados de los cincuenta. Después viajó a Estados Unidos a impregnarse del ambiente beat y a fraternizar con todos los protagonistas de la contracultura norteamericana, desde los psicólogos Timothy Leary y Ronald Laing hasta los escritores Allen Ginsberg y William Burroughs. De regreso en Londres se propuso revivir la experiencia del Black Mountain College, promoviendo el Proyecto Sigma, una *universidad espontánea* que debía reunir a todos los grupos e individuos que, de una u otra forma, se estuvieran resistiendo a la civilización occidental. Trocchi quería encausar una "insurrección invisible de un millón de mentes", no para tomarse el Estado —poca cosa— sino el mundo entero. Este *coup du monde* debía darse desde la cultura, pues el arte, según Trocchi, podía ser una potentísima droga capaz de revolucionar la mente y mostrar a cada cual el poder del que disponía para cambiar las cosas.

Aquel millón de mentes debía actuar desde la oscuridad, formando una nueva cultura *underground* que desplazara poco a poco a la cultura oficial. Trocchi planeaba encontrar primero un lugar de reunión —una iglesia, un castillo, un molino abandonado— no muy lejos de la City de Londres, y desde allí coordinar esfuerzos para crear una nueva *situación* que se ajustara a los verdaderos deseos de la gente. Si Diaghilev, Picasso, Stravinsky y Nijinsky habían logrado unir sus talentos para crear un ballet, ¿qué no serían capaces de hacer miles de individuos aguijoneados por la necesidad de cambiar la vida, eliminar el trabajo y buscar nuevas formas de diversión? Trocchi creía que este grupo de personas podía planificar de arriba abajo una nueva ciudad. En mente tenía casos de grandes empresas humanas que habían logrado profundas transformaciones sociales. Israel, por ejemplo. ¿Acaso este país no había sido erigido en medio de la nada, con todos los elementos en contra, transformando una franja de desierto en un jardín? O el ya mencionado Black Mountain College, en las montañas de Carolina del Norte, que había sido el resultado de la iniciativa y empeño de profesores progresistas, deseosos de revolucionar la educación e inculcar nuevas habilidades y virtudes en sus estudiantes. Con estos antecedentes, ¿por qué pensar que él no podría transformar Londres, luego Inglaterra y finalmente el mundo en un paraíso de experimentación, cultura *underground*, juego, fiesta y diversión?

El delirio megalómano de Trocchi no se materializó, desde luego, pero es inexacto decir que pasó inadvertido. Una nueva generación de hippies, beatniks, músicos, escritores y artistas ingleses, que quiso crear un universo *underground* en las calles de Notting Hill, tomó a Trocchi como referencia. Eran jóvenes que rechazaban la cultura oficial inventando nuevas fuentes de información —periódicos y revistas—, abriendo tiendas de discos, cómics y parafernalia psicodélica, y explorando nuevas formas de diversión, por lo general relacionadas con el consumo de drogas. A la larga, aquel maremoto *underground* con el que soñaba Trocchi no barrió de arriba abajo la sociedad inglesa tradicional, pero sí colonizó algunos barrios de Londres.

En un artículo de la revista *Life* publicado el 17 de febrero de 1967, Barry Farrel llamaba a Trocchi "patriarca del *underground*", "el segundo yonqui más famoso del mundo"[163] después de William Burroughs. Su fama se la había ganado a pulso. Después de haber sido detenido en Estados Unidos en 1960 por posesión de droga, Trocchi apareció ante las cámaras de televisión preparándose e inyectándose una dosis de heroína. El patriarca del *underground* también fue amigo de Tom McGrath y John Hopkins,

---

[163] Farrel, B., "The Other Culture", en: *Life*, 17 de febrero de 1967, p. 97.

miembros fundadores de la revista contracultural más importante de aquellos años, *International Times* (*IT*), y dejó su impronta
en la línea editorial. En el primer número de *IT*, publicado en
octubre de 1966, McGrath, Hopkins y compañía se planteaban
como objetivo reunir en una sola publicación toda la actividad
cultural alternativa que se generaba en Londres. Como Trocchi,
ellos también querían que cambiara la cultura; no sabían cómo,
pero sí con quiénes podían contar: "Hemos lanzado *IT* convencidos de que muchas otras personas, particularmente los jóvenes, van a congeniar con nosotros".[164] Para 1966 la profecía de
Isou parecía una realidad: 12 millones de jóvenes se tomarían
las calles para hacer una revolución cultural.

El ensayo de Trocchi sobre la revolución de un millón de
mentes no sólo se publicó en el octavo número de la *Internationale Situationniste*; también apareció en *Anarchy*, una revista
que congregó las distintas corrientes del anarquismo inglés durante los sesenta y principios de los setenta. En esta publicación
también colaboró Charles Radcliffe, un joven revolucionario
impregnado de ideas libertarias revividas por las protestas antinucleares y los grupos Direct Action Committee Against Nuclear Weapons —luego trasformado en el Comité de los 100 de
Bertrand Russell— y Spies for Peace, una rama más radical del
mismo grupo que, no satisfecha con las sentadas y la desobe-
diencia civil, irrumpió en oficinas gubernamentales para extraer
información clasificada sobre eventuales medidas a tomar en
caso de que estallara una guerra nuclear. Radcliffe también estuvo fuertemente influenciado por las ideas dadaístas, surrealistas y situacionistas, y el resultado de este coctel vanguardista fue
Heatwave, una publicación que recogió y presentó a los jóvenes
ingleses los mismos problemas que se venían discutiendo en los
cafés de París desde las épocas del letrismo.

En su revista, Radcliffe pedía que se aprovechara la coyun-
tura histórica de los sesenta —la prosperidad, la industrialización, la insatisfacción— para destruir definitivamente la cultura.

---

[164] "The Editors Speak", en: *International Times*, núm. 1, 14 de octubre de 1966, p. 2.

El ensayo central del primer número, publicado en julio de 1966, giraba precisamente en torno a la rebelión juvenil. No sólo hacía un recuento minucioso de los muchos grupos de jóvenes que estaban tomándose las calles de Inglaterra, sino que celebraba su furia y potencial revolucionario. En el segundo y último número, un artículo que también firmaba Christopher Gray criticaba las propuestas revolucionarias que se contentaban con hablar de estructuras económicas y políticas, cuando el verdadero problema era la vida, la transformación de la experiencia humana para que cada cual pudiera hacer realidad sus deseos sin restricción alguna. Bajo el lema *Burn, baby, burn!* atacaban el consumismo y el engaño que representaba el ocio tal como lo ofrecía la sociedad capitalista. Radcliffe y Gray demandaban la mecanización total de los procesos productivos y una nueva vida de recreo y placeres ilimitados. Si había riqueza, prosperidad y tecnología, ¿por qué malgastar el tiempo trabajando en las fábricas? Si se podía estar fornicando, jugando, escribiendo poesía, consumiendo LSD, componiendo música o haciendo *happenings* o cualquier otra actividad creativa, ¿por qué diablos la gente seguía mansa y puntualmente fichando en las líneas de producción?

La respuesta ya la habían dado muchos autores, desde Lefebvre a Marcuse: porque las masas estaban alienadas. De ahí la urgencia de ese ejército de jóvenes rebeldes tomándose las calles, causando destrozos y rompiendo cada una de las cadenas invisibles que sometían al resto de la población. La efímera revista *Heatwave* les sirvió a Radcliffe, Gray y sus socios Tim Clark y Donald Nicholson-Smith para llamar la atención de Debord y ser designados oficialmente como la sección inglesa de la Internacional Situacionista. Aunque su pertenencia al movimiento fue breve —a finales de 1967 Debord ya los había expulsado—, alcanzaron a producir una serie de textos furibundos, más radicales, si cabe, que los de la facción parisina del situacionismo. En *La revolución del arte moderno y el moderno arte de la revolución*, por ejemplo, decían que la vida debía "convertirse en un juego del deseo consigo mismo", y que para lograr esto lo primero era dejar de realizar los deseos en fantasías. Eso significaba que de ahora en adelante el arte se iba a convertir en el "Enemigo Público Número Uno",[165] pues para realizar los sueños en la realidad se debía anular de una vez por todas esa actividad reaccionaria que permitía satisfacciones imaginarias y vicarias. El revolucionario debía serlo todo y hacerlo todo; debía vivir según su capricho, aquí, en la vida real, sin coacciones de ningún tipo y sin requerir los subterfugios de la imaginación. Los verdaderos herederos del dadaísmo no eran, por eso mismo, los artistas, falsos profetas que pintaban o escribían las fantasías que no se atrevían a hacer realidad, sino los delincuentes juveniles que tomaban lo que querían y vivían sin ningún tipo de limitación.

Los situacionistas ingleses fueron los más proclives a tomarse las soflamas de Marinetti en contra de los museos y las academias al pie de la letra. Al igual que Black Mask, otro grupo pro-situacionista que realizaba acciones de confrontación social directa en Nueva York, Radcliffe, Gray y sus amigos empezaban a adoptar actitudes violentas, mucho más cercanas en espíritu a los *fascio di combattimento* italianos que al hedonismo psicodélico de los hippies. Seis décadas después de que se publicara el *Manifiesto Futurista,* la furia vanguardista volvía a tener reminiscencias derechistas. Eso no fue, sin embargo, lo que generó malestar entre los situacionistas de París. Lo que molestó a Debord y determinó la expulsión de la sección inglesa del situacionismo fue su relación con Ben Morea, el líder de Black Mask, a quien Vaneigem había conocido y Debord acusaba de ser un místico irracional. Pero la expulsión del situacionismo no significó el desmoronamiento del grupo inglés. Por el contrario, les permitió a Radcliffe, Gray y compañía abrazar sin complejos la turbulenta influencia de Morea.

Morea también había despertado la curiosidad de otro grupo de antiartistas de Newcastle, editores de una revista contracultu-

---

[165] Clark, T., C. Gray, C. Radcliff y D. Nicholson-Smith, *La revolución del arte moderno y el moderno arte de la revolución. Sección inglesa de la Internacional Situacionista* (1967), Pepitas de Calabaza, Logroño, 2004, p. 17.

ral inspirada en el nihilismo ruso, el dadaísmo y el surrealismo llamada *Icteric*. En ella habían publicado las *Cartas de guerra* de Vaché, el ídolo de Breton, y otros escritos de diversos personajes oscuros y destructivos que deambularon por el mundo de las letras y las artes. David Wise y Anne Ryder, dos de sus creadores, viajaron a Nueva York a entrevistarse con Morea y gracias a él se pusieron en contacto con los dos grupos radicales europeos, el de Debord y el de Gray. Con estos últimos, finalmente, lograron aunar metas y métodos para crear una banda nueva, más radical que cualquier grupo de artistas previo, con rasgos de falange derechista más que de vanguardia izquierdista, a la que dieron el nombre de King Mob.

El nombre provenía de las revueltas anticatólicas de Gordon, en 1780, durante las cuales los rebeldes quemaron la ciudad, destruyeron la prisión de Newgate y escribieron sobre sus ruinas el lema "His Majesty King Mob", dando a entender que ahora reinaba sobre Inglaterra una turba embravecida. Algo similar pretendían hacer estos jóvenes proto-*hooligans*: soliviantar a las masas inconformes para dar inicio al decisivo cataclismo cultural que había profetizado Trocchi.

La acción que dio a conocer a King Mob en Notting Hill, barrio en el que centraron sus operaciones, fue el derribo violento de las vallas que impedían el acceso a Powis Square. Ya se habían presentado varios accidentes debido a que el barrio carecía de espacios para los niños y Powis Square, que podía solucionar esta necesidad, era propiedad privada. King Mob decidió remediar este inconveniente tomándose la plaza por la fuerza. Un sábado de abril de 1968, uno de sus miembros se cubrió el rostro con una máscara de gorila y salió de un bar cercano dando gritos. Otros dos, empaquetados en un disfraz de caballo de circo, lo esperaban junto a la valla. Entre los tres, con la colaboración espontánea de vecinos y jóvenes, derribaron la valla.

Desde hacía algún tiempo, los miembros de King Mob se habían vuelto una presencia habitual en las manifestaciones contra la guerra de Vietnam y en todas ellas acababan enfrentados a puños con las autoridades. Lo que ocurriera en Vietnam

y con los vietnamitas les importaba más bien poco; querían que
perdiera Estados Unidos, desde luego, pero sólo para que el
germen de la revolución prendiera con más facilidad en aquel
país norteamericano tan refractario a los brotes subversivos, no
para que Ho Chi Minh instaurara una dictadura comunista. Si
iban a las manifestaciones era por otro motivo: ¿dónde iban a
encontrar una mejor *situación* para armar pelea y descargar su
instinto *hooligan*? Al igual que la toma de Powis Square, otras
acciones, como la incursión de un miembro de King Mob disfrazado de Papá Noel en el almacén Selfridges para regalar ju-
guetes a los niños, o la participación en el carnaval de Notting
Hill con una Miss yonqui, mezclaban el teatro callejero, la crítica al capitalismo y el señalamiento de problemas sociales. Aunque ese tipo de acciones eran típicas de los provos, King Mob
estaba en las antípodas de los revolucionarios holandeses. Más
que anarquistas, los miembros de King Mob eran nihilistas y
lo que buscaban con sus acciones era hacer saltar la chispa del
potlatch donde arderían las bases de la civilización Occidental.
David Wise afirmaba que quería iniciar la guerra en Inglaterra,
llevar el conflicto civil a un plano superior, visionario, para imprimir un cambio definitivo en la cultura británica. Tras sesenta
años de convulsión vanguardista, las fantasías bélicas con tintes
fascistas volvían a enardecer a los jóvenes de la contracultura.

La toma de Powis Square (que finalmente fue comprada
por el ayuntamiento y convertida en un espacio público) podía
tener un fin social, pero King Mob no se había fundado para
planear acciones constructivas ni para remediar ningún mal. El
mal era la sociedad misma. El capitalismo había colonizado la
vida cotidiana y la única forma de crear un nuevo mundo era
destruyéndolo todo. Mezclando mensajes situacionistas y vandalismo callejero, King Mob se propuso sembrar el caos y pescar
entre la juventud confusa seguidores que quisieran lanzarse a
la aventura destructiva. Empezaron fabricando pegatinas con
críticas a la política del primer ministro laborista Harold Wilson
de aumentar la productividad y las horas de trabajo. Luego embadurnaron las paredes de Notting Hill con distintos mensajes,

algunos inspirados en el situacionismo: *La misma cosa todos los días – Metro – Trabajar – Comer –Trabajar – Metro –Sillón –Televisión – Dormir – Metro – Trabajar – ¿Cuánto más puedes aguantar? – Uno de cada diez enloquece – Uno de cada cinco sufre un ataque de nervios;* otros en el nihilismo de las revueltas de Detroit de 1967: *No creo en nada. Siento que deberían quemar el mundo. Tan sólo déjalo quemar, nena;* y algunos más en la negación y la violencia: *All you need is dynamite, Kill Miles.* Finalmente, King Mob acabó abandonando las sutilezas vanguardistas para dar paso al vandalismo callejero.

En mayo de 1968 empezaron a volcar los autos aparcados en Oxford Street. También adquirieron el hábito de destrozar las vitrinas del local de Wimpy de Harrow Road, blanco elegido en su guerra frontal contra la sociedad de consumo. Los hippies fueron víctimas colaterales del desencanto artístico de King Mob. Sus improvisados tenderetes de artesanías eran el objetivo idóneo para descargar su odio contra el arte y la sociedad del espectáculo. Paradójicamente, muchos de los actos de violencia de King Mob estuvieron dirigidos contra la prensa *underground.* Estas publicaciones, según ellos, carecían de hondura teórica y no participaban directamente en las acciones contra el sistema. King Mob siempre se mostró orgulloso de ser algo más que una vulgar pandilla callejera. Ellos, ante todo, eran teóricos. Podían debatir sobre Hegel, Marx, Lukács, Lefebvre y Debord; podían citar de memoria pasajes de Sade, Lautréamont o Coleridge, y aquel bagaje conceptual hacía de sus actos destructivos algo más elevado que el primitivo vandalismo del gamberro. La teoría justificaba sus actos destructivos. Wise lo decía con claridad: la violencia por la violencia no conducía a nada. En cambio, un acto destructivo con un discurso teórico que lo justificara ayudaba a los demás a "encontrar sus verdaderos deseos, impulsándolos a algún tipo de reconocimiento y acción".[166]

---

[166] Wise, D., *Jumbled Notes: A Critical Hidden History of King Mob,* en: http://www.revoltagainstplenty.com/index.php/archive/34-archivelocal/93-a-hidden-history-of-king-mob

En su revista *King Mob Echo* ensalzaron a Jack el Destripador y a otros asesinos en serie, celebraron el intento de asesinato de Valerie Solanas a Andy Warhol, e incluso planearon atentados dinamiteros contra la casa de Wordsworth y una catarata del Lake District. También hicieron una lista de futuras víctimas que incluía, entre varios otros, a Yoko Ono, Bob Dylan, Mick Jagger, David Hockney y la modelo Twiggy. La rebelión de King Mob no respondió a la fórmula lampedusiana sino a la de Shakespeare en *Ricardo III*. No querían que todo cambiara para que todo siguiera igual; querían que todo cambiara para que el mundo se ajustara a sus vicios y defectos. El deforme Ricardo lamentaba verse prisionero en una época de paz y lascivia, pues su horrible presencia le impedía entregarse a esos "traviesos deportes" que se jugaban a la luz de las velas y en pareja. Lo suyo era la multitud, la sublevación de la masa, la furia del guerrero. "Ya que no puedo mostrarme como un amante", decía, "para entretener estos bellos días de galantería, he determinado portarme como un villano y odiar los frívolos placeres de estos tiempos".[167] Era lo mismo que se proponía King Mob en aquellos días de beatlemanía, LSD y amor libre.

Varias de sus acciones estuvieron dirigidas a desafiar a los estudiantes de arte. En el verano de 1968, durante las sentadas en Trafalgar Square protagonizadas por los estudiantes de las academias de arte Hornsey y Guilford, repartieron folletos, declararon que el arte estaba muerto y acusaron a los estudiantes de haberse dejado domar por el Instituto de Arte Contemporáneo (ICA). Pocos les prestaron atención, pero entre quienes luego se acercaron a ellos estaba Ian Purdie, uno de los más activos miembros del entorno que incubó la primera guerrilla urbana de Inglaterra inspirada por la vanguardia artística, la Angry Brigade.

En su libro de 1967, Vaneigem había escrito las premonitorias frases: "Un asesino de dieciséis años manifestaba recientemente: 'He matado porque me aburría'. Quienquiera que ya

---

[167] Shakespeare, W., *La tragedia de Ricardo III*, en: *Obras completas. Tragedias*, Aguilar, Madrid, 2003, p. 1010.

haya sentido la invasión de la fuerza de su propia destrucción sabe con qué negligente languidez podrá sucederle que matara a los organizadores del tedio".[168] Tres años después, los cachorros que crecieron en el entorno contracultural de Notting Hill influidos por el anarquismo del grupo Primero de Mayo —sobre todo por Stuart Christie, el anarquista que estuvo entre rejas por intentar matar a Franco—, las incendiarias proclamas y manifestaciones vandálicas de King Mob y los textos de sus antecesores situacionistas, acabaron poniendo bombas y lanzando ráfagas de metralleta contra edificios públicos y viviendas privadas, convencidos de que sus balas y bombas serían la cura para el aburrimiento y el espectáculo.

Las ideas contraculturales siguieron caminos paralelos en Alemania e Inglaterra. Lo que empezó como una crítica al sistema y una reivindicación sin cláusulas del deseo individual, acabó en estallidos, disparos y terror. Kunzelmann quiso hacer de la vida una obra de arte antisistema y al ver que su mao-nudismo comunal no vulneraba las bases de la sociedad burguesa, cambió su estilo de vida revolucionario por la vida del revolucionario. King Mob trató de destruir el sistema capitalista destruyendo el arte, y con ello tan sólo logró mostrar a un puñado de jóvenes que más efectivo era destruir directamente el sistema con dinamita y metralleta. Los descendientes de King Mob, convencidos de que las fábricas eran campos de concentración, la sociedad una zona minada por la alienación y el aburrimiento una tortura insoportable, vieron en la dinamita el único camino a la liberación.

John Barker, miembro de Angry Brigade, decidió poner bombas después de asimilar todos los dilemas del situacionismo. En un ensayo titulado *Art + Politics = Revolution* se preguntaba cómo podía haber libertad en un mundo que no había sido liberado. La literatura y el arte, potenciales revulsivos sociales, eran consumidas ahora por pasivos estetas en busca de compensaciones para las carencias de sus vidas. En medio de este apacigua-

---

[168] Vaneigem, R., *Tratado del saber vivir para uso de las nuevas generaciones*, p. 39.

miento espiritual, la única obra de arte que debía contemplarse era la destrucción del Instituto de Arte Contemporáneo.

La Angry Brigade fue el ejemplo más patente y extremo de victimismo juvenil, de tergiversación absoluta y ceguera, de necesidad de negar los espacios de libertad que ofrecía la sociedad —¡el *swinging London*!— e inventarse un monstruo despótico contra el cual luchar encarnizadamente. Como decía el sociólogo Frank Musgrove, la contracultura fue la rebelión de los no oprimidos, la respuesta a la libertad más que a la restricción. Pues en efecto, puede que en el ejercicio de su libertad los jóvenes chocaran contra obstáculos reales —prejuicios, normas, necesidades alimenticias—, pero justificar la lucha armada en estas imperfecciones sociales era llevar las cosas demasiado lejos. Por eso dramatizaron sus existencias hasta convencerse a sí mismos de estar amenazados por demonios abstractos y atroces —el sistema, la opresión, la alienación, la sociedad... ELLOS, los poderosos— que justificaban el acto liberador que prometía la violencia. En los comunicados que expidieron John Barker, Jim Greenfield, Hilary Creek, Anna Mendelson y los demás miembros de la Angry Brigade se reflejaba muy bien esa necesidad psicológica del rebelde. Su Comunicado 7 decía:

> Los políticos, los líderes, los ricos, los grandes jefes están al mando... ELLOS controlan. NOSOTROS, EL PUEBLO, SUFRIMOS... ELLOS han tratado de hacer de nosotros meras piezas en un proceso de producción. ELLOS han contaminado el mundo con los desperdicios químicos de sus fábricas. ELLOS nos atiborran con la basura de sus medios de comunicación. ELLOS nos convierten a todos, hombres y mujeres, en absurdas caricaturas sexuales. ELLOS nos mataron, nos rociaron con napalm, nos quemaron para hacer jabón, nos mutilaron, nos violaron.

Al igual que los alemanes, los rebeldes ingleses se creyeron víctimas indefensas sin otro recurso que la violencia. Su identificación con víctimas reales —los vietnamitas, los judíos, los masacrados y violados— rozaba el patetismo, y daba la imagen de un grupo de jóvenes que, incapaces de tolerar la más mínima frustración, buscaban desesperadamente cualquier justificación para arremeter contra un mundo que no se adaptaba palmo a palmo a sus deseos. Para la Angry Brigade todo era una amenaza, todo un estupro intolerable. "La violencia no sólo está en el ejército, la policía o las prisiones", decían en el Comunicado 6, "está en la cultura vulgar y alienante impulsada por las series de televisión y las revistas, está en la horrible esterilidad de la vida urbana". Si encender la televisión u ojear una revista los alienaba, ni hablar de ir al trabajo. "Cada instante de aburrimiento mal pagado en una línea de producción es un crimen violento", afirmaban en su Comunicado 7. ¿Cómo no atacar con virulencia a la sociedad, si sus fábricas eran los nuevos campos de exterminio, si aburrirse era tan violento y criminal como agonizar en una barraca infecta de Bergen-Belsen, si prender la televisión era envenenar el espíritu?

El 12 de enero de 1971 la Angry Brigade hizo detonar dos bombas en la casa de Robert Carr, secretario de Estado para el Empleo y encargado de redactar la Industrial Relations Act 1971, una ley con la que el primer ministro conservador Edward Heath intentaba limitar el derecho a la huelga. No fue la primera incursión dinamitera de la banda. Desde mayo de 1970 venían plantando bombas y ametrallando estaciones de policía, asociaciones del Partido Conservador, sedes de bancos españoles, embajadas, oficinas de la aerolínea Iberia y hasta una camioneta de la BBC que cubría el concurso de belleza Miss Mundo 1970. Al mismo tiempo, emitía sus pintorescos comunicados en distintas publicaciones —*International Times* entre ellas—, adjudicándose la autoría de los atentados y lanzando nuevas amenazas. El Comunicado 1, por ejemplo, aseguraba que el fascismo, la opresión de los jueces, las embajadas, la propiedad, los "cerdos de clase alta" y los espectáculos serían aplastados. En otros revelaban el sentimiento de impotencia que sentían ante la esterilidad de la vida, el desasosiego producido por una existencia gris y monótona, la rabia y el deseo de destrucción que experimentaban al ver que las cosas no eran como les hubiera gustado que fueran. En el Comunicado 8 decían que la vida era tan aburrida que no había nada para hacer excepto gastar los ingresos en la última falda o camisa. ¿Cuáles eran los verdaderos deseos de los jóvenes?, se preguntaban, "¿estar sentados en la cafetería, con la mirada distante, vacía, aburrida, tomando un café insípido? ¿O quizás VOLARLA O PRENDERLE FUEGO?".

Con el paso del terrorismo cultural al terrorismo político llegó a su fin el primer tiempo de la revolución cultural en Europa. La enseñanza extraída de este largo peregrinaje vanguardista fue justo el opuesto al que le hubiera gustado a Debord. Tanto el arte transgresor como el terrorismo necesitaron desde entonces del espectáculo para tener éxito. Los rebeldes del segundo tiempo de la revolución cultural ya no lucharían contra el sistema, así dijeran que lo hacían; ya no se resistirían al espectáculo, así se presentaran como rebeldes iconoclastas; ya no decretarían la destrucción de los museos, así fingieran odio a la comercialización del arte. Como el futurismo, el dadaísmo, el surrealismo, el letrismo, el situacionismo y hasta King Mob, cuyo archivo lo adquirió recientemente el Tate Modern por la nada despreciable suma —tratándose de revistas, carteles y folletos— de 4,000 libras, todos acabarían o intentarían acabar en los museos y galerías. El mito de la contracultura también llegaría a su fin. No exactamente porque se cumpliera el sueño de Trocchi y el arte *underground* lograra reemplazar a la cultura tradicional, sino porque la contracultura se convirtió en uno de los espectáculos más rentables del capitalismo cultural. Tan pronto las actitudes, gestos, atuendos, bufonadas, desplantes, humoradas, irreverencias, blasfemias, infantilismos e iconoclasias de la vanguardia impregnaron los medios masivos de comunicación, el burgués capitalista se convirtió en un insaciable consumidor de transgresión y rebeldía. Y como ocurre siempre, un visionario supo ver a tiempo este fenómeno para sacar partido. En el segundo tiempo de la revolución cultural, Malcolm McLaren, el creador del grupo punk Sex Pistols, redirigiría la actitud vanguardista al terreno de la música y el *show business* para convertirse en el más exitoso vendedor de espectáculos revolucionarios.

EL FIN DE LA FIESTA: LA REVOLUCIÓN CULTURAL Y LA VIOLENCIA
REVOLUCIONARIA
1966-1969. NUEVA YORK

1968 no sólo fue el año de las revueltas en las universidades europeas. Antes de aquel famoso mes de mayo que hizo tambalear al gobierno del General de Gaulle, la Universidad de Columbia, en Nueva York, fue escenario de una ocupación similar. Las causas del disturbio estaban en el aire: la guerra de Vietnam, el asesinato de Martin Luther King y la creciente sensación de que Estados Unidos se convertía en un país imperialista, que iniciaba guerras sólo para apropiarse de los recursos naturales del Tercer Mundo. A esto se sumó la sospecha de que la ciencia y el conocimiento universitario se habían plegado a las necesidades de las corporaciones y de la industria armamentista. Los jóvenes universitarios estaban en guardia y bastó un solo acontecimiento más para que se precipitara la revuelta. La gota que derramó el vaso fue el intento de la Universidad de Columbia de construir un polideportivo en el Morningside Park, ubicado entre Harlem y Morningside Heights, con una "puerta trasera" que daba directamente al barrio donde se aglutinaba la población negra de Manhattan. Esta entrada, explicaban los directores del proyecto, era una solución práctica a la difícil topografía del parque, pero los activistas que defendían los derechos civiles de los negros, inmersos en una agitada lucha reivindicativa, interpretaron la puerta como un acto discriminatorio. La ofensa desató protestas de distintas facciones estudiantiles, principalmente de la SDS, Students for a Democratic Society, y de la SAS, Student Afro-American Society, y durante varios días sus miembros se amotinaron en las facultades de la universidad. Tal como ocurriría al poco tiempo en la Sorbona, un grupo de situacionistas protagonizó los más férreos actos de resistencia durante el encierro.

En realidad, no eran situacionistas. Los melenudos que se unieron a los yippies y a Mark Rudd, el líder de la SDS, para atrincherarse en la Facultad de Matemáticas, pertenecían a un colectivo de artistas influido por la retórica de Debord, pero que nunca llegaron a ser oficialmente aceptados por la Internacional Situacionista. Hubo acercamientos. Raoul Vaneigem viajó a Nueva York para reunirse con Ben Morea, pero del encuentro sólo surgió recelo y suspicacia. Al fin y al cabo, Vaneigem y Debord eran intelectuales que conspiraban, mientras que Morea, Ron Hahne, Osha Neumann (hijastro de Herbert Marcuse), Dan Georgakas y los demás jóvenes que hacia 1966 conformaron un grupo callejero y anarquista, inicialmente llamado Black Mask y luego, por influencia de un poema de LeRoi Jones, Up against the wall, Motherfuckers!, eran lo contrario: conspiradores que intelectualizaban.

Ben Morea había sido un joven conflictivo y heroinómano del Lower East Side, cuya adicción finalmente lo llevó a la cárcel. Estando entre rejas participó en un programa de rehabilitación a través del arte, que le abrió las puertas al mundo del expresionismo abstracto y de las vanguardias del siglo XX, especialmente del futurismo y del dadaísmo. El resultado de la terapia fue sorprendente: Morea cambió la heroína por la pintura y las ideas vanguardistas y libertarias, y salió de la cárcel ansioso por internarse en el ambiente bohemio de Nueva York. Al poco tiempo era amigo de Beck y Malina, los fundadores del Living Theatre, y de Murray Bookchin, referente del anarquismo en Nueva York y puente entre los libertarios estadounidenses y el grupo anarquista japonés Zengakuren y los situacionistas franceses. Cuando salió a la calle también tenía muy bien desarrollado un conjunto de ideas sobre el arte y la cultura que le permitirían crear su propia vanguardia antiartística. Una de estas ideas, derivada de su experiencia en la terapia de rehabilitación, era que el arte debía ser un bien público, en permanente contacto con la gente y nunca encerrado en galerías y museos. Cuando el arte acababa secuestrado en espacios cerrados, se oxidaba. Peor aún, se transformaba en un símbolo de represión. Morea y sus seguidores asimilaron rápidamente las soflamas futuristas en contra del museo y a ellas sumaron las estrategias dadaístas de provocación y el análisis situacionista de la sociedad contemporánea. La conclusión a la que llegaron fue demoledora. Los mercade-.

res estaban robándole la cultura a quienes la producían en los márgenes de la sociedad, para luego vendérsela a sus propios creadores en forma de exposiciones, discos y conciertos. Con aquel sortilegio convertían la vida real en espectáculo y al hombre creativo en un consumidor pasivo. El arte y la revuelta, que habían surgido de la calle y de la vida, eran fatalmente desgarrados de su nicho original para transfigurarlos en productos de consumo. Eso era motivo de indignación. La vida no podía estar separada del arte y, si la cultura contemporánea se empeñaba en escindirlos, entonces ésta debía ser destruida. En el futuro, el tesoro perdido de la vida primitiva se recuperaría, las rutinas diarias estarían impregnadas de magia y ritualismo, y no habría una cosa separada del resto de la vida llamada arte, porque la vida entera se habría convertido en ello. Los Motherfuckers se vieron a sí mismos como los futuros indios del siglo XX.

El periódico que editó el grupo —llamado *Black Mask*— fue un alarido de guerra en diez entregas publicado entre noviembre de 1966 y mayo de 1968. En sus páginas se llamaba a destrozar piedra por piedra la cultura occidental como preámbulo a una revolución total. El primer número iniciaba con una potente amenaza al statu quo:

Está surgiendo un nuevo espíritu. Igual que en las calles de Watts, ardemos con la revolución. Asaltamos a vuestros dioses… cantamos vuestra muerte. DESTRUID LOS MUSEOS… nuestra lucha no se puede colgar en las paredes. Dejemos que el pasado se derrumbe con los golpes de la rebelión. La guerrilla, los negros, los hombres del futuro, todos os estamos pisando los talones. Maldita sea vuestra cultura, vuestra ciencia, vuestro arte. ¿A qué fin sirven? Los asesinatos masivos no se pueden ocultar. El empresario, el banquero, el burgués, con esa ostentación y esa desmedida vulgaridad, siguen almacenando arte mientras asesinan a la humanidad.[169]

---

[169] *Black Mask 1*, noviembre de 1966, recopilado en: *Motherfuckers! De los veranos del amor al amor armado*, La Felguera Ediciones, Madrid, 2009, p. 83.

En el convulsionado entorno de los sesenta, Morea y su grupo tomaban partido por los negros y los guerrilleros del Primer y Tercer Mundo. Las víctimas de la sociedad alienada por fin estaban enfrentando a sus verdugos, por fin estaban constituyendo un nuevo proletariado que propulsaría una gran revolución en los países industrializados. Los Motherfuckers creían que, siguiendo el ejemplo de las revueltas de los negros, no tardarían en unírseles otros grupos marginados, como los chicanos, los puertorriqueños e incluso los blancos pobres, para conformar lo que Morea llamaba grupos de afinidad, es decir, colectivos afectados por los mismos problemas y dispuestos a luchar por los mismos objetivos, tribus desperdigadas por la sociedad resistiendo al sistema, dándose apoyo mutuo para sobrevivir y para crear nuevas formas de desear, amar y promover la revolución.

No había alternativa al cambio total de sistema. El auge de la Escuela de Nueva York y de las vanguardias estadounidenses sólo había servido para que la Coca-Cola se vendiera más fácilmente en el mundo entero. Como la economía, el arte estaba podrido. Era un producto más del imperialismo, una mercancía que engrandecía a la burguesía. Los museos secuestraban la creatividad y el trabajo envenenaba el alma. Todo debía ser destruido. Janice Morea expresaba su malestar, diciendo que "no puede haber paz bajo este sistema. Incluso peor, ¡no puede haber vida auténtica!"[170] En uno de los panfletos que lanzaron posteriormente, los Motherfuckers decían que el sistema nunca les permitiría rehacer sus vidas. Por eso tenían que luchar de dos formas: "Una, negándonos a 'jugar su juego' mientras se nos niegue una vida auténtica, y otra, mediante una lucha abierta [...] nuestra lucha se entrelazará con la de los negros y juntos podremos acabar con esta mierda".[171] Por aquellos días, Osha Neumann escribía en su diario algo similar. Estados Unidos era una entidad irreal, decía, que si no se deshacía en el aire era gracias a las imágenes que producía. En medio de este vacío,

[170] *Black Mask 8*, noviembre-octubre de 1967, en: *Ibid.*, p. 171.
[171] Panfleto *La libertad no es un regalo del Capitán Fink*, en: *Ibid.*, p. 67.

lo único que devolvía la sensación de realidad era la violencia. Violencia dirigida contra la sociedad para que emergiera un enemigo real, la policía, y violencia dirigida contra ellos mismos. "La violencia nos da por primera vez un cuerpo", decía Neumann, "y ese cuerpo invade el presente al ser golpeado. La experiencia debe ligarse a un cuerpo que está siendo golpeado o que se siente blanco potencial de los golpes".[172] En medio de la irrealidad, del vacío y de la inautenticidad, lo único que devolvía la sensación de estar vivo y de ser real era el dolor corporal infligido y recibido. Las fantasías sadomasoquistas de Neumann, que incluían trasladar la guerra al corazón de Estados Unidos para que entonces ellos, los jóvenes marginales, pudieran convertirse en verdaderas víctimas perseguidas y torturadas, con pleno derecho a ejercer la violencia en respuesta, mostraban ese deseo de ganar presencia real en el mundo a través del dolor y la opresión. Pues a diferencia de ellos, "los negros en los tugurios rurales y urbanos, los vietnamitas en sus campos de arroz y los cubanos en sus campos de caña de azúcar eran reales".[173] Su lucha en las calles de Nueva York consistía en obtener el mismo tipo de sustancia que tenían los oprimidos del Tercer y Primer Mundo. Por eso, paradójicamente, los jóvenes como Neumann se sentían libres cuando eran encarcelados: "En la cárcel, tras la rejas, sentíamos paz, nos sentíamos reales".[174]

Estas declaraciones abonaban el terreno para lo que vino después de 1968, cuando finalizó la ocupación de Columbia: los Motherfuckers dejaron de publicar su periódico, abandonaron por completo la teoría, se armaron y pasaron a la clandestinidad. Hasta entonces sus acciones callejeras habían sido provocaciones al estilo dadaísta o de los grupos de teatro guerrillero. Morea y sus amigos habían "cerrado" el Museo de Arte Moderno de Nueva York; habían saboteado conferencias por

---

[172] Neumann, O., "Motherfuckers Then and Now: My Sixties Problem", en: *Cultural Politics and Social Movements*, editado por M. Darnovsky, B. Epstein y R. Flacks, Temple University Press, Filadelfia, 1995, p. 68.

[173] *Ibid.*, p. 70.

[174] *Ibid.*, p. 71.

toda la ciudad; habían arrojado basura en el Lincoln Center; habían cambiado el nombre de Wall Street por el de War Street; le habían causado un desmayo al poeta Ken Koch disparándole con una pistola de juguete; habían saboteado inauguraciones de arte invitando a decenas de vagabundos; habían amenazado a Bill Graham para que les cediera su auditorio, el Fillmore East, una tarde a la semana; habían protestado frente al Pentágono rompiendo el cerco policial para que los yippies realizaran su famoso *happening* político... Todos eran actos desafiantes, algunos incluso violentos, pero ninguno que se asemejara al sabotaje de las guerrillas urbanas. Pero eso cambiaría después de la ocupación de Columbia. Los Motherfuckers iniciarían una campaña de confrontación directa, conocida como Armed Love, con la policía y otros grupos que se presentaban como amenaza para su supervivencia y, a medida que se fue degenerando su entorno, las puñaladas y la violencia real reemplazaron a la retórica subversiva. Finalmente, los Motherfuckers tuvieron que pedir ayuda a los hippies de la Hog Farm y huir de Nueva York. Morea y su esposa iniciaron una vida de ermitaños en las montañas, cazando sus alimentos y viviendo como los indios del siglo xx que deseaban ser. Algunos miembros del grupo acabaron asesinados y otros —como Jeff Jones— continuaron su lucha cultural poniendo bombas con los Weathermen.

Los Motherfuckers contribuyeron a terminar con el pacifismo zen de los años sesenta. Puede que pertenecieran a la generación de los niños de las flores, pero ellos, como decía Neumann, tenían espinas. Odiaban a Timothy Leary y su mesianismo y no les gustaba el juego mediático de los yippies (por eso se pusieron un nombre que, por ley, ningún medio de comunicación podría reproducir). En resumidas cuentas, la actitud de la Nueva Izquierda les parecía pusilánime. *Flower power won't stop fascist power*, decía Morea, y Mark Rudd, líder del Revolutionary Youth Movement, la facción más radical del sds, terminó por darle la razón. Morea lo retó a que dejara la retórica y emprendiera acciones como las del Revolutionary Action Movement, una organización negra que intentó dinamitar la Estatua de la

Libertad. En 1969, finalmente, Rudd le hizo caso. Junto a otros estudiantes, abandonó el activismo y formó la primera guerrilla urbana de Norteamérica, los Weathermen, para iniciar una campaña de atentados a bancos y edificios estatales. Algo similar les ocurrió a los Panteras Negras, también envueltos en una confrontación cada vez más violenta con el Estado. Luego de desempolvar una vieja ley de California que les permitía portar rifles cargados siempre y cuando no apuntaran a nadie (ley a la que, paradójicamente, apelan hoy los extremistas blancos del Tea Party para desafiar a Barak Obama), y de que su actitud desafiante degenerara en balaceras con la policía, una facción comandada por Eldridge Cleaver pasó a la clandestinidad, adoptó el nombre de Black Liberation Army e inició una ola de atentados contra instituciones bancarias y la autoridad policial.

Acababa la revolución cultural y empezaba la violencia. Y hubo una mujer, íntima amiga de Ben Morea, que somatizó y representó mejor que nadie este cambio. Su nombre era Valerie Solanas, una ferviente feminista, autora de un panfleto delirante que hubiera hecho sonrojar al mismo Hitler, que se propuso destruir el arte con métodos mucho más efectivos que los manifiestos y *happenings* de los vanguardistas. El título de su manifiesto era *S.C.U.M.*, *Society for Cutting Up Men*, y su idea central era que el hombre, ese "accidente biológico", ese "aborto andante", debía ser eliminado de la faz de la Tierra. Según Solanas, en una sociedad aburrida y carente de interés para la mujer, las portadoras de dos cromosomas x que fueran responsables y quisieran vivir emociones fuertes, debían demoler el gobierno, eliminar el sistema monetario, instaurar la autogestión y destruir al hombre.

Solanas entró en la historia de las vanguardias por aquellos días en que la Universidad de Columbia estaba ocupada. Sintiendo urgencia de hablar con Morea, desafió el caos y logró colarse en la universidad para buscar a su amigo. Quería hacerle una pregunta: ¿Qué ocurriría si le disparaba a alguien? Las consecuencias, respondió Morea, dependerían de quién era la víctima y de qué tanto daño le causaba. Solana pareció conforme con la respuesta. Aunque pareciera extraño, las conversaciones de este tipo eran frecuentes entre ellos. En alguna otra ocasión, Morea le preguntó a Solanas si dentro de su proyecto de destruir al hombre también lo incluía a él. La respuesta que recibió fue, hasta cierto punto, esperanzadora. Morea sería el último de los hombres en desaparecer. Y así como Solanas sabía con certeza quién sería el último hombre en morir, también había decidido escrupulosamente quién sería el primero. El 3 de julio de 1968, casi dos meses después del encuentro con Morea en Columbia, la radical feminista entró a la Factory, el famoso taller donde se produjo el arte pop, y disparó tres veces contra Andy Warhol, el artista que más había hecho por convertir el estilo de vida marginal y bohemio en algo glamoroso y deseable por toda la sociedad. Con esos tres disparos, paradójicamente, una feminista radical superaba las profecías rabiosas del misógino Marinetti. No destruía el arte destruyendo los museos y las academias, destruía el arte matando al artista más famoso y exitoso del mundo. Con esos tres disparos, también, llegaba a su fin el primer tiempo de la revolución cultural en Norteamérica.

SEGUNDO TIEMPO

En cuanto a la vida intelectual, los años setenta fueron
la década más desalentadora del siglo xx.
TONY JUDT

Compórtate como un crío. Sé irresponsable. No tengas respeto
por nada. Sé todo lo que esta sociedad odia.
MALCOM MCLAREN

Porque vivo en un mundo tecnológicamente civilizado, a veces siento
la necesidad de revolcarme en el barro como un cerdo.
OTTO MÜHL

¡Ésta es el arma de nuestra generación!
PATTI SMITH, EMPUÑANDO UNA GUITARRA ELÉCTRICA EL 20 DE JULIO
DE 2010, MADRID

El rock & roll es una de las más vitales fuerzas revolucionarias en
Occidente —golpea los sentidos de la gente y la hace sentir bien, como
si estuvieran vivos de nuevo en medio de esta monstruosa funeraria
que es la civilización occidental. Y de eso es de lo que se trata la
revolución —debemos crear una situación en este planeta donde todo
el mundo se pueda sentir bien todo el tiempo. Y no nos detendremos
hasta que esa situación sea una realidad.
JOHN SINCLAIR

Yo yo yo, compra compra compra, fiesta fiesta fiesta. Quédate
sentado en tu pequeño mundo, escuchando música, con los
ojos cerrados. Lo que intento decir es que ya somos modelos de
conducta republicanos perfectos.
RICHARD KATZ, EL ROCKERO REBELDE DE *LIBERTAD*, DE JONATHAN FRANZEN

Si el país se vuelve más represivo, nos debemos convertir en Castros.
Si se hace más tolerante, nos debemos convertir en Warhols.
ABBIE HOFFMAN

Del radicalismo revolucionario al regocijo en la banalidad
1966-1990. Nueva York, San Francisco...

Warhol estuvo clínicamente muerto durante algo más de un minuto. Los disparos de Valerie Solanas comprometieron varios órganos internos y los médicos, tras abrirle el pecho, se vieron obligados a practicarle un masaje directo al corazón para salvarlo. Su vida se prolongó durante diecinueve años más, hasta que una tonta complicación, tras una tonta cirugía en la vesícula biliar que venía postergando debido a su tonto miedo a los hospitales, le produjo una arritmia cardíaca que lo mató mientras dormía. Para 1987, cuando esta suma de circunstancias y descuidos médicos produjo el infortunio, el legado de Warhol había impregnado hasta la médula la cultura occidental. Tenía una empresa de producción de arte en un edificio de cinco plantas en la Calle 33 Este de Nueva York, participaba como invitado en la serie *El crucero del amor*, hacía videos musicales, diseñaba campañas publicitarias y despachaba suficientes cuadros como para envolver el Empire State Building. Warhol había dado la estocada final a la delgada película que aislaba ciertas ideas de la vanguardia del resto de la sociedad. En 1987 la contracultura se había convertido en cultura de masas y un nuevo rey del pop, tan obsesionado como Warhol con su piel, tan enigmático como Warhol en lo referente a su sexualidad, tan extravagante y desaforado como Warhol a la hora de consumir, publicaba un álbum titulado *Bad* en el que decía ser terriblemente malo y se mostraba dispuesto a cambiar el mundo mañana mismo. Era una versión *light*, para niños, de lo que en otro tiempo hubiera gritado a los cuatro vientos un artista de vanguardia.

Como bien se sabe, fue en la famosa Factory de la calle 47 donde Warhol y sus ayudantes empezaron a producir todo tipo de productos culturales —libros, cuadros, películas, revistas de farándula— en medio de un ambiente festivo donde abundaba la droga, el baile, las orgías o los curiosos que simplemente estaban ahí, en el ojo del huracán, viendo cómo todo tipo de celebridades, desde estrellas de rock a herederos de grandes fortunas, se divertían con las emociones fuertes que ofrecía el estilo de vida artístico. En esta atmósfera plateada —tan plateada como el peluquín de Warhol— también se ponían en práctica las ideas vanguardistas que habían llegado hasta los sesenta de la mano de Duchamp y Cage. No podía ser de otra forma. Warhol se había convertido en un heredero directo del dadaísta y entre sus ayudantes había gente como Billy Name, antiguo estudiante del Black Mountain College, que dejó su impronta en la Factory con la idea de pintar sus paredes, techos y pisos color plata.

Consciente o inconscientemente, Warhol y su pandilla de *superstars* se convirtieron en los mejores alumnos de la vanguardia norteamericana. Su gran logro fue acoplar la indiferencia y el individualismo de Duchamp, por un lado, y la aceptación y la repetición de Cage, por el otro, a los nuevos tiempos que corrían. El resultado no pudo ser más paradójico. En la obra de Warhol, el influjo de Duchamp se convirtió en una falta absoluta de emoción y en culto a la fama, y el de Cage en la fascinación por el mundo banal de la sociedad de masas y la repetición en serie de los iconos de la farándula. Con sus cuadros, Warhol le decía al espectador que debía amar el mundo tal como era, pero no se refería, como Cage, al mundo tecnológico y urbano que surgía de las revoluciones industriales, sino al mundo del consumo, la publicidad y los medios masivos de comunicación que florecía en los sesenta. Paradójicamente, era contra todo este armazón inauténtico de neón y plástico que se rebelaban la Nueva Izquierda y los artistas de vanguardia. Pero Warhol, el Pirrón de peluquín plateado de los sesenta, no se dio por aludido. A pesar de frecuentar a todos los protagonistas de las revoluciones culturales norteamericanas, desde Jim Morrison hasta Norman Mailer, sus actitudes y ambiciones iban en otra dirección. Ellos querían acabar con toda la parafernalia artificial que había sepultado las esencias y la pureza bajo chatarra mediática y baratijas industriales, mientras Warhol, con su actitud y su arte, se limitaba a decirles "No, ése es el mundo en que vivimos y tenemos que aprender a aceptarlo y disfrutarlo". En eso era consecuente con Cage y sus antecesores. ¿Para qué malgastar esfuerzos tratando de cambiar la realidad? ¿Para qué denunciar el consumismo, los prejuicios y la artificialidad de la vida, como inútilmente parecían hacer los hippies, los negros, los chicanos y los colectivos de teatro radical? ¿Para qué luchar contra la corriente y querer que el mundo fuera algo distinto de lo que es? Por el contrario, el gran reto era aprender a valorar lo que ya estaba ahí, bombardeando nuestros sentidos, bien fuera la publicidad, los cómics, la farándula o los productos masivos de consumo como la Coca-Cola y la comida enlatada. Le había salido el tiro por la culata al zen. La rebelión antioccidental que Cage promovió anulando las jerarquías y la necesidad de dar orden al caos, se convirtió en una celebración absoluta de las fruslerías producidas por la sociedad de consumo. Lo más hermoso de Tokio, Estocolmo y Florencia, decía Warhol, eran sus respectivos restaurantes McDonald's, todos iguales, todos repetidos, todos tan parecidos entre sí como las 840 veces que Cage interpretó *Vexations* de Satie.

Si el mundo de los medios masivos de comunicación era frívolo y banal, entonces la frivolidad y la banalidad serían bienvenidas y convertidas en arte. Mejor aún, en alta cultura. Si Duchamp había borrado la distinción entre objetos de arte y objetos comunes, Cage la diferencia entre música y ruido, Cunningham la barrera entre movimiento y danza, y Kaprow y Mačiūnas las fronteras entre el arte y la vida, ahora Warhol iba a terminar el trabajo erosionando la diferencia entre alta cultura y cultura popular. Los nuevos *ready-mades* ya no serían anticuados botelleros, sino productos comprados en cualquier almacén de cadena. Con esta desjerarquización, los valores que imperaban en el mundo frívolo del espectáculo también empezarían a invadir la alta cultura. Fama y talento se confundirían hasta convertirse en una misma cosa; popularidad y calidad no tardarían en hacerse sinónimos. Una vez que se conseguía fama y popularidad, lo demás venía por añadidura. De ahí la importancia cardinal del mito de la Factory, el lugar donde cualquier don nadie sin talento ni imaginación, sólo por el hecho de merodear entre la pandilla de Warhol o aparecer en alguna de sus tediosas películas, se convertía mágicamente en una estrella.

Más que defender la individualidad duchampiana, Warhol defendió el culto a la personalidad. No le interesó convertir su vida en una obra de arte sino convertirse a sí mismo en una marca. Los libros que salían de la Factory no los había escrito él, y tampoco era indispensable que pintara sus cuadros (para eso tenía ayudantes) o filmara y escribiera los guiones de las películas que llevaban su firma. Lo importante era que todos estos productos estuvieran cobijados bajo su marca. Eso los convertía en un Warhol; eso los transformaba en arte vanguardista; y eso hacía de ellos, por encima de todo, una valiosa mercancía. El arte de los negocios era el paso que sigue al arte, decía Warhol en *Mi filosofía de la A a la B y de B a A,* aquel libro que llevaba su firma pero que en realidad había escrito su secretaria Pat Hacket, y su fidelidad a esa máxima estuvo siempre fuera de duda.

Aunque Warhol estaba en las antípodas de los hippies y algunas de sus actitudes, como el rechazo al dinero, le generaban repulsión, algunos hippies politizados lo admiraron por la forma en que supo usar los medios de comunicación. Si Abbie Hoffman y Jerry Rubin convirtieron la rebelión en un producto de consumo mediático fue gracias a la influencia de Warhol. Nadie como él supo convertir la revolución vanguardista en una atracción masiva, dándole a la prensa pequeñas dosis de emociones fuertes fáciles de condensar en un pie de foto. La excentricidad de Edie Sedgwick, de Viva, de Ingrid Superstar, de Ondine, de Gerard Malanga o del mismo Warhol garantizaban los flashes de las cámaras tan pronto se dejaba ver en público. La mezcla de trasgresión y *glamour,* de bajo mundo y alta sociedad, de contracultura y apellidos de alcurnia encandilaba a la sociedad norteamericana. Como contaba Ultra Violet, otra de las *super-stars* que acompañó a Warhol en su aventura cinematográfica, "la fama es nuestro objetivo, la rebelión nuestro estilo, el narcisismo nuestra aura".[175] Narcisismo, rebelión y fama: tal vez estos elementos estuvieron siempre juntos, pero sólo ahora sobrevivían en el vacío, sin una meta trascendente ni un proyecto de transformación social, sostenidos sólo por la fuerza centrífuga de la diversión y la notoriedad. Tener a Warhol en una fiesta era mejor que alquilar un *beatnick* o invitar a un pantera negra. Además de actuar como embajador del excitante y prohibido mundo de las drogas, la transexualidad, la extravagancia y la transgresión, cargaba la atmósfera de los salones elegantes con el aura de genialidad atribuida a la vanguardia.

Warhol le mostró a la alta sociedad que la contracultura, antes que cualquier cosa, era algo glamuroso. Las drogas, el individualismo, la anomia, los placeres extravagantes, el hedonismo, la experimentación, el consumo desaforado y la libertad sexual hacían parte de un paquete de sorpresas y emociones fuertes que ahora cualquiera podía disfrutar. La época de los cochambrosos apartamentos de estudiantes y bohemios, de la clandestinidad y de la oposición a la sociedad, había pasado. Warhol logró que todas las actitudes que atentaban contra la burguesía, el capitalismo tecnocrático, los vicios de Occidente y la mercantilización de la vida se convirtieran en productos de consumo. Así, lo que antes era patrimonio exclusivo de revolucionarios alucinados y artistas experimentales, se convirtió en la ambición de toda la sociedad, al menos de aquella porción que había encumbrado el hedonismo a la cima de su escala de valores. Cohn-Bendit lo había dicho: "Hay una sola razón para ser revolucionario: porque es la mejor forma de vivir",[176] y Warhol se encargó de instruir a la burguesía en lo acertado que estaba el joven protagonista de Mayo del 68. No había mejor forma

[175] Ultra Violet (Isabelle Collin Dufresne), *Famosa durante 15 minutos. Mis años con Andy Warhol* (1988), Plaza y Janés, Barcelona, 1989, p. 42.

[176] Cohn-Bendit, D. y G. Cohn-Bendit, *Obsolete Communism. The Left-Wing Alternative*, p. 255.

de pasarla bien que adoptando las actitudes rebeldes de la vanguardia. Esto, desde luego, no convirtió la vida en arte, pero sí logró que la diversión, la risotada, la ironía y el devaneo fútil de la personalidad se hicieran habituales y deseables. Warhol le mostró al mundo que para ser irreverente no había que ser contestatario. Y al mundo le encantó.

¿Fue Warhol un genio que supo dar *glamour* a la contracultura para hacerla comercial? Gore Vidal decía que sí, que era un genio, pero un genio con coeficiente intelectual de sesenta. Robert Hughes fue mucho menos condescendiente y calificó a Warhol como una de las personas más estúpidas que había conocido y un artista que no tenía absolutamente nada que decir. Y seguramente el crítico estaba en lo cierto. Warhol era una efigie hueca. Todo el tiempo estaba pidiendo ideas y opiniones, y si alguien le hacía una pregunta, él la devolvía —¿y tú qué piensas?—, incapaz de fijar un criterio propio sobre nada. "Estoy tan vacío que no se me ocurre nada que decir",[177] le confesó al fotógrafo Gretchen Berg. Pero de esa incapacidad Warhol hizo virtud. Al carecer de ideas, se limitó a pasar a grandes lienzos las imágenes que veía en la televisión y en las revistas. El mundo de la imagen comercial, donde ya se había consagrado en los cincuenta como dibujante publicitario, compensaba su absoluta falta de imaginación. En *Mi filosofía de la A a la B y de B a A* recordaba la necesidad que sentía de tener un jefe que le dijera qué pintar. Tener ideas propias era muy difícil; más sencillo era retratar la realidad que tenía a la mano y sumarse a la corriente de ideas vanguardistas que afirmaba que todo eso estaba bien.

El arte pop dio carta de ciudadanía a lo trivial, a lo camp, a lo mediático y a lo anodino para que entraran en la institución del arte. Lo curioso es que ya no se trataba de un desafío o de una burla, como con Duchamp, sino de una exaltación de la estética publicitaria. La transgresión había acabado y la copia se convertía en una simple solución a la falta de ideas. Copiar

---

[177] Koestenbaum, W., *Andy Warhol*, Weidenfeld & Nicolson, Londres, 2001, p. 69.

la cultura de masas, apropiarse de las imágenes de otros, reinterpretar las obras del pasado o simplemente repetir en una galería los actos que componían la rutina diaria se convirtieron en tics estereotipados de los artistas que siguieron la estela de Warhol. Algunos de ellos, como Richard Prince y Sherrie Levine, lograron forjar exitosas y lucrativas carreras basadas en la carencia de ideas. El primero, por ejemplo, alcanzó la gloria a finales de los setenta copiando las fotos publicitarias de Marlboro, y luego ampliándolas y colgándolas en los museos. Una de ellas alcanzó la nada despreciable suma de 1.2 millones de dólares durante una subasta en 2005. Lo particular de esta obra era que se trataba de una fotografía de otra fotografía, es decir, un vulgar plagio. Como decía el fotógrafo comercial que tomó la foto original para la campaña de Marlboro, la de Prince no se diferenciaba en un solo píxel de la suya. ¿Cómo logró Prince legitimar este espectacular timo? Dándole una nueva vuelta de tuerca al *ready-made* y a las ideas de la vanguardia norteamericana. Él no había copiado ni plagiado la imagen de Marlboro; él se había *apropiado* de ella, tal como Duchamp se apropió de un orinal hecho por otros, Cage de los ruidos del ambiente y Warhol de los productos de consumo masivos. Revestidas con este artificio conceptual, las fotografías plagiadas de Prince se convertían mágicamente en geniales obras de arte *apropiacionista*, mientras que las imágenes del otro fotógrafo original seguían siendo inocuas fotografías comerciales.

A mediados de los ochenta, Prince tuvo una idea aún más genial: buscar bromas en libros de humor y transcribirlos en grandes lienzos. Así de sencillo, pasó de copiar fotografías a copiar chistes, pues el arte pop legitimaba aquel saqueo. Cualquier artista podía ahora duplicar cualquier cosa y decir que estaba haciendo un *object trouvé*, un *ready-made*, una cita del pasado o una apropiación. Sherrie Levine, otra artista estadounidense nacida a finales de los cuarenta, llevó hasta el extremo esta técnica tomando fotografías a las fotos de Walker Evans y exponiéndolas como suyas. No satisfecha con ello, luego se dedicó a llenar las galerías con reproducciones doradas del orinal de Duchamp. El sentido común advertiría que aquello era simple y mera trampa pero, para suerte de los artistas sin talento, la década de los setenta dejó un lodazal de teorías y conceptos con los cuales legitimar cualquier cosa. Siempre hay a la mano una palabreja extraña para extender un velo sobre lo banal y hacerlo ver interesante. La obra está *deconstruyendo* los estereotipos culturales norteamericanos, por ejemplo. O: es una crítica al concepto de *autoría*. O: muestra la lógica del *simulacro*. Ante tales explicaciones no hay más remedio que aguzar la mirada, fruncir el seño y volver a apreciar las tontas obras de Prince y Levine hasta ver en ellas algo interesante: ¡Es una crítica a la sociedad!, ¡es una deconstrucción de estereotipos!, ¡es un simulacro de un simulacro! Curiosamente, el arte contemporáneo se presenta hoy como una radical crítica a la sociedad, cuando en realidad, como digno heredero de Warhol, celebra sus aspectos más banales amparado en la última frivolidad académica. La muerte del autor, la deconstrucción, el simulacro o lo que sea que hay en las obras de Prince no son una crítica al capitalismo ni a nada, sino una estrategia más que exitosa para dar gato por liebre y triunfar en el mercado del arte.

La idea de aceptar el mundo y mostrarlo en toda su modestia, sin la menor pretensión de transformarlo, tuvo curiosas derivaciones en la Costa Oeste de Estados Unidos. El caso más conspicuo es el de Bruce Nauman, un artista que se hizo increíblemente famoso justamente por no hacer nada o, para ser más exactos, por convertir su "no hacer nada" en una obra de arte. Después de cursar un posgrado en arte en la Universidad de Davis, en California, Bruce Nauman se mudó a San Francisco y alquiló un estudio. Allí pasaba largas horas sin hacer gran cosa. Tampoco tenía dinero para comprar materiales y retomar la carrera de pintor que había abandonado en 1965, de modo que mataba el tedio realizando cualquier actividad trivial. Pero un día, en medio del sopor de los días estériles, tuvo una revelación. "¿Qué es el arte?", se peguntó, y la respuesta que afloró en su mente lo deslumbró por su obviedad: "Arte es lo que hace un artista, simplemente rascarse la barriga en el estudio".[178] Inspirado por tan brillante idea, Nauman empezó a registrar en video y fotografía todas las tontas actividades que realizaba en su taller para pasar los días. Ni siquiera tuvo que copiar o *apropiarse* de las imágenes de otros. Había decidido que cuanto ocurriera entre las cuatro paredes de su estudio, así fuera banal y prosaico —sin duda mucho más banal y prosaico que el carrusel de excentricidades de la Factory— sería arte. Nauman, por ejemplo, mataba las horas tomando café. Si se le enfriaba la taza, arrojaba el contenido y le tomaba una fotografía. Con aquel acto tan rutinario y banal no estaba deshaciéndose de una bebida que no iba a beber. Nada de eso. Estaba creando una gran obra de arte, su famosa *Coffe Thrown Away Because It Was Too Cold*, de 1966.

Entre café y café, Nauman hacía otras cosas. Por ejemplo, jugaba con una pelota haciéndola rebotar del suelo al techo, tocaba torpemente un violín, saltaba en una esquina, caminaba de formas extrañas, se pintaba los testículos con pintura negra o seguía las líneas que formaban un cuadrado en el suelo de su estudio. Todos estos actos insignificantes quedaban registrados y, por lo tanto, inmortalizados como obras de arte.

Si cualquier cosa que Warhol o sus ayudantes filmaban en la Factory acababa siendo cine o arte, ¿por qué lo que Nauman registraba en su estudio no iba a serlo? Las ideas de Duchamp, Cage y Cunningham empezaban a dejar de ser vanguardistas y radicales para convertirse en una fórmula a la que cualquier artista podía recurrir para darle el estatus de arte a cualquier cosa. Al ganar la batalla de las ideas, al dejar de ser la extravagancia de artistas experimentales y anarquistas influidos por Stirner y Thoureau, el legado del primer tiempo de la revolución cultural perdía su envoltorio transgresor para revelar su trasfondo banal. Si todos los artistas empezaban a convertir cualquier gesto, acto, mueca u objeto en la más refinada de sus obras, entonces, en lugar de acabar con el arte como pretendían los dadaístas, lo que conseguirían sería hacer de ésta la más banal y aburrida

---

[178] Citado en: Godfrey, T., *Conceptual Art*, Pahidon, Londres, 1998, p. 127.

actividad humana. Al poco tiempo, de nada valdría tomarse la molestia de acercarse a museos y galerías, pues el mismo tipo de futilidades se podría ver en la casa del vecino. Y, sin embargo, a pesar de la apuesta radical por la vida cotidiana, nunca antes estos artistas transgresores necesitaron tanto del museo para convertir sus gestos y hazañas cotidianas en celebradas obras de arte conceptual. Arte conceptual: todo aquello que fuera del museo es una banalidad cotidiana y adentro se convierte en un intricado enigma sobre la naturaleza del arte y de la sociedad.

No fueron pocos los artistas que contribuyeron a convertir las galerías en extensiones de los espacios cotidianos. Tom Marioni, otro artista afincado en California, invitaba a sus amigos a tomar cerveza en las galerías. En eso consistía su obra más famosa, *The act of drinking beer with one's friends is the highest form of art*, el acto de beber cerveza con los amigos es la forma más elevada de arte. La primera vez que Marioni realizó esta obra fue en 1970 y desde entonces ha venido bebiendo artísticamente con sus amigos en multitud de galerías. Ni a Warhol se le había ocurrido semejante idea. De haber vislumbrado que las borracheras, las orgías y el consumo de drogas con los amigos eran "la forma más elevada de arte", su fortuna se hubiera quintuplicado.

A finales de los sesenta, las ideas vanguardistas empezaban a demostrar lo útiles que habían sido para destruir la cultura elitista, basada en el talento y la disciplina, en el oficio y la visión imaginativa y personal, y lo pobres que se mostraban para fundar nuevas tradiciones artísticas. Ni el futurismo ni el dadaísmo podían convertirse en una nueva doctrina sin desnaturalizarse o, al menos, convertirse en paradojas, pues todos sus gestos tenían como objeto destruir las academias y las instituciones del arte. Gran parte de la confusión que reina en el mundo del arte contemporáneo se debe a que ha erigido y premiado carreras basadas en los gestos vanguardistas —el *ready-made*, la *soirée*, la provocación— que pretendían, justamente, acabar con el arte y sus instituciones. Las obras de Nauman y Marioni no destruyeron los museos. Por el contrario, para que las muecas del primero y las borracheras del segundo puedan ser vistas como arte, están obligadas a fundirse con una institución cultural. De lo contrario, sus obras no serían más que los actos gratuitos que hace cualquier niño o cualquier adolescente cuando está aburrido.

Pero sin duda quien mejor ha sabido administrar la herencia distorsionada de la vanguardia que Warhol proyectó sobre las últimas décadas del siglo XX ha sido Jeff Koons. Este artista, nacido en 1955 en Pensilvania, se ha convertido en una verdadera *superstar* del mundo del arte, llenando museos y colecciones privadas de objetos que, excepto por su tamaño, no se diferencian de las más baratas mercancías que ofrecen las más ordinarias tiendas de barrio o las más pueriles barracas de ferias. Además, ha convencido a los multimillonarios del momento y a los curadores de los más importantes museos que le den por aquellas baratijas muchos millones de dólares, hasta 23 por su *Hanging Heart,* un cursi corazón magenta brillante con la apariencia de un gigantesco globo de feria que cuelga de dos adorables lacitos dorados, y a políticos como Jaques Chirac de que sus logros artísticos y culturales son lo suficientemente notables como para ser nombrado Oficial de la Legión de Honor francesa.

La trayectoria de Koons se parece a la de Jerry Rubin, sólo que a la inversa. Koons empezó trabajando como corredor de bolsa en Wall Street y luego se dedicó a producir arte provocador. Parecían actividades opuestas, pero en realidad las dos tenían que ver con la compraventa de mercancías suntuosas y la búsqueda de enormes beneficios. Porque Koons ha descollado en el mundo del arte gracias a su habilidad en los negocios. Con la ayuda de consultores de imagen, logró inventarse una imagen de sí mismo tan efectiva como la de Warhol, que le permitió convertirse en protagonista y referencia insoslayable en el panorama internacional del arte contemporáneo. Todo lo que ha hecho en su meteórica carrera ha sido recibido con expectación y delirio, más por la fama y la imagen de gran artista que lo rodea que por la calidad de sus obras. Aunque es cierto que Koons nunca decepciona: es imposible permanecer indiferente a lo que hace, bien porque produce una soberbia escultura de flores (*Puppy*) o porque bate todos los records de venta con tonterías jamás concebidas por ningún otro artista. Su ascenso empezó en 1980, cuando reeditó la trillada idea del *ready-made* exhibiendo aspiradoras en vitrinas de cristal con tubos de neón; luego usó el lenguaje de la publicidad para hacer carteles, algunos de ellos con él como protagonista; y finalmente logró la consagración exponiendo esculturas *kitch* de madera y porcelana, terriblemente feas pero que sin duda le hubieran parecido *fabulosas* a Andy Warhol: un osito de felpa, cachorritos en el regazo de dos ancianos, niños empujando un cerdo, la Pantera Rosa abrazada a una chica rubia, un oso y un policía, y la pieza más cotizada de la muestra: *Michael Jackson y Bubbles*, una reproducción dorada del rey del pop con el chimpancé que tenía como mascota. Esta exposición se celebró en 1988, justo un año después de que muriera Warhol. Su título, *Banality*, era todo un homenaje a su legado.

En una de las fotografías que acompañaba la exposición, Koons aparecía en el rol de profesor, rodeado de niños que levantaban la mano ansiosos por responder a sus preguntas. Atrás, en la pizarra, se podían leer las frases *Exploit the masses* y *Banality as saviour*. Muchos críticos vieron esta imagen como una ironía o una provocación, pero en realidad expresaban un mensaje literal. Koons cree que el artista debe darle gusto a la masa. Cree, además, que a la masa le gusta la banalidad. El fin de sus obras, según afirma, es ayudar a la gente a despojarse del manto artificial que impone el estilo de vida burgués, y a reconocer y aceptar lo que realmente le gusta, que no es otra cosa que los muñecos de felpa, los cachorritos de expresión tierna, los muñecos inflables, los gorritos de fiesta y la demás parafernalia infantil. "No te divorcies de tu verdadero ser, abrázalo",[179] le decía Koons al filósofo y crítico Arthur Danto. ¿Y cuál es ese verdadero ser? El de un niño que disfruta con los globos de colores y los peluches. Aquella gran obsesión por la autenticidad la resolvió Koons de manera distinta a los poetas beat. Ser auténtico ya no tenía nada

---

[179] Citado en: Danto, A., *Unnatural Wonders. Essays from the Gap between Art & Life*, Columbia University Press, Nueva York, 2005, p. 290.

que ver con la espontaneidad o con encontrar las fuentes primigenias de la identidad, el hogar o las metas trascendentes que darían sentido al trabajo y a la vida. Para Koons, ser auténtico es ser infantil y banal.

Koons cree que bajo los ropajes burgueses, todos somos o queremos ser niños, y que tan pronto lo reconozcamos se eliminarán las culpas que nos impiden disfrutar con lo que verdaderamente nos gusta, es decir, con las cursilerías. Hay un ser auténtico, puro y pueril, que su arte banal va a liberar echando por tierra las jerarquías y escalas de valor que han relegado lo trivial al remoto compartimento de la niñez. Koons, como buen populista, está diciendo que todos tenemos buen gusto porque todos fuimos niños y todos podemos encontrar adorables sus baratijas. Nadie tiene por qué sentir vergüenza al disfrutar con ellas. Al hacerlo nos estamos liberando, estamos reencontrándonos con nuestro pasado.

Aquí no se trata, como pretendía Breton, de recuperar la época en que la realidad se desdibujaba por obra de la imaginación infantil. Aquí se trata de volver a la edad en que el papel brillante y las bagatelas de colores resultaban tan irresistibles que era imposible dejar de comprarlas.

Koons concluyó la tarea emprendida por Warhol. La calidad de los productos culturales depende ahora única y exclusivamente del gusto personal, y, desde luego, no suele ser frecuente que alguien reconozca tener mal gusto o un criterio incierto para juzgar la música, el cine o el arte. Ya no importa si es el punk, los cómics, la pornografía, las baratijas de porcelana o la comedia adolescente lo que sobresale entre mis gustos. Lo importante es que me guste a mí. Entonces resulta ser tan valioso y digno de estudio como la música de Brahms, la literatura de Tolstoi, los cuadros de Rubens, las esculturas de Henry Moore o el cine de Chaplin. Al aceptar el infantilismo y la banalidad como piedra de toque de nuestro gusto, todas las jerarquías y escalas de valores se difuminan. Dostoievski y Hugh Hefner quedan en el mismo plano, Miguel Ángel y Koons se hacen intercambiables.

Los estudios culturales que se enseñan en las facultades de humanidades estadounidenses (y ahora, a medida que pasan de moda, cada vez más en Latinoamérica) han completado la tarea. Luchando contra el poder, el sexismo, los prejuicios de clase y toda forma de opresión, estos académicos han democratizado la producción cultural hasta el punto de banalizarla. Desde su perspectiva, todo es digno del mismo reconocimiento pues todo es expresión de una identidad y ha quedado demostrado —gracias a Foucault y los otros teóricos posmodernos— que no hay un criterio externo y neutral con el cual juzgar qué es valioso y qué no. Con esta erosión del elitismo artístico, sin embargo, el mundo no se ha hecho más justo ni más igualitario. Lo que se ha conseguido, al pretender corregir las imperfecciones del mundo eliminando el juicio de valor, ha sido herir de muerte al arte. Impermeable a la crítica, indiferente a la calidad y la imaginación, todo empieza a depender de la habilidad de un asesor de imagen que sepa convertir a un artista en una suculenta atracción mediática. Como querían futuristas, dadaístas y surrealistas, se destruyó la cultura, al menos la alta cultura sustentada en valores como la pericia, la imaginación y el talento, pero con ello no vino la muerte del arte ni del museo. Con ello vino el segundo tiempo de la revolución, en el que cualquier cosa puede convertirse en arte siempre y cuando genere suficiente expectativa y escándalo como para llamar la atención del museo. Y en esa materia, pocos artistas han demostrado tanto talento como Koons.

Eso quedó más que demostrado en 1990, año en que Koons dio otro giro de tuerca a su obra para seguir apelando a los gustos más básicos del hombre. Con su nueva obra se había propuesto demostrar que el disfraz burgués no sólo enmascaraba a un niño ansioso de felpa y colorinches, sino a un sediento consumidor de pornografía. *Made in Heaven* fue una serie de fotografías y esculturas que tenían como protagonista a Ilona Staller, la mundialmente famosa Cicciolina, estrella del porno y miembro del Parlamento italiano, con quien Koons encarnó a unos nuevos Adán y Eva despojados de culpa y vergüenza.

Cuenta Koons que al ver *La expulsión del Edén,* de Masaccio, quiso recrear el tema sexual presente en el mito judeocristiano eliminando los prejuicios burgueses que restaban legitimidad al placer. Los nuevos Adán y Eva, convertidos en *superstars* porno, podían ahora fornicar sin remordimiento alguno.

El mérito que pudieron tener las fotografías se debió, desde luego, a los encantos de la Cicciolina (al fin y al cabo ella era la profesional en el asunto), pero Koons apeló a los conceptos artísticos para robarle todo protagonismo. Tanto la Cicciolina como su ajuar, sus decorados y su estética se convirtieron, por obra y gracia del artista, en un *ready-made*. Koons se apropió de la imagen de la estrella porno de la misma forma en que Prince y Levine se habían apropiado de la publicidad de Marlboro y de las fotos de Walker Evans, y ya no importó que fuera la Cicciolina quien apareciera desnuda en las imágenes, ni que fuera su sexo, su particular estilo y su estética *naive* las que chispearan en las fotografías. Koons la había elegido como *ready-made* y, por lo tanto, él era quien elevaba a la categoría de arte lo que en otras circunstancias hubiera sido mera pornografía.

Los vanguardistas que se oponían a la alta cultura y aborrecían a la burguesía eran, efectivamente, rebeldes. Pero una vez que sus ideas se popularizaron, los artistas como Koons, que siguen atacando los prejuicios burgueses, han dejado de ser rebeldes y se han convertido en los portavoces más conspicuos de la sociedad contemporánea. Son sus estandartes y beneficiarios. Nadie navega mejor en una sociedad que ha banalizado el sexo y el arte convirtiéndolos en mercancía pornográfica y en mercancía *kitch,* nadie disfruta tanto de los placeres burgueses siendo un crítico de la burguesía como Koons. En 2007, el artista compró por veinte millones de dólares una mansión que pertenecía a Barbara Rockefeller. El arte banal que Koons produce en serie (cuenta con cerca de cien ayudantes que se encargan de hacer sus obras; él no pone sus manos en ninguna de ellas) es una provocación que no critica nada, como tampoco criticaban nada los cuadros pop de Warhol. El hedonismo, el infantilismo, la ironía, la irreverencia y el humor que los revolucionarios del primer tiempo de la revolución cultural impusieron como valores supremos, hicieron que el consumidor actual de arte encontrara encantadores las esculturas de muñecos inflables de Koons y las monótonas series de celebridades de Warhol. ¿Para quién estaban trabajando los dadaístas, los surrealistas, los poetas beat, los hippies y los yippies? Desde luego no para los revolucionarios que pretendían acabar con el dinero, el capitalismo y la sociedad de clases. Más bien, para artistas que, sin otro talento que el de saber venderse a sí mismos y a sus obras, reeditaron con fines mercantiles la lucha antiburguesa y el populismo emancipador.

Warhol se enorgullecía de que todo el mundo —ricos y pobres, famosos y desconocidos— podían consumir y disfrutar la misma Coca-Cola y la misma hamburguesa; Koons se enorgullece de que todo el mundo, haciendo un ejercicio de memoria, pueda encontrar encantadoras sus esculturas. Pero este tipo de arte, en apariencia antielitista y democratizador, lo es sólo a medias. Apela al populismo y al escándalo para convertirse en un fenómeno que ningún medio se puede perder, pero luego encumbra sus precios a las alturas a las que sólo una minúscula élite puede subir. Todo el mundo podía ser retratado en el estandarizado estilo pop de Warhol y ver su rostro al lado del de Marylin, Elvis, Mao, Lennon o Jackie Kennedy. Todo el mundo, desde luego, que tuviera los 25,000 dólares que cobraba Warhol por delegar a sus ayudantes la tarea. ¿Todo el mundo tendría derecho a 15 minutos de fama? No, sólo los que pudieran pagar por ellos.

Purgar al mundo de la alta cultura no supuso aniquilar el estilo de vida burgués (Yoko Ono y John Lennon protestaban contra la guerra de Vietnam con *bed-ins for peace* en el Hotel Hilton de Ámsterdam). Lo que se consiguió fue legitimar una actitud infantil y risueña, destinada a invocar los gustos más básicos, que encontraría en la televisión el mejor nicho para proliferar. La aceptación del mundo tal como es, la erosión de las fronteras entre el arte y la vida, al igual que el humor que promovieron artistas como Duchamp, Man Ray o Mačiūnas, saltaron del mundo del arte al de la publicidad y los programas de entretenimiento televisivo. Jerry Seinfield se hizo famoso en los noventa por protagonizar una serie que analizaba con mordaz ironía la realidad cotidiana. Era una comedia acerca de nada, en la que no ocurría nada; vida cotidiana desmenuzada en sus más pequeños detalles hasta convertirla en algo tan absurdo y surrealista que resultaba hilarante. Casi al mismo tiempo, en 1992, se vería en las pantallas estadounidenses una escena similar: un grupo de jóvenes reunidos en una habitación, hablando de nada y haciendo nada. Esta vez no se trataba de actores ironizando sobre sus rutinas y manías, sino de jóvenes reclutados por la MTV para protagonizar *The Real Life*, un nuevo formato televisivo que fundía vida real y espectáculo. La vida se hacía espectáculo y entonces cualquiera podía convertirse en un personaje mediático pues, al igual que en el mundillo del arte contemporáneo, ya nadie esperaba de él un talento especial sino lo contrario: simpleza, ingenio, campechanía, impudor; un toque de vulgaridad y una ignorancia ufana y desenfadada que apelara al infantilismo de la audiencia.

La idea vanguardista de fundir arte y vida acabaría siendo una mina de oro para los medios de comunicación y la prensa escrita. Convertida en espectáculo, la vida real irrumpió con toda su carga de frivolidad y vulgaridad en los programas del corazón, la prensa rosa y los tabloides. También en esto Warhol fue el pionero. Sus ansias de fama lo llevaron a publicar en 1969 *Interview*, una revista de famosos que se convirtió en la mejor plataforma para entrevistar y glorificar a personajes de la farándula y, de paso, conocer gente famosa y rica que pudiera comprar sus cuadros. Con los años, el ejemplo de *Interview* sería emulado por la industria televisiva. En 1987 se creó *Movietime*, después conocida como *E! Entertainment Television*, una cadena de televisión por cable dedicada a escudriñar las biografías de los actores de Hollywood. La vida no se convirtió en arte; se convirtió en el espectáculo más lucrativo de los últimas tres décadas, y la aceptación del mundo, la cotidianidad, la vida real, el humor, la ironía, la rebelión, el disparate —todas las propuestas de la vanguardia— fueron asimilados y explotados comercialmente. Eso sí, las estructuras de la sociedad siguieron exactamente iguales.

Lo que cambió fue la cultura y los valores que la sustentaban. Empaquetados en programas de entretenimiento con formato de *reality*, *talk show*, programa del corazón, magazín, concurso absurdo (*Fear Factor*) o sátira política, hoy reinan la banalidad, la cotidianidad, la pornografía (sexual y emocional), el humor, el hedonismo y la rebeldía y la iconoclasia.

Abbie Hoffman no fue del todo consciente del *sex-appeal* que despedía la imagen del joven rebelde. La herejía de los yippies, en lugar de debilitar el sistema, le dio a la audiencia masiva la dosis de rebelión que le permitía seguir cumpliendo puntualmente con sus rutinas laborales. Era la pesadilla recurrente de Debord. El rebelde mediático se convertía en un espectro con el cual cada adolescente se podía identificar, sin tener que dar ninguna lucha en la vida real más allá de adoptar su atuendo, sus gustos y sus actitudes ufanas y contestarias. La rebeldía se convirtió en una actitud y la MTV, el canal que ofrecía música rebelde, moda rebelde y más personajes rebeldes con los cuales identificarse, supo explotar comercialmente esta aspiración que habían generalizado los muy rebeldes yippies. No en vano, entre 1985 y 1987, Warhol tuvo en MTV un programa que se llamó *Los 15 minutos de fama de Andy Warhol*. Más recientemente, *Jackass*, el nuevo programa estrella de la cadena, reúne a varios jóvenes rebeldes para realizar actos disparatados y peligrosos —un dadaísmo bonzo— que recordaba aquel sueño de Kerouac de ver a miles, millones de jóvenes norteamericanos convertidos en vagabundos del Dharma, realizando "actos extraños que proporcionan visiones de libertad eterna a todo el mundo".

La libertad defendida por Man Ray, Duchamp y Cage se convirtió en libertad para hacer payasadas, inmiscuirse en la intimidad ajena, disfrutar sin culpas de la banalidad e insultar al otro. En 1926, Benjamin Péret vilipendiaba a un cura como acto sacrílego e iconoclasta. Hoy en día el insulto es esencial en las tertulias que se proyectan por televisión. La libertad de expresión se invoca ahora para legitimar la ofensa y el ataque personal. En gran medida esto se debe a que el insulto, como la rebeldía y la iconoclasia, son productos mediáticos que se cotizan al alza. Las cadenas de televisión no se resisten a los personajes lenguaraces que entran en erupción y se llevan cualquier cosa por delante, incluidas la sensatez y las maneras, porque aquel espectáculo se traduce en audiencia y dinero. Los descendientes de los futuristas y los dadaístas están hoy en los platós, lanzando improperios y desafiando a la audiencia con su zafiedad, como antes lo hacían en sus veladas y *soirées*. Son herederos imprevistos de la vanguardia, que no quieren que nada cambie porque la necesidad social de espectáculos los ha convertido en el plato fuerte de las cadenas de televisión.

Algunos autores —entre ellos Gilles Lipovetsky— han dicho que la vanguardia se agotó. Creo que es más exacto decir que las ideas vanguardistas se filtraron en la sociedad y en los medios de comunicación y que ahora, como durante cualquier período en que se legitiman nuevas ideas, valores y actitudes, disfrutamos y sufrimos de sus consecuencias.

De la revolución al espectáculo
1962-1997. Londres, Roma...

En 1970, Malcom McLaren decidió abandonar definitivamente los estudios de arte que había iniciado seis años antes en la Harrow Art School. Después de pasar por varias otras academias y facultades —Reigate, Walthamstow, Chelsea, Chiswick, Croydon Art School— había intentado graduarse de Goldsmiths College con una película piscogeográfica sobre Oxford Street, con la que pretendía denunciar las rutinas de consumo y los grandes templos que conglomeraban a las hordas de compradores en busca de mercancía y espectáculo. La cinta hacía alusiones al aburrimiento, a la carestía y a la falta de perspectivas hacia el futuro de los jóvenes, temas recurrentes en las publicaciones situacionistas. McLaren trabajó en ella 18 meses e incluso contó con la ayuda de algunos amigos, como Jamie Reid, el genial creador de carteles y carátulas de discos que luego estaría ligado a sus proyectos posteriores, pero nada de esto fue suficiente. La aspiración de convertirse en un artista de vanguardia se esfumó ante la imposibilidad de acabar la película.

De todas formas, aquellos años en los que McLaren estuvo inmerso en el ambiente de las facultades de arte, leyendo los ensayos de Debord y de los otros situacionistas que Christopher Gray reunió en *Leaving The 20th Century* y participando activamente en los sabotajes culturales de King Mob, no fueron en balde. Después de seis años inmerso en el ambiente del arte, McLaren era un aventajado alumno del situacionismo, tanto así que mientras Debord se preparaba para sepultar la vanguardia a la que había entregado su vida él, al otro lado del Canal de la Mancha, se proponía darle un inesperado giro que invertía de forma magistral todos sus postulados y propósitos. Si la sociedad de los sesenta se había convertido en un escenario propicio para proyectar espectáculos, McLaren, en lugar de luchar contra esta dinámica que hacía del joven rebelde un pasivo empleado, se encargaría en los setenta de proveer a Inglaterra —y por extensión a Occidente— del más vibrante, aterrador y seductor espectáculo jamás imaginado: la invasión de los bárbaros y la destrucción de la civilización.

El situacionismo había mantenido vivas las viejas ideas anarquistas y vanguardistas de una libertad sin límites, positiva, destinada a transformar la vida y a otorgar al placer y al ocio el lugar que los capitalistas querían dar al trabajo y al rendimiento. Pero cuando la bomba reemplazó a la pluma —como había ocurrido en Alemania e Inglaterra, y como ocurriría en Italia en 1977 con Azione Rivoluzionaria, otro grupo terrorista inspirado en las ideas de Debord que atentó contra los diarios *La Stampa*, *Corriere della Sera* y *Gazzetta dei Popolo*—, el situacionismo se vio en un callejón sin salida del que sólo podía salir transformándose en lo contrario de lo que pretendía ser. Esta historia, la de cómo una vanguardia que se opuso al espectáculo acabó convertida en el mayor espectáculo de los setenta, empezó en el 430 de King's Road, un local comercial donde McLaren y su novia Vivienne Westwood, una diseñadora de moda que también había deambulado por el mundo del arte, abrieron a finales de 1971 una boutique destinada a saciar el apetito de esa nueva horda juvenil de consumidores, ávidos de nuevos estilos, estéticas y sensaciones, con prendas de vestir estrechamente ligadas a las modas musicales.

La tienda, bautizada con el llamativo nombre de Let it Rock, empezó surtiendo zapatos de crepé, trajes eduardianos y viejas chaquetas de cuero a los *teddy boys* y *rockers* de Londres. No era un secreto que la identidad de estos grupos estaba ligada al auge del rock and roll de los años cincuenta, lo cual significaba que promover esta música serviría para promover los negocios relacionados con la parafernalia y la moda asociada a ella. McLaren se dio cuenta y actuó rápido. Con la ayuda de Westwood, a finales del verano de 1972 organizó un concierto en el Wembley Stadium con estrellas de la talla de Little Richard, Chuck Berry, MC5 y Billy Fury, confiando en que miles de jóvenes fanatizados e identificados con una estética del rock and roll equivaldrían a miles de compradores agolpados a las puertas de su negocio en busca de prendas con las cuales sentirse parte de la vanguardia musical.

La habilidad como negociantes de McLaren y Westwood también se reflejó en la rapidez con que intuyeron la volubilidad de los jóvenes y su ansiedad de experiencias nuevas. Los estilos, como las modas, se agotaban y quien no reaccionaba a tiempo perdía su nicho de mercado. En una ágil jugada que repetiría en los siguientes años, McLaren cerró Let it Rock, redecoró el local y en 1973 lo abrió con otro nombre: Too Fast To Live, Too Young To Die, una frase que hacía referencia a la prematura muerte de James Dean, símbolo perfecto de la llama juvenil inmortalizada debido a su prematura consunción. La nueva estética de la tienda dejaba a un lado la moda eduardiana y se adhería a la fiebre del cuero propagada por los Ángeles del Infierno y los demás fanáticos de las motos. El incombustible McLaren no se detuvo ahí. Un año después volvió a cambiar el nombre y los decorados de la tienda, y al cuero añadió el látex, los látigos, las máscaras y los demás accesorios de la parafernalia sadomasoquista. Aquella frase rimbombante que daba nombre al local dio paso a una sola palabra, directa y sonora: Sex. Una voluptuosa dominatriz llamada Jordan fue contratada como dependienta, y las paredes fueron decoradas con frases del manifiesto s.c.u.m. de Valerie Solanas. El terrorismo cultural de los sesenta se convertía en un aliño decorativo para alentar el consumo de los setenta. Frases de Alexander Trocchi también empezaron a figurar en las prendas de vestir de Westwood, y a partir de 1976 los eslóganes de los *enragés* y de los situacionistas franceses se convirtieron en seductores aderezos de camisas y camisetas. Al modelo Dominator, una camiseta diseñada por Westwood con neumático de motocicleta, se sumaron las camisas Arnachy, prendas de segunda mano que la diseñadora intervenía con frases ("Sólo los anarquistas son guapos", "Toma tus sueños por realidades"), imágenes de Karl Marx, la esvástica nazi y un brazalete con la palabra "Caos". La revolución vanguardista había mutado en moda y ya no hacía falta asimilar sus postulados en discusiones, manifiestos o acciones públicas, pues por unas cuantas libras se podían adquirir en la tienda de McLaren.

Sex Pistols, el grupo punk más famoso de la historia, también nació como parte del entramado publicitario de Sex. Aunque fue presentado como la peor amenaza al estilo de vida británico y a los valores de la civilización occidental y, aunque por fin, después de varias décadas de sublevación futurista, dadaísta, surrealista, letrista y situacionista, dio un semblante juvenil, reconocible e imitable a la revolución cultural, el grupo tuvo su origen en una estrategia menos sediciosa y bastante más acomodaticia con las dinámicas del capitalismo. McLaren era un provocador y disfrutaba con los desplantes típicos de la vanguardia artística, pero antes que nada era un hábil negociante, interesado en transformar la revolución en un producto, en una marca que sedujera a través del terror y el morbo y llenara de clientes su tienda. Él mismo lo dijo refiriéndose al momento en que se le ocurrió crear la banda: "Mi intención era vender un montón de pantalones".[180] Los cuatro jóvenes que en 1975 acabaron formando los Sex Pis-

---

[180] Savage, J., *England's Dreaming. Los Sex Pistols y el Punk Rock* (1991), Mondadori, Barcelona, 2009, p. 179.

tols eran demasiado ingenuos —ninguno había cumplido los veintiún años— para imaginar que su rebeldía, insatisfacción y furia se convertiría en un espectáculo publicitario. Todos ellos hacían parte de esas manadas de desocupados, sin trabajo ni estudios, que pasaban el día en Sex atraídos por la decoración y los productos transgresores. Dos décadas antes hubieran podido ser clientes habituales del café Moineau y una década antes quizás hubieran sido bien recibidos en la Factory de Warhol. Steve Jones era un ladronzuelo adicto al sexo y a las peleas, que recolectó para el grupo los mejores instrumentos, micrófonos y amplificadores robándoselos a las estrellas de rock que él mismo idolatraba, entre ellas Rod Stewart y David Bowie. Paul Cook era su compinche y vecino en Shepherd's Bush, perfecto secuaz para todas las gamberradas que se le ocurrían a Jones. Glen Matlock era un estudiante de bellas artes que había trabajado como dependiente en Sex y John Lydon y Sid Vicious hacían parte de una pandilla de ocupas de Hampstead. El primero llevaba el pelo teñido de verde y una camiseta de Pink Floyd intervenida al estilo letrista y, Vicious, hijo de una ex yonqui, tenía una larga historia dentro del movimiento ocupa londinense. Todos ellos eran, también, reflejo de una sociedad que dejaba atrás tres décadas de prosperidad, opulencia y utopías revolucionarias, y que se enfrentaba a unos datos económicos que remitían a los peores momentos del siglo xx.

En 1975 la inflación superaba 24% anual en Inglaterra. La industrialización de los países asiáticos y el ataque de Egipto y Siria a Israel en 1973 habían incrementado el precio de las materias primas y el petróleo. Además de esto, el crecimiento económico se había ralentizado, las exportaciones habían disminuido y el desempleo se estaba convirtiendo en un problema endémico que consumía buena parte de los recursos del Estado. Como consecuencia, el déficit público empeoró y el gobierno finalmente tuvo que acudir en 1976 al FMI en busca de ayuda financiera. La crisis se tradujo en un aumento de los precios y en desaceleración económica, una extraña mezcla que sumía a la economía inglesa en una desesperante e incierta fase de estanflación.

El sueño de la contracultura se hacía parcialmente realidad. Tal como anhelaron los visionarios hippies, la mecanización de los procesos de producción volvió innecesarios miles de puestos de trabajo. Pero esto, lamentablemente, no permitió a esas hordas de desempleados dedicarse a hacer el amor, consumir drogas psicodélicas y culminar la inconclusa revolución de la vida cotidiana, sino que las hundió en una confusa mezcla de desánimo, falta de perspectivas y conflictividad social. Los jóvenes desempleados como Lydon sobrevivían gracias a los subsidios y las viviendas ocupadas. Era lógico que estos jóvenes perspicaces, bombardeados por el discurso hedonista del hippismo, sin formación ni recursos, se rebelaran contra el entorno obrero del que provenían. Seguir los pasos de su padre, un conductor de grúa, hubiera sido impensable para alguien como Lydon. En las canciones que luego escribiría para los Sex Pistols revelaba un individualismo feroz, violento y nihilista, que ya ni siquiera aspiraba al hedonismo sino a la negación y la destrucción. "Cuando no hay futuro, ¿cómo puede haber pecado?", decía en una de las estrofas de *God Save The Queen*.

Y en efecto, estos jóvenes se sentían condenados, y por lo tanto, liberados de cualquier compromiso o responsabilidad social. Eran balas perdidas dispuestas a cualquier cosa, sin nada que perder excepto la sensación de aburrimiento. Como los gnósticos medievales, esos místicos anarquistas que creyeron haber vencido el Mal y alcanzado la pureza, los futuros Sex Pistols se sentían eximidos de cualquier responsabilidad y culpa. McLaren percibió muy pronto este rasgo y sacó provecho de ello. Poco le importó que sus nuevos apadrinados carecieran de talento ni de la más mínima instrucción musical. La personalidad lo era todo y, Lydon, con su pose de adefesio y su actitud de sociópata, encajaba en ese molde del revolucionario vanguardista que salía de las sombras dispuesto a mostrar su horrible rostro a la aún más aborrecible sociedad.

No fue mérito de McLaren haber pensado en los acordes simples y directos del punk para su grupo. En 1973 había estado en Nueva York y allí se había hecho amigo de los New York Dolls, el grupo que introdujo el sonido estridente y rockanrollero y la puesta en escena extravagante y provocadora que serían el antecedente directo del punk. Dos años después, McLaren volvió a Manhattan justo cuando Television, los Ramones y Patti Smith gestaban oficialmente el movimiento punk en el club CBGB. Fascinado con lo que vio, regresó a Londres y aceptó la propuesta que le hizo Steve Jones, cliente —y ladrón— habitual de su tienda. Jones quería que McLaren fuera el manager de una banda que había formado con Paul Cook y Warwick Nightingale, otro compañero de barrio. McLaren aceptó, pero desde el principio se atribuyó todo el poder de decisión sobre la banda. Después de verlos tocar, hizo que Jones y Cook se deshicieran de Warwick y aceptaran a Matlock como bajista. Luego escogió a Lydon como cantante y lo impuso a los otros a pesar de lo mal que se llevaron desde el inicio. También fue McLaren quien desechó de un plumazo el nombre que Jones y Cook le habían dado a su grupo, The Strands, e impuso el de Sex Pistols. Delincuentes sexuales, armas sexuales, sexo y violencia, asesinos sexis; cualquier interpretación que se le diera al nombre resultaba provocadora y, lo más importante, dejaba en la mente una imagen de rebeldía y transgresión que se relacionaba directamente con su tienda.

Desde sus primeros conciertos fue evidente que los Sex Pistols llamaban la atención menos por la música que lograban tocar que por la *situación* que generaban a su alrededor. Al igual que los futuristas, parte de su rutina consistía en insultar y desafiar al público hasta acabar bañados en escupitajos o directamente apaleados. Los destrozos, las peleas y las cabezas abiertas por jarras y botellas de cerveza que volaban de un lado a otro se volvieron parte del entretenimiento. Si el ambiente se presentaba demasiado tranquilo, alguien se encargaba de agitar a la audiencia. En una ocasión, Westwood abofeteó a una chica escogida al azar entre el público para iniciar una furibunda bronca. Sin arrebato ni adrenalina no había *happening*. Tampoco espectáculo. Y eso era parte fundamental en la estrategia de McLaren. Para el momento en que los Sex Pistols salieron a escena, a finales de 1975, ya había una industria mediática ansiosa por registrar las nuevas tendencias musicales y descubrir a la próxima gran estrella del rock. La banda no tardó en aparecer en las revistas de música y, sólo un año después de haber dado sus primeros conciertos y haber causado suficiente expectativa con sus aquelarres y desmanes, ya estaba en la televisión.

Si durante sus giras por bares de mala muerte y escuelas de arte los Sex Pistols apenas congregaban a unas decenas de jóvenes, desde el momento en que aparecieron en pantalla poniendo en escena, sin contención alguna, toda su irreverencia y desprecio por los valores convencionales, se convirtieron en un fenómeno masivo, muy propio de la cultura pop, que fascinaría a los jóvenes irreverentes, aterraría a los mayores remilgados y dejaría los bolsillos llenos de quien supiera aprovechar el escándalo. El 1 de diciembre de 1976, Bill Grundy invitó a los Sex Pistols y a otro grupo de punks del Contingente Bromley —entre ellos Siouxie Sioux, que llevaba un atuendo inspirado en *La naranja mecánica* y Simon Barker, que usaba un brazalete nazi— a su programa *Today*, emitido por la cadena Thames. Grundy no estaba cómodo y se prestó al juego desafiante de John Lydon y Steve Jones. En medio de una conversación sin rumbo ni sustancia, el cantante y el guitarrista de los Sex Pistols acabaron soltando palabrotas. En horario vespertino, en directo y por televisión, resonaban de pronto groserías como "Mierda", "Puto cabrón", "Puto huevón", y el resultado fue un escándalo monumental y la consagración de los Sex Pistols como la nueva amenaza social del Reino Unido. Cuatro jóvenes con aspecto de bicho raro, tan amenazadores como fascinantes, habían roto el tabú de la grosería pública y se presentaban ante la gran audiencia como la secuela ominosa de las utopías de los sesenta. Según el *Labour Daily Mirror*, aquellos veinte segundos al aire habían conmocionado a "millones de espectadores con el lenguaje más obsceno jamás oído en la televisión inglesa".[181] Desde ese momento, como dijo el mismo Jones, lo importante en la

---

[181] *Ibid.*, p. 342.

vida de los Sex Pistols no fue la música sino los medios de comunicación.

Mientras Lydon, Jones, Cook y Matlock se divertían armando jaleo y escandalizando, McLaren no paró de sacar dinero a las compañías discográficas. A EMI le arrancó 40,000 libras y a A&A Records 75,000. Las sumas correspondían a adelantos de discos que nunca llegaron a grabarse. La popularidad de los Sex Pistols atraía a la industria pero al poco tiempo algún escándalo aterrorizaba a unas directivas que preferían perder el dinero del anticipo a tener bajo su sello a los engendros de un país ingobernable, sacudido por el terrorismo del IRA y envuelto en una crisis económica y social que desataba huelgas, cortes de electricidad y montañas de basura pudriéndose en las calles.

Los Sex Pistols seguían al pie de la letra el guión que McLaren había previsto para ellos. En su película psicogeográfica sobre Oxford Street, el frustrado artista de vanguardia decía que era hora de comportarse como un niño, de ser irresponsable y de no respetar nada; de convertirse, finalmente, en todo lo que la sociedad odiaba. Y eso fue lo que hicieron los Sex Pistols. Con sus provocaciones se convirtieron en blanco del odio social e incluso de agresiones físicas, pero también en un éxito sin precedentes. Sus intervenciones fueron un espectáculo que fascinó a los medios de comunicación y a la prensa amarillista. Ser infantil, ser irresponsable y ser irrespetuoso no condenaba al olvido y el repudio, sino al éxito mediático. En el segundo tiempo de la revolución cultural, un público persuadido por el hedonismo y la frivolidad de los sesenta, deseoso de sensaciones fuertes y entretenimiento fácil, aplaudiría como foca con cada desplante, extravagancia e irreverencia que se publicitara en los medios de comunicación. Tras su aparición en el programa de Grundy, los Sex Pistols se convirtieron en un nuevo King Kong, en una nueva anomalía escalofriante que atraía a los periodistas como moscas y despertaba las fantasías más lúgubres sobre el fin de la civilización, los valores y el estilo de vida inglés; todo un reservorio de miedos fácilmente explotable con grandes titulares e imágenes de punks iracundos, vistiendo esvásticas, maquillados como gatos, adornados con ganchos, bolsas de basura, cadenas, taches y demás desechos urbanos. El espectáculo que daban estos jóvenes nihilistas era monstruoso pero un monstruo, por mucho miedo que generara, era algo que nadie se quería perder. ¿Cómo no lanzar una mirada fugaz al rostro de la bestia bajo cuyo peso sucumbirá la civilización?

McLaren explotó la fascinación que causaban sus cuatro adefesios con tácticas de feriante. El contrato con A&A Records se firmó tras una pirueta mediática que llevó al grupo en limusina hasta las puertas del Palacio de Buckingham. Lydon, Jones, Cook y Sid Vicious, que para ese entonces había reemplazado a Matlock como bajista del grupo, entablaban un desafío a la reina de Inglaterra. Si ella era la cara de la sociedad, ellos serían el sello; si ella representaba lo noble, lo hermoso y lo sagrado, ellos encarnarían lo rastrero, lo feo y lo putrefacto. Además, demostrarían que aquellos valores negativos eran bastante mejores, al menos más auténticos, que el vano símbolo de un país agusanado, sin esperanzas y al borde del abismo. La competencia estaba en marcha y los árbitros serían los tabloides y la prensa sensacionalista. Qué despertaba más morbo entre el público inglés, qué espectáculo le resultaba más excitante, ¿los secretos que se cocían en los encumbrados aposentos de la familia real o los demonios que se criaban en las alcantarillas de la ciudad?

La prueba de fuego fue el genial lanzamiento que McLaren ideó para el sencillo *God Save The Queen*, haciendo coincidir la salida al mercado del disco con la semana en que se conmemoraban los veinticinco años de la reina en el trono. Durante las primeras semanas de junio de 1977 ahí estaban una vez más, cara a cara, la reina y sus renegados súbditos compitiendo por el alma de los ingleses. El éxito de ventas del sencillo hubiera hecho pensar que, en efecto, los peores vaticinios de los tradicionalistas se hacían realidad. Llegaban los bárbaros, se multiplicaban por generación espontánea ante sus ojos en aquel entorno atemperado por la decadencia moral y el caos social, como si se tratara de un cuadro de Brueghel en el que los punks se encargarían de destrozar lo poco que quedaba en pie de la civilización occidental.

Pero no fue eso lo que ocurrió. El espectáculo mediático creó la peor alarma social de los setenta después del IRA y lo único que consiguió con ello, tal como había previsto McLaren, fue vender miles de discos y de pantalones. Los Sex Pistols se desintegraron y la sociedad inglesa salió ilesa. El punk se convirtió en un símbolo pop más, tan atractivo como inofensivo, y los jóvenes de crestas multicolores en objeto de las inocuas fantasías de rebelión de medio mundo. Hoy en día son uno de los elementos más típicos del paisaje inglés y el más exótico e intrigante reclamo turístico de la capital británica. La silueta de un punk llegó incluso a aparecer en el vídeo promocional de los Juegos Olímpicos que tendrán a Londres como sede en 2012. Gracias al escándalo, la transgresión y la creatividad de aquellos jóvenes de Shepherd's Bush, Bromley y los demás suburbios obreros, el centro de la rebelión, la moda, la música y la diversión nocturna regresó a Europa, desplazándose de Nueva York a Londres. El movimiento que iba a acabar con Inglaterra mutó en una poderosa industria del entretenimiento. Nada le ha dado tanto encanto a Londres como esa imagen transgresora y vanguardista que heredó de los punks y que ahora la gente consume con avidez. Un reconocido artista pagó recientemente 80,000 libras por una colección, al parecer falsa, de las prendas que Westwood vendía en Sex. Si la reina era el símbolo más conspicuo del tradicionalismo británico, los punks eran el contrapeso que sedujo la imaginación de todo joven occidental en busca de diversión y experiencias fuertes.

El escándalo que generaron los Sex Pistols también repercutió en los bolsillos de quienes supieron aprovecharlo. Antes de que todo acabara, McLaren quiso exprimir los últimos huevos de oro de su banda filmando una película que inmortalizara su corta y turbulenta historia. Para ello recurrió a un maestro en el arte de reventar taquillas con productos escandalosos, cutres y morbosos: Russ Meyer, pionero del *sexplotation* e insobornable partidario de las mujeres de descomunales pechos. Meyer alcanzó a rodar durante un día, antes de abandonar el proyecto temiendo que no le pagarían sus honorarios. Otros lo retomaron, pero finalmente las películas sobre los Sex Pistols las filmaría Julian Temple por su cuenta. Otra jugada maestra de Mclaren fue intentar resucitar a los Sex Pistols reemplazando a Lydon —que se había hartado del grupo— con Ronnie Biggs, un delincuente que se hizo célebre por protagonizar el famoso Gran Robo del Tren de 1963. Sólo alguien con aquellos antecedentes podía reemplazar a Lydon sin mermar el morbo que despertaban los Sex Pistols. Pero había un problema infranqueable: Biggs, refugiado en Brasil, no podía pisar suelo británico sin riesgo de ser detenido.

Finalmente, la impúdica historia de los Sex Pistols acabó en enero de 1978 y con la de ellos la de todo un movimiento de bandas punk que había surgido en aquellos años. Después de grabar unas pocas canciones como solista, Sid Vicious murió de una sobredosis de heroína, sumándose a la mítica lista de jóvenes que se consumían antes de tiempo debido a la velocidad con que habían vivido. Lydon formó otro grupo musical llamado PIL, Public Image Limited, y con los años se convirtió en una personalidad mediática, llegando incluso a protagonizar una campaña comercial de la muy poco rebelde mantequilla Country Life. McLaren siguió vinculado a la música, como mánager y cantante de sus propios grupos y, luego, también convertido en un personaje mediático, apareció como estrella invitada en el *reality* Gran Hermano. Aquello que la sociedad más detestaba resultó siendo la fórmula del éxito para acceder a los medios de comunicación y conquistar al público. Los Sex Pistols demostraron que el escándalo, la ruptura de tabúes y la alarma social podían ser una excelente táctica de autopromoción, y una vía directa a la fama y al estrellato. El joven rebelde e iconoclasta —incluso el grosero y zafio— no representaba una amenaza para la sociedad. Era, por el contrario, el entretenimiento que más anhelaba un público amodorrado por el tedio y la apatía.

La estrategia del shock social iniciada por McLaren para promocionar su ropa abrió el camino a muchos otros. Las campañas publicitarias que Oliviero Toscani viene realizando para Benetton desde los años ochenta han seguido una línea similar. Sus imágenes impactantes, que rompen tabúes y confrontan a la sociedad con sus peores temores, han sido un gancho publicitario sólo comparable a la estrategia empleada por McLaren para promocionar Sex.

En Italia existe una larga tradición de productos comerciales destinados a escandalizar al público masivo con imágenes chocantes. Cuando surgieron, a principios de los sesenta, se les dio el nombre de *shockumentales* debido a que, aunque tenían el formato de un reportaje periodístico o de una película etnológica, su propósito iba mucho más allá de instruir al público sobre las distintas formas de vida que florecían alrededor del mundo. Aunque en efecto sus temas predilectos eran las curiosidades de las distintas culturas, incluso las excentricidades de la sociedad norteamericana, y aunque pasaban por ser un fiel retrato de lo que acontecía en parajes distantes, en realidad eran productos destinados a explotar el ansia de exotismo y morbo del público occidental. De las culturas primitivas sólo se veía la forma en que mataban brutalmente jabalíes y tortugas, comían serpientes, perros y murciélagos, se introducían enormes agujas en el cuerpo, se azotaban hasta desgarrarse la piel, practicaban el sexo de forma poco ortodoxa, andaban por ahí con los pechos al aire o se bañaban en aguas por donde flotaban cadáveres putrefactos. Todo esto, como ocurre en *Shocking Asia*, de 1974, acompañado de la voz en off de un indignado narrador, que con tono solemne e inmune a cualquier atisbo de corrección política, por no decir de simple respeto, se pregunta cómo el ser humano puede llegar a tales niveles de degradación, insensibilidad, fanatismo y crueldad.

El primero de estos *shockumentales* fue *Mondo Cane*, realizado en 1962 por Paolo Cavara, Gualtiero Jacopetti y Franco Prosperi. Su éxito fue instantáneo y demoledor, tanto así que dio pie para establecer un nuevo y rentable género de "películas mondo", con más de una docena de secuelas e infinidad de emuladores cada vez más delirantes e impúdicos. Estas películas, que en la segura sala de un cine mostraba lo peligroso y excitante que podía ser el mundo fuera de los restringidos márgenes de la civilización, encontraron en otro elemento, el sexo, una combinación aún mejor para arrancar escalofríos y reventar taquillas. Sexo, violencia y exotismo: no había combinación más efectiva para embriagar al espectador con delirantes y antiutópicos ensueños de regreso al paraíso. Los parajes selváticos no colonizados por la razón, donde los peores instintos estaban a flor de piel imponiendo una lógica de despotismo y ardor sexual, despertaban la sensibilidad más remota y básica del público occidental. Mujeres desnudas, selva exuberante y caníbales hambrientos; el coctel era irresistible, una verdadera mina de oro que el cineasta Umberto Lenzi, con verdadero poder visionario, explotó en sus películas de caníbales. En 1972 inauguró el género con *Hombre del río profundo*, también conocida como *El país del sexo salvaje*, una cinta en la que se mostraban mutilaciones de pechos y matanzas de animales, audacias que rápidamente serían superadas por los muchos otros títulos que vendrían después, entre ellos *Emanuelle y los últimos caníbales* (1977), de Joe D'Amato, y la célebre *Holocausto caníbal* (1980), de Ruggero Deodato.

Con excepción de esta última, que promovía cierta ambigüedad entre el testimonio documental y la invención imaginaria, las películas de caníbales eran ficciones. Eso, desde luego, rebajaba un poco el morbo del público y condenaba al género a perecer por repetición y saturación. El paso siguiente para volver a despertar el interés del espectador fue crear un nuevo género, el de la ficción documental, que dejó a un lado el sexo y se concentró en la violencia y la muerte. *Faces of Death*, de 1978, fue el primer falso documental de este tipo, una cinta de 105 minutos que sometía al espectador a una interminable secuencia de muertes de animales y personas. Todas pretendían ser reales, aunque cerca de la mitad eran recreaciones ficticias logradas con efectos especiales. Costó 450,000 dólares. Recaudó cerca de 35 millones. Otro gigantesco éxito comercial que ponía en evidencia lo rentables que eran estos productos culturales que apelaban a los gustos más llanos y a las ansiedades más arcaicas del ser humano.

El cine *explotation* y la música punk rompieron tabúes para despertar miedo, fascinación, escándalo y espectáculo; también para congregar a su alrededor a los medios de comunicación y a un público fascinado y aterrado, con la sensibilidad hiperestimulada y la necesidad fisiológica de nuevas dosis de escatología. Después de las revoluciones tercermundistas, el sensacionalismo se convirtió en la última aventura de Occidente. El riesgo y la emoción ya no serían el resultado de aventuras y revoluciones, sino de viajes al lado oscuro del ser humano y de la sociedad.

Este legado lo asimiló mejor que nadie un joven que estudiaba arte en el Goldsmiths College a finales de los años ochenta. Hay una fotografía en la que aparece, con tan sólo 16 años, junto a la cabeza decapitada de un cadáver de la morgue de Leeds, su ciudad natal. El joven se inclina sobre la mesa de disección, y casi abraza la cabeza hinchada y deforme para que su rostro quede a la misma altura y a sólo un par de centímetros de ella. En su rostro se dibuja un gesto familiar que recuerda la sonrisa insolente de John Lydon. De las mil copias de esta imagen que el artista reimprimió posteriormente, una de ellas alcanzó las 39,650 libras en Christie's. No llevaba la firma del autor, pero tras el velo de la juventud y el corte de pelo anticuado, era fácil reconocerlo. Se trataba de Damien Hirst, el artista británico que con sus llamativas instalaciones de tiburones, peces, terneros, marranos, vacas, corderos, cebras y caballos —algunos cortados en trozos, otros por la mitad, todos en proceso de descomposición— logró causar tanto horror y fascinación en los noventa como la banda de McLaren.

Las obras de Hirst son muestras de lo que se conoce como *shock art*, un tipo de expresión artística que, al igual que el *shockumental*, busca el impacto emocional bien sea porque incluye imágenes violentas, daño físico, excreciones corporales o elementos mórbidos, o bien porque arremete sin contemplación contra la más general y compartida noción del buen gusto. Las obras que se enmarcan en este género buscan romper gratuitamente los últimos tabúes, no para generar cambios de creencias o valores, sino para convertirse en tema obligado de debate público y generar tanto escándalo y expectativa que, finalmente, acaban dominando el espacio informativo dedicado a la cultura. Sobra decir que la consecuencia de todo esto, además de la fama instantánea, es una lluvia de billetes que transforma a mediocres artistas sin sentido del ridículo en poderosos *entrepenuers* del ámbito cultural.

A diferencia del arte vanguardista del primer tiempo, la preocupación del *shock art* no es liberalizar la sociedad ni ampliar los márgenes de libertad individual, sino desacralizar lo que sea y porque sí, para generar impacto, estremecimiento, rabia o indignación. Algunos artistas desacralizan el cuerpo y consagran sus fluidos y secreciones a través del daño autoinfligido y el despliegue impúdico de semen, sangre, menstruación, vómito y excrementos; otros desacralizan el talento y consagran la mediocridad mediante la chabacanería y la acción bufa; unos más desacralizan la hazaña artística y consagran lo monstruoso con imágenes repelentes y morbosas. Al igual que el nihilismo punk, todos estos gestos exacerbados resultan tan gratuitos y absurdos que frenan cualquier posibilidad de cambio social (dudo que las *performances* de Paul McCarthy nos convenzan de que comer excrementos nos hace más libres o más dueños de nuestro cuerpo); lo que sí consiguen es, desde luego, repercutir de forma sensacional en los medios de comunicación y excitar los más protervos apetitos de los espectadores.

La filosofía del punk era ¡hazlo tú mismo! y uno de sus lemas fue: aquí tienes un acorde, aquí otro, aquí un tercero; ¡monta una banda! La filosofía de la generación de artistas ingleses que surgió a finales de los años ochenta y principios de los noventa, con Damien Hirst a la cabeza, fue ¡promociónate tú mismo!; aquí tiene una vaca muerta, aquí una caca de elefante, allá fluidos corporales; ¡monta tu propia exhibición! Hirst fue quien mejor vio lo urgido que estaba Occidente de nuevos rebeldes que revivieran los escándalos y animaran un poco el ajado mundo del arte contemporáneo. En 1988, cuando cursaba segundo año de bellas artes en Goldsmith, organizó *Freeze*, una exhibición con obras de varios compañeros de escuela que llamó la atención de importantes personalidades del arte. Hirst no iba a perder la oportunidad y se encargó de que así fuera, contratando taxis para que recogieran y llevaran a personalidades del mundo del arte como Norman Rosenthal, de la Royal Academy, y Nicholas Serota, del Tate. Como era de esperarse, la exhibición fue un éxito y Hirst se hizo famoso.

La idea de organizar sus propias muestras dio tan buen resultado que al año siguiente se lanzó *Modern Medicine*. En esta ocasión, Hirst hizo explícita su obsesión por los Sex Pistols poniéndole a la serie de gabinetes con medicamentos que exhibió nombres de canciones de la banda: *Holidays, Anarchy, No feelings, I wanna be me, Bodies*. En 1990 repitió la experiencia con Carl Freedman, montando *Gambler* en una fábrica de Bermondsey. Hasta allá se desplazó un publicista que ya había ido a *Freeze* y que se contaba entre las personalidades más importantes del mundo del arte. Su nombre era Charles Saatchi, dueño de Saatchi & Saatchi, una las agencias de publicidad más grandes del mundo, y coleccionista de arte con alma de promotor y alborotador, especialmente dotado para encumbrar hasta las alturas del poder —político o artístico— a todos los clientes que pasaban por sus manos. De su agencia había salido el eslogan *Labour isn't working*, una frase que hacía alusión al problema crónico de desempleo y a la incapacidad de los laboristas para solucionarlo, con el que Margaret Thatcher allanó su camino al poder en 1979.

Saatchi entró a la bodega donde se había montado *Gambler* y quedó maravillado con *Mil años*, una instalación de Hirst en la que cientos de moscas, atraídas por el olor de una cabeza de vaca putrefacta, morían achicharradas en una trampilla eléctrica. Sin dudarlo, compró la obra y se ofreció a financiar el siguiente proyecto de Hirst. Con aquel pacto se sellaba la unión de un genio del marketing y de un genio de la autopromoción. Era como si la historia de los setenta se estuviera reeditando: Saatchi se convertía en el McLaren de Hirst, y de ahora en adelante cualquier cosa que hicieran juntos tendría un impacto desbordante, escandaloso, vibrante, que no dejaría indiferente a la sociedad británica y mucho menos al mercado mundial del arte.

La imposibilidad física de la muerte en la mente de alguien vivo, la famosísima instalación del tiburón que flota en un tanque de cristal, vendida a un magnate de las finanzas, propietario de SAC Capital Advisors, por doce millones de dólares, se realizó con el dinero de Saatchi. Luego vino la consagración absoluta de los *Young British Artists*, jóvenes que, como Hirst, habían nacido en los sesenta y no alcanzaron a vivir el punk en primera persona, pero que pasaron de la niñez a la adolescencia deslumbrados por el aura de rebeldía e iconoclasia que los rodeaba. A estas alturas no debería extrañar a nadie que haya sido Hirst quien pagó una pequeña fortuna por las prendas falsas de Vivienne Westwood.

Gavin Turk, otro de los famosos Young British Artists, se inmortalizó a sí mismo en una escultura de cera con el atuendo, el peinado y la pistola con la que aparecía Sid Vicious en una escena de *The Great Rock and Roll Swindle*, la película de Temple. Esta obra hizo parte de una muestra que organizó Saatchi en 1997 en las salas de la Royal Academy de Londres. La exhibición, muy acorde con los tiempos, se titulaba *Sensation*, y estaba compuesta por las obras más llamativas —unas por buenas, como los lienzos de mujeres obesas de Jenny Seville, otras por escandalosas, como el retrato de la asesina de niños Myra Hindley de Marcus Harvey— de la colección particular de Saatchi. Con esta exhibición, más que inventarse un movimiento artístico, el publicista se inventó una marca que elevó hasta las nubes el valor de sus propias adquisiciones. Young British Artists se convirtió en sinónimo de *sensations*, sensaciones fuertes, transgresión, rebeldía, escándalo, desacralización de tabúes, precios ridículamente elevados y un andamiaje promocional inigualable en el mundo del arte contemporáneo, sólo a la altura del de Jeff Koons. El punk había vuelto, y al igual que en los setenta, iba a causar mucha bulla y muchos dividendos.

Las más rutilantes estrellas de esta generación no fueron los artistas más talentosos (Jenny Saville o Mona Hatoum), sino los que supieron conectar con el público a través de la actitud punk. Además de Hirst, la más dotada para este oficio fue, sin lugar a dudas, Tracey Emin, una artista que llamó la atención en *Sensation* con *Everyone I Have Ever Slept With 1963-1995*, una simple carpa en la que escribió los nombres de todas las personas con quienes se había acostado en las últimas tres décadas. El inesperado éxito de esta confesión fue sólo el comienzo. Con los años, Emin convertiría su propia biografía en un sainete digno del más triste programa del corazón. Todas sus miserias íntimas —su actividad sexual a los trece años, la violación de la que fue víctima, sus abortos, su alcoholismo, su intento de suicidio, su anorexia, sus fracasos amorosos, sus depresiones— han salido a la luz de forma directa y literal, bien a través de su obra, bien en entrevistas donde revela sin pudor los detalles más escabrosos de su vida privada. Emin ha usado las galerías como tabloide en el cual exponer su melodrama amarillista. La más famosa de sus obras, *Mi cama*, de 1998, es el lecho en el que permaneció postrada varios días luego de una ruptura amorosa y glaciales días de depresión. Las sábanas están revueltas y salpicadas de fluidos corporales. En el piso hay condones, calzones, anticonceptivos, botellas de vodka y basura. La obra es, sencillamente, un detrito de su infortunio. Al mostrar lo mucho que la sociedad la ha hecho sufrir y lo poco que a ella le importa lo que piensen los demás, Emin se ha convertido en la última chica mala del panorama artístico internacional. No hay nadie más rebelde que ella, y sin embargo no hay nadie más institucionalizado y aceptado por los museos y academias. En 2007, Emin entró como académica a la Royal Academy of Arts, con lo cual quedó en evidencia que hoy, en la sociedad contemporánea, rebelarse, generar escándalo, desafiar las normas y los tabúes no es una actividad radical con la que un artista se expone a la marginación, la incomprensión y al desprecio de la burguesía, sino la manera más expedita de convertirse en parte del *establishment.*

La saturación del *shock art* y la sobreexposición mediática que ha tenido —produciendo la impresión de que el arte contemporáneo es eso y nada más que eso— ha acabado por afectar el gusto. Ir a un museo sin sentir una sacudida emocional, sin sentirse ofendido o abochornado por alguna extravagancia, parece ahora insulso y aburrido. Sin espectáculo no hay espectadores y sin espectadores no hay negocio. En el mundo actual, contrario a lo que pretendían letristas y situacionistas, los artistas y la industria cultural han reforzado más que nunca la división entre el *entertainer* que proyecta sobre el escenario la más bizarra, espeluznante o morbosa obra cultural, y el espectador que, incapaz de resistirse al oscuro magnetismo que ejerce todo aquello que contradice la norma, los tabúes o la simple higiene, observa en absorta complacencia y pasividad el espectáculo de la rebelión.

De la autenticidad al separatismo cultural 1966-2010. San Francisco, Ithaca, Nueva York, Los Ángeles...

En 1970 Jerry Rubin lanzaba una amenaza: "Vamos a invadir las escuelas y liberar a nuestros hermanos encarcelados. Quemaremos los libros y los edificios. Lanzaremos pastelazos a la cara de nuestros profesores".[182] Sus palabras invocaban las gestas de Marinetti y Tzara saboteando actos culturales, conferencias y exhibiciones, o la retórica desafiante con la que agredían al público que acudía a sus veladas y *soirées*. Con ellas quedaba demostrado que la provocación vanguardista seguía viva en las fantasías de la Nueva Izquierda, aunque quizás Rubin no sospechaba que algunos radicales de sus huestes llegarían a tomárselas de forma literal. Fue el caso de varios activistas y personalidades relacionadas con los movimientos negros, latinos, feministas o contraculturales que, no contentos con el desacato y la provocación, acabaron entrando efectivamente en las instituciones educativas. Querían "liberarlas", sin duda, aunque aquella expresión se prestaba a cierta ambigüedad. Más exacto sería decir que se proponía liberar a los alumnos de la educación opresiva del hombre blanco occidental y dar a cada colectivo —negros, chicanos, asiáticos, indios nativos, mujeres, homosexuales— herramientas para au-

---

[182] Rubin, J., *Do It! Escenarios de la revolución* (1970), p. 228.

todefinirse y demandar reconocimiento social. No se quemaron las universidades ni las escuelas ni se destruyeron bibliotecas y libros, pero sí se lanzó un petardo que destruyó en mil pedazos el canon literario y los programas de estudio de las facultades de humanidades; no se quemaron los museos ni las galerías, pero sí fueron infiltrados por demandas de autoafirmación de las minorías que redefinieron los criterios curatoriales; no se acabó con el intelecto ni con el pensamiento crítico, como quería Rubin, pero sí se diluyó el sentido común, la racionalidad y la claridad bajo una nube tóxica de teorías, corrección política y conceptualización barroca. La Nueva Izquierda perdió su batalla en la sociedad, pero la ganó en las universidades. Como decía Todd Gitlin, antiguo presidente del SDS, "la vida universitaria podía llegar a sentirse como un premio de consolación".[183]

Para entender cómo se dio este proceso debemos remontarnos a 1966, año en el que se impartió el primer curso de nacionalismo negro en una universidad estadounidense, el San Francisco State College. Era el comienzo de un nuevo paradigma en la educación norteamericana, que un año después, en la misma universidad, se afianzaría con la inauguración de un currículo de Estudios Negros en cuyos lineamientos se hallaba la semilla del separatismo cultural. Las luchas ideológicas que se habían dado en Oakland, el Bronx, Watts y Detroit empezaban a replicarse en las universidades. Los Estudios Negros, como los guetos, serían resguardos donde sólo podrían entrar, bien para estudiar, bien para enseñar, personas de raza negra, y el programa de los cursos debería tener una base revolucionaria y nacionalista. Hasta las matemáticas debían mutar en una entidad nueva llamada "matemáticas negras", destinada a hablar directamente al corazón, más que a la razón, de los negros. Uno de los ideólogos del nacionalismo negro, el Dr. Nathan Hare, coordinador de los Estudios Negros del San Francisco State College, sugirió que esta nueva disciplina se enseñara con problemas acordes al ideario revolu-

---

[183] Gitlin, T., "The Cant of Identity", en: *Theory's Empire. An Anthology of Dissent*, editado por D. Patai y W. H. Corral, Columbia University Press, Nueva York, 2005, p. 403.

cionario. Un problema típico sería: "Si se saquea una tienda y se queman dos, ¿cuántas quedan?"[184]

Como era fácil prever, la tensión que produjo un nacionalismo cada vez más combativo degeneró en disturbios. En 1969, los estudiantes negros de la Universidad de Cornell se armaron de rifles, cruzaron su pecho con cananas y tomaron uno de los edificios del campus. Fue la consecuencia de una serie de acciones jalonadas por el extremismo y el afán reivindicativo, que empezaron un año antes, cuando se instituyó en Cornell un programa de Estudios Negros coordinado por un comité mixto de nueve blancos y ocho negros. La influencia del separatismo cultural proveniente de San Francisco, sin embargo, no tardó en enrarecer el ambiente de la universidad y en diciembre de 1968 se disolvió el comité mixto. Un grupo de negros nacionalistas impuso un programa que desbordaba los límites de cualquier proyecto académico y se convertía, más bien, en un instrumento de control institucional. Abonando el terreno a las ideas de Foucault (que en medio de una confrontación entre visiones del mundo teñidas por la raza echarían raíces con facilidad), afirmaron que los programas de estudio eran un problema de poder, no de relevancia académica, y que de ahora en adelante serían ellos, no los blancos, quienes decidirían qué estudiar y qué no. La enseñanza giraría en torno a los problemas de la nación negra y prepararía a los estudiantes para enfrentar las cuestiones que los negros consideraban urgentes, no las que usualmente habían preocupado a los blancos. El programa contemplaba un curso de educación física, el 300C, que incluía la instrucción en el uso de armas blancas y la lucha cuerpo a cuerpo.

En 1969 crecieron las tensiones y en abril los estudiantes negros acabaron atrincherados en el Willard Straight Hall. Ante las amenazas explícitas de hacer correr sangre blanca en el campus, las directivas de la universidad se plegaron a sus demandas. ¿Qué pedían los negros sublevados? Un programa de estudios

---

[184] Draper, T., *El nacionalismo negro en Estados Unidos* (1969), Alianza, Madrid, 1972, p. 161.

totalmente independiente y definido por ellos que, como explicaba el dirigente negro Tom Jones, les otorgara "la libertad psicológica de autodefinición, de definir lo que somos ahora, lo que hemos sido como pueblo y lo que seremos como nación en el futuro".[185]

Esta "libertad psicológica" se tradujo en una redefinición total del conocimiento. Vincent Harding, profesor del Spelman College de Atlanta, propuso un plan de estudios basado en las aportaciones de los negros a la humanidad, cuya finalidad debía ser redefinir a Estados Unidos y reevaluar la historia desde una perspectiva negra. Esto incluía crear una ciencia y unas humanidades negras que vendrían a corregir el sesgo blanco del conocimiento vigente. Aunque tal vez no era su objetivo consciente, sus propuestas ponían en cuarentena la neutralidad y la objetividad del conocimiento científico, e inoculaban el germen del relativismo que poco a poco iría carcomiendo las ideas de verdad científica, valores universales y derechos humanos. Desde entonces se debía hablar de una verdad blanca y una verdad negra, de una historia blanca y una historia negra, de unos valores blancos y unos valores negros; en definitiva, de dos mundos separados, sin canales o intérpretes que los comunicaran, condenados a chocar y repelerse. La experiencia del que tenía otro color de piel —o perteneciera al sexo opuesto o tuviera preferencias sexuales distintas— se convertía en un campo insondable. James Turner, coordinador de los Estudios Negros en Cornell, afirmaba que los estudiantes negros no querían aprender lo mismo que los estudiantes blancos por una sencilla razón: aquello suponía instruirse en las formas de apoyar y administrar la estructura política y el sistema económico que subyugaba y manipulaba a los negros. La comunidad negra quería liberarse, no convertirse en cómplice de su propia explotación. Extremistas como Stokely Carmichael iban más lejos. La enseñanza negra, decían, debía estar orientada a la destrucción de Estados Unidos. A comienzos de 1990, demostrando lo engra-

---

[185] *Ibid.*, p. 167.

sados que estaban los mecanismos del separatismo cultural, la rapera y activista Sister Souljah cantaba: "Si mi mundo es negro y el tuyo blanco, cómo demonios podríamos pensar igual".

Algo similar sucedió con la comunidad chicana. El primer programa de estudios méxicoamericanos se estableció en 1968, en el California State College de Los Ángeles, y un año después el Consejo Chicano para la Coordinación de la Educación Superior se reunió en Santa Bárbara para sentar las bases de un proyecto educativo chicano. Sus metas eran ambiciosas. Querían que el plan se difundiera por todas las universidades estadounidenses, querían agrupar a todos los movimientos estudiantiles chicanos bajo una misma organización (MEChA, Movimiento de Estudiantes Chicanos de Aztlán), y querían plasmar la ideología chicana en un manifiesto conjunto, el Plan de Santa Bárbara. El presupuesto fundamental de este plan, típico de los movimientos comunitarios, asumía que el hombre estaría más cerca de su verdadero yo en la medida en que estuviera más cerca de su comunidad. Leyendo entre líneas se encontraba la vieja pregunta por la autenticidad, pero despojada del individualismo beat. Ahora la autenticidad —ese yo verdadero y puro— lo otorgaban los otros, la tribu, no una esencia oculta que aguardaba en las profundidades del alma. En concordancia con estas ideas, la educación debía alejarse de patrones individualistas y fortalecer los lazos del *barrio* y la *colonia*. Al igual que los Estudios Negros, el Plan de Santa Bárbara abrigaba un objetivo claro: reforzar la autoestima de los chicanos.

El nacionalismo chicano siguió los pasos del nacionalismo negro. Así como Vincent Harding decía que los negros debían ir a la universidad para aprender a amarse a sí mismos, MEChA planeaba filtrarse en las instituciones educativas para consolidar la identidad chicana. MEChA no sólo demandaba que los programas de estudio estuvieran diseñados por chicanos, sino por chicanos que tuvieran las "credenciales de la Raza". En lenguaje común, esto significaba miembros puros, fieles a La Causa, que no se dejaran cooptar por el seductor sistema norteamericano y estuvieran dispuestos a defender a muerte la identidad chicana.

Sin lugar a dudas, los chicanos, como los negros, tenían motivos para sentirse minusvalorados en Estados Unidos. Hasta bien entrados los sesenta se veían letreros en las piscinas públicas y en algunos negocios del suroeste del país que decían "Prohibida la entrada a perros y mexicanos". La reacción en contra del racismo y la discriminación era más que comprensible. Si la sociedad norteamericana los trataba como animales, ellos se iban a definir a sí mismos como poderosos descendientes de los aztecas. Pero la cosa no se quedaba ahí. De manera espontánea, por el mismo efecto de oposición, los chicanos radicalizados emprendieron una inversión de valores que se expandió hasta cobijar la visión del mundo que se enseñaba en la escuela y en la universidad. Así, la justificada lucha en contra del racismo se convertía en algo más. Ya no se trataba de abolir prejuicios y demandar igualdad de oportunidades, sino de probar al mundo que los chicanos eran algo distinto, que ellos veían las cosas de manera inversa y que, por lo tanto, jamás podrían formar parte de la sociedad norteamericana. La reacción defensiva se transformaba en acción ofensiva y los resultados fueron una tapia que cerró el contacto con el resto de la población y una serie de demandas maximalistas. Entre otras cosas, MEChA exigía la liberación de Aztlán, la tierra mítica perteneciente a los aztecas, que hoy en día corresponde a California, Texas, Nuevo México y Arizona.

La presencia en las universidades de estos colectivos marginados e injustamente segregados era indispensable para que se recortara la brecha económica, social y cultural entre los blancos y las demás comunidades. Pero el separatismo imperante y el clima enrarecido, fuertemente politizado y radical, de las facultades de humanidades, tuvo el efecto contrario: ampliar la distancia. Los negros y chicanos —también las mujeres y los homosexuales— no entraron a las facultades a tender puentes con el resto de la sociedad, mucho menos a impregnarse de una cultura y un saber universal (el gran legado de la ilustración) que les diera herramientas para vencer prejuicios racistas y clasistas y desenvolverse mejor en la sociedad contemporánea, sino a forjar una imagen de ellos mismos como colectivos al margen de la sociedad mayoritaria, con unas necesidades, unos valores, una visión del mundo, una forma de vida, una expresión artística y unos problemas completamente distintos e incompatibles con los de los demás. La vieja Nueva Izquierda, que para ese entonces tenía una fuerte presencia en la universidad, apoyaba esta fragmentación. Su esqueleto marxista y su piel foucaultiana los convertía en enemigos de la universalidad, concepto que, según ellos, sólo servía para salvaguardar el capitalismo y el imperialismo. La nueva ola de reivindicaciones a favor de la fragmentación identitaria se convertía en una nueva estrategia para dar una vieja batalla: socavar la civilización occidental.

Pero este discurso de los nuevaizquierdistas intelectualizados y de las minorías radicalizadas conducía a un callejón sin salida. No sólo anulaba todo tipo de curiosidad por el otro, sino que asumía que blancos, negros y chicanos eran tribus incapaces de comunicación, colaboración y acuerdo sobre valores, gustos, proyectos y conocimientos. La cultura compartida empezaba a verse como una entelequia creada por el hombre blanco occidental con un único fin: dominar o cooptar al diferente.

La solución a todas estas amenazas que acechaban tras el intento de forjar un terreno común, universal, donde se dirimieran problemas morales, estéticos y epistemológicos, era impedir que los blancos, embadurnados de vicios capitalistas y patriarcales, tuvieran poder para interferir o juzgar los productos culturales de las minorías. El patrimonio colectivo que permitía hablar de una cultura general, de un canon o de unos valores compartidos, se agrietaba hasta dejar un archipiélago de islotes separados. Se imponía el lema "Esto es un asunto negro, no lo entenderías", que empezó a aparecer impreso en camisetas, en corbatas y hasta en calzoncillos. Cada gueto se convertía en juez de su propio arte y entre los criterios para valorarlo empezaban a contar elementos nada relacionados con la estética, el talento o la imaginación, desechados como herramientas opresivas del hombre blanco occidental, y empezaban a primar otros, como las reivindicaciones identitarias, las denuncias y las exaltaciones de la propia cultura, todos ellos dirigidos a reforzar la imagen colectiva o a mostrar las heridas infligidas por el victimario común, es decir, por el hombre blanco occidental.

Las universidades y los museos, antiguas instituciones encargadas de ofrecer una masa de información compartida, de jerarquizar los conocimientos y de fundar criterios homogéneos para juzgar las producciones artísticas e intelectuales, mutaron en lo opuesto: campos de batalla donde cada colectivo daba una lucha por el poder y donde el poder se traducía en la imposición de un vocabulario que restablecía la dignidad del grupo, en unos planes de estudio con perspectiva de género, orientación sexual o raza, y en cuotas en las galerías, museos y facultades. La autoestima de cada colectivo empezó a ser más importante que la calidad artística y la solidez académica de las investigaciones sociales e históricas. Proliferó el revisionismo. Varios autores afrocéntricos, como Ivan van Sertima, empezaron a desempolvar investigaciones que atribuían a los africanos de tiempos remotos adelantos científicos usualmente tenidos como logros de los blancos, como el acero y la astronomía. Sertima también afirmó que los africanos habían realizado importantes contribuciones a la civilización griega, china y mesoamericana, y que si no habían quedado registrados en la memoria ni en documentos escritos, se debió a que un cataclismo había arrasado los grandes centros de la civilización africana. Cuando hablaba de un cataclismo se refería, desde luego, a la trata de esclavos perpetrada por el hombre blanco occidental, con lo cual introducía un elemento de culpa que dificultaba rebatir sus argumentos y, de paso, negaba la historia de esclavitud que padeció África por los propios africanos mucho antes de que empezara la migración forzada a Europa y Estados Unidos.

De la misma forma, feministas radicales como Luce Irigaray, convencidas de que los científicos no pueden controlar sus prejuicios sexistas a la hora de tomar muestras, hacer mediciones e incluir y excluir datos, se han dedicado a revisar las teorías y ecuaciones científicas en busca de inclinaciones machistas.

Como no podría ser de otra forma, las han encontrado. Aunque se ha convertido en un ejemplo clásico de necedad intelectual (gracias a Alan Sokal y Jean Bricmont), vale la pena recordar los descubrimientos de Irigaray. Sin que le tiemble el pulso, la filósofa afirma que la ecuación de Einstein $E = mc^2$ es machista. ¿La razón? Privilegia la velocidad de la luz sobre otras velocidades igualmente vitales para el ser humano. En jerga feminista, esto significa que la ecuación de Einstein fomenta la lógica del más rápido, lo cual responde a un típico prejuicio machista. Su conclusión es que no se debe creer en una ciencia neutral y universal, pues ella, en realidad, es un instrumento con el que se tortura y se torturan a sí mismas las mujeres.

No son estos los únicos ejemplos de revisionismo relativista. Alan J. Bishop, un educador australiano, afirma que las matemáticas son el arma secreta del imperialismo cultural. Marcus Raskin, Stephen Marglin, Ashis Nandy, Frédérique Marglin, Kate Ellis y Wahneema Lubiano dejaron perplejo a Noam Chomsky al sugerir que el "mundo no blanco" debía escapar de la influencia de Occidente y rechazar la ciencia —una actividad machista, con una agenda política oculta y sinónimo de colonialismo capitalista— en favor de otras "historias" y "mitos". El postcolonialista Dipesh Chakrabarty afirma que la verdad no es otra cosa que un dialecto provincial europeo apoyado por un ejército. Y antropólogos como Adamantia Pollis, Peter Schwab y Ann-Belinda S. Preis desestiman los derechos humanos —y la actividad de Human Rights Watch y Amnistía Internacional— por considerar que tras su pretendida universalidad se ocultan valores occidentales sin validez para el Tercer Mundo.

Lo que ocurrió en las universidades se replicó casi al mismo tiempo en los museos. En 1969, varios pintores, escultores y críticos dejaron de llamarse a sí mismos artistas y empezaron a denominarse trabajadores del arte. Al poco tiempo organizaron su propia coalición, la Art Workers Coalition (AWC), con el objetivo de redefinir su rol social, tomar conciencia del contexto —la guerra de Vietnam— en el que trabajaban y evaluar las políticas y criterios que prevalecían en las grandes instituciones del arte estadounidense, especialmente en el Museo de Arte Moderno de Nueva York (MOMA). El 10 de abril organizaron una audiencia pública en la que participaron más de sesenta artistas, entre ellos algunos que ganarían fama mundial, como Carl Andre, Lucy Lippard, Hans Haacke, Faith Ringgold, Robert Barry, Sol Lewitt y Dan Graham. Cada uno leyó una declaración en la que exponía cuáles eran, a su juicio, los problemas más serios que aquejaban a los artistas y qué tipo de acciones debían tomarse para que el arte dejara de estar al servicio de la guerra y el capitalismo.

El blanco de sus críticas se centró en el MOMA y en Bates Lowry, su director, debido a que en la junta administrativa del museo estaban los hermanos Nelson y David Rockefeller, a quienes acusaban de apoyar la guerra y tener negocios con compañías armamentistas que se lucraban con la incursión bélica en Vietnam. Los amantes del arte, decía la AWC, eran en realidad amantes de la guerra, y las instituciones artísticas a su cargo estaban totalmente contaminadas por los prejuicios que justificaban la quemazón de civiles en Asia con napalm: imperialismo, racismo y dinero. Los artistas no podían tolerar que las instituciones que exhibían, mercadeaban y promocionaban su trabajo estuvieran en manos de empresarios que no tenían vínculo alguno con la práctica real del arte, y que además defendían una ideología belicista que no sintonizaba con sus posturas en contra de la guerra y del imperialismo.

La sospecha sobre la neutralidad de las instituciones del arte se tradujo en preguntas hasta entonces nunca formuladas. ¿Cuántos negros, cuántos puertorriqueños y cuántas mujeres exhibían en el MOMA? ¿Las exhibiciones que programaba el museo se relacionaban con la experiencia de los negros o los latinos? ¿Cuántas publicaciones, películas o material audiovisual estaban dirigidas a estos grupos minoritarios? Los interrogantes llevaban implícita una respuesta categórica: la representación de estas minorías en el museo era tan baja que resultaba insignificante. También llevaban implícito un plan de acción: para subsanar esta práctica discriminatoria, los artistas debían dar una frontal lucha por el control del museo.

Aunque algunos de los trabajadores del arte que participaron en la audiencia pública lanzaron soflamas incendiarias, la mayoría de ellos ya no estaba secundando las protestas de la vanguardia europea. No querían destruir los museos; querían, más bien, apropiarse de ellos para manejarlos de acuerdo con sus criterios y necesidades. Ajenos a las exigencias de pureza de Breton, que se oponía a la profesionalización del artista, todos ellos querían seguir carreras exitosas y obtener el reconocimiento institucional que un museo en manos de magnates racistas y amantes de la guerra nunca les daría. Su lucha, por lo tanto, perdía carácter revolucionario y antiinstitucional, y se convertía, más bien, en una simple disputa por el poder. Poder para diseñar las políticas del museo, esgrimir los criterios curatoriales de las exhibiciones y determinar quiénes estaban adentro y quiénes se quedaban fuera.

Las propuestas que se oyeron aquel 10 de abril de 1969 se acercaban más a las de un gremio o un sindicato interesado en favorecer sus intereses que a las de una célula de anarquistas y revolucionarios dispuestos a transformar la sociedad. Jean Toche afirmaba que la lucha de la AWC no debía centrarse sólo en reformar el museo, sino en "obtener participación efectiva en el manejo de estas instituciones".[186] Advertía que lo principal era identificar a todas las personas que estaban detrás de las políticas de los museos, para luego manchar su imagen desvelando sus vínculos con las fuerzas represoras de la sociedad. Gregory Battock proponía que se le hiciera un juicio popular a Bates Lowry por estar al frente de una conspiración internacional que favorecía la guerra de Vietnam y el monopolio de los medios de comunicación. Para Gene Swenson, las políticas de los museos eran tiránicas, opresoras para los niños y proponía que los artistas liberaran los museos. Carl Andre no quería deshacerse del Museo de Arte Moderno, sino del mundo del arte. Creía que si los artistas se unían y formaban una comunidad, podrían arrebatar el poder a las publicaciones de arte, a los críticos y a

---

[186] Art Workers Coalition, *Open Hearing*, 1969, p. 1.

los curadores. Hans Haacke decía que el MOMA se había convertido en un mausoleo y sugería que se descasparan sus salas añejas para dar campo a obras de arte nuevas, que podrían ser adquiridas con el dinero de la venta de sus Picassos y Kandinskys. A todas estas observaciones respondió el veterano Barnett Newman con sorpresa:

"Me parece que esta ansiedad por hacer parte del establecimiento es muy poco revolucionaria",[187] dijo y aunque tenía razón, no fue escuchado. Él venía de otra época y parecía no entender que en el segundo tiempo de la revolución cultural la cuestión ya no era destruir el museo, sino ser acogido y vanagloriado por él.

Varios artistas negros de la AWC, como Faith Ringgold, Iris Crumb o John Denmark, no querían autoexcluirse ni luchar contra la burguesía. Si de antemano se sentían relegados a los márgenes de la sociedad, emprender un penoso viaje para llegar al mismo punto de partida les parecía un sinsentido. Su lucha tenía fines totalmente opuestos. Ellos querían entrar en las instituciones del arte, tener poder y ser reconocidos como artistas. Al igual que la batalla dada en las universidades, la cuestión clave en los museos iba a ser la identidad. No la individual, desde luego, sino la grupal, la que otorgaba el color de piel, el género, la orientación sexual e incluso la enfermedad, cuando el sida se convirtió en tema de reivindicación artística.

Los artistas de estos colectivos estaban convencidos de que su experiencia era completamente diferente a la de los blancos y que dicha experiencia era justamente lo que reflejaba su arte. El museo, al ignorar la creación cultural de una tercera parte de la población —más, si se contabilizaba a las mujeres—, demostraba ser una institución antidemocrática y segregacionista. ¿Cómo solucionar este problema? Exigiendo que el museo abriera sus puertas a los artistas de otros colectivos. Iris Crumb decía que el MOMA, al no incluir arte negro o puertorriqueño, estaba practicando un genocidio cultural. John Denmark era

---

[187] *Ibid.*, p. 87.

aún más dramático. Decía que los negros nunca serían libres mientras su arte no lo fuera y pedía, junto con otros miembros de la AWC, que el MOMA abriera una sección específica —una sala que se debería llamar Martin Luther King Jr.— destinada al arte negro y puertorriqueño. Eso sí, entrar en la institución no significaba integrarse con los artistas blancos. Todo lo contrario. La declaración de Denmark expresaba el núcleo duro del separatismo cultural: "Si se supone que nuestro arte no debe mezclarse con el arte de los blancos, bueno, ¡que así sea! ¡Dadnos nuestra propia sala, donde podamos exponer a nuestros artistas negros y puertorriqueños, donde podamos declarar al mundo lo que para nosotros constituye lo valioso y lo verdadero y el espíritu de nuestra gente!"[188]

Las protestas de la AWC y de otras organizaciones similares dieron sus frutos. En 1973, Women in the Arts logró que Mario Amaya, director del New York Cultural Center y, paradójicamente, blanco de una de las balas que Valerie Solanas disparó en la Factory cuando intentó matar a Andy Warhol, programara una exhibición curada exclusivamente por mujeres. *Women choose Women* fue el literal y reivindicativo título de la exhibición, para cuyo catálogo pidieron a Lucy Lippard que escribiera un ensayo introductorio. En él, la crítica feminista dio nuevos argumentos para insistir en el separatismo cultural. "El hecho aplastante sigue siendo", decía, "que la experiencia de la mujer en esta sociedad es simplemente distinta de la del hombre, y si esto no se refleja en el arte femenino la culpa es sólo de la represión".[189] Puede que Lippard tuviera razón al decir que la experiencia entre hombres y mujeres podía variar, pero se equivocaba al asumir la existencia de una entidad abstracta y homogénea llamada "experiencia femenina". Mucho más al asumir que dicha experiencia afectaba por igual a todas las mujeres, y que en ausencia de opresión machista se manifestaría espon-

---

[188] *Ibid.*, p. 80.

[189] Lippard, L., *Women choose Women*, The New York Cultural Center, Nueva York, 1973, p. 7.

táneamente. Aquello era un eco hegeliano. Lippard pretendía igualar a todas las mujeres diferenciándolas de los hombres, de la misma forma en que antes los marxistas habían agrupado al proletariado diferenciándolo de la burguesía. Lippard asumía que había algo esencialmente femenino y que dicho elemento era susceptible de manifestarse, como el rostro de Jesús en la Verónica, una vez que se las dejara crear y exponer en libertad. Pero la misma exhibición del Cultural Center desmentía esta hipótesis. Lo que enseñaba el catálogo de *Women choose Women* era tal variedad de propuestas plásticas, que resultaba imposible, de no saber que se trataba de una exhibición femenina, adivinar que se trataba de obras hechas sólo por mujeres. Entre los 109 trabajos expuestos había paisajes impresionistas, objetos surrealistas, cuadros abstractos, foto realismo, una caja que recordaba las obras de los nuevos realistas, esculturas tradicionales y esculturas minimalistas. Si la exposición sorprendía era, precisamente, por la falta de un elemento común, femenino, que saltara a la vista.

En septiembre de 1973 Amaya organizó una exhibición similar llamada *Blacks: USA: 1973*. Esta vez, como indicaba el título, eran artistas negros quienes elegían a otros artistas negros. Con este tipo de eventos, creía Amaya, llegaría el día en que nadie tendría que pensar en términos de género, orientación sexual o raza a la hora de disfrutar de una obra de arte. Pero su optimismo se basaba sólo en buenos deseos. Los años siguientes demostrarían que aquellas muestras circunscritas a una identidad sólo vigorizaban la segregación cultural. La aparición masiva de colectivos que reclamaron para sí una identidad y una experiencia totalmente ajenas, contribuyó a que el arte dejara de ser un terreno compartido, receptivo a la diversidad cultural y se dividiera en pequeños reinos de taifas donde determinados artistas se erigían a sí mismos como voceros de una identidad grupal.

Al igual que con las reivindicaciones chicanas, las de estos colectivos minoritarios no salían de la nada. Resulta difícil negar que en la Norteamérica de principios de los setenta persistieran los prejuicios racistas y sexistas. También es claro que los museos y las galerías, como las universidades y los centros de investigación, debían estar abiertas a cualquier persona sin que importara su color de piel, género u orientación sexual. Pero las demandas que hacía la AWC, Women in the Arts o la Black Emergency Coalition iban encaminadas en la dirección errónea. No se proponían eliminar los prejuicios, sino reclamar, como si fuera un derecho para todo aquel que se sintiera oprimido, marginado o minusvalorado, un espacio en los museos. Más que demandar igualdad de oportunidades, demandaban poder: salas de exposición, cuotas en las juntas administrativas, influencia en las políticas culturales.

Detrás de esta reivindicación latía uno de los presupuestos más radicales del separatismo cultural: el arte no une ni manifiesta valores estéticos o experiencias universales. Detrás de los cuadros, instalaciones, obras de teatro, novelas y canciones hay una raza, un género o una orientación sexual. Si se permite que la voz de uno de estos colectivos predomine en las instituciones, de forma implícita se está permitiendo que se oprima al otro. ¿Cómo? Imponiéndole una visión del mundo que no es la suya y relegando a un segundo plano, como si careciera de valor, la que expresa su identidad.

Por tentador que pueda resultar ver las cosas de forma tan simplista, los postulados del separatismo cultural son perniciosos y descansan sobre dos falacias. Primero, se tiene que hacer un gran esfuerzo para aceptar que la identidad es una mera cuestión de color de piel, género o inclinación sexual. Afortunadamente, como ha insistido Amartya Sen en *Identity and Violence*, la identidad no es una esencia monolítica determinada por un solo elemento, sino una suma de elementos variados y cambiantes (género, edad, profesión, gustos, aficiones, creencias, experiencias, etcétera) que permiten identificaciones con gente muy diversa. En otras palabras, la vida va mucho más allá de la melanina y las hormonas. De todas formas, en caso de que así fuera, creer que esa identidad colectiva se puede expresar mediante el arte es un acto de fe, no una regla verificable. *Women choose Women* era una evidencia clara. La razón de que no se encontrara en la muestra un elemento esencialmente femenino es muy sencilla: no lo hay. La experiencia femenina es múltiple, al igual que la masculina, la negra, la homosexual, la catalana, la bogotana, la limeña o la californiana. Para homogeneizar la experiencia femenina —y cualquier otra— hacen falta dos elementos adicionales que, en 1973, cuando se inauguró *Women choose Women*, empezaban a ponerse de moda en el mundo del arte: víctimas y victimarios. La historia cambia si se asume que todas las mujeres son víctimas de una sociedad machista y que la función del arte es ventilar las heridas, denunciar y deconstruir los estereotipos que han subyugado al género femenino. Entonces sí, obtenemos una serie de exhibiciones iguales, en las que todas las artistas reeditan el mismo tipo de queja y denuncia. Pero es iluso creer que esas soflamas son la identidad o la experiencia femenina. Son, más bien, la retórica combativa con la que muchas mujeres intentaron —y lograron— entrar en los museos y consolidar fructíferas carreras artísticas.

La otra gran falacia es la supuesta imposibilidad de encontrar valor o sentido en manifestaciones artísticas de gente distante y diferente o, lo que es igual, creer que sólo vale la pena defender el arte especular que devuelve una imagen positiva, combativa o reivindicativa de sí mismo. Esta idea es tan corta de miras, que antes de imponerse en los setenta y ochenta en los Estados Unidos sólo había sido defendida por regímenes totalitarios o por naciones colonizadas que, en su desesperado intento por liberarse del ocupante, fomentaron el nacionalismo cultural. Las grandes creaciones culturales tienen el don de sorprender, deslumbrar y emocionar a cualquier congénere; también de hacer evidente que, tras las múltiples variaciones culturales, en el trasfondo humano laten unas mismas necesidades, unos mismos problemas, unos mismos apetitos, unos mismos impulsos e incluso ciertos valores compartidos. Por muchos prejuicios que persistieran en Estados Unidos, aquella victimización no era necesaria. Sobre todo porque su fin no era eliminar las barreras entre grupos, sino elevarlas y fortalecerlas.

El malestar creciente hacia el hombre blanco, propulsado por los discursos académicos y la reacción de los grupos minoritarios, puso en aprietos a los artistas blancos que no querían verse como herederos de todos los vicios achacados a la categoría social en la que, pese a ellos, eran encasillados. La fórmula que encontraron fue emprender una lucha estética contra la cultura predominante, contaminada, según ellos, de capitalismo, belicismo e intereses corporativos. Sin una identidad alternativa en la cual refugiarse, su estrategia consistió en renunciar a la tradición europea para despejar toda duda sobre sus alianzas afectivas e ideológicas. Ellos podían ser blancos y estadounidenses, pero sin lugar a dudas militaban en el bando de los campesinos del Tercer Mundo, de los negros y de las mujeres oprimidas. Decididos a poner el mundo al revés, a valorar lo despreciado y a despreciar lo valorado, empezaron a realizar piezas pobres, decididamente anticapitalistas, hechas con materiales bastos como el ladrillo o el fieltro (minimalismo); o a realizar acciones efímeras, ejecutadas sobre el propio cuerpo o la naturaleza (*body art, land art*); o, simplemente, a formular ideas que explotaban en la mente del espectador sin necesidad de un referente visual (arte conceptual). En ellas no importaba la calidad. Al contrario: el objeto bien hecho se asociaba inmediatamente con el arte comercializable, fácil de introducir en el circuito de galerías y, por lo tanto, complaciente con el gusto de aquellos de quienes se querían diferenciar. Así, despreciando la técnica, la destreza, la capacidad y la imaginación, llegaron al mismo terreno habitado por las feministas y los artistas negros, donde lo principal era el rechazo, la denuncia, la crítica y la reivindicación.

Lo paradójico es que este arte anticapitalista, antioccidental y antimuseo acabó vendiéndose mejor que las obras tradicionales e invadiendo todos los museos de arte moderno del mundo. Las simplísimas y monótonas esculturas de Donald Judd aburren por igual a quien visita el Tate Modern de Londres, el SFMOMA de San Francisco o el Moderna Museet de Estocolmo, y se cotizan en el mercado por ridículas sumas de hasta siete cifras. Ni hablar de los 120 ladrillos de Carl Andre que componen la obra

Equivalent VIII, comprados, para malestar de los contribuyentes británicos, por el Tate Modern en una fecha tan temprana como 1972 por cerca de 4,000 libras. Los muy modernos museos de las grandes ciudades occidentales se han convertido en McDonald's que exhiben exactamente las mismas piezas minimalistas, exactamente el mismo orinal de Duchamp, exactamente los mismos cuadros de On Kawara, exactamente los mismos videos de Bruce Nauman, exactamente los mismos lienzos de Yves Klein...

La denuncia del museo y sus patrocinadores, del capitalismo, del sexismo, del canon, de los criterios curatoriales, de la representación y, en general, de la cultura occidental, se convirtió en un negocio lucrativo. Triunfaron la deconstrucción de estereotipos, la revisión de las narrativas predominantes, la reevaluación de la forma en que se exhiben las colecciones de arte y la mirada crítica que desvela opresión y sometimiento. En hora buena para los artistas negros, homosexuales y mujeres que antes pasaban desapercibidos y hoy recorren el mundo exponiendo sus críticas a la sociedad y la cultura. Lo extraño es que este triunfo no despierte sospechas sobre la validez del mensaje que siguen trasmitiendo sus obras. Si ahora son ellos quienes exponen, viajan, salen en las publicaciones especializadas y ganan premios, ¿cómo seguir insistiendo en las mismas denuncias de los setenta? Barbara Kruger tiene una agitadísima agenda con exhibiciones en las que no para de criticar los estereotipos femeninos y el consumismo de la sociedad actual, sin que se le pase por la cabeza criticar el estereotipo de la artista feminista o el consumo suntuario de las obras de arte contemporáneo. Las Guerrilla Girls, un colectivo anónimo feminista, se ha convertido en un invitado infaltable a cualquier museo que organice una muestra de arte político o reivindicativo, y siempre cosechan sonoros éxitos con sus ingeniosos fotomontajes que denuncian la ausencia de mujeres en las galerías y museos. Expertos consultados por Art-News consideran que el legado del afroamericano David Hammons durará más que el de muchos de sus contemporáneos, aunque sus obras incluyan bolas de nieve difíciles de preservar. La denuncia, la queja y el victimismo abrieron las puertas de los museos. Y una vez abiertas ¿qué? ¿Se debe seguir insistiendo en las maldades cometidas por el hombre blanco? ¿Se debe seguir asumiendo que la cultura occidental es por definición falocéntrica, homófoba y racista?

Una universidad fragmentada y un museo fragmentado, donde cada colectivo acude a aprender exclusivamente de sí mismo, a comprobar lo buenos que son ellos y lo malos que son los otros, han debilitado ese terreno común donde gente diversa, con ideas, valores, inclinaciones políticas, experiencias e identidades distintas podían comunicarse y sentir que incluso en sus diferencias algo compartían y algo podían aprender el uno del otro. El resultado de los muchos obuses lanzados contra esta zona de todos y de nadie ha sido el relativismo. La bola de nieve empezó a rodar cuando se negó cualquier posibilidad de aplicar criterios neutrales en el terreno del arte —de diferenciar, discernir y jerarquizar las obras—, y siguió creciendo al pasar por otros campos como el de la política y la moral. Esto no es un asunto trivial ni un simple rasgo de la época ante el cual sólo cabe encogerse de hombros con resignación. Sin un elemento externo, amplio, que vaya más allá de los intereses y las necesidades grupales, en el horizonte —como advertía Russell Jacoby— sólo quedan dos referentes posibles a la hora de tomar decisiones estéticas, políticas y morales: la sangre y la raza.

A pesar del empaque progresista que envuelve al relativismo cultural, sus herramientas de nada sirven para contradecir a la League of the South de Alabama, que propone desmantelar el sistema democrático y los derechos humanos para volver a un sistema de gobierno basado en el territorio y el parentesco. Ellos también intentan revisar y reescribir la historia desde *su* perspectiva. El alegato estrella de esta liga es delirante y turbador. Afirman que las concepciones negativas y hegemónicas del imperio estadounidense (ellos también se consideran un pueblo colonizado y quieren independizarse) sobre la esclavitud deben revisarse. Miren a los negros alrededor del mundo, dicen. Se matan a machetazos entre ellos o caen como moscas por la desnutrición. Sólo en Estados Unidos han logrado vivir dignamente, de modo que, en lugar de quejarse, deberían agradecer a los nobles hombres blancos occidentales que se tomaron la molestia de secuestrar a sus ancestros y llevárselos en barcos infectos hasta Norteamérica. ¿Este alegato hace racistas a los miembros de la League of the South? Desde luego que no, alegan. El racismo es un concepto socialmente construido y empleado por los académicos progresistas y los discursos hegemónicos para denigrar y oprimir a gente como ellos, trabajadores honestos y temerosos de Dios, que simplemente se consideran etnocéntricos y que, como toda tribu, tal como advierte la Biblia y enseña la biología, a la hora de escoger entre los suyos y los extraños optan por los primeros.

Todo esto es bazofia intelectual, desde luego, pero bazofia intelectual que se ajusta palabra por palabra al paradigma académico que prevalece en las facultades de humanidades y ciencias sociales norteamericanas.

Otro ejemplo menos caricaturesco y más dramático lo ofreció recientemente el ruso Andre Geim, Premio Nobel de Física de 2010, durante la mesa redonda que organiza la Fundación Nobel y la BBC con los galardonados de cada año. Como era predecible, el conductor del debate preguntó a los participantes por Liu Xiaobo, Premio Nobel de la Paz de 2010, imposibilitado de ir a Oslo a recoger su premio por hallarse recluido en una cárcel china. Geim, como todos los demás Nobeles, condenó la infortunada reclusión de Liu Xiaobo, pero luego matizó su respuesta. Los derechos humanos, dijo, son una expresión de condescendencia (*patronizing*, fue su palabra exacta) de Occidente hacia las otras civilizaciones, y el Nobel de la Paz un galardón que otorgan políticos noruegos retirados, que han trabajado toda su vida en un entorno seguro y próspero, que intentan, a través del premio, extender su manera de ver el mundo y la democracia a otros países. Para Geim, los noruegos estaban intentando imponer valores occidentales a gente que pensaba distinto. Cada cultura, aclaró, debía seguir su propio camino y tomar sus propias decisiones, sin la tutoría de una civilización con ínfulas de superioridad moral que señale la ruta.

No hace falta recordar que Andre Geim es un hombre brillante, que traspira inteligencia por cada uno de sus poros y que además parece estar muy bien informado de cuanto ocurre en el mundo. Por eso sorprende que caiga en la ingenuidad de otorgar a Occidente el monopolio de la libertad, la tolerancia y la pluralidad. Eso era lo que estaba haciendo, como le recordó Mario Vargas Llosa, contertulio en la mesa de los Nobeles, al sugerir que China aún no estaba preparada para asumir como suyos estos valores, y que el solo intento de debilitar la censura y abrir espacios de libertad podría sumir al país en el caos.

Geim no es el único personaje notable que ha asumido que hay incompatibilidad entre los valores occidentales y los de otras culturas. Charles Taylor, uno de los más brillantes filósofos contemporáneos, no se atrevió a condenar la *fatwa* promulgada por el ayatolá Jomeini contra Salman Rushdie tras la publicación de *Los versos satánicos.* ¿Sus argumentos? Podemos defender la libertad de expresión aquí, en América del Norte, porque ése es un valor promulgado por los liberales blancos anglosajones. Pero suponer que los musulmanes iraníes deben someterse a los mismos criterios y defender los mismos valores es impensable, pues su cultura impone otras prioridades y otras jerarquías de valores. ¿Qué hacer entonces? La respuesta de Taylor no era muy alentadora: nada. Aprender a vivir en medio del pluralismo y aceptar que el mundo es un lugar complejo, humano, demasiado humano, donde no hay criterios y parámetros universales que homogenicen los juicios éticos.

A esto cabe oponer una objeción. Desde luego que el mundo es un lugar complejo e inestable, y desde luego que el ser humano es un amasijo de factores biológicos y culturales, de experiencias y anhelos, de hechos e ideas, de realidades y creencias que lo hacen maleable y plural. Eso, para un laico, es evidente; no hay una autoridad omnipotente que desde las alturas dicte una tabla de conducta, y es posible que tampoco exista un determinante biológico que imponga a todos unas mismas metas y métodos de resolver los problemas. Pero concluir de ahí que es imposible aspirar a acuerdos éticos que traspasen las fronte-

ras culturales resulta descorazonador. El relativismo se muestra
más como un asunto de desidia intelectual y apatía moral que
de incompatibilidades culturales. Supone dos renuncias. Una, a
la imaginación moral; otra, a ver la historia como un referente
objetivo, capaz de enseñar líneas peligrosas que más vale no volver a cruzar. Tan antiutópico y relativista se ha vuelto el mundo
que ahora resulta absurdo imaginar unos mínimos compartidos
que dignifiquen la vida. No se trata de una quimera, sino de
unos referentes que trasciendan a las personas y a las culturas e
impidan que el individuo se vuelva una bala perdida o que coa-
gule en los guetos identitarios y en los nacionalismos xenófobos.

Hoy en día se critican los derechos humanos. Se piensa que
aquel acto de imaginación moral —al igual que los actos de
imaginación literaria o artística— está cargado de prejuicios occidentales, como si el respeto a la integridad personal fuera un
deseo exclusivo de la burguesía nórdica. El multiculturalismo
apela a un hipotético pluralismo del "eso es asunto de ellos; intervenir es un acto imperialista". Pero en el fondo, tras el envoltorio tolerante y progresista, lo que oculta aquella actitud es
la soberbia de un padre permisivo, sesentaiochista, que está diciendo que la democracia, los derechos humanos y la libertad
individual son un asunto muy complejo para ustedes, culturas
tradicionales del Tercer Mundo, aún en la minoría de edad. Así
que mejor no intenten adoptarlas, a menos que quieran sumirse
en un caos mayor. Sigan como están y sólo lenta, gradualmente,
intenten buscar la manera de mejorar sus condiciones de vida
y dignificar sus existencias. Pero desestimen la idea de dar un
salto abrupto de la autocracia a la democracia o de la teocracia
al pluralismo, porque perderán la argamasa tradicional que sos-
tiene la sociedad, y además se disolverán esas particularidades
culturales que tan auténticos y diferentes los hacen.

Esta manera de pensar hubiera condenado a España, a Portugal, a Europa del Este, a casi toda Latinoamérica y ahora también a Túnez, Egipto y Libia mantenerse fiel a sus respectivas
tradiciones autocráticas para no sumirse en el vendaval social
que supone abrirse a la democracia y comprometerse con los

derechos humanos. En últimas, el multiculturalismo es una actitud condescendiente que trata al diferente como si no fuera capaz de imaginación moral y de razonamiento, y tuviera que vivir por ello en un asilvestrado entorno de despotismo. No hay nada más puro, étnico, tradicional y milenario que el genocidio, la esclavitud, la autocracia y el machismo. ¿Deberíamos, según recomiendan algunos antropólogos, olvidarnos de los derechos humanos y dejar que cada cultura solucione sus problemas como bien pueda? Y si lo hacemos, ¿con que argumentos podrían entonces las feministas pedir que se combata el machismo iberoamericano, una costumbre tan arraigada en nuestras culturas? ¿Cómo, si no es en nombre de los derechos humanos, podría criticarse a Estados Unidos por mantener esa forma tan tradicional de exorcizar los demonios colectivos que es la pena de muerte? Y aún más, ¿cómo celebrar que India, Asia y África se hayan liberado del yugo colonial, si el antiimperialismo es un producto tan occidental como el colonialismo, como lo demostraron Gandhi y los demás libertadores al regresar a sus países después de estudiar en los países invasores?

El "vive y deja vivir", implícito en el relativismo, no hace que el mundo sea más libre, más justo o más plural; hace que el mundo sea un lugar más cómodo para el intelectual occidental, que ya no tiene que preocuparse por cuanta atrocidad ocurre en tierras lejanas e ignotas y, para el tirano, que siempre puede apelar a su idiosincrasia para cometer abusos contra el individuo. Esta indiferencia es muy propia de una época en donde la cultura y la sociedad —es decir, los lazos que mantenían unidos a individuos distintos y anónimos— se han diluido hasta dejar un cosmos de familias encerradas en su propia identidad, e individuos hedonistas preocupados sólo por su propio placer y diversión.

De la revuelta a la abyección
1968-2002. Viena, Londres, París, Cali, Sidney, Madrid...

1968 fue el año en que los estudiantes y los vanguardistas se tomaron las universidades de Francia, Alemania y Nueva York, promoviendo revoluciones anárquicas y hedonistas pero sobre todo
juveniles, inspiradas en visiones utópicas de futuros libérrimos y
gozosos, igualitarios y purificados de prejuicios sexuales y raciales, y también de Estados opresores, burocráticos o benefactores.
La euforia llegó a Europa del Este y en Praga se dio una lucha
más dramática y seria, destinada a conseguir la libertad a secas
y no sólo la libertad sexual o la libertad positiva. Y también al
otro lado del Atlántico, en México D. F., donde hubo muertos,
decenas de estudiantes masacrados en la plaza de Tlatelolco por
atreverse a pedir al omnipotente Partido Revolucionario Institucional (PRI) y a su vocero, el presidente Gustavo Díaz Ordaz,
apertura democrática y diálogo directo. Menos conocidos, los
eventos que sacudieron la Universidad de Viena aquel mismo
año también fueron un experimento radical que intentó poner
el arte al servicio de la revolución. Pero la pretensión de los artistas invitados por la Asociación de Estudiantes Socialistas de
Austria fue muy distinta. No demandaron la liberalización de las
costumbres ni emplearon ingeniosos eslóganes para influir en
las mentalidades de los estudiantes; tampoco hicieron demandas
explícitas ni solicitud alguna para que se regenerara el sistema
político, la educación, las estructuras sociales o incluso los reglamentos en la residencias estudiantiles. Lo que se vio aquel 7
de junio de 1968 no tenía precedentes en el mundo del arte ni
de la política revolucionaria. Y no lo tenía, porque el *happening*
que presenciaron los cuatrocientos asistentes reunidos en el Auditorio 1 de la Universidad de Viena, más que una explosión de
ira y negación contra la sociedad, fue una embestida sin mira-
mientos contra el último templo no profanado por el nihilismo
moderno: el cuerpo y la integridad humana.

Aunque relativamente jóvenes, los participantes en aquel
evento convocado con el nombre de *Arte y Revolución* no eran

unos desconocidos. Pertenecían a un grupo de artistas austriacos que desde principios de los años sesenta venía realizando acciones trasgresoras, propulsadas por un manojo de fantasías siniestras —castración, automutilación, profanación, sacrificio—, hasta entonces soterradas en el trasfondo arcaico del ser humano. Es verdad que el arte siempre había abierto una grieta para que estas bestias nocturnas vieran la luz del día. Los cuadros de Bacon, plagados de cuerpos deformes y mutilados, eran el más claro ejemplo. La diferencia que resaltaba en las obras de Günter Brus, Otto Mühl, Hermann Nitsch y Rudolf Schwarzkogler, los principales exponentes de esta nueva vertiente del *happening* conocida como accionismo vienés, era que ellos no usaban estas oscuras fantasías para crear un mundo ficticio, de imágenes y símbolos, como lo hicieran Bacon o Schiele, sino que, sencillamente, las dejaban salir a la luz del día. Primero de forma indirecta, a través de rituales y puestas en escena cargadas de sentido estético, luego sin contemplación ni atenuantes metafóricos, exponiendo ante un público estupefacto el espectáculo de la automutilación, la degradación y la humillación.

A la Universidad de Viena sólo acudieron Günter Brus y Otto Mühl, acompañados por otros tres invitados, entre ellos el escritor Oswald Wiener, también vinculado al accionismo vienés. Al estilo del *happening* que realizaron Cage y Cunningham en el Black Mountain College, los participantes en el *happening* del Auditorio 1 ejecutaron varias acciones simultáneas. El resultado, sin embargo, no tuvo nada que ver con aquel experimento de 1952. En esas cuatro paredes no hubo nada de convivialidad ni euforia beat; nada de pasividad y aceptación zen; nada de ironía y azar duchampianos. La acción de los vieneses fue tan extrema, tan ofensiva y delirante que el resultado fueron estómagos revueltos y una condena de seis meses de prisión para los principales implicados.

Aquel día se oyeron dos conferencias, una sobre pensamiento y lenguaje y otra sobre información y pensamiento; se repartieron panfletos en contra de la familia Kennedy y del ministro de Finanzas austríaco. Luego, cuando las cosas se fueron calentando, Mühl azotó con fuerza a un masoquista que protegía su piel entre hojas de papel periódico. Era evidente que la dinamo perversa se había puesto en marcha, pero nadie estaba preparado para lo que sucedería a continuación. Desde hacía unos años, Günter Brus venía realizado acciones en las que cubría su cuerpo de pintura y se rajaba en dos con una línea roja, dibujada de los pies a la cabeza. En ocasiones se pegaba clavos y cuchillas a la piel, fantaseaba con introducirse un alambre en la uretra y producirse el mayor daño posible o dibujaba cuerpos destrozados. Sólo hasta 1968, con su acción número 30, titulada *Locura total – La arquitectura de la locura total* y realizada en el Reiff Museum de Aquisgrán, Brus sobrepasó todos los límites y, sacando una cuchilla de afeitar, se rasgó la piel y defecó ante el público.

Por muy extrema que pareciera aquella acción, se quedaba corta comparada con lo que vieron los asistentes a *Arte y Revolución*. Ese día, Brus extrajo una cuchilla de afeitar y se cortó el pecho y el muslo; luego orinó en un vaso y, no contento con tan sutil incorrección, procedió a tomarse el contenido. Revolucionaria o no, artística o no, la transgresión iba en ascenso y ya no había contención posible. De espaldas a los cuatrocientos asistentes, Brus dobló las piernas, inclinó la espalda y soltó el contenido de su vientre. Así como en otras ocasiones se untaba el cuerpo con pinturas, esta vez procedió a revolcarse entre sus propias heces. Era el preámbulo escatológico al final rotundo que tenía preparado en su tributo a la revolución cultural. Recostado en una larga mesa de madera, entre estertores y desentonos, concluyó su infamante rapto masturbándose y cantando el himno nacional de Austria.

Mayo del 68 en Francia había significado el triunfo y el fin de la revolución vanguardista. Junio del 68 en Viena significó la renuncia a la revuelta cultural y la apoteosis de la abyección humana. Con aquella acción de Brus también se decía adiós al primer tiempo de la revolución cultural y se saludaba al segundo, un tiempo en que el artista dejaría de ser un Prometeo que liberaría al mundo con la llama de su vitalidad y se convertiría, más bien, en un síntoma, en una pulsión perversa, en el espejo que reflejaba la frustración, la derrota y la incapacidad, ya no solo para crear un mundo nuevo, sino incluso obras de arte.

El espectáculo de Brus invertía por completo el significado de las acciones que antes habían realizado los dadaístas de Zúrich. En 1916, mientras en las trincheras y campos de batalla reinaba la muerte y la destrucción, en el Cabaret Voltaire se celebraba la vida, el juego y el reencuentro terapéutico con la niñez. En el Auditorio 1 de la Universidad de Viena ocurrió lo contrario. Afuera, el sueño socialdemócrata de cobertura médica, prestaciones por desempleo, pensiones, transporte público y educación gratuita se materializaba con el mismo éxito que en Escandinavia. Los jóvenes no tenían que preocuparse por el paro ni por la falta de ingresos. Puede que el conservadurismo social resultara exasperante, pero no se comparaba con el vacío existencial que se vivió durante y después de la Primera Guerra Mundial. A pesar de todo esto, o quizás precisamente por todo esto —por el aburrimiento que exuda la anodina vida privilegiada de los países que han logrado consensos profundos y sistemas de protección social que dignifican la vida—, los accionistas vieneses celebraron la trasgresión absoluta, el dolor y la humillación. Si en Zúrich se pretendía reencontrar la edad de oro perdida en la infancia, en Viena se rastreaba una etapa previa de inhumanidad y tosca idiotez, donde sólo había pulsión y descarga.

En sus acciones, Brus se revolcaba en pintura y materia. Borraba su rostro y se fundía con los pigmentos hasta ser más masa que hombre. El camino que andaba no discurría hacia adelante, sino hacia atrás. Revertía el proceso de evolución para volver a ser lodo primigenio, sedimento informe, magma inerte que renunciaba a la Creación y a la vida.

Brus no fue el único que terminó reemplazando el pigmento pictórico por la mierda y la orina. Otto Mühl también usó las heces como sustancia primordial de sus acciones. Puede que en ellas no incluyera actos de automutilación, pero la violencia que ejercía sobre los cuerpos las hacía tanto o más denigrantes

que las de Brus. Por lo general, Mühl tomaba a una mujer desnuda como materia prima y sobre ella vertía cualquier cantidad
de sustancias orgánicas, desde huevos y harina hasta vísceras de
cerdo, plumas y orina, y con esta mezcla formaba capas y capas
de materia que acababan borrando cualquier rasgo de humanidad de los cuerpos. El resultado era materia, una materia que
podía ser mordisqueada, estrujada, humillada, escupida, ama-
rrada, golpeada, empaquetada o penetrada. En ocasiones, Mühl
compartía escenario con más hombres y mujeres, fundiendo sus
cuerpos en una sola entidad, en un solo magma susceptible de
ser amasado y escudriñado en todos sus pliegues y orificios. "Estoy lleno de odio hacia todo lo que lleva cara humana",[190] decía
Mühl, y sus acciones eran fiel testimonio de dicha repulsión.
Aunque en ellas había contacto carnal y penetraciones —por lo
general con rodillos o falos de plástico—, el erotismo no asomaba por ninguna parte. Mühl estaba obsesionado con el sexo,
y bien podría decirse que ofició en Austria como el alter ego
perverso del alemán Dieter Kunzelmann. Pero la forma en que
usaba los cuerpos como territorios para profanar, distorsionar y
someter, eliminaba todos los elementos asociados a la sensuali-
dad humana. En algunas acciones ejecutaba rutinas que devol-
vían al hombre al estado animal. En otras, las felaciones, caricias
y penetraciones eran simples maniobras físicas que implicaban
sumisión y humillación.

Los accionistas vieneses le dieron un rostro distinto a la emancipación sexual de los sesenta. La liberalización de las costumbres
no los llevó a experimentar nuevas formas de hedonismo, sino
a forzar la mente y el cuerpo hasta transgredir todos los límites.
Era la filosofía de Bataille llevada a sus últimas consecuencias.
En sus acciones y rituales con excrementos, latigazos y tampo-
nes usados; con mescolanza de sexos, animales sacrificados y
desollados; con hombres y mujeres colgando de cruces y galli-
nas destripadas con los dientes, la transgresión se convertía en
un reto mental. Al vencer todas las prevenciones y tabúes con

---

[190] Citado en: Soláns, P., *Accionismo vienés*, Nerea, Hondarribia, 2000, p. 12.

respeto al dolor, la higiene, el respeto por uno mismo y el propio cuerpo, se llegaba a una nueva frontera. Más allá de ella no había libertad ilimitada. Aquel terreno virgen era el cenagal de la abyección y la deshumanización.

Siguiendo el legado de los rebeldes sicalípticos de Frankfurt y Berlín, Mühl formó en 1970 una comuna. Su propósito, sin embargo, no fue trastornar el estilo de vida burgués —aunque, como en todas las comunas, en la suya también se eliminó la propiedad privada y se promovió la desnudez—, sino asistir psicológicamente a la liberación mental de sus miembros. Mediante la Acción Análisis, ejercicios de desinhibición absoluta, Mühl pretendía despojar a sus seguidores de toda prevención y recato. En 1972 dio un paso más y se mudó con sus seguidores a unos cincuenta kilómetros de Viena, para formar allí otra comuna más grande, conocida como Friedrichshof, a la que llegaron a unirse cerca de seiscientas personas. Poco a poco, a medida que el artista se convertía en gurú y el experimento comunal en secta, sus seguidores lo elevaron a las alturas y se dejaron someter física y psicológicamente por él. De liberador y terapeuta, Mühl pasó a ser un líder carismático y autoritario, con una comunidad a sus pies que le permitió imponer su voluntad en todos los ámbitos de la existencia. Era él quien determinaba con quién y cuántas veces —entre tres y cuatro al día— debía acostarse cada cual. También prohibió el amor y la seducción, y forzó a la práctica de un sexo despojado de todos los elementos lúdicos y estéticos preconizados por la vanguardia y la contracultura. El intercambio entre los cuerpos quedó reducido a un precario asunto de excitación y descarga. En la cima de su poder, estableció jerarquías que dividían a los más y menos deseables, y obligó a la desinhibición total como forma de ascender en esa madeja taxonómica que zanjaba el destino sexual de la mayoría. No el de él, desde luego. Mühl se reservó el derecho de tener sexo con quien quisiera y cuando se le antojara y siempre tuvo de dónde escoger, pues un sequito de aduladoras lo seguía a todas partes, tratando de ganar favores para pasar la noche a su lado. Luego, a medida que pasaron los años y una nueva generación de niñas nacidas en la comuna florecía, Mühl dejó de acostarse con sus desinhibidas y machacadas madres para hacerlo, por las buenas o las malas, con ellas. Al igual que Kunzelmann, Mühl acabó en la cárcel, pero no porque cambiara el sexo por las bombas, como hizo el revolucionario alemán, sino porque en 1991 las acusaciones de pederastia llegaron hasta los tribunales, que finalmente lo sentenciaron a seis años y medio de cárcel.

A Hermann Nitsh, el más famoso de los accionistas vieneses, le fue mucho mejor (hoy es un respetado artista en todo el mundo), a pesar de que también él realizó acciones que mezclaban los elementos más morbosos del cristianismo —la crucifixión, el sacrificio, la sangre y el martirio— con la orgía y los rituales dionisíacos. Todos estos elementos los combinó en lo que llamó el Teatro de Orgías y Misterios, cuya definición queda mejor explicitada con un ejemplo: en *María-Concepción*, de 1969, una mujer desnuda era atada con las piernas abiertas a una cruz, mientras Nitsh y sus ayudantes recubrían su cuerpo con vísceras y sangre de cordero. Nitsh la hacía beber un líquido espeso, que también parecía sangre y luego vertía la misma sustancia sobre su vagina y la penetraba con un falo de plástico. Todos acababan en el suelo, incluido el cuerpo desollado del cordero, revolcándose en más sangre lanzada con cubetas sobre los participantes.

Más que rituales paganos y dionisíacos —que también los eran—, las acciones de Nitsh eran profanaciones, ejercicios de transgresión absoluta que llevaban al éxtasis mediante la fusión orgiástica de los cuerpos y el contacto directo y crudo con las sustancias que estaban a salvo de la vista por la piel. A diferencia de lo que hacían los grupos estadounidenses de teatro revolucionario como el Living Theatre o los artistas del *body art* como Carolee Schneemann, aquí no había hedonismo; sólo la embriaguez y el estupor animal de quien ha traspasado todos los límites.

Brus, Mühl, Nitsh y Schwarzkogler —el cuarto accionista y el más radical, muerto en 1969 al arrojarse por una ventana— iniciaron una nueva tendencia plástica que encontraría emuladores por todo Occidente. En los setenta, la ira del artista revolucionario que soñaba con mundos más libres y lúdicos dejó de proyectarse contra la sociedad y sus instituciones culturales, y se volcó sobre su propio cuerpo, la única zona que realmente estaba bajo su control. Las bombas que hicieron explotar la Angry Brigade y los Tupamaros alemanes fueron reemplazados por la cuchilla y el bisturí, convirtiendo al cuerpo en el nuevo pequeño teatro de los horrores, en el espacio de transformación violenta donde todos los cambios a los que la sociedad era refractaria podían hacerse realidad. Ya no había necesidad de quemar los museos; bastaba, como había anticipado Valerie Solanas, con abalear, rajar y humillar a los artistas.

En 1972, el británico Stuart Brisley somatizó este cambio de tendencia mejor que nadie con su acción *El artista como puta.* Durante una semana, Brisley permaneció en una galería londinense, la Gallery House, maquillado como una furcia y tirado sobre un colchón cochambroso, lleno de salpicaduras rojas y negras, lamparones y pegotes viscosos poco seductores a la vista. Brisley llevaba una camisa y un pantalón igualmente manchados con todo tipo de sustancias, algunas de ellas probablemente excrementos y así, tendido entre su propia inmundicia, se ofrecía inerme y resignado a la mirada compasiva del público. ¿Era un grito de libertad? ¿Era una transgresión en busca de nuevos experiencias placenteras, de nuevas formas de relacionarse con su cuerpo? Resulta difícil contestar afirmativamente a estas preguntas. Brisley estaba humillándose a sí mismo y al rol que encarnaba, el de artista, como si en tiempos faltos de imaginación y talento el creador no tuviera más remedio que revelar sus flaquezas, sus debilidades, sus miserias y su incapacidad, en un desesperado intento por buscar la conmiseración del público.

Ésa no era la primera ni sería la última vez que Brisley se pondría a sí mismo en una situación semejante. En otra ocasión permaneció durante dos semanas, dos horas diarias, inmerso en agua podrida, con restos de pescado en descomposición, moscas y larvas. Se trataba de una prueba física y mental desconcertante, innecesaria, gratuita; un síntoma oscuro de una nueva época en la que el artista, incapaz de remediar los problemas de la humanidad, se convertía, más bien, en una víctima que exponía su dolor y sus heridas ante los demás.

En un mundo sin imágenes de sufrimiento, Brisley hubiera sido un Virgilio que hubiera conducido al espectador por el indecoroso mundo del tormento. Pero para 1970 cualquier telespectador —es decir, buena parte de la humanidad— había sido testigo del padecimiento no deseado de millones de seres humanos, desde los judíos en los campos de concentración hasta los campesinos vietnamitas en My Lai, de modo que el suplicio de Brisley no mostraba nada nuevo a nadie. Lo nuevo era el rol que asumía el artista. Lejos quedaban los sueños nietzscheanos y stirnerianos de Marinetti o Duchamp: ni hombre multiplicado, ni hombre total, ni hombre libérrimo. Ahora, el artista iba a ser una puta que inspiraba lástima y desagrado.

El caso de Gina Pane, la representante más visible del *art corporel* francés, no es muy distinto del de Brisley. Desde 1971, cuando subió descalza por una reja llena de filudas puntas, la sangre no paró de emanar en sus obras. Espinas y cuchillas fueron sus herramientas de trabajo; sangre y cicatrices el resultado final de sus obras. Pane redujo a la mujer a un ser menstruante que botaba sangre por rajas que ella misma se abría por todo el cuerpo. Era una curiosa forma de revelar la experiencia femenina, y sin embargo Pane se convirtió en una representante insigne del arte hecho por mujeres. También del movimiento europeo que se opuso a la guerra de Vietnam, pues sus heridas pretendían ser la imagen escabrosa que sensibilizaría a los franceses para que reclamaran el fin de la guerra.

La sangre derramada le labró a Pane una carrera artística exitosa, pero no influyó en ninguna decisión o sentimiento en torno a Vietnam, como tampoco han influido en nada los miembros amputados y las pieles escarificadas de tantos otros artistas que han padecido torturas autoinfligidas en nombre de distintos ideales humanitarios. El mejor ejemplo de estos intentos vacuos por ofrendar el sufrimiento a un mundo injusto y cruel, es el dedo amputado del francés Pierre Pinoncelli. En junio de 2002, durante la V edición del Festival de Performance de Cali, en Colombia, Pinoncelli levantó un hacha ante un púbico incrédulo y se amputó el dedo meñique de la mano izquierda. Lo hizo para que las Fuerzas Armadas Revolucionarias de Colombia (FARC) liberaran a Ingrid Betancourt, la famosa ex candidata presidencial secuestrada el 23 de febrero del mismo año. No me consta que las FARC se hayan enterado del noble ofrecimiento del artista. De lo que sí estoy seguro es que, con o sin dedo, los guerrilleros no hubieran tenido ningún problema en secuestrarlo también a él e, indiferentes a las amputaciones y escarificaciones de los artistas de toda Francia, lo hubieran utilizado en su extorsiva lucha contra el Estado colombiano. *Un dedo para Ingrid* fue una acción espectacular y sangrienta, sin duda, pero también gratuita y disparatada, que sumaba el absurdo de la automutilación al absurdo del secuestro. Después de la acción quedó un artista sin dedo y una secuestrada igual de sola y desamparada en las selvas del sur de Colombia.

La historia del infortunio de Bentancourt, como bien se sabe, acabó en 2008, cuando una sofisticada maniobra del ejército colombiano, en la que el dedo de Pinoncelli no tuvo nada que ver, permitió arrancarla de su gulag verde. La historia del dedo de Pinoncelli también tuvo, podría decirse, un final feliz. La falange grisácea no sólo sobrevive a la putrefacción sumergida en un frasco de formol, sino que está expuesta, ante la desconcertada mirada de los visitantes, en el Museo La Tertulia de Cali. La obra recuerda a los restos de santos y mártires que se exhiben en las catedrales de las grandes ciudades europeas. Al igual que estas reliquias, el dedo de Pinoncelli, como las imágenes de Pane, Marina Abramovic o los otros pioneros del *body art* sangriento, entraron al museo como recompensa al dolor autoinfligido. Estaban a años luz del dadaísmo, cuyos objetos y *ready-mades* entraron a la institución del arte como *souvenires* de una aventura libertaria, próxima al anarquismo de Stirner y encaminada a convertir al artista en dios creador, no en víctima.

Si la década de 1970 vio surgir en Estados Unidos la obsesión por el yo y la terapia —la *Me Decade* que con tanta ironía desmenuzó Tom Wolfe—, en Europa y, sobre todo en Francia, fue la década en que prominentes intelectuales, además de los artistas, sintieron verdadera obsesión por el cuerpo. Los más rizados ejercicios teóricos concluyeron que la mente estaba subordinada al cuerpo y que el cuerpo estaba atravesado por discursos, flujos de poder, hábitos y otras fuerzas externas ingobernables por la voluntad humana. Gilles Deleuze escribió trabalenguas de quinientas páginas en los que hablaba del "cuerpo sin órganos", y el sociólogo Pierre Bourdieu entendió la sociedad como una máquina que se reproducía a sí misma, imprimiendo en los cuerpos y mentes disposiciones, principios para la acción y marcos mentales que correspondían a una clase social, sin que nada pudiera hacerse para revertir o descarrilar este proceso. También Bourdieu recurrió al trabalenguas para explicar sus conceptos clave: "*Habitus,* sistemas de *disposiciones* permutables y durables, estructuras estructuradas predispuestas para funcionar como estructuras estructurantes...".[191] No sólo el cuerpo estuvo de moda en los setenta. Escribir absurdamente mal también generó furor en los círculos intelectuales de aquellos años.

Entre los cultores de esa nueva pasión académica por el cuerpo, sin lugar a dudas fue Michel Foucault el más destacado e influyente. En libros como *Vigilar y castigar,* el filósofo se regodeó en descripciones eternas de torturas y castigos para explicar cómo las tecnologías del poder modelaban el cuerpo y le imponían un "alma", siendo estas tecnologías los discursos que se producían desde las alturas del conocimiento y siendo estos discursos las nuevas armas para domar, moldear, clasificar o dominar al otro. También Foucault tuvo desde joven conductas extremas, en parte producidas por una homosexualidad mal asumida. Al igual que Pane, se cortaba; en una ocasión tuvo una tentativa de suicidio y en otra casi agrede a un compañero. Los surrealistas le fascinaban y en especial Bataille, el defensor de la transgresión y la experiencia límite. Él mismo experimentó en carne propia los suplicios del cuerpo. Mientras enseñaba en

---

[191] Bourdieu, P., *Outline of a Theory of Practice* (1972), Cambridge University Press, Nueva York, s. f., p. 72.

la Universidad de Berkeley, los bares sadomasoquistas de San Francisco se convirtieron en el escenario perfecto para actuar las fantasías que lo atormentaban. Allí, según Didier Eribon, uno de sus biógrafos, Foucault fue feliz y se reconcilió con su sexualidad, viviendo a la luz del día su inclinación por los hombres y los látigos. Así vivió algunos años, hasta que una enfermedad real, demasiado real para un filósofo que había vislumbrado en los discursos de la ciencia sólo una forma de dominación, atacó su sistema de defensas y, debilitándolo hasta la agonía, acabó con él en 1984.

Fue un final injusto el que tuvo Foucault. Cada cual tiene derecho a bajar a las catacumbas cada vez que la curiosidad, el deseo o la necesidad de nuevas experiencias animen a desligarse de los parámetros de normalidad y buscar formas diversas de diversión y goce. Y está bien contar con anfitriones dispuestos a mostrar, con su ejemplo y sus riesgosas tentativas, qué más y qué otra cosa puede abrir la imaginación y convertirse en fuente de placer humano. Nada que objetar a esto. La sangre, la mierda, la víscera y la descomposición pueden dar goce a algunos y de poco sirve rebuscar en las taxonomías patológicas para descalificar a individuos libres que buscan satisfacer sus apetitos y gozar de su sexualidad como bien pueden. La cuestión no es esa. Las incursiones de los accionistas vieneses, de los artistas del *art corporel* o del *body art* que involucraban coprofagia, humillación, escarificaciones, golpes y alteraciones corporales, de haber quedado confinadas al ámbito privado, hubieran pasado por ser la materialización de las estrafalarias fantasías de un individuo, perfectamente legítimas —siempre y cuando se realizaran sin coacciones y entre adultos— en la enmarañada selva de caprichos e inclinaciones humanas. Pero en el momento en que se muestran como obra de arte, la fantasía privada se convierte en una ofrenda colectiva y en ese instante pasan a ser un leño más que alimenta el debate público. Entonces cabe hacerse otras preguntas. ¿Debe convertirse el arte en la actuación literal de las fantasías más oscuras, incluso cuando resulten violentas y degradantes? ¿Conviene al arte y a la sociedad borrar las fronteras entre lo privado y lo público? ¿Debe el artista convertirse en un polimorfo perverso, sin contención ni límite, que ventila al mundo su intimidad sexual y sus fantasías de abyección?

La renuncia a la actividad imaginativa que proclamaron los situacionistas no produjo un realce de la vida cotidiana ni tampoco más y mejores aventuras. Por el contrario, dejó planteado un dilema a los artistas. Si las pulsiones dejan de servir como motor de la imaginación y la fantasía, la única alternativa restante es actuarlas de forma literal, tal como emergen de los recovecos más lóbregos del fondo humano. En términos psicoanalíticos, el situacionismo cerró el camino a la sublimación, es decir, al uso creativo y socialmente provechoso de los instintos más nefastos y deplorables. Desde ese instante, en lugar de crear mundos imaginativos —como el siniestro mundo de Louise Bourgeois o el enigmático de Paula Rego—, el artista se ofreció a sí mismo, con todas sus debilidades, incapacidades y desviaciones, como objeto de contemplación. No hubo revolución de la vida cotidiana; lo que se puso sobre escena en galerías y museos fue un espectáculo autobiográfico de la abyección.

Por eso el artista que usa su cuerpo se ha acercado más al mártir de la Iglesia que al héroe romántico y creador de la modernidad. En Australia, por ejemplo, Mike Parr se imprimió con un hierro ardiente la palabra *Artist*, demostrando que ser artista era algo doloroso, que no se conseguía sin lágrimas ni sufrimiento. Desde los años setenta, Parr se ha quemado, cosido los labios, cortado, asfixiado; se ha privado de alimentos durante días, se ha hiperventilado, se ha provocado vómitos y hemorragias; en fin, su carrera artística ha sido un martirio digno del más atormentado místico medieval, sólo que sin ninguna causa, sin ninguna meta, sin ninguna fe. Él no ha sido el único australiano dispuesto a experimentar con el cuerpo y el dolor. Su compatriota Sterlac se ha dejado, literalmente, la piel en su trabajo. Empezó suspendiéndose en el aire de ganchos que le atravesaban el pellejo y finalmente acabó implantándose una tercera oreja de cartílago humano en el antebrazo izquierdo. Su obra corporal se ha fundido con la ciencia y la tecnología, y desde hace unos años realiza acciones con prótesis robóticas. En su opinión, el cuerpo es una estructura obsoleta.

La francesa Orlan dio un giro de tuerca al *art corporel* eliminando el dolor y el daño físico de sus acciones. Eso no significa que también hubiera eliminado la sangre y los instrumentos punzantes. Todo lo contrario: el bisturí siguió teniendo una presencia primordial en sus obras; la diferencia radicaba en que ahora no era ella quien manipulaba el instrumental quirúrgico, sino un especializado equipo de cirujanos. En 1990 Orlan empezó a alterar su cuerpo mediante cirugías plásticas. Primero buscaba rasgos físicos llamativos en las mujeres retratadas en los cuadros del Renacimiento y luego iba donde un cirujano plástico para que modificara su nariz, su boca o sus ojos siguiendo el modelo escogido. En su *Manifiesto del arte carnal* rechazaba el sufrimiento del *body art* y se decantaba por el espectáculo del cuerpo en transformación. Y eso era justamente lo que Orlan montaba en las salas de cirugía, un espectáculo que se trasmitía en directo y simultáneamente en varios museos del mundo, en el que doctores ataviados con trajes diseñados por Paco Rabanne destrozaban y recomponían su cuerpo. El morboso espectáculo de lo oculto volvía a enseñarse como arte. Si los accionistas vieneses eran exhibicionistas, Orlan los superaba con creces. A la francesa no le bastó revelarle al mundo su cuerpo sin ropa, también le mostró lo que había bajo su piel. ¿Para qué desollar corderos y reses, si un equipo de cirujanos podía, previa dosis de anestesia local, levantarle la dermis y enseñar al mundo la carne viva latiendo bajo ella?

En el arte carnal se pierde la noción de ritual que había en las acciones de Nitsh. También su carácter transgresor, porque finalmente Orlan no está haciendo nada que otras mujeres y otros hombres no hayan hecho. Puede que ella se someta a cirugías plásticas con fines distintos y que los modelos de belleza que elige no sean los habituales, pero en última instancia está pasando por el mismo proceso al que se someten millones de personas. ¿En qué radica la gracia de lo que hace? En que ella lleva cámaras allí donde la gente prefiere absoluta discreción.

Orlan exhibe una intimidad que incluso supera a la genital o la emocional. ¿Qué resta por revelar al público después de que ha visto el cuerpo despellejado? Tal vez nada. Si algún mérito tiene la artista francesa es ese: haber ido más allá de la pornografía genital y de la pornografía del corazón. Pero esto no significa que el resultado haya sido muy distinto. Sus operaciones en video son tan frívolas como la chismografía de los tabloides; otra emoción fuerte que hace sacudir la cabeza un instante, voltear la vista y luego fisgonear con curiosidad morbosa. Un escándalo que genera revuelo e impresión, hasta que otra nueva imagen supere la extravagancia quirúrgica y la condene al olvido.

Y en eso los productores de televisión se han convertido en verdaderos expertos. En una carrera desbocada hacia la procacidad, cada tanto ingenian nuevos programas que superan por mucho las gestas artísticas más transgresoras. ¿Qué puede ser más espectacular, por ejemplo, que un concursante, ojalá una celebridad, sometiéndose a humillantes pruebas para ganarse un premio o simplemente para no quedar mal ante su audiencia? Algunos programas, como *Fear Factor*, someten a los participantes a retos que hacen ver las acciones de ciertos artistas corporales como simples niñerías. Qué inocentes resultan las posturas incómodas de Marina Abramovic, las penitencias de Brisley o los mordiscos que se daba Vito Acconci comparados con los túneles llenos de ratas, tarántulas y serpientes; los cubículos de cristal infestados de cucarachas; las celdas de cristal por las que caen todo tipo de alimañas; las pruebas físicas que implican inmersiones, carreras, saltos y caídas; o los insectos inverosímiles que los concursantes deben ingerir mientras sienten el revoloteo de patas, alas, tenazas y aguijones rasgando sus gargantas. Los españoles sienten un placer morboso al ver a gente famosa en contacto con alimañas repugnantes. En los programas de concurso era frecuente ver manos sumergiéndose en urnas plagadas de bichos pegajosos, o a finalistas de *realities* bañados en cucarachas soportando la repulsión para ganarse unos miles de euros. La humillación, la degradación y la experiencia límite que en 1970 parecían excentricidades de artistas radicales, saltaron a la pantalla chica para convertirse en espectáculo. Bien valía la pena un poco de humillación, una penitencia abyecta y repugnante, si el premio eran miles de euros y un nuevo séquito de espectadores.

Las mismas humillaciones debían soportar los concursantes de *Extreme Makeover*, revelándole al público todos sus defectos físicos, sus malformaciones, sus traumas emocionales y las dificultades que su horrible aspecto les había causado, para convencerlos de que merecían una redentora cirugía plástica que los inscribiera, por fin, en las huestes de los bellos y agraciados. En los programas de testimonio van humildes pecadores a confesar ante una audiencia multitudinaria los errores que han cometido en su vida, lo injustos que han sido con sus hijos, padres o parejas, lo amarga que ha sido su existencia y lo necesitados que están de perdón. La truculencia mórbida no se quedaba en los programas de concurso o testimonio. El monstruo de Amstetten deslumbró y horrorizó durante semanas a la teleaudiencia del mundo entero, dejando a sus compatriotas vieneses como amateurs imberbes en el arte de la transgresión. Aunque los sucesos siempre han ejercido fascinación en el público, hoy en día abundan los programas de televisión que recrean asesinatos, que hurgan en las mentes criminales o que graban en directo a la policía baleando y deteniendo a delincuentes perturbados.

Todas estas técnicas de la transgresión, de la ruptura de tabúes y del espectáculo escalofriante son el cebo que los medios de comunicación usan hoy en día para cautivar audiencias. Por eso, en el momento en que las obras de los artistas adoptan esta lógica, cualquier intento subversivo que hubiese en ellas queda neutralizado. Algunos artistas han incluso mimetizado en su trabajo los aspectos más denigrantes de la lógica del mercado. Santiago Sierra viene ofreciendo desde 1998 el ejemplo más perturbador y llamativo. El artista madrileño se ha hecho mundialmente famoso contratando a hombres y mujeres, por lo general pobres, para que se sometan a los actos más abyectos. Ya ni siquiera es el propio Sierra quien se humilla. Para qué, si unos cuantos euros le permiten comprar la voluntad de otros para que sean ellos quienes pasan por el desagradable trance de tatuarse una línea en la espalda, masturbarse ante una cámara, teñirse el pelo de amarillo, permanecer encerrados en una caja de cartón o dejarse rosear con poliuretano. Todo esto es lo que luego enseña en sus videos.

Que en el mundo hay explotación no es un secreto para nadie, y hacerlo evidente en galerías y museos no dice nada nuevo. Lejos de criticar al sistema, lo que hacen estas filmaciones es reproducirlo y servirse de sus rasgos más degradantes para alcanzar el éxito y la fama. No porque el resultado final sea una autoproclamada obra de arte se atenúa la humillación y el abuso implícitos en el proceso. Ir al Tercer Mundo en busca de pobres —los participantes en las obras de Sierra suelen ser cubanos, guatemaltecos, mexicanos; también inmigrantes, prostitutas, yonquis e indigentes— es, quizás, la forma más mercantilista y grotesca de hacer arte. Fama mundial, invitaciones, premios —que rechaza para no "beneficiar al Estado"— y dinero; todo esto gracias a que hay gente miserable, dispuesta a someterse a cualquier cosa por unos cuantos euros.

Es el inverso del tercermundismo. Sierra ya no viaja a Latinoamérica en busca de revoluciones, sino de pobres fáciles de convertir en mercancías que se cotizan al alza en el mercado del arte primermundista. En lugar de promover una revolución cultural, el artista celebra los aspectos más abyectos de la sociedad contemporánea.

DEL INDIVIDUALISMO LIBERTARIO AL HEDONISMO EGOÍSTA 1970-2011. NUEVA YORK...

Es el momento de volver a hablar del libro que Marx Stirner publicó en 1844, aquel panfleto lleno de vigor, irracionalismo y ataques contra la Iglesia, el Estado, las constituciones y los derechos humanos que fundaría, como ya se dijo, las bases del anarquismo individualista. Luego de la publicación de *El único y su propiedad*, el nombre de Marx Stirner se oiría en boca de relevantes personalidades que impulsaron decisivos acontecimientos culturales y políticos en la primera mitad del siglo xx. De forma directa o indirecta, *El único y su propiedad* influyó en Marinetti, en Picabia y en Duchamp, como antes había influido en Nietzsche y luego en Mussolini. Este último, incluso, invocó a Stirner en su diario *Il Popolo d'Italia* cuando anunció el fin de los teólogos, las iglesias y los salvadores y el advenimiento triunfal del individuo y sus fuerzas elementales.

La seductora idea de Stirner, capaz de embriagar a gente tan diversa, era poderosamente subversiva. Partía de un único principio, tan radical como contundente, que podía resumirse en una sola frase. Cuanto estuviera más allá del hombre, bien fuera Dios, la Verdad, la Moral, la Ley, la Iglesia o el Estado, era una invención que coartaba la libertad individual. Lo mismo ocurría con esas varas que medían al individuo, como los conceptos de Hombre, Humanidad o Racionalidad, que para Stirner calificaban sólo de patrañas o tristes tonterías. Cada individuo se debía sólo a lo único, es decir, a sí mismo y a su voluntad, y debía abandonar la costumbre de apelar a espectros o ideas abstractas y apoyarse sólo en lo real y tangible, es decir, en su propio poderío.

Stirner odiaba cualquier noción de sociedad, pues veía en ella sólo un subterfugio que debilitaba la potencia humana: "¡La sociedad, de la que tenemos todo, es una nueva soberana, un nuevo espectro, un nuevo 'ser supremo' que nos 'toma a su servicio y órdenes'!".[192] Las relaciones humanas, en criterio de Stirner, debían basarse en el más rudo utilitarismo. Como la sal, que potenciaba el sabor de las comidas, el otro debía ser usado para potenciar la fuerza individual. "Yo no quiero reconocer o respetar nada en ti, sino consumirte",[193] le advertía a sus congéneres. Más que una criatura de Dios, un ser humano dotado de derechos naturales, una persona racional o un miembro de la sociedad, el otro era un objeto susceptible de convertirse en

---

[192] Stirner, M., *El único y su propiedad* (1844), Valdemar, Madrid, 2004, p. 168.
[193] *Ibid.*, p. 185.

mi propiedad. En el mundo de individuos proteicos imaginado por Stirner, todo era lícito —incluido el asesinato— siempre y cuando fuera propicio para los fines y placeres de quien se atrevía a hacer uso de su poderío. Nada de vanagloriar el trabajo que enriquecía y beneficiaba a la sociedad, nada de profesar orgullo contribuyendo al bien común, nada de sentirse a gusto por asumir compromisos en provecho de la convivencia. Despojado de imperativos, máximas y responsabilidades externas, el individuo podía hacer, por fin, lo que le convenía a él y no a los demás. Por primera vez quedaba completamente libre de cualquier imposición que no surgiera de la más profunda y rica veta de sus caprichos e intereses.

Stirner trinaba en contra de la Iglesia y del Estado, desde luego, pero el gran enemigo contra el que luchó cuerpo a cuerpo, reservando para él los más afilados argumentos, fue el liberalismo. Hoy en día, cuando muchos liberales se han contagiado de ideas anárquicas, por lo general derivaciones del anarcocapitalismo, parece extraño que un campeón absoluto de la libertad individual como Stirner planteara sus argumentos en oposición frontal al conjunto de ideas que más habían contribuido a la defensa de la libertad. Pero así fue y retrotraernos a esa disputa puede resultar esclarecedor.

Aunque no lo menciona directamente en su libro, no hace falta leer entre líneas para advertir que no había nada más aborrecible para Stirner que las ideas de Locke sobre la ley y la sociedad. Someterse a una ley impuesta por otros para garantizar la propiedad y acotar el campo de libertad individual le resultaba inadmisible. Stirner sabía que la ley forjaba la sociedad civil y precisamente por eso se resistía a acatarla: "Yo soy mi especie, soy sin norma, sin ley, sin modelo ni nada parecido".[194] Para Stirner la libertad debía ser absoluta, sin ninguna cláusula ni excepción, ni siquiera a cambio de la garantía de no ser atacado. Al discreto profesor de señoritas no le importaba volver al estado de naturaleza y privilegiar las imposiciones y la bruta-

---

[194] *Ibid.*, p. 231.

lidad del más fuerte. Al contrario, aquel escenario de libertad sin límites le resultaba tentador. Su libro animaba a renovar la potencia del individuo y reinvertir la lógica de los derechos y de la propiedad. Para Stirner, el poder era el que daba el derecho, el poder era el que daba la propiedad. La sociedad era sólo un obstáculo, una imposición externa que debía revocarse. "Como egoísta", aclaraba, "no siento ninguna inclinación por el bienestar de esa 'sociedad humana', no sacrifico nada por ella, sólo la utilizo; pero para poderla utilizar por completo, más bien la transformo en mi propiedad y en mi criatura, es decir, la destruyo y fundo en su lugar la *unión de egoístas*".[195] Esto estaba muy lejos de Locke, para quien la libertad era posible únicamente en sociedad, pues sólo dentro de este terreno común, delimitado por un marco jurídico, el individuo tendría plena garantía de no verse jamás dominado por un poder absoluto y arbitrario. Entregar una *parte* de libertad individual, sometiéndose a la ley, garantizaba que nunca tendría que entregar *toda* su libertad sometiéndose al hombre. La ley, al ser una institución fija, que no variaba con el capricho de nadie, daba unas coordenadas al libre albedrío para que dentro de ellas hiciera lo que a bien tuviera.

Las ideas de Stirner podían tener derivas distintas según inspiraran a revulsivos sociales como Nietzsche, a políticos como Mussolini o a artistas como Duchamp. Podían moldear individuos libres y voluntariosos, que renegaban de las convenciones y se mostraban ansiosos por trasmutar los valores. También podían generar tiranos que entendían la libertad como un privilegio exclusivo de quienes no temían al desbordamiento de sus instintos y visiones, o también podían crear individuos solitarios, eremíticos, que rechazaban la sociedad con el desplante y la burla.

En manos de Duchamp —lo vimos en el primer tiempo— las ideas de Stirner inspiraron una ruptura total con cualquier criterio estético, moral, filosófico o artístico externo. Para él, el arte empezó a ser un asunto de definición individual, y la nueva libertad adquirida le permitió emplear cualquier cosa,

---

[195] *Ibid.*, p. 228.

desde orinales hasta botelleros, para desbarajustar los valores predominantes en el mundo artístico. Este despliegue de independencia absoluta reblandeció por completo las definiciones. El arte era lo que el artista dijera que era el arte, pues de ahora en adelante sería él, el autoproclamado creador, el único legitimado para juzgar sus obras. Ya no se plegaría a las exigencias de nadie y se negaría a rendir cuentas a nada que estuviera por encima de él, bien fuera la Belleza, el Gusto, la Pintura, la Tradición, el Museo, la Forma, la Armonía, los Valores Estéticos, los Parámetros Artísticos…

En el primer tiempo de la revolución, este anarquismo artístico produjo una renovación absoluta en las artes con resultados sorprendentes. ¿Quién hubiera dicho que era legítimo desacralizar las grandes obras del pasado? ¿Quién hubiera dicho que un vidrio podría servir como lienzo? ¿Quién hubiera dicho que dos objetos cotidianos podían fundirse para crear un nuevo objeto artístico? El artista emancipado inició una carrera descontrolada hacia la experimentación y el vuelo imaginativo. El impulso revolucionario que latía en su interior lo llevó a plantearse metas sobrehumanas. Quiso transformar al hombre y a la sociedad, y fue tal su soberbia que pensó, siguiendo en esto a Saint-Simon, que la suya era una misión cuasi sacerdotal, destinada a promover nuevos valores y macerar las viejas formas de pensar y vivir. Sesenta años de revoluciones culturales dieron sus frutos. El germen anarquista y libertario que llegó con el futurismo y el dadaísmo —incluso de antes, con Gustave Courbet y la comuna de París de 1871— sobrevivió a la muerte de estos movimientos y se fue trasmitiendo, por un lado, de los surrealistas a los letristas, de los letristas a los situacionistas, de los situacionistas a los sesentaiochistas, y por el otro de los dadaístas a los músicos, de los músicos a los poetas beat y de los poetas beat a los yippies, hasta salir de los socavones y convertirse en el lenguaje de los medios de comunicación y en la nueva sensibilidad de los jóvenes de las últimas cuatro décadas.

Pero el triunfo significó también su derrota. Una vez que el discurso anárquico de la vanguardia fue asimilado por la sociedad y enaltecido por el mercado, su gesto trasgresor se convirtió en una pirueta estereotipada. Sin la vitalidad que proporcionaba luchar contra una sociedad conservadora y tozuda, y sin un horizonte de transformación social, la revuelta se convirtió en una maniobra circense para mantener el mercado del arte al rojo vivo y los precios por las nubes. Ya no había nada que derrotar. La contracultura artística se había convertido en la cultura oficial y con ello la revuelta stirneriana perdía su ferocidad y daba un giro sensualista. Ser rebelde era pasarla bien, divertirse, poner el placer por encima del compromiso y la responsabilidad. La sociedad, en mayor o menor grado, desechó los esquemas rígidos de los cincuenta y en los setenta se volvió permisiva, hedonista, discotequera, cocainómana. Vacunada por la Guerra Fría contra todo lo que sonara a altruismo, sociedad o colectividad, se volcó por completo sobre el yo. Ahora no se rechazaba la ley, la sociedad y el Estado en nombre de la libertad absoluta, sino del placer absoluto.

El resultado de este cambio fue un individualismo descafeinado, sin voluntad de poder ni de transformación social; un individualismo sin proyecto ni causa ni meta y por lo tanto inofensivo. Los hombres fuertes, los héroes y los superhombres desaparecieron, y con ellos también los artistas visionarios y fanáticos. Quedaron los rebeldes sin causa, los insatisfechos porque sí, los impugnadores por oficio y los seudoanarquistas que aprendieron a criticar al mundo de la mano de sus profesores universitarios, todos en busca de algún mal social con el cual cifrar una denuncia en una obra de arte. Pero la realidad demostró que los dardos del arte crítico contemporáneo eran bastante inocuos. De ahí la sombra de falsedad que empezó a recubrirlo. El tic fustigador se repite con soporífera autocomplacencia en museos y galerías, impulsado por clichés sobre el rol social del artista. También porque es muy sencillo elegir un problema de marras, compendiarlo de forma tosca en una instalación, objeto escultórico o *performance*, y justificar sus problemas de factura, ejecución y calidad en que su fin no es complacer al espectador burgués sino denunciar el racismo, la exclusión, el hambre, la injusticia o cualquier otra obviedad que asalta los sentidos sin necesidad de descifrar crípticas denuncias artísticas.

La verdad es que ya nadie cree en el poder del arte para resolver problemas sociales y los artistas no pretenden solucionar nada, así sus obras sean furibundamente rebeldes. La estridencia y la rebeldía en el arte contemporáneo responden a otro factor, que nada tiene que ver con las tormentas que sembraron los futuristas y sus sucesores. El arte contemporáneo es rebelde de la misma forma en que es rebelde la moda, la vida nocturna, los programas de televisión juveniles o las divas del pop. Lo revolucionario se confunde hoy en día con el sobresalto, con el último alarido. Desde 1970, cuando Leonard Bernstein organizó la primera fiesta en su dúplex de Park Avenue para que la alta sociedad neoyorquina pudiera ver a un pantera negra y donar dinero a su causa, la rebelión se convirtió en un producto de consumo, en una seductora experiencia al alcance de todos. Los 200 o 300 dólares que donaron sus invitados eran una magnífica inversión; estaban pagando por el vértigo de ver, oír y tocar a un revolucionario real.

Cuarenta años después, la búsqueda de emociones revolucionarias es la misma. No sólo porque decenas de jóvenes estadounidenses y europeos hayan encontrado en las sierras peruanas, las selvas colombianas, las comunidades indígenas de Chiapas o las barriadas bolivarianas de Venezuela un nuevo destino turístico en el cual vivir de cerca la revolución, sino porque el mismo *showbusiness* se ha convertido en fuente ilimitada de transgresión y rebeldía. Lady Gaga encandila con sus extravagantes trajes, uno de los cuales, por cierto, fue confeccionado por el artista chino-canadiense Terence Koh y otro inspirado en el traje de carne hecho por la artista Jana Sterbak. El arte, como la música, la moda o las discotecas, tiene que ser explosivo y encandilar la retina en los pocos segundos que el espectador está dispuesto a darle. Eso es lo rebelde hoy en día. Por eso no debe extrañar que la actitud revolucionaria se relacione más con los desmadres de Britney Spears o Lindsey Lohan que con los proyectos del europarlamentario y ex sinónimo de rebeldía Daniel Cohn-Bendit, ni que las reivindicaciones sociales demanden el patrocinio de una estrella de Hollywood para convertirse en una causa relevante. Un ejemplo paradigmático de los tiempos que corren es Paris Hilton, máxima heredera de la burguesía internacional, que renuncia a su rol de dama de alta sociedad y se convierte en una chica rebelde, trasgresora y hasta pornógrafa... para hacerse famosa y aún más rica.

La rebelión nunca ha sido tan popular e inocua como hoy en día. Todo es rebelde y todo tiene que serlo porque ése es el lenguaje del mercado y de los medios de comunicación, siempre a la búsqueda de lo nuevo, lo último, lo trasgresor, lo sensacional. El mundo del arte contemporáneo norteamericano no escapa a esta regla. Como mostraba el periodista Anthony Haden-Guest en su libro *True Colors*, desde los setenta los galeristas han estado a la caza de artistas nuevos y excitantes que mantengan aceitado el circuito de subastas y en permanente vilo a los magnates que coleccionan arte. El nuevo chico malo siempre es bienvenido, porque sus obras rupturistas y transgresoras hacen obsoletas las anteriores e impulsan a los compradores hacia el nuevo estilo, la nueva tendencia o la nueva moda recién inventada por algún curador o crítico. Desde los sesenta hasta el presente ha habido al menos una docena de movimientos que intentaron ser vanguardia y que tan sólo duraron lo que el mercado tardó en encumbrarlos y desecharlos. Entre ellos se cuentan el neo-Pop, el neo-minimalismo, el neo-conceptualismo, el *Pattern and decoration*, el neo-expresionismo, el Neo-Geo, el *Street Art*, el *land art*... El artista Les Levine le decía a Haden-Guest que el mundo del arte se había convertido en una industria; "necesita un producto nuevo cada dieciocho meses sólo para estimular el sistema".[196] En este entorno el arte rebelde no es un desafío sino una mercancía invaluable. Durante los noventa, una década de vacas flacas para galerías y casas de subasta, sólo se esperaba que apareciera un nuevo flautista de Hamelin que volviera a hechizar a

---

[196] Haden-Guest, A., *True Colors. The Real Life of the Art World*, Atlantic Monthly Press, Nueva York, 1996, p. 145.

los multimillonarios del mundo. Ese flautista fue, desde luego, el archirrebelde Damien Hirst.

La búsqueda de rebeldía es muy propia de las sociedades prósperas y seguras, donde la vida cotidiana trascurre dentro de cauces predecibles y un bostezo irrumpe de tanto en tanto para aguar la fiesta y obligar a la gente a hacerse preguntas vitales. La riqueza, la seguridad jurídica y la estabilidad institucional cambian el blanco de las preocupaciones. La cuestión ya no es cómo organizar la sociedad ni cómo mantener el bien público, sino cómo vivir intensamente, a tope, sacándole provecho a una cuenta corriente en crecimiento y a la sensación de que parece no haber necesidad de compromisos cívicos. Este repliegue sobre la esfera privada —ampliamente estudiado por sociólogos como Gilles Lipovetsky y Zygmunt Bauman— ha legitimado la imposición del interés personal, del capricho individual y del egoísmo sobre cualquier consideración por el bien público. Todo lo que suene a cosa pública se asocia inmediata y erróneamente con el marxismo, el socialismo o el rousseaunismo, como si el proyecto liberal no hubiera contemplado desde sus orígenes la responsabilidad del individuo para con los asuntos públicos. La tolerancia, el pluralismo y la libertad que predicaron Locke, Smith y los demás padres del liberalismo, suponía un compromiso inalienable con el otro; una disposición de ánimo al diálogo, al debate y a defender un terreno común donde personas distintas pudieran convivir sin riesgo de agresión, abuso o despotismo. Si Adam Smith defendía la ampliación del mercado era porque esto iba en beneficio de la comunidad. Por la misma razón advertía sobre el peligro que representaba que los comerciantes o fabricantes pasaran cualquier propuesta de ley o reglamentación del comercio, "pues viene de una clase de gentes cuyos intereses no suelen coincidir exactamente con los de la comunidad y que tienden a defraudarla y a oprimirla, como ha demostrado la experiencia en muchas ocasiones".[197]

---

[197] Smith, A., *Investigación sobre la naturaleza y las causas de la riqueza de las naciones*, vol. I (1776), Oikus-tau, Barcelona, 1988, p. 326.

Estas palabras nos devuelven a Stirner. En algún momento del siglo xx el liberalismo de Locke y de Smith se confundió con el egoísmo de Stirner, a pesar de que la segunda doctrina nació como radical oposición a la primera. Desde la izquierda, la vanguardia artística y la contracultura tuvieron buena parte de la responsabilidad, igualando la libertad con la independencia absoluta de la sociedad y del Estado. Desde la derecha, emigrados del totalitarismo soviético como Ayn Rand también hicieron lo suyo, alertando —con razón, sin duda— sobre las asfixiantes mentiras que podían construirse sobre conceptos como el altruismo, lo colectivo o lo social. Pero también ellos arrojaron al bebé con el agua sucia. Antes de Thatcher, fue Rand quien lo dijo: "No hay tal entidad llamada 'sociedad', ya que la sociedad es sólo la suma de personas individuales".[198] Con esto intentaba decir que quien perseguía sus propios objetivos, indirectamente, beneficiaba al resto de individuos que hormigueaban a su alrededor. Su afirmación no tiene por qué ser falsa, pero tampoco se puede asumir como una tranquilizadora ley que exima de pensar sobre los problemas públicos. Y eso, precisamente, es lo que ha ocurrido. El individuo se ha sentido liberado de toda responsabilidad pública, y se ha dedicado a cultivar un hedonismo egoísta que desprecia cualquier compromiso con lo que esté más allá de su placer y capricho. El declive del intelectual público y el ascenso del famoso son síntomas de este fenómeno. Lo que interesa hoy en día al espectador, como sugirió Zygmunt Bauman, no son las opiniones del intelectual que se pronuncia sobre asuntos que atañen al conjunto de la sociedad, sino la historia personal, llena de sabrosos chismes, del famoso que logró vencer obstáculos, ganar autoestima y conseguir el éxito. Y lo mismo puede decirse acerca del deterioro de la imagen del político, sobre quien ahora recae la sospecha mayoritaria de que ha entrado a las instituciones sólo en busca de sus propios intereses. Afortunadamente no es siempre así. Hay políti-

---

[198] Rand, A., *The virtue of selfishness. A new concept of egoism*, Signet, Nueva York, 1964, p. 11.

cos interesados en el bien general, y no hace falta haber vivido en sistemas políticos subdesarrollados para saber que hay una diferencia abismal entre estos y los que sólo buscan satisfacer sus propios antojos. En todo caso, la pregunta queda flotando en el aire. ¿Cómo la gente competente se va a vincular a la política y al sector público, si desde la derecha y la izquierda le están diciendo que lo racional, lo divertido, lo ético, lo radical y rebelde es preocuparse por sus propios asuntos, sus propias metas, hacer-su-propia-cosa? *"La consecución de su propia felicidad es el ideal moral más elevado del hombre"*,[199] decía Rand, y el engañabobos de Jerry Rubin, así tuviera una visión antitética de la felicidad, ajena a su objetivismo filosófico y a su racionalismo diamantino, suscribiría cada una de sus palabras encendiendo un porro de marihuana, desnudándose y siendo feliz de la única forma en que sabía serlo: actuando como un niño.

Lo que se observa hoy día es que cada individuo, convertido en amo y señor, se ha eregido en referente último para establecer lo bueno y lo estéticamente valioso. El arte se ha hecho críptico, conceptual, tan contagiado de personalismo que resulta indescifrable para los demás. Como dijo Nauman, como demostró Duchamp, arte es lo que hace el artista y después que cada cual se encoja de hombros y siga su recorrido de zombi por los pasillos de las galerías. Lo bueno y lo valioso dejó de ser un problema a debatir en el ámbito público y se transformó en aquello que me facilita las cosas a mí o a mi tribu. ¿Dónde quedan los canales de comunicación, el terreno común que permite debatir, coincidir y disentir; que permite proyectar los programas educativos, vislumbrar las virtudes que se quieren cultivar, los vicios que se quieren perseguir, el mínimo de conocimientos y normas indispensables para entrar a formar parte de la sociedad, así sea para aborrecerla y contradecirla?

Al hedonista egoísta —el *hedoísta*— nada de esto le preocupa y sabe, por el contrario, que toda preocupación cívica o cultural es un obstáculo que se interpone entre él y su deseo, bien

---

[199] *Ibid.*, p. 23. Cursivas en el original.

sea éste el poder, la fama, el sexo, el éxito, el dinero o los privilegios. Los ejemplos abundan. Basta prender la televisión para ver lo que se dice y hace ante las cámaras con el fin de crear espectáculo, escandalizar y, de paso, obtener todos los beneficios que se extrae de ello. La irresponsabilidad pública —los *tweets* viscerales, las declaraciones estridentes, los aspavientos feroces— garantiza la atención del público y la popularidad, sinónimo de éxito, así las razones por las que se consigue sean nocivas o simplemente repugnantes.

Los medios de comunicación han incorporado esa mezcla de hedonismo y egoísmo debido a que, siempre a la caza del escándalo, de la polémica alarmista y artificial, de la trifulca programada y frívola, se han convertido en otra emoción fuerte que atrae a las bajas pasiones del público como la sangre al tiburón. Normal que esto ocurra en los tabloides y programas del corazón, pero supremamente grave en el caso de los noticieros, las tertulias políticas o los programas de opinión. Al travestir al intelectual en *entertainer*, las ideas se convierten en pastelazos de payaso y los debates en mojigangas carnavaleras, todo en busca de popularidad o audiencia, los dos criterios que reinan hoy en día, los dos criterios que transformaron la revolución cultural, el arte, las ideas, la política y los dramas personales en mero entretenimiento.

Del manifiesto al concepto
1969-2001. Berna, Düsseldorf, Londres...

Para finales de los años sesenta las galerías y museos de Europa y Estados Unidos habían expuesto tal cantidad de manifestaciones artísticas dispares —objetos cotidianos, publicidad, basura, chatarra, materiales de construcción, acciones, *happenings, performances*, excrementos, gestos, documentos— que los límites de lo que era o no era arte parecían haberse difuminado por completo. Cualquier cosa era susceptible de convertirse en arte siempre y cuando entrara en la institución y atravesara un proceso de alquimia discursiva. En otras palabras, cualquier cosa era arte si alguien con influencia y poder sacaba de su manga algún concepto o alguna teoría que lo transformara en elemento artístico. En el instante en que algún objeto se revestía de estas creaciones mentales, dejaba de ser un anodino artefacto utilitario o residual y se convertía en el soporte visual de un contenido especulativo mil veces superior. La jugada era tan fantasiosa que ni a Borges se le hubiera ocurrido. Sí, el espectador veía una caja de cartón, una reja de hierro, un trozo de fieltro, un bulto de grasa, un vaso con agua; sí, su aparato perceptivo capturaba la imagen visual de estos objetos triviales, de estos artículos que podía comprar en cualquier tienda o que seguramente almacenaba en casa; pero no, eso no era lo fundamental. Lo importante era el proceso mental que generaban, la misteriosa forma en que alguno de estos objetos, idéntico en cada uno de sus átomos a los que seguían en el supermercado o la ferretería, resultaba ser una valiosísima obra de arte y no un ordinario objeto de consumo.

Este camino convirtió a buena parte de la producción artística contemporánea en un fenómeno autorreferencial, en epistemología, en un afiligranado juego mental que transformaba cualquier visita al museo en un reto filosófico. Ya no se acudía a las exposiciones a ver obras que estimulaban la imaginación y los sentidos, sino a debatir problemas teóricos que atañían a la naturaleza misma del arte. ¿Cuáles son sus límites? ¿Qué más y qué otra cosa puede ser arte? ¿Quién —el artista, el espectador, el curador, el museo— tiene poder para determinar qué cosa es arte y qué no? Estas preguntas acabaron siendo las guías para visitar galerías y museos, y los discursos teóricos acabaron subyugando a los elementos visuales de las obras. Como Agilulfo, el caballero inexistente de Italo Calvino, todas estas obras nacían como armazones teóricos, sin carne ni sustancia, que existían a pura fuerza de voluntad. Eran arte porque alguien se empeñaba en que lo eran y porque estaban expuestas en instituciones que exhibían arte. Sin el discurso, sin la teoría, sin el concepto y sin la institución, buena parte de la producción artística realizada a partir de 1970 se hubiera venido al suelo, desecha en partes y desarticulada, como finalmente ocurre con la hueca armadura de Agilulfo.

Lo que mantiene erguido a este tipo de arte es el discurso, el concepto, la palabra y sobre todo la cháchara. De ahí la creciente obsesión de los artistas por nutrirse de teorías y la razón por la cual las facultades de artes han reemplazado progresivamente los talleres de pintura y escultura por los seminarios teóricos sobre Deleuze, Jameson, Foucault, Baudrillard, Derrida, Lyotard y las demás estrellas del posmodernismo. Hoy en día, muchos artistas dedican más tiempo a desarrollar la teoría o el discurso que enmarcará sus obras que las obras mismas. Fue una de las consecuencias inesperadas de los juegos irreverentes de Duchamp. Mientras la influencia de Picasso se debilitó rápidamente tras su muerte, la del dadaísta se infló hasta las nubes. Desde finales de los años cincuenta, artistas como Yves Klein o Piero Manzoni empezaron a hacer obras en las que no había cuadros ni esculturas o, como empezó a decirse en el mundo del arte, se desmaterializaba el objeto para que sólo quedara una idea. Klein organizó una exhibición en una galería vacía, sin muebles ni cuadros, en la que a cada visitante se le ofrecía un coctel azul que lo mantenía orinando del mismo color durante varios días. Era ingenioso, era divertido… y era conceptual. La obra no existía; o sí: la llevaba el visitante en la vejiga. La persona se convertía en obra y se daba cuenta de ello cuando una punzada en el bajo vientre lo obligaba a acercarse al inodoro. Lo mismo hizo Manzoni cuando empezó a poner su firma en el brazo del primero que se cruzaba en su camino. El artista hacía arte y rubricaba la creación con su firma. Con el creciente estatus de los artistas, lo importante ya no era el cuadro sino el nombre que lo cotizaba en el mercado. Manzoni se burló de esta dinámica, asumiendo que todo lo que salía del artista, incluso la mierda y el aliento, era arte, o que todo aquello en lo que estampara su firma se convertía en una valiosa obra. Estos juegos ponían de relieve las mismas preguntas. ¿Cualquier cosa puede ser arte si un artista dice que lo es? ¿Una persona puede convertirse en una obra de arte? ¿Quién determina qué es una exhibición de arte y qué no?

Como suele ocurrir, los primeros ejemplos de esta epistemología juguetona y burlona resultaron ocurrentes y refrescantes. Pero con el paso de los años, la reincidencia continua en los mismos ejercicios resultó soporífera y tediosa. En lugar de abrir nuevos horizontes para la práctica artística, empantanó la creación con eternos juegos y desafíos que pretendían siempre lo mismo: poner a prueba al museo y a la definición del arte. Ocurrió lo mismo que en las ciencias sociales con las ideas de Richard Rorty. El filósofo pragmatista quería superar las discusiones epistemológicas para entrar de lleno en el terreno de la moral, y lo que consiguió fue que disciplinas como la psicología social patinaran largos años discutiendo si la realidad era un hecho fáctico o una construcción social. Estas discusiones conceptuales también encerraban la práctica artística en un pequeño círculo de especialistas, de espalda al mundo e indiferentes a la respuesta del público, totalmente absortos con las teorías posmodernas y varados en problemas como la representación, la construcción de estereotipos, la definición del arte, la ideología de la imagen, etcétera, etcétera, etcétera.

Otro cambio particular que produjo el auge del concepto fue la ruptura definitiva entre el arte y la literatura. Todas las vanguardias mezclaron la plástica con la poesía, o al menos con el discurso panfletario o manifiestos redactados por intelectuales con vocación de escribidores. Aquello acabó definitivamente en los últimos años de la década de los sesenta, con la importancia que cobró el nuevo mandamás de la escena artística: el curador. Los tiempos soplaban a su favor. Él, en lugar de combatir en guerras o emborracharse en los cafés parisinos, había pasado por las aulas universitarias y, por lo tanto, estaba familiarizado con los conceptos, las ideas y las teorías académicas; él, en una época en que el arte perdía vitalismo y se dejaba seducir por la Teoría, era el autorizado para decir qué era arte y qué no, o por qué algún objeto era relevante y tal otro carecía de interés. Desde 1969, cuando el suizo Harald Szeemann organizó en Berna la primera exhibición europea que recogía a los principales exponentes del arte conceptual, llamada *Cuando las actitudes se vuelven forma*, la importancia del curador no ha dejado de crecer. Otros personajes que solían influir en la percepción y el gusto del público, como el crítico, el marchante o el pope vanguardista, fueron desplazados. Con el asenso del curador, el artista dejó de ser quien gritaba al mundo cuál era el rumbo que debía tomar el arte, la cultura o la sociedad, y quedó sólo el cerebral discurso del curador que, apalancado en prestigiosas instituciones, marcó desde entonces la dirección del arte de su país. También cambió por completo el proceso de selección de las obras que hacían parte de una exhibición. Ya no era una pandilla de visionarios mostrando el resultado de su ira y sedición, de su experiencia vital, de sus discusiones y manifiestos la que se presentaba ante la humanidad. Ahora, un curador escogía un concepto y luego recorría los cinco continentes en busca de artistas cuya obra se ajustara a sus expectativas y criterios. Con esta nueva forma de plantear los grandes certámenes de arte era imposible que sectas vanguardistas radicales, con ideas delirantes y anárquicas, pretendieran transformar el mundo. Por el contrario, el poder acumulado por el teórico generó cierta dependencia, que en ocasiones, sobre todo cuando los artistas eran jóvenes y tenían pocas opciones de exhibir (como en Latinoamérica, por ejemplo), se traducía en servilismo. El artista rebelde tenía ahora que *hacerse querer* por el omnipotente curador o de lo contrario no entraría nunca en el circuito de galerías y exhibiciones. Como el talento y la calidad de la obras eran factores imposibles de medir o juzgar con cierta objetividad, el juicio del curador determinaba el destino o el fracaso del aspirante a artista.

Además de Szeemann, hubo varios otros curadores en busca de conceptos y artistas que lo ejemplifican. Germano Celant se inventó el Arte Povera italiano en 1967, reuniendo en una exposición a artistas que trabajaban con materiales pobres, y Achille Bonito Oliva se inventó la transvanguardia en 1979, llamando la atención sobre un grupo de pintores que rechazaban el conceptualismo del Arte Povera. Para Tzara, Breton o Isou

hubiera sido simplemente impensable que llegara un desconocido a decirles qué tipo de arte era el que estaban haciendo y
con quién tenían que juntarse para formar una pandilla. Pero
hoy en día, en medio de la confusión reinante, resulta de gran
ayuda encontrar un curador que explique en qué consiste la
obra del artista, que justifique su discurso y sus conceptos, y que
la inscriba en una corriente posmoderna, en una tendencia o
en una problemática relevante para la sociedad. Los que no tienen tanta suerte se han visto obligados a convertirse en teóricos, a escribir farragosos ensayos inspirados en los más oscuros
filósofos o a matricularse en posgrados de sociología, estudios
culturales, teoría posmoderna o semiótica y lingüística. Sólo así
pueden sobrevivir conceptualmente en el mundillo de las artes.

Lo más lamentable es que todo este esfuerzo no ha hecho
avanzar ni a la filosofía ni al arte. Por el contrario, ha dado
como resultado miles y miles de obras que sólo entiende el
autor o que demandan complejísimos ensayos teóricos que las
expliquen. Ir a exhibiciones de arte contemporáneo se ha convertido en una inverosímil experiencia de lectura, por lo general en condiciones poco favorables —luz de neón, letras en
colores, anotaciones a cinco metros del suelo, documentos fo-
tocopiados—, que convierten la visita al museo en un castigo
escolar. Si no se leen los carteles, los documentos, las cartas, las
instrucciones, las explicaciones, los recortes y, en fin, todo el
material bibliográfico que añaden algunos artistas a sus obras,
es imposible dilucidar cuál es el sentido de la obra. Y basta con
ir sólo a una de estas exhibiciones para darse cuenta de que el
público asistente no lo hace. La gente pasea la mirada por las
paredes, las vitrinas, los escaparates y luego sigue su recorrido
indiferente. No debe extrañar que así sea, porque detenerse
a leer los miles de caracteres apiñados en placas, papeles o folletos no sólo demanda mucho tiempo sino que, lamentablemente, no garantiza ningún esclarecimiento.

Esta dinámica le da un aire de farsa a estas exposiciones.
Lo que están diciendo sus obras se supone que es muy crítico
y muy importante, pero el mensaje está oculto en documentos

tan poco seductores e ilegibles que resulta evidente que nadie va a entender la obra o a prestarle la atención que demanda. En la Bienal de Venecia de 2001 había tantas obras de videoarte, que la exhibición parecía pensada para que ningún espectador pudiera verla, porque cinco videos, vistos de principio a fin, demandaban entre tres y cuatro horas, y en los muchos pabellones de la Bienal había decenas. En otras palabras, en muchas de estas exhibiciones nadie entiende nada y a nadie le importa. Ni al artista, que hace todo lo posible por comprimir su trascendental idea en un código indescifrable, ni al público, que parece resignado a deambular por estas exposiciones sin entender nada, en busca de una salvadora obra de *shock art* que, al menos, lo sorprenda y escandalice. No es en vano que hoy en día sea más importante el nombre del arquitecto que construyó el museo que los nombres de los artistas que alberga en su colección.

Desde los años setenta también se instituyó una práctica que hubiera resultado absurda a muchos vanguardistas. Los artistas empezaron a sentirse cómodos en las cátedras universitarias, hablando sobre temas que antes sólo se hubieran atrevido a abordar los filósofos, los sociólogos, los antropólogos, los economistas o los politólogos. Los conceptualistas dieron este paso animados por el artista europeo más famoso de los setenta, Joseph Beuys, que renovó el culto al artista y amplió el concepto del arte para que en él cupiera todo. Para Beuys, todo era arte y toda transformación social la muestra más pura del poder artístico. Entre las muchas cosas que el artista de Düsseldorf consideraba arte, hablar era una a las que más importancia le daba. En 1972, durante los cien días que duró la Documenta V de Kassel, Beuys estuvo sentado en la Oficina para la Democracia Directa, uno de sus proyectos político-artísticos, dispuesto a hablar sobre la libertad, la democracia y el socialismo con todo aquel que se le acercara. Afirmaba que la explicación también era una forma de arte, y que influir en la gente y en la sociedad era una manera de hacer arte social. Beuys fue el último mesías del arte, el último místico que creyó en el poder transformador de las prácticas artísticas. Con su imagen icónica —sombrero de fieltro y chaleco de pescador— se convirtió en una celebridad, en el negativo de Andy Warhol: igual de famoso, aunque profundo y conceptual; igual de pop, aunque dispuesto a transformar la sociedad con esos tres conceptos —socialismo, democracia y libertad— más fáciles de unir, sin duda, en una obra de arte que en la realidad.

Beuys fue el ejemplo por excelencia del artista que se hizo más famoso por lo que decía que por lo que hacía. Sus obras, por sí solas, son tan desconcertantes que nadie, absolutamente nadie, sería capaz de extraer significado de ellas sin saber algo de la vida del autor. En los más importantes museos del mundo es frecuente encontrar trozos de fieltro y montones de grasa. Al leer el pequeño cartel pegado a la pared aparece su nombre, Joseph Beuys, el famoso artista de Düsseldorf, y entonces la gente se pregunta ¿cuál es la gracia de esas obras?, ¿dónde radica la genialidad de ese artista tan famoso por ser, precisamente, un genio? Para entender qué hacen allí esos fieltros y esa grasa es indispensable saber que Beuys participó en la Segunda Guerra Mundial pilotando un Ju-87; es indispensable saber que fue derribado en 1943 en Crimea; es indispensable saber que una tribu nómada de tártaros lo rescató; es indispensable saber que esta tribu le salvó la vida cubriendo su cuerpo con grasa de animal y fieltro que amortiguó el frío del invierno. Si no se sabe todo esto, un pedazo de fieltro es sólo un pedazo de fieltro y un pegote de grasa es sólo un pegote de grasa, o lo que a uno se le ocurra imaginar. El discurso que acompaña a la obra es mucho más importante que la obra misma. Sin él, no hay manera de explicarse por qué esos artículos, que parecen haber llegado al museo de la forma más caprichosa posible, tienen una razón para estar allí.

Tan importante es el discurso en el arte que algunos teóricos han decidido convertirse en artistas. Si cientos de fotógrafos utilizan el concepto de simulacro desarrollado por Baudrillard para explicar y justificar sus imágenes, ¿no es más lógico que sea el mismo Baudrillard quien exponga obras que ejemplifiquen sus conceptos? Pues sí, y en efecto eso fue lo que ocurrió:

Baudrillard se convirtió en artista. No fue el único. A Pierre Bourdieu varios artistas le pidieron que colaborara con ellos en sus obras. No aceptó ninguna propuesta, pero sí publicó un libro a cuatro manos con el artista Hans Haacke. Dean McCannel, autor de *The Tourist* y pionero de la sociología del turismo, empezó a ejercer tal influencia entre el gremio de artistas que finalmente optó por unírseles en sus exposiciones. Varias prácticas artísticas se convirtieron en una nota a pie de la teoría, en un mero ejercicio de ejemplificación. Las obras del colombiano José Alejandro Restrepo demuestran que sí, que los análisis de Foucault son brillantísimos; las del británico Victor Burgin que sí, que las imágenes publicitarias trasmiten ideologías. Quien no haya leído a Barthes, Althusser, Gramsci o Foucault, probablemente no va a entender nada al verlas en las galerías, pero allá ellos, el artista debe ser fiel a su gurú teórico. Este deslumbramiento por la teoría ha alejado al arte de la vida —incluso cuando intenta ensalzarla—, y lo ha convertido en una aburridora y pedante práctica para iluminados.

También le ha quitado responsabilidad al artista. No ha habido dos conceptos más sobreexplotados en los últimos años que "obra abierta" y "muerte del autor". Si la intención del autor no cuenta para nada en la interpretación de la obra, y si toda expresión artística requiere la lectura e interpretación de un espectador para completarla, el artista entonces sólo tiene que hacer la mitad del trabajo, la más sencilla: poner en el museo cualquier cosa que se le pase por la cabeza, dejando al público la parte complicada: devanarse los sesos interpretándola, cerrándola o adjudicándole un significado que justifique su presencia en un lugar tan venerado como una institución artística. La consecuencia de este "que cada cual le dé la interpretación que le parezca" no es sólo el facilismo, sino la trivialidad. El ejemplo del artista británico Michel Creed puede ser esclarecedor.

Creed ha sido alabado por la crítica gracias a acciones que resultan tan inesperadas como tontas. O, mejor, que resultan inesperadas por ser asombrosamente simples y triviales. En 2001, en la cumbre de su éxito, ganó el prestigioso Turner Prize, el más mediático de los premios de arte que se reparten en Inglaterra, con su *Obra No. 227*. ¿En qué consistía la pieza que mereció tan importante premio? En nada. La sala en que se exponía estaba vacía. La obra consistía, sencillamente, en que, de pronto, se apagaban las luces. Después —oh, maravilla— se volvían a encender. Y eso era todo. Puede que durante los cinco segundos que permanecían apagadas las luces, el público se llevara una ligera sorpresa; luego todo volvía a la normalidad. Una experiencia estética *express*, para los tiempos que corren, de solo unos pocos segundos; eso era lo que ofrecía Creed. La sorpresa duradera venía luego, leyendo todo lo que se dijo acerca de un acto tan trivial como apagar y prender las luces. En la página del MOMA se lee que Creed, con su obra, "controla las condiciones fundamentales de visibilidad en la galería, y redirige nuestra atención a las paredes que normalmente funcionan como soporte y trasfondo de objetos de arte". Por lo visto, los curadores del MOMA creen que ningún espectador se ha dado cuenta de que en los museos hay paredes, de que todas son blancas y de que no hay mayor motivo para detenerse a contemplarlas. Maurizio Cattelan, un artista italiano famoso por su escultura de Juan Pablo II aplastado por un meteorito, dijo que la *Obra No. 227* tenía la habilidad de comprimir la felicidad y la ansiedad en su sólo gesto. Esta curiosa declaración haría pensar que Cattelan tiene una relación intensísima con los interruptores, y mejor no saber lo que siente cuando alguien abre la llave del agua o enciende una licuadora. Por su parte, la curadora Laura Donaldson afirmó que la obra tenía "muchas capas de conversación", y del Tate Britain salió un comunicado celebrando la forma en que Creed exponía las reglas y las convenciones que suelen pasar desapercibidas, y cómo este gesto implícitamente le daba poder (*empowerment*) al espectador. Es imposible no burlarse de todas estas interpretaciones. Por lo visto, después de ver la obra de Creed descubrimos lo mágicas que son las paredes blancas, sentimos una descarga de felicidad y ansiedad, y salimos del museo sintiéndonos más poderosos y capaces de armar una revolución que contravenga todas las convenciones sociales.

Tanta palabrería hueca nos tendría horas desternillados si no fuera porque está determinando el presente de la cultura occidental. No se puede premiar sistemáticamente la estupidez y esperar que esto no traiga consecuencias sociales y culturales.

Y por cierto, ¿qué decía el propio Creed de su obra? En la página del Premio Turner se puede leer su declaración, que es justo lo que cabría esperar: "Creo que la gente puede extraer de ella lo que quiera. No creo que me competa a mí explicarla". Tiene razón. Para qué la va a explicar él, si ahí afuera abundan los conceptos y las teorías y gente ansiosa de usarlos para convertir lo intrascendente en genial. El artista ya no tiene ninguna responsabilidad sobre su obra. Él, simplemente, hace lo primero que se le ocurre y que sean otros lo que intenten justificarlo. Las teorías —y esto es patente en las facultades de literatura norteamericanas— ya no sirven para desentrañar el mundo, sino para enredarlo, para crear una viscosa capa entre el espectador y las productos culturales que impide ver y distinguir la tontería de la genialidad. El reto intelectual se ha convertido en mostrar que la simpleza y la bobería no son tal, que detrás de toda majadería hay una afinada mente que sabe muy bien lo que quiere y revela al mundo algo que a nadie se la había ocurrido pensar.

Un concepto que ha sido machacado hasta la náusea, y que pone en evidencia lo absurda y vacía que se ha vuelto la jerga artística, es el "no-lugar". Marc Auge, el famoso antropólogo francés, fue el primero que usó el término para referirse a ciertos espacios, como el aeropuerto, que no asignan ninguna identidad a quienes transitan por ellos. Pues bien, de ahí en adelante cada vez que un crítico o curador quiere lucirse ante sus lectores saca a relucir la extraña palabreja. En el catálogo de *Heterotopías*, una exhibición de arte latinoamericano organizada por el Museo Reina Sofía, se lee en las primeras frases que América Latina es un no-lugar. En *e-flux*, un boletín informativo que circula por Internet, se dice que Atenas, sede de una Bienal en 2006, constituye una especie de no-lugar. Y para Jaime Cerón, un curador colombiano, las esculturas con apariencia de catedrales de su compatriota Bernardo Salcedo, son potenciales no-lugares. Si Latinoamérica, Atenas y las esculturas de Bernardo Salcedo pueden ser no-lugares, entonces cualquier cosa lo puede ser.

Resulta frustrante que se dedique tanto esfuerzo a justificar la primera simpleza que se les ocurre a artistas tan poco dotados, y que además se empleen para ello párrafos y párrafos llenos de sinsentidos. Es la nada explicando la nada; burbujas de palabras unidas al azar, sin mayor lógica ni cometido, que se arrojan en catálogos para que el lector haga lo mismo que hace con las obras: para que extraiga de ellas lo que bien pueda o pase página con la más absoluta indiferencia. En un mundo así, Creed es rey. Y no importa que vaya desnudo. Hay conceptos de sobra para cubrir sus impudicias.

De la revolución al entretenimiento
1964-2000. Detroit, Ann Arbor, Polo Norte...

En diciembre de 1971, tras cerca de dos años y medio pagando condena, John Sinclair fue liberado de la Marquette Branch Prison. Había sido sentenciado a una pena mínima de nueve años y medio y una máxima de diez, por el simple hecho de haberle dado dos porros de marihuana a un policía encubierto. Se trataba, sin lugar a dudas, de una condena injusta y absurda, y por eso mismo generó gran revuelo entre las personalidades de la cultura y de la Nueva Izquierda. El 10 de diciembre de 1971, John Lennon, Yoko Ono, Allen Ginsberg, Jerry Rubin, Ed Sanders, Bobby Seale y otros escritores, activistas y músicos celebraron un concierto en Ann Arbor, Michigan, para reclamar su liberación. Lennon cantó *John Sinclair,* una horrible canción que improvisó para el evento, acompañado al bongó por la impertérrita Ono. Tres días después, Sinclair fue puesto en libertad.

Pero no fueron Lennon ni los demás activistas y músicos quienes presionaran a la Corte Suprema de Michigan para que revisara sus leyes antinarcóticos. Fue la defensa de Sinclair, que convenció a los jueces de que reclasificaran la marihuana como sustancia controlada —cuya pena máxima por posesión era de un año—, y dejaran de considerarla un narcótico. Sinclair debió lamentar que su triunfo ante una condena desmesurada y ridícula se diera a través de los juzgados y no de la música, pues él, más que ninguna otra de las personalidades que deambularon por la contracultura norteamericana, creyó devotamente en el poder revolucionario del rock.

Su historia en el ambiente post-beat y hippie se inició en 1964, año en el que fundó, con la ayuda de su esposa Leni Sinclair, el Artist's Workshop de Detroit, un centro que acogió a la comunidad de poetas, cineastas, fotógrafos, pintores, consumidores de drogas y músicos de la ciudad. Esta experiencia le serviría para impregnarse de las ideas y utopías de la contracultura, y para soñar con un nuevo mundo postescasez en donde nadie tendría que trabajar, y los jóvenes de ojos desorbitados y piel erotizada dedicarían todas sus energías a sepultar por fin la moribunda cultura occidental. Sinclair fumó mucha marihuana, pero lo que realmente lo intoxicó fueron las lecturas de Frantz Fanon y Mao Tse-Tung. Los ensayos que hablaban de revoluciones culturales lo llevaron a creer que las artes que brotaban del ambiente hippie y de su Artist's Workshop eran la expresión cultural de un nuevo pueblo, un pueblo no *amerikano*, no occidental, más emparentado con los pieles rojas y los negros que con los blancos; un pueblo, en definitiva, bárbaro que sería el único capaz de regenerar el mundo cuando, como decía Engels, colapsara la vieja civilización en ruinas.

Este pueblo nuevo, al igual que los pueblos del Tercer Mundo, era subdesarrollado y estaba colonizado por las potencias imperialistas. Debía, por lo tanto, luchar, y las armas que tenía para defenderse e imponerse al enemigo eran, justamente, las de su cultura. En efecto, los jóvenes de este nuevo pueblo habían perfeccionado la más asombrosa arma vista en Occidente, capaz de cargar de energía, despertar los sentidos, llenar de vida y mostrar lo hermosa y divertida que podía ser la existencia. Esta arma era el rock, y su emblema más visible, la guitarra eléctrica, era tan eficaz como el fusil en la lucha de liberación cultural.

Motivado por estas ideas, Sinclair se convirtió en el manager de los MC5, una banda de rock frenética, precursora del punk, que intentó ser la punta de lanza de la revolución cultural. Con los MC5 acudió al Festival de la Vida organizado por los yippies en Chicago, durante la convención demócrata, y fueron ellos quienes tocaron en el Lincoln Park antes de que las calles se convirtieran en un campo de batalla. Sinclair estaba convencido de que hippies y yippies eran perseguidos porque su cultura, la nueva cultura de la nación del Arco Iris, como finalmente la llamó, era una amenaza para la sociedad prevaleciente. El mensaje de su música y de su arte era alto y claro. Decía libertad y promovía un asalto total a la cultura fundado en "el rock and roll, la droga y el sexo en las calles".[200] ¿Cómo no iban a temer las autoridades tradicionales a este programa de liberación total para todo el mundo?

Quien oía a los MC5 penetraba en un universo distinto, donde primaban el voltaje, la energía y la comunión. La banda, con su forma de vida, era una crítica a la separación y al individualismo que regía la cuadriculada vida norteamericana. Ellos tocaban juntos, vivían juntos, se drogaban juntos, fornicaban juntos. La música era el imán que congregaba a la comunidad de renegados; era la fuerza que mantenía bien atados los lazos del grupo e instaba a gritar y a destrozar todo aquello que mermaba la libertad individual. En definitiva, la cultura de este nuevo pueblo, al igual que ocurría en el Tercer Mundo, era un arma política de liberación y, por lo mismo, blanco del recelo y censura de los poderosos.

En medio de esta lucha cultural, Sinclair intentó que los nuevos valores que promovían el rock y el hippismo reemplazaran a los de la sociedad blanca protestante. Quiso que la competencia, el individualismo y la codicia fueran sustituidos por la cooperación, la comuna y el amor, e hizo todo lo posible para que los jóvenes se dieran cuenta de los grandes beneficios que

---

[200] Sinclair, J., *Guitar Army. Rock and Revolution with MC5 and The White Panther Party* (1972), Process Media, Los Ángeles, 2007, p. 60.

traería abrazar cada uno de estos cambios. A finales de 1968 dio un paso más en esta cruzada. Se mudó a Ann Arbor y allí, en compañía de otros radicales de izquierda, formó los Panteras Blancas, una organización —eco distorsionado de los Panteras Negras— que pretendía servir como plataforma política para defenderse de la sociedad mayoritaria de Estados Unidos. En el panfleto que expidieron en noviembre de 1968 anunciando su formación, los Panteras Blancas decían estar dispuestos a usar las armas para promover los cambios que deseaban, aunque, proseguían, dudaban que llegara a ser necesario pues contaban con el rock, un arma más eficaz que el fusil a la hora de contagiar a millones de jóvenes con el espíritu del cambio y la renovación. La música regeneraría la sensibilidad, los deseos, los gustos y los valores, y mostraría lo divertido que sería el mundo si la vida pudiera vivirse así, como un eterno concierto de música energética y liberadora.

Para 1970, el sueño utópico de Sinclair y de los Panteras Blancas se había desvanecido. La revolución de los sesenta había producido grandes cambios culturales, pero no había desmantelado la familia monogámica, el trabajo ni el capitalismo, como esperaban los utópicos fantaseadores de comunas, viajes psicodélicos y vidas contemplativas. Su derrota, sin embargo, no se debió a que la cultura del rock hubiera fracasado y sus valores hedonistas e individualistas no se hubieran impuesto. Todo lo contrario. El rock se convirtió en un fenómeno de masas, y todo un conglomerado mediático y empresarial capitalista, asociado a los viejos valores combatidos por Sinclair y los Panteras, se volcó masivamente sobre él. Las discográficas, los organizadores de conciertos, los dueños de locales y los medios de comunicación se dieron cuenta de la facilidad con que esta nueva mercancía arrebataba el dinero a los jóvenes, y no tardaron en sacar provecho de ello. La ecuación que había extraído Sinclair, según la cual los músicos trabajarían exclusivamente para la nación del Arco Iris, permitiendo que todos los demás miembros se dedicaran a fumar marihuana, fornicar en las calles y divertirse, no contemplaba una variable importante: que quizás los rockeros no estuvieran tan interesados como él en hacer parte de una nueva nación cerrada.

Sinclair no se dio cuenta de la contradicción que había en la base de su planteamiento. Pretendía que un producto cultural que encarnaba el individualismo y la emancipación personal sirviera para consolidar los lazos comunitarios y la liberación nacional. Tal como él quería, en el segundo tiempo de la revolución cultural la droga, el sexo callejero y el rock and roll se convirtieron en algo cotidiano, y la prioridad de buena parte de la población fue, en efecto, divertirse. Pero lo asombroso es que nada de esto riñó en absoluto con el capitalismo, la competencia y la codicia. Al contrario, la industria del espectáculo se volcó por completo a descifrar cómo divertir al consumidor, dándole cuantas dosis de revolución quisiera, en el formato que más se ajustara a sus caprichos, bien fuera rock, sexo, cine, literatura, arte, conciertos, discotecas, videojuegos o moda, para hacer de él un insaciable consumidor de rebeldía. Drogarse, fornicar y divertirse pasaría a ser el pasatiempo tanto de los yippies como de los yuppis, tanto de los ricos como de los pobres, tanto de los universitarios como de los obreros. Si esas tres actividades eran revolucionarias, entonces, a partir de los setenta y de los ochenta, buena parte de los miembros de la población se harían insurrectos gozosos que cada fin de semana se dejarían la piel —y el tabique— en las pistas de baile, los bares y los moteles por la revolución.

En realidad, la popularidad del rock no significó que aumentara el número de jóvenes dispuestos a emprender un gran revolcón al estilo maoísta. Significó, simplemente, que aquel nuevo producto cultural resultaba tremendamente seductor, tremendamente entretenido, para millones de personas. La nueva música embriagaba a gente muy diversa. Algunos de sus seguidores estaban dispuestos a dejarlo todo y vivir al estilo marginal y rockero; otros —la inmensa mayoría— tenían suficiente con un buen concierto de fin de semana para recargar energías antes de volver el lunes a la fábrica u oficina. Y su éxito no se debió a que fuera una amenaza contra la cultura mayoritaria, como creía Sinclair, sino a todo lo contrario. El rock encarnó valores típicamente occidentales que predominaron en el segundo tiempo de la revolución cultural como el hedonismo, el individualismo, la improvisación, la moda, lo *cool*, la extroversión, la instantaneidad, la sexualidad explícita, la irreverencia, el egocentrismo, la banalidad, la rebeldía y la diversión. Tanto así, que el rock empezó a ser mucho más desafiante en culturas no occidentales o totalitarias, como China, Rusia, Cuba o el mundo islámico, donde se asoció, correctamente, con Occidente y sus *degeneradas* formas de vida.

El rock se volvió un espectáculo multitudinario capaz de entretener, como muy pocas actividades —el deporte entre ellas—, a grandes masas. No resulta extraño, por eso, que incluso los herederos de las vanguardias revolucionarias del primer tiempo de la revolución cultural se inclinaran por este canal que conectaba con millones de personas, en lugar de seguir confinados en teatros marginales y publicaciones subterráneas. Velvet Underground surgió de la Factory de Warhol, Patti Smith del ambiente de poetas beat que frecuentó el Chelsea Hotel de Nueva York, el Punk del situacionismo, la banda sueca The (International) Noise Conspiracy de la influencia de Black Mask, Yoko Ono de los experimentos de Fluxus y Sonic Youth fue una mezcla tanto de punk y hardcore como de Fluxus y la música experimental de Cage. Muchos de ellos siguieron creyendo que el rock era un arma realmente revolucionaria. En las memorias que escribió sobre sus años al lado del artista Robert Mapplethorpe, Patti Smith decía que ella y su banda se veían "como los hijos de la libertad", con la fundamental misión de "conservar, proteger y difundir el espíritu revolucionario del rock and roll".[201] Para ella, como para Sinclair, la guitarra eléctrica era un arma sediciosa. Sin embargo, cualquiera que haya asistido a una presentación de Patti Smith o de algún otro rockero sabe que la gente que está ahí, apretujada ante el escenario, ha venido a pasarla bien, a tener una experiencia exci-

---

[201] Smith, P., *Éramos unos niños* (2010), Lumen, Barcelona, 2010, p. 261.

tante, a ver a su ídolo o simplemente a divertirse, no a cambiar ningún aspecto de la sociedad.

A menos, claro, que divertirse fuera revolucionario. En los cincuenta y los sesenta lo fue, especialmente si la diversión incluía el sexo y eran las mujeres quienes disfrutaban y llevaban las riendas del juego. En aquellos años el entretenimiento del rock se asoció con dar rienda suelta a la sexualidad, explorar con las drogas y vencer la convención, ese "imperio tan absoluto y tan irresistible" de la mayoría del que advertía Toqueville en *La democracia en América*. Las generaciones posteriores nacidas en los sesenta y los setenta tenemos que agradecer habernos encontrado con un mundo un poco más libre de tabúes sexuales. Pero desde que se debilitaron las convenciones y el rígido moralismo puritano dio paso a una laxa tolerancia en cuestiones privadas, divertirse terminó siendo sólo eso, una actividad placentera con la que se pasa el tiempo y se nutre el repertorio de anécdotas con los amigos, poco más.

Los sesenta no sólo fue la época de la revolución sexual. Por aquellos años también se luchó a favor de los derechos civiles y la libertad de expresión y en contra de la guerra de Vietnam. Una necesidad privada y una responsabilidad pública, y varios artistas estuvieron al frente del pelotón en ambas luchas. Desde entonces, la idea de que la estrella del espectáculo, bien sea el músico, el actor o el artista, debe contribuir a solucionar los males sociales, ha seguido vigente. Y esto a pesar de lo difícil que es conciliar dos imágenes tan contradictorias como la del iconoclasta libertino que quiere cambiar su vida privada y la del virtuoso comprometido que quiere cambiar la vida pública. Lograr salvaguardar el espacio privado como un territorio en el cual se pudiera ser tan infantil, caprichoso, juguetón y excéntrico como se quisiera, siempre y cuando en el ámbito público se respetara la ley y se asumiera un compromiso adulto para convivir con el otro, hubiera sido un proyecto encomiable. Pero esto no entraba en los objetivos de los revolucionarios de los sesenta, porque su lucha se dirigía justamente contra ese mundo adulto de la convención y la ley, donde, según ellos, se gestaba la represión, la guerra de Vietnam y los trabajos alienantes.

Sin embargo, quedó la idea de que la popularidad del artista serviría a la causa, cualquiera que esta fuera, y que además él, por ser la vanguardia de la liberación individual, también tendría algo valioso que decir sobre la guerra, el hambre, la injusticia, el ecosistema o cualquier otro tema en apariencia incompatible con las drogas, el sexo y la diversión. Hubo una confusión entre el guía revolucionario que enseñaba al individuo, con su ejemplo y desfachatez, a desprenderse de todos los prejuicios y tabúes sociales, y el intelectual público que, con instrumentos racionales, pruebas, datos y opiniones sustentadas, llamaba la atención sobre los problemas sociales que afectaban a la humanidad. De pronto era el personaje popular, mediático, quien estaba al frente de las reivindicaciones sociales, como si sus gestos iconoclastas y libertarios bastaran para vencer no sólo el autoritarismo, sino cualquier otra tara social.

Esta tendencia fue en aumento a medida que la estrella de Hollywood empezó a disputar al rockero ese lugar predominante como padrino de las causas nobles. Aunque en ocasiones esta participación puede ser positiva —por ejemplo, cuando la fama de un actor atrae la atención sobre una catástrofe y facilita la recolección de fondos para paliar los daños, o cuando muchas estrellas se ponen de acuerdo para producir un producto y destinar las ganancias al mismo fin—, también se presta para el oportunismo y la autopromoción. Los conflictos y dramas humanos se convierten en un banal espectáculo, donde lo importante —la noticia— es la presencia del famoso y no las víctimas del desastre o del cataclismo político. Los famosos son imagen, viven de ella, encarnan personajes o prestan su rostro para promocionar productos de consumo. Por eso, cuando apadrinan una causa noble, es imposible no pensar que la promocionan hoy como mañana promocionarán una colonia, una marca de calzoncillos o el último artículo de cualquier multinacional que pague sus honorarios. Son, por definición, el opuesto del intelectual, que ni vende su imagen ni encarna decenas de personajes, sino que, por el contrario, se mantiene fiel a unos valores, a unos principios y a una imagen de lo que es una sociedad decente. Lo lamentable es que al intelectual cada vez se le presta menos atención, mientras que al famoso, no importa dónde se meta lo siguen las cámaras de televisión fielmente.

Hay una sombra de banalidad que recubre siempre al actor que, honesta o utilitariamente, pone su imagen al servicio de una buena causa, porque lo que está en juego no son sus ideas, opiniones o valores sino su rostro. ¿Qué piensa fulanito de x problema? No lo sabemos, sólo podemos decir que está en contra (o a favor). ¿Por qué apoya tal problema y nunca se manifiesta por tal otro? También es una incógnita. Parece haber males que imantan a los rostros famosos y otros que les son indiferentes. Los políticos de derecha e izquierda también se los pelean, desde luego, porque son un capital valioso para sus campañas. Al fin y al cabo es el famoso quien tiene las llaves del público masivo. Pero rara vez nos enteramos qué piensa, ni por qué optan por uno u otro partido. Y en realidad no hace falta, porque de lo que aquí se trata no es de persuadir con argumentos, sino de seducir con imágenes. La política del espectáculo es eso: un escenario plagado de rostros famosos conectando con el público a través de emociones, imágenes y gestos, más que con argumentos.

La misma sospecha amenaza a los artistas conceptuales que ponen sus obras al servicio de alguna causa. ¿Un *performance*, una instalación o un artificio conceptual pueden contrarrestar los efectos de la sociedad de consumo, de la especulación financiera o de los residuos tóxicos? Esto es difícil de probar y, sin embargo, abundan las obras hechas con la pretensión de llamar la atención sobre estas y muchas otras problemáticas. En Colombia, desde la década de los setenta, algunos cineastas y artistas asumieron la misión de denunciar la pobreza de los niños y las duras condiciones de los habitantes de la calle, y con ello sólo consiguieron crear un tenebroso género, la pornomiseria, con el que llamaron la atención de los festivales internacionales de cine y ganaron reconocimiento, pero no cambiaron en absoluto el problema que estaban abordando. Otro ejemplo lo ofrecen los artistas comprometidos que acompañan a Michael Beard, el protagonista de *Solar*, la novela de Ian McEwan, al Polo Norte a grabar el sonido del viento, hacer coreografías o tallar pingüinos en hielo para llamar la atención sobre el calentamiento global e incentivar acciones que salvarán al planeta de la catástrofe, son la muestra más clara de lo trivial que puede ser el arte cuando se pone al servicio de causas para las que es totalmente inocuo. Los artistas radicales y vanguardistas fueron excelentes maestros de la emancipación y de la libertad positiva. Sus herederos, sin embargo, han intentado convertirse en reparadores de entuertos, comprometiéndose con problemas sociales y públicos para los que sus obras poco tienen que hacer. El resultado ha sido, nuevamente, la frivolidad, el falso compromiso, la queja silenciosa. Desde que pasaron los días en que divertirse era revolucionario, el arte de vanguardia parece haberse quedado sin meta ni proyecto.

De Mayo del 68 a mayo de 2011
2011. Madrid, Barcelona, Sevilla, Atenas, Lisboa...

El 14 de septiembre de 1917, Hugo Ball dejó consignado en su diario que ya no podía leer novelas. La literatura le parecía un derroche, un aparato recargado de elementos innecesarios que se bifurcaba por laberintos sin llegar nunca al meollo de las cosas. ¿Cómo podían soportarse los libros de personas que no estaban en condiciones de ser lo que soñaban? Ball sentó en el banquillo de los acusados a la imaginación. Estaba muy bien soñar, decía, si el sueño transformaba la realidad o la vida. El mito religioso, por ejemplo, era un sueño que se hacía realidad, moldeando la existencia de las personas. Pero matar las horas fantaseando con personajes, mundos y experiencias que se quedarían allá, en el universo de los sueños, y que en la realidad no tendrían más repercusión que la de otorgar unas horas de esparcimiento a gente ociosa, le parecía absurdo. Y no sólo a él.

En general, la vanguardia se propuso bajar el sueño de la nebulosa onírica para hacerlo realidad aquí, en la vida concreta de las personas. A esto se le llamó "superar el arte para realizarlo en la vida real".

El lema tuvo un impacto evidente que se materializó en formas de vida alternativas. Mayo del 68, por ejemplo, no cambió en absoluto el sistema político francés —ni siquiera le dio el poder a la izquierda—, pero sí fomentó la explosión de experimentos vitales. Los años finales de los sesenta y los setenta, tanto en Europa como en Estados Unidos, fueron el laboratorio donde se ensayó la vida en comunas y la emancipación de las mujeres, las reivindicaciones homosexuales y la lucha por la igualdad racial, la búsqueda de nuevas formas de diversión y la experimentación con drogas, el incremento de la libertad de expresión y la relajación de los códigos morales. Todas estas luchas fueron exitosas, y no tardaron en ser asimiladas —con mayor o menor fricción, como era de esperarse— por buena parte de Occidente. Ya no hay necesidad —aunque tampoco se debe bajar la guardia— de luchar por determinados espacios de libertad individual, pues las sociedades occidentales desarrolladas tienden a no limitar el desarrollo de la individualidad. Tal como soñaba Chtcheglov, las ciudades cosmopolitas de Europa y Estados Unidos ofrecen hoy barrios multiculturales, gays, modernos, históricos, chinos, rojos, artísticos y bohemios. También, como soñaban Pinot-Gallizio y Debord, lugares de diversión que son escenarios para vivir *situaciones* muy específicas, como los bares sadomasoquistas o los clubs de ambiente liberal. Aunque las drogas siguen siendo ilegales, cualquiera las puede comprar y consumir sin mayor dificultad. Su absurda ilegalidad incrementa el precio y fomenta la delincuencia, pero no impide en absoluto el consumo, como indican las estadísticas de producción de marihuana, cocaína y heroína alrededor del mundo. Quién lo diría: Occidente, en mayor o menor grado, ha terminado por parecerse a los delirios de los vanguardistas.

Sin embargo, el hedonismo y los espacios de experimentación vital no calmaron de una vez y para siempre la insatisfacción de los jóvenes. En mayo de 2011 estalló en España una revuelta pacífica y políticamente correcta, producto de una nueva crisis económica y del hastío que siente una parte de la población juvenil por los dos grandes partidos que monopolizan el poder político y la visibilidad mediática. Como la peste de Camus, la crisis económica llegó un día a España y de la noche a la mañana, sin que buena parte de la población entendiera muy bien por qué, transformó a un país próspero en un *contagiado* al borde del desplome financiero. Rompiendo una racha de optimismo que se inició con la muerte de Franco, los jóvenes se dieron cuenta de que ahora sus vidas no serían tan prósperas como las de sus padres. La economía más sofisticada rompió las barreras de los bancos y aseguradoras, y se llevó por delante a la gente común. A la frustración personal que esto produjo se sumó el distanciamiento de los partidos políticos, acusados de haberse inclinado ante los mercados, de no haber hecho lo suficiente para combatir la corrupción en sus filas y de parecer más preocupados por contestar ingeniosamente a los ataques de su rival que en hablarle con transparencia y claridad a la ciudadanía. La irritación se apoderó de los jóvenes y estalló la *spanish revolution*, la larga acampada de "indignados" en las principales plazas de varias ciudades del país, y de sus emuladores en Grecia, Portugal e Italia.

A pesar de la sintonía estética y retórica con Mayo del 68, la revuelta de los indignados tiene grandes diferencias. Mayo del 68 triunfó allí donde podía triunfar. Cohn-Bendit salió expulsado de Francia a sumergirse en el ambiente contracultural de Frankfurt, y desde allí vivió su vida como quiso, en sintonía con sus deseos, valores e intereses. No era todo lo que esperaba, desde luego, pues no logró acabar con la burocracia del Estado ni con el *alienante* sistema que mataba las emociones de los jóvenes, pero tampoco le fue mal. Él y sus camaradas lograron ampliar los márgenes de libertad del individuo y legitimar la búsqueda del placer y el éxtasis emocional como una de las metas fundamentales del ser humano. De paso, contribuyeron a deslegitimar el Estado de Bienestar, el consumo y la riqueza, como si fueran una maldición que hacía más autoritarias a las élites y más conformes a los jóvenes y a los obreros. Esa pelea del izquierdismo anarquista y vanguardista contra todas las conquistas de la izquierda sindical, tuvo una consecuencia impensada: una nueva revuelta de jóvenes indignados, que cuarenta años después tratan de recuperar todo aquello que la generación de Cohn-Bendit despreciaba como algo alienante y opresor.

En las plazas de Madrid, Barcelona o Sevilla, las parejas de novios comparten carpa, fuman porros y bailan reggae en sesiones programadas por algún *dj*. Estos jóvenes no quieren cambiar su estilo de vida; tampoco piden mayor libertad sexual ni más espacios lúdicos. Piden lo contrario de lo que pedían los sesentayochistas. Quieren entrar en el sistema *alienante*, quieren un Estado de Bienestar tan burocrático como deba serlo siempre y cuando garantice educación, salud y prestaciones de desempleo; quieren un trabajo estable y perspectivas económicas que les permitan proyectarse hacia el futuro con algún grado de certeza. Antes había que hacer un gran esfuerzo para rechazar las costumbres y estilos de vida de la burguesía; hoy, por lo visto, lo difícil es ser burgués, así se tengan todas las credenciales para serlo —carreras universitarias, posgrados, viajes, intercambios, compromiso ciudadano—. Todo lo que rechazaron los vanguardistas, desde las carreras profesionales hasta un futuro asegurado, pasando por la propiedad y el reconocimiento social, es lo que ahora piden los jóvenes. Ya probaron una vida libérrima; ya probaron la crisis de autoridad en los colegios y universidades; ya probaron las excitantes aventuras que ofrece una vida al margen, sin nada garantizado, con todo en contra, y no les gustó. No se convirtieron en superhombres, como hubiera pronosticado Nietzsche, sino en desempleados frustrados que no pudieron lograr aquello que más anhelan: tener una casa y un trabajo, ser ciudadanos modelo que se preocupan por el medio ambiente, conviven amistosamente con sus vecinos inmigrantes y pagan cumplidamente sus impuestos. Uno de los lemas colgado en la Plaza del Sol recogía con acierto este sentimiento: "No somos antisistema, el sistema es antinosotros".

Otra paradoja es que la revuelta de los indignados ha encontrado inspiración en Stéphane Hessel, un hombre nacido en 1917 que hace parte de la generación contra la que se rebelaron Debord, Vaneigem, Cohn-Bendit, Riesel y los demás sesentayochistas. Hessel ha presenciado prácticamente todo el revoltoso siglo XX. Fue testigo de las secuelas desastrosas de la Primera Guerra Mundial, sufrió las consecuencias de la segunda, militó en la Resistencia francesa y luego participó en la escritura de la Declaración de los Derechos Humanos, es decir, fue una de las personas que contribuyó directamente a que el período que empezó en 1945, tras el ocaso del nazismo, fuera el más pacífico y próspero de la historia europea. Apelando a las luchas morales y al ejemplo de Hessel, los indignados europeos se han rebelado contra la revoltosa generación de Cohn-Bendit, lo cual, desde luego, no deja de ser irónico. Es como si vieran en Hessel al abuelo que se sacrificó para que ellos tuvieran un mundo más decente y próspero, pero que tuvo la mala suerte de engendrar hijos díscolos e irresponsables que, dando por sentado que todo lo bueno duraría, echaron a perder las conquistas más envidiables del sistema de bienestar europeo. Y en efecto, los situacionistas y los seguidores de Cohn-Bendit fueron grandes maestros existenciales que enseñaron a las generaciones futuras a sacar provecho a la esfera privada de sus vidas, pero que no tuvieron nada que decir ante los asuntos públicos. "Lo personal es lo político", "hay que cambiar las conciencias para que cambie el mundo"; en eso se agotaban las aportaciones al debate social de los vanguardistas del primer tiempo de la revolución cultural. Con ello no sólo se olvidaron de los problemas compartidos, sino que dieron pie para que surgiera una inesperada y nueva forma de puritanismo y control de las vidas privadas. Hacia la última década del siglo XX se invirtió la fórmula: si lo personal era lo político, entonces se podía juzgar la vida pública de las personas a partir de lo que hicieran en su intimidad. Una nueva generación de censores chismosos y amarillistas se sintió autorizada para hurgar en la vida privada de los políticos, deportistas y rostros públicos en general, para garantizar que no ocultaran vicios que pudieran sembrar dudas sobre su probidad y honestidad pública. A los profesores universitarios les tocó convertirse en estatuas ciegas y prácticamente mudas, autorizadas, como mostraron David Mamet en *Oleana* y Philip Roth en *La mancha humana*, a hablar sólo en los léxicos aprobados por estos nuevos censores. Decenas de personas honradas y decentes cayeron en desgracia por esta nueva forma de control, centrado, como querían los yippies, única y exclusivamente en la vida privada, entre ellos Eliot Spitzer, gobernador de Nueva York, Tiger Woods y el mismo Bill Clinton. No hay un espectáculo que más deleite a los medios de comunicación que ese: la vida íntima revelada hasta quedar convertida en pornografía, la abyección del incriminado disculpándose ante la sociedad (cuando no es a ella a quien tiene que rendir cuentas por lo que hace o no hace bajo las sábanas) y la confirmación de que sí, en efecto, lo personal es lo político y no importa que alguien desfalque, estafe, robe, manipule, especule, negocie con dictadores, destruya el medio ambiente y tenga todo tipo de comportamientos públicos reprobables, si al mismo tiempo mantiene una casta, ultraconservadora e intachable vida privada. Este ha sido uno de los golpes de la vanguardia al liberalismo. Lo personal *no* es lo político. Esta separación es, justamente, la que permite tener una vida íntima, resguardada de las miradas fisgonas y censoras, donde se puede vivir según los propios valores, deseos y caprichos. Y esta vida nada tiene que ver con el desempeño profesional y el compromiso público del implicado. Con quién se acueste o qué consuma nada tiene que ver con su habilidad y honestidad para desempeñarse como médico, psicólogo, abogado, político o periodista.

Pero volvamos a las plazas de España. ¿Qué piden los indignados? Todo, desde luego, como buenos rebeldes, y las urnas que han instalado en sus campamentos reciben cualquier tipo de sugerencia y petición. Entre el mar de propuestas es lógico que algunas sean atinadas y otras absurdas, meros engendros de la insatisfacción, la ignorancia y el deseo. Les indigna, por ejemplo, la sumisión del poder político al económico, y en eso no están descarrilados. "No debemos permitir que el poder económico domine al político; y si es necesario, deberá combatírselo hasta ponerlo bajo el control del poder político." Estas palabras no las dijo un indignado; tampoco un marxista, un anarquista o un militante antiglobalización. Las dijo Karl Popper en su principal obra, *La sociedad abierta y sus enemigos,*[202] una magistral exploración del pensamiento determinista donde criticaba, precisamente, la forma en que Marx asumía que el verdadero poder estaba en las máquinas y en las relaciones económicas de clase. La actitud despectiva hacia el poder político y la ponderación excesiva de la economía no es una máxima *neoliberal;* es uno de los rasgos del marxismo. Popper combatió este economicismo porque allí se incubaban el determinismo y su corolario, la imposibilidad del reformismo democrático. Que los indignados persigan este fin es provechoso, precisamente porque combate una sensación que embarga a las sociedades tras la crisis económica de 2008, la de que una fuerza superior, una peste inatajable o en todo caso un ente abstracto que escapa al entendimiento y control, está determinando sus vidas. Las maniobras económicas globales les cierran las puertas del mercado laboral, les quitan o les impiden tener vivienda y les privan de beneficios sociales que creían intocables. Todo esto mientras los directamente implicados en la debacle económica siguen viviendo en el Olimpo. Desde luego que esto indigna. Y la receta popperiana para contrarrestar estas fuerzas ocultas, en apariencia ingobernables, siempre es saludable: "El progreso reside en nosotros, en nuestro desvelo, en nuestros esfuerzos, en la claridad con que concibamos nuestros fines y en el realismo con que los hayamos elegido".[203] No hay duda de que los indignados han demostrado fuerza, coraje y determinación. El problema está en la claridad y el realismo de sus fines.

[202] Popper, K., *La sociedad abierta y sus enemigos* (1945), Paidós, Barcelona, 1994, p. 307.

[203] *Ibid.*, p. 440.

Desde luego que han acertado en muchas de sus críticas. Les disgusta un sistema electoral que perpetúa el bipartidismo y estrecha el camino de los partidos nacionales minoritarios. No les gustan, tampoco, las relaciones peligrosas que hay entre el Poder Ejecutivo y el Judicial. Aunque no son los primeros en alertar sobre estas irregularidades, es sano que los jóvenes las tengan presentes. Ahora bien, dejando a un lado la vitalidad y lo positivo que tiene el reencuentro juvenil con la política, buena parte de las demandas concretas que han elaborado los indignados impide a cualquier político responsable tomarlas en serio. Popper hablaba del realismo de los fines porque luchar por una meta utópica en política era, finalmente, dar un largo rodeo para llegar al mismo sitio, cansado y derrotado.

Lo primero a tener en cuenta es que no vale la pena rebelarse contra las matemáticas. Puede que sea un gesto poético, lleno de imprudencia vanguardista, pero atenta contra la regla número uno de la política: tener los pies bien anclados en la realidad. Un triunfo hoy significa el colapso de la generación que viene. Propuestas como reducir la jornada laboral, dar ayudas al alquiler, rebajar la edad de jubilación, ampliar las nóminas del personal sanitario y docente, contar con un pujante escuadrón de científicos investigando exclusivamente con fondos públicos y organizar referéndums cada dos por tres, siempre que se deba aprobar alguna medida europea o nacional, pueden ser deseables, desde luego, pero para Estados con las arcas llenas. El poder político no va a conseguir controlar al poder económico a menos de que actúe con responsabilidad. Nadie es más vulnerable que el deudor crónico a quien nadie quiere prestar dinero, como ha quedado demostrado recientemente con varios países europeos.

Las propuestas que han lanzado para regenerar el sistema democrático tampoco tienen mucho tino. Rebajarle los sueldos a los parlamentarios significa espantar a cualquier persona cualificada de la política para que se vaya a otros ámbitos laborales, donde no se verá inundado de líos judiciales y además cobrará un mejor sueldo. La actividad política debe ser valorada, tanto social como económicamente, para que los más competentes y preparados se sientan motivados a trabajar en el ámbito público. No ocurre siempre así, desde luego, y ya se han arriesgado hipótesis al respecto, pero a quien más debería perjudicar esto es a los partidos. Ojalá que la insatisfacción de los indignados les muestre que es más rentable premiar el estudio y la preparación de sus militantes que el haber servido como decorado en mítines desde los quince años.

¿Qué ocurrirá con el movimiento 15-M? Posiblemente no concluya en nada, a menos de que salgan del callejón sin salida en el que se han metido. Quieren regenerar la política española; quieren ampliar los márgenes de participación; y quieren, desde luego, que los políticos adopten todas sus propuestas. Pero no están dispuestos a participar en política ni a dialogar con los partidos. En otras palabras, demandan un cambio político y social surgido de un mero acto de voluntad. Y la experiencia muestra que estas revueltas transforman a quienes participan en ellas, no al poder político ni a las instituciones sociales contra las que se levantan. Los líderes de los indignados quizás acaben haciendo política tradicional, o enseñando, o trabajando en una empresa. Esta experiencia los acompañará siempre. No es poca cosa haber congregado a miles de personas. Sabrán siempre que por unos días el viento de la historia les dio directo en el rostro, así el sistema político español hubiera quedado intacto. El 15-M será quizás la última revolución juvenil de un largo siglo de revoluciones juveniles en Occidente. Un siglo que empezó hacia 1909 y que culminó hacia 2011. Casi seis décadas —de 1909 a 1968— en busca del futuro, otras tres tratando de hallar y gozar el presente, y ahora en busca del pasado.

EPÍLOGO

Honoré Daumier: —Hay que ser de la época.
Jean Ingres: —¿Pero si la época se equivoca?

I

Henri Lefebvre decía que el dadaísmo era un pinchazo en el centro nervioso de la modernidad. Decía, además, que el "profundo y exquisito dolor producido por la punta de su aguja" era "el preludio de su muerte".[204] El más preclaro producto del modernismo era también una especie de virus —el virus de la negación radical— que tarde o temprano atentaría contra él. Como las esculturas autodestructivas de Jean Tinguely, la modernidad llevaba en su constitución un engranaje asincrónico que tarde o temprano trabaría el normal funcionamiento de los mecanismos y haría colapsar por completo la estructura. En efecto, el dadaísmo negaba la validez de la cultura, del arte, de la literatura y en general de todas las arterias que nutrían y mantenían viva a la cultura occidental. Era una contradicción andante: un movimiento artístico que nacía para enterrar el arte, una fuerza de renovación cultural que despreciaba la cultura y no quería renovar nada sino demolerlo todo.

A pesar de la claridad con que Lefebvre vio este fenómeno, pasó por alto una cosa. Si esto era válido para el dadaísmo, también lo era para el futurismo y, retrocediendo hasta el siglo XIX, para el replanteamiento radical de la relación del ser humano con la sociedad propuesto por Max Stirner e incluso para algunas ideas de Nietzsche. El germen destructivo y anárquico, enemigo de la civilización y agitador de las pasiones antisociales y violentas del ser humano, estaba ya ahí, hirviendo a fuego lento

---

[204] Lefebvre, H., *Introduction to Modernity* (1962), Verso, Londres, 1995, p. 182.

y esperando una grieta por la cual entrar en erupción. Como decía Hobsbawm refiriéndose a las últimas dos décadas del siglo XIX, "la cultura de la época se veía amenazada por sus propios productos culturales".[205]

El famoso historiador británico no fue el único que percibió ese fenómeno. *El único y su propiedad* apareció reimpreso en la serie *Roots of the Right* (Las raíces de la derecha), editada por alguien que con gran turbación advirtió el poder destructor de ciertas corrientes culturales que impregnaron al siglo XX: George Steiner. Los libros que hacían parte de esta serie tenían por objeto exorcizar, mediante el debate académico, aquellas ideas que habían allanado el terreno a Auschwitz. *El único y su propiedad* se contaba entre ellos porque el virus radical que trasmitían sus páginas, y que se esparció silenciosa, invisiblemente, a través de algunos movimientos intelectuales y revolucionarios del siglo XX, invocaba la violencia y el derrumbe de la sociedad liberal erigida en el siglo XIX. No en vano, hacia 1914, cuando estalló la Primera Guerra Mundial, los hijos de la burguesía europea —Marinetti es el ejemplo más claro, pero también se puede mencionar al poeta inglés Rupert Brook, que cantó alabanzas a la guerra, a Pierre Teilhard de Chardin, cuyas cartas hablaban de la claridad, la energía y la libertad que sentía en las trincheras, o a Drieu de la Rochelle, que alabó la forma en que la guerra acercó a la burguesía con el pueblo— fueron los más entusiastas defensores del fuego purificador que echaría por tierra el paisaje social en el que habían nacido.

La fuerza del individuo emancipado de todo compromiso, deber y ley fue una de estas visiones inspiradoras que prendieron la mecha. Pero no la única. A lo largo del siglo XX, la ira del joven rebelde que aborrecía el mundo en el que le tocó vivir se manifestó en la búsqueda de nuevas fuerzas, nuevos hombres y nuevos paraísos, bien fuera en el futuro, en la niñez, en el primitivismo, en la barbarie o en el subdesarrollo; allí donde el

---

[205] Hobsbawm, E. J., *La era del imperio (1875-1914)* (1987), Labor, Barcelona, 1989, p. 258.

hombre y la mujer occidentales no tuvieran que ser lo que de forma tan triste habían sido hasta entonces: personas prósperas y normales, aburridas, hijos ociosos de una burguesía trabajadora y enriquecida, sin más aventuras que vivir ni hazañas que lograr, sin romanticismo, pasión ni gloria, sometidas a sus miedos, convenciones, leyes y fantasmas. Steiner lo advirtió: la cultura no frenó la barbarie, la alentó. Algunas corrientes poéticas, literarias y filosóficas surgidas a partir de mediados del siglo XIX, como las ideas racistas de Gobineau, las nacionalistas y antisemitas de Barrès, las eugenésicas de De Lapouge, las belicistas de Marinetti, las nihilistas de Tzara o el fascismo de Ezra Pound (quien, por cierto, fue un seguidor de Stirner y colaboró en la revista vanguardista británica *The Egoist*), en lugar de servir de presa a los impulsos destructivos del hombre obraron como combustible que avivó las llamas del racismo, el totalitarismo, el autoritarismo, la irracionalidad, el cinismo, el escepticismo y el belicismo.

Hacia mediados del siglo XX, Albert Camus dedicaba sus mejores páginas a entender el mismo fenómeno. ¿Cómo había sido posible que se creara un clima mental y espiritual proclive al asesinato? ¿Cómo era posible que las mentes más lúcidas de Europa esgrimieran sofisticados argumentos para legitimar el exterminio del otro? ¿Qué había pasado en Occidente para que la inteligencia y la cultura se hubieran convertido en cómplices del exterminio? Aunque su mayor preocupación era la manera en que la ideología y la razón de Estado se habían hecho homicidas, la indagación que emprendió en *El hombre rebelde* empezaba con las creaciones poéticas y literarias que habían terminado exaltando la violencia, la muerte y el asesinato. Aquel recuento, que iba desde Sade a los surrealistas, abordaba también las obras de Milton, Baudelaire, Stirner, Nietzsche y Lautréamont, es decir, de los precursores de las vanguardias revolucionarias.

La cultura, ese espacio donde se crean, debaten y difunden valores, ideas, categorías, actitudes, sensibilidades, gustos, aspiraciones, visiones, comportamientos, imágenes estéticas e imágenes morales del ser humano y de la sociedad, no ofrece garantía alguna de que sus creaciones sean beneficiosas para la humanidad. Ideas refinadas, surgidas de este caldo de cultivo intelectual, bien pueden conducir a la humanidad hacia el vacío. La misma furia revolucionaria que inspiraba los asombrosos lienzos del futurista Boccioni, las inigualables pinturas de Grosz o los delirios fantásticos de tantos surrealistas virtuosos, podía, también, celebrar la muerte, el fin de la civilización y la venganza asesina de los bárbaros contra una sociedad podrida. Lo que empezó en el siglo XIX como una reivindicación estética de la violencia y del Mal, en el XX se convirtió en la promoción pública del disparo azaroso (Breton) y del justo asesinato del hombre blanco occidental (Sartre). Los grandes héroes de la cultura podían ser, también, invocadores de la muerte.

Ortega y Gasset fue otro visionario que advirtió, en una fecha tan temprana como 1930, la amenaza que acechaba a Europa con el surgimiento de un nuevo personaje que empezaba a poblar las ciudades europeas: el hombre-masa. Analizado en detalle, el hombre-masa de Ortega no es sino la mutación que sufrió el individuo egoísta y único de Stirner al entrar al siglo XX. Ortega no lo menciona, pero al hablar de aquel sujeto cuyo rasgo más saliente era estar satisfecho consigo mismo, tan a gusto con sus criterios, juicios y verdades que se daba el lujo de despreciar cualquier vinculación con entidades externas, bien podría estarse refiriendo a los descendientes del individuo stirneriano. Porque al igual que el individuo egoísta, el hombre-masa rechazaba todo lo que estuviera más allá de él. En su soberbia y ensimismamiento, se comportaba como un primitivo adaptado a las mil maravillas al mundo de la técnica y las libertades formales, que a la vez, con sus actitudes de desprecio hacia los principios de la civilización, ponía en peligro todo aquello que le proporcionaba bienestar e independencia. El hombre-masa, niño mimado o señorito satisfecho —como también los llamó—, era un ser rebelde que no toleraba la imperfección del mundo, pero que tampoco estaba dispuesto a aceptar la autoridad de quien más capacitado se mostraba para reformarlo. Así, despojado de toda guía externa, incluida la moral y la ley, y mostrando desprecio y odio hacia las élites cultivadas, sólo le quedaba un arma para imponer su visión del mundo: la fuerza de su personalidad, su impulso revolucionario y su coraje para actuar y dominar.

Stirner defendió esa nueva actitud ante la vida porque así, creía, el ser humano sería verdaderamente libre y podría guiarse por lo que azuzaba su interés y su deseo. Pero al definir los rasgos más salientes de su nuevo hombre egoísta y único pasó por alto un aspecto esencial. Encapsulado en su capricho, en su deseo y en su ley, el hombre no se hacía único. Todo lo contrario. Se hacía igual a los demás, tan ciego, petulante y potencialmente violento como el resto de individuos que negaban todo vínculo social, toda deuda con la civilización. Sólo unos pocos vanguardistas geniales, como Duchamp, Breton, Grosz o Boccioni, podían convertir su acto de negación, ensimismamiento y desprecio hacia el mundo en una rica fuente de valores, actitudes e incluso, por paradójico que resulte, nuevas tradiciones artísticas. Con la mayoría no ocurría lo mismo. En lugar de distinguirse, el individuo stirneriano se hacía masa. Aquella actitud libérrima que, como ocurrió con Mussolini y los endemoniados de Dostoievski, inició con un máximo de libertad y terminó con un máximo de despotismo, empezaba a generalizarse. Ortega vio síntomas evidentes de este fenómeno en la adhesión masiva del hombre-masa al fascismo y al comunismo. El hombre ensimismado, alejado de las élites culturales que tradicionalmente habían ejercido un magisterio cívico y moral, no se singularizaba. Acababa atraído por las ideologías revolucionarias y su seductor llamado a la violencia.

Ya se había señalado esa trágica paradoja: la singularidad no se consigue solamente negando el mundo exterior y recluyéndose en las cavernas interiores. Se consigue, sobre todo, buscando estándares, retos, exigencias, desafíos, modelos a superar, o sumándose a una tradición artística y dándole algún giro personal e inesperado o tomando elementos de distintas corrientes y sintetizándolos de forma novedosa. En lo profundo del caparazón humano no hay unicidad. Hay instinto y pulsión, materia prima, tosca y homogénea, que hermana zoológicamente al *homo sapiens.* Convertidos en dioses de ese reino interior, hombres y mujeres se hacen ovillo, masa irascible sin vínculos con el pasado ni la civilización, que cuando intenta imponer sus gustos y normas sucumbe a la vulgaridad, a la espontaneidad chabacana, al facilismo, a la puerilidad o a la agresividad. El niño-Dios que no tenía que sufrir la trágica discordancia entre sus sueños y la realidad, exhumado reiteradamente por cada vanguardia, desde el dadaísmo hasta el yippismo, no era un agente liberador; era un agente que pretendía devolver a la humanidad a aquella etapa en la que no había singularidad y todos, convertidos en críos, nos regodeábamos en las mismas banalidades —como bien supo ver Jeff Koons— y sólo queríamos dar satisfacción directa a los apetitos más básicos —como bien supieron ver Abbie Hoffman y Jerry Rubin.

II

Los sesenta años que transcurrieron entre 1909 y 1969 fueron tremendamente belicosos en Occidente, no sólo por las guerras mundiales, sino por la euforia que despertaron las revoluciones tercermundistas y la eclosión de guerrillas urbanas, algunas de ellas influidas por la vanguardia cultural, que produjeron atentados terroristas en Estados Unidos y varios países de Europa. Después del Holocausto, cuando parecía imposible que Occidente siguiera alimentando instintos destructivos, los estallidos revolucionarios en países latinoamericanos, africanos y asiáticos volvieron a hechizar a las nuevas generaciones, y los símbolos de la rebeldía asesina —el Che Guevara, Mao, Ho Chi Minh— despertaron un perturbador *sex-appeal* que no acaba de extinguirse hasta el día de hoy. El abominable hombre de las nieves resultaba no ser tan abominable. Al contrario: todos estos personajes, a pesar de encarnar el espíritu de la violencia, reflejaban ciertas cualidades que aquellos jóvenes occidentales ansiaban, desde el compromiso fanático con una causa hasta la valentía y aventurerismo del guerrero.

Los estallidos violentos se sucedieron en Europa y Estados Unidos durante los primeros años de la década de 1970 para luego irse apagando. Sólo quedaron aquellos conflictos avivados por pasiones como el nacionalismo, que hasta el día de hoy demuestra ser una ideología más cavernosa e indomable que el mero odio a la cultura occidental. Las últimas tres décadas no han visto surgir nuevos grupos vanguardistas o revolucionarios empeñados en destruir a la cultura occidental. Aunque algunos europeos y estadounidenses han participado en mortíferos atentados terroristas, han sido casos de lobos solitarios o de descendientes de musulmanes captados por células extranjeras de fanáticos religiosos. Puede que muchas de las manifestaciones culturales actuales se muestren transgresoras y rebeldes, pero la verdad es que vivimos un período de calma cultural, donde prevalecen la frivolidad y la inocuidad de las obras, y en el que los artistas, antes que oponerse a la sociedad en la que viven, producen un arte que celebra los aspectos más rentables y degradantes del capitalismo contemporáneo: la banalidad (Koons), el plagio (Prince y Levine), la explotación (Sierra), el shock escandaloso (Hirst), el exhibicionismo (Emin), la bobería (Creed), el sadismo (Muehl), el amarillismo (Orlan), la escatología (Mike Kelley) y la vulgaridad (Paul McCarthy). En el campo de la literatura es mucho más difícil hacerse una idea global de las tendencias predominantes, pero casos como el del británico Dan Rhodes muestran que ciertas actitudes, intereses y valores del mundo del arte han contagiado a la escritura, y que sus resultados han sido bastante desalentadores: historias frívolas, cuyo mérito, como en *Anthropology*, es el concepto (101 historias cada una de 101 palabras) más que la calidad narrativa. No hay movimientos culturales subversivos, así intenten serlo, porque toda la transgresión y la irreverencia han sido asimiladas y rentabilizadas por la industria cultural.

No podemos olvidar que las vanguardistas revolucionarias, en medio de su empresa negadora, también revivieron el espíritu de dos corrientes griegas marginales, el cinismo de Diógenes y el escepticismo de Pirrón. El filósofo de Sínope se rebeló plantando cara a todas las normas, leyes y tabúes de la *polis*, y el de Elis mediante la indiferencia, el quietismo y la negación de todo aquello que no condujera a la ataraxia. Retomando estas actitudes cínicas y escépticas, Tzara, Breton, Duchamp y Cage inyectaron a la corriente vanguardista la agresividad y la indiferencia, la furia y la tranquilidad, la crítica y la burla, la violencia y el humor, la pretensión de ponerlo todo al revés y la de cambiarlo todo sin alterar absolutamente nada. Por un lado, los herederos de Diógenes convirtieron el insulto, la blasfemia, la irreverencia, la humorada, la revolución y la escatología en arte; y por el otro, los de Pirrón replicaron la hazaña con los objetos cotidianos, el ruido, la publicidad, el plagio, el consumo, la banalidad, lo *cool* y la fama. Todos estos rasgos, que en la antigua Grecia y a comienzos del siglo xx se desplegaban como desplantes a la civilización, a partir de los años setenta se convirtieron en actitudes y valores no sólo aceptados, sino celebrados, por las sociedades contemporáneas. Aquella transformación es la que se ha rastreado en este ensayo. ¿Cómo la rebeldía y la virulencia de la vanguardia, que incluso condujo directamente a la guerrilla urbana, de pronto, sin previo aviso, se descafeinó y convirtió en una actitud generalizada e inofensiva? ¿Cómo las fuerzas culturales que pretendían destruir la civilización acabaron legitimándose, entrando en los museos y universidades y —usando el término de Thomas Kuhn— convirtiéndose en el nuevo paradigma?

III

Hagamos un rápido recuento. Marinetti inició la labor de destrucción invocando la guerra, la velocidad, el cambio; anunciando la llegada de un nuevo hombre; descomponiendo el lenguaje y la música en ruidos; negando el valor del pasado, de las academias y de todo arte que no cantara alabanzas al futuro. El dadaísmo retomó estos elementos y sumó a ellos la irreverencia, el humor y el nihilismo, tres nuevas armas con las que

Tzara y sus seguidores pudieron enfrentar al público, burlarse de él, ganarlo para su causa con la histeria colectiva y convertir su estilo de vida en arte. Breton retomó de estas dos vanguardias el mismo empeño, hacer de la vida una obra de arte, combatiendo el quietismo y el aburrimiento y añadiendo a este propósito un nuevo elemento: la irracionalidad como método para alterar la conciencia y cambiar la vida. También rechazó el trabajo, ensalzó la vida cotidiana, el azar y lo maravilloso, legitimando el hedonismo, el erotismo y la existencia como una empresa creadora. Después vino el letrismo de Isou, que invocó a los jóvenes y a la externalidad para que inauguraran una nueva época y se tomaran las calles. La transformación de la ciudad y la superación del arte fue la obsesión de Debord, quien también intentó eliminar el rol pasivo del espectador y transmutar a cada individuo en un agente revolucionario que hiciera de su vida cotidiana una eterna aventura, lejos de las oficinas y la rutina laboral. Sus seguidores alemanes y norteamericanos convirtieron su estilo de vida en una amenaza para el sistema. Lo personal se hacía político. Fornicar, drogarse y divertirse dejaban de ser actividades íntimas y mutaban en armas dirigidas contra el capitalismo productivo y la sociedad alienante. La cultura occidental iba a estallar con los orgasmos públicos de miles de jóvenes que se apoderarían de las calles de Berlín, París, Copenhague, Londres, Nueva York, San Francisco, y en medio del éxtasis se invocarían nuevos mundos y nuevas fuerzas primigenias. La vida cambiaría por completo, y entonces prevalecerían los valores que tanto aborrecían y negaban los dueños del capital y del poder, la diversión, el goce, el juego, la irreverencia, el humor, la ocurrencia, el ocio, la contemplación, la alucinación. Ya no sería necesaria la irracionalidad de Breton, pues el LSD —mucho más efectivo que las sesiones de hipnosis y asociación espontánea— abriría las puertas a otros mundos que iluminarían y transformarían la conciencia. La vida se convertía en arte, en una autotransformación acorde con estos nuevos valores, y desde entonces exhibir cuadros y representar obras de teatro en galerías, museos y teatros resultaría absurdo, porque el arte, al hacerse vida, estaría ahora en las calles y en el ámbito cotidiano. Así se forjarían los pilares de una nueva realidad y de una nueva manera de vivir revolucionaria, que acabaría por transformar el sistema por completo.

Pero de pronto pasó algo insospechado. A pesar de que buena parte de la sociedad se volvió hippie, hedonista, espontánea y ensimismada en su sexualidad, el sistema no colapsó. Mientras los medios de comunicación propagaban este estilo de vida y miles de jóvenes se sentían atraídos por él, la industria se adaptaba al cambio de gustos y actitudes y generaba nuevas mercancías destinadas a saciar las nuevas necesidades surgidas a partir de estas nuevas expectativas vitales. Un cambio cultural de semejantes proporciones resultó ser un terreno virgen para los negocios, una riquísima veta para la innovación industrial. Los nuevos emprendedores sacaron provecho a estos valores y se convirtieron en exitosos hombres-hippies de negocios. El mismo Warhol fue uno de ellos, un artista-empresario que además, retomando el legado quietista de Pirrón, Duchamp y Cage, le mostró al mundo que todo ello estaba bien. El arte tenía que reflejar la época, sin importar que se tratara de una época estúpida.

Otro ejemplo paradigmático es el de Skip Yowell, creador de la marca de morrales y maletas JanSport, una de las más famosas y prestigiosas del mundo. Yowell empezó siendo un hippie al que le gustaba salir —como a todos— de viaje por la naturaleza, hasta que un día empezó a hacer morrales para él y sus amigos. Su historia de éxito la cuenta en un libro con un título que intenta ser irreverente, pero que en realidad describe muy bien cómo la revolución vanguardista perdió su virulencia y se convirtió en el nuevo paradigma social: *The Hippie Guide to Climbing the Corporate Ladder and Other Mountains* (La guía hippie para escalar la escalera corporativa y otras montañas). Cuando los valores vanguardistas dejaron de ser minoritarios, es decir, cuando su mensaje revolucionario empezó a persuadir al grueso de la población, seduciendo a los medios de comunicación y convirtiendo a películas como *Easy Rider* en éxitos de taquilla, ni el sexo, ni la diversión, ni las drogas, ni el ocio, ni la irreverencia, ni el humor, ni el desplante, ni nada de lo que hacían los dadaístas podía seguir siendo revolucionario, porque todas esas actitudes, en lugar de escandalizar, fascinaban. Todos esos elementos que antaño produjeron discordia y escándalo entre la burguesía, se convertían en rasgos deseables por gran parte de la sociedad. La nueva horda de consumidores ya no quería productos burgueses y anticuados, quería productos que encarnaran estos nuevos valores, justo lo que ofrecían los morrales JanSport.

¿Por qué iba a triunfar la compañía Yowell? Él mismo lo explicaba en cuatro puntos:

Triunfaremos porque trabajaremos más duro que nadie.
Valoramos y apreciamos a cada persona.
Creemos que la vida no se agota en la rutina laboral.
La diversión hará parte de todo lo que hagamos.[206]

Excepto por el primer axioma, esto mismo lo pudo haber dicho Abbie Hoffman. Algunos de los valores que promovió el dadaísmo a principios del siglo XX se convertían, hacia finales de los años sesenta, en la fórmula para encausar una próspera carrera en los negocios.

IV

Al convertirse en industria del entretenimiento y del ocio, la actitud rebelde fue domada por completo. La televisión sacó toda su turbulencia a la superficie en forma de espectáculo, y los elementos cínicos y escépticos de la vanguardia —el humor, la irreverencia, la rebeldía, la zafiedad, la furia, la burla, la violencia— se adaptaron sin dificultad al formato televisivo. La legitimación social neutralizó el impulso violento que circu-

---

[206] Yowell, S., *The Hippie Guide to Climbing the Corporate Ladder and Other Mountains*, Naked Ink, Nashville, 2006, p. 22.

laba por sus venas. A finales de los setenta ya no había nada que destruir, porque la sociedad había cambiado de tal forma que los descendientes de Stirner, Tzara o Kunzelmann, en lugar de recluirse en las catacumbas, se exhibían ufanos en los medios de comunicación.

Jerry Rubin, Abbie Hoffman y Andy Warhol fueron personajes mediáticos. El segundo fue presentador de sus propios programas y los otros acudían regularmente como invitados a *talk shows*. En estos programas, el espectáculo que daban los yippies o, cuando tenían oportunidad, los miembros de la San Francisco Mime Troupe —rompiendo el guión del presentador, respondiendo de forma absurda a sus preguntas, desafiándolo y acusándolo de ser un una persona cuadriculada y estreñida, cómplice de todo lo malo que había en la sociedad— recordaba los desplantes de Marinetti y Tzara en los teatros. La diferencia era que el espectáculo ahora no exacerbaba los impulsos rebeldes de algún puñado de desprevenidos, sino de millones de espectadores. El éxito de audiencia que tuvieron estas apariciones, sin embargo, no condujo a una revolución política; condujo a una revolución mediática. La televisión se llenó de Jerry Rubins y Abbie Hoffmans, y lo mismo fue ocurriendo con otros ámbitos, hasta que las urnas de uno de los países más cultos de Europa, con una tradición artística, literaria y filosófica riquísima, encumbró a la presidencia a un histrión tan hedonista, cínico, prepotente, ignorante, demagogo y enemigo de la ley y la ética como los yippies.

Lo mismo ocurrió en la academia. Buena parte de los profesores de literatura y humanidades de las universidades estadounidenses llegaron a darle la razón a Tzara: Goethe, Schiller y la Belleza eran sinónimo de explotación y muerte, y bien podían desvanecerse en el aire o deconstruirse hasta vaciarse de valor, pues ahora la empresa académica no debía honrar y acrisolar el talento y la imaginación sino desvelar las categorías de pensamiento, los prejuicios y la cosmovisión machista, racista e imperialista que ocultaban las grandes obras de Occidente. Cuando el fin de las universidades se convirtió en revisar una a una las categorías, los discursos, las ideas, las ciencias, las ficciones y los hechos para mostrar que detrás de todo ello no había verdad, talento, trabajo ni imaginación sino deseo de dominar a la mujer, al negro, al homosexual, al *queer* o al *subalterno*, Marinetti, Tzara y Duchamp se convertían, desde la sombra, en los antiintelectuales y antiartistas más influyentes del siglo xx. Ellos iniciaron la demolición de las academias, del arte, de la literatura y del conocimiento; sus inesperados seguidores posmodernos continuaron la tarea desde las entrañas mismas de la universidad y del museo.

Son tiempos extraños en los que parece estarse agotando el ciclo iniciado en 1909 con el futurismo. Las distintas etapas de la lucha cultural —la marginalidad, el desafío, la contaminación, la conquista, la legitimación y el desfallecimiento— parecen estar cumpliendo su recorrido. Varias prácticas culturales —los estudios culturales, por ejemplo— se muestran agotadas y me atrevo a decir que el engaño del arte contemporáneo no va a durar mucho más. Quienes invirtieron grandes sumas en tiburones, mojones y fluidos corporales, acabarán perdiendo su inversión y se quedarán con materia orgánica en descomposición, sin valor económico ni artístico. En cuanto a la literatura, resulta más difícil especular, pero me niego a pensar que la historia consagre a contadores de trivialidades o a falsos profetas de lo *cool*, esa bruma inocua que lo recubre todo de banalidad multicolor. ¿Puede la civilización vivir sin artistas ni escritores que escarben en sus entrañas? Tal vez por un tiempo, pero no indefinidamente. La única forma de no ser un pesimista cultural es confiar en que así sea.

OBRAS CITADAS

LIBROS

Arp, J., "Dadaland", en: *Archives dada. Chronique*, editado por M. Dachy, Hazan, París, 2005.

Ball, H., *La huida del tiempo (un diario)* (1931), Acantilado, Barcelona, 2005.

Bosseur, J. Y., *John Cage*, Minerve, París, 1993.

Bourdieu, P., *Outline of a Theory of Practice* (1972), Cambridge University Press, Nueva York, s.f.

Breton, A., *Nadja* (1928), Círculo de Lectores, Barcelona, 2001.

_____, *Manifiestos del surrealismo* (1969), Guadarrama, Barcelona, 1980.

Buot, F., *Tristan Tzara: l'homme qui inventa la révolution dada*, Grasset, París, 2002.

Burroughs, W., *Yonqui* (1953), Bruguera, Barcelona, 1980.

_____, *Almuerzo desnudo* (1959), Leviatán, Buenos Aires, 1992.

Burroughs, W. y A. Ginsberg, *Cartas del yagé* (1963), Ediciones Signos, Buenos Aires, 1971.

Cage, J., *Silencio* (1961), Ardora, Madrid, 2005.

_____, *A Year from Monday*, Wesleyan University Press, Middletown, 1967.

Campbell, J., *Loca sabiduría. Así fue la Generación Beat* (1999), Alba Editorial, Barcelona, 2001.

Carrasquer, F., "Holanda después de mayo de 1968 en París", en: *Cuadernos de Ruedo Ibérico*, núms. 37-39, junio, septiembre de 1972.

Clark, T., C. Gray, C. Radcliff y D. Nicholson-Smith, *La revolución del arte moderno y el moderno arte de la revolución. Sección inglesa de la Internacional Situacionista* (1967), Pepitas de Calabaza, Logroño, 2004.

Cleaver, E., *Soul on Ice* (1968), Delta, Nueva York, 1999.

Cohn-Bendit, D., *La revolución y nosotros, que la quisimos tanto* (1986), Círculo de Lectores, Barcelona, 1987.

Cohn-Bendit, D. y G. Cohn-Bendit, *Obsolete Communism. The Left-Wing Alternative* (1968), McGraw-Hill, Nueva York, 1968.

Danto, A., *Unnatural Wonders. Essays from the gap between art & life*, Columbia University Press, Nueva York, 2005.

De Jong, R., "Provos and Kabouters", en: *Anarchism Today* (1971), editado por D. E. Alter y J. Joll, Anchor Books, Nueva York, 1972.

De Torre, G., *Literaturas europeas de vanguardia* (1925), Editorial Renacimiento, Sevilla, 2001.

Debord, G., "Finis les pieds plats", en: *Oeuvres*, Gallimard, París, 2006.

_____, *La sociedad del espectáculo* (1967), Pre-textos, Valencia, 1999.

Dirk Moses, A. y E. Neaman, "West German Generations and the Gewaltfrage. The conflict of the Sixty-Eighters and the Forty-Fivers", en: *The Modernist Imagination: Intellectual History and Critical Theory*, editado por W. Breckman, P. E. Gordon, A. Dirk Moses, S. Moyin y E. Neaman, Bregan Books, Nueva York, 2009.

Doyle, W. M., *Staging the Revolution: Guerrilla Theatre as a Countercultural Practice, 1965-1968*, en: *Imagine Nation: The American Counterculture of the 1960s and '70s*, editado por P. Braunstein y W. M. Doyle, Routledge, Nueva York, 2002.

Draper, T., *El nacionalismo negro en Estados Unidos* (1969), Alianza, Madrid, 1972.

Dumontier, P., *Les situacionistes et mai 68. Theorie et Pratique de la Revolution (1966-1972)*, Editions Ivrea, París, 1995.

Ginsberg, A., *Aullido y otros poemas* (1956), Visor, Madrid, 1993.

Gitlin, T., "The Cant of Identity", en: *Theory's Empire. An Anthology of Dissent*, editado por D. Patai y W. H. Corral, Columbia University Press, Nueva York, 2005.

Godfrey, T., *Conceptual Art*, Pahidon, Londres, 1998.

Goodman, P., *Growing up absurd*, Vintage Books, Nueva York, 1960.

Grosz, G., *Un sí menor y un NO mayor* (1946), Anaya & Mario Muchnik, Madrid, 1991.

Haden-Guest, A., *True Colors. The Real Life of the Art World*, Atlantic Monthly Press, Nueva York, 1996.

Hernández, G., *La sátira chicana: un estudio de cultura literaria* (1991), Siglo XXI Editores, México, 1993.

Hobsbawm, E. J., *La era del imperio (1875-1914)* (1987), Labor, Barcelona, 1989.

_____, *The age of extremes. A History of the World, 1914-1991* (1994), Vintage Books, Nueva York, 1996.

Hoffman, A., *The Autobiography of Abbie Hoffman* (1980), Four Walls Eight Windows, Nueva York, 2000.

Hollander P., *Los peregrinos políticos* (1981), Playor, Madrid, 1987.

Johnson, J., *Personajes secundarios* (1983), Libros del Asteroide, Barcelona, 2008.

Jones, L., *Home: Social Essays* (1966), Akashic Books, Nueva York, 2009.

_____, *Selected Poetry of LeRoi Jones/Amiri Baraka*, William Morrow & Co., Nueva York, 1979.

Judt, T., *Pasado imperfecto. Los intelectuales franceses 1944-1956* (1992), Taurus, Madrid, 2007.

_____, *Postguerra* (2005). Taurus, Madrid, 2006.

Kaprow, A., *Essays on the Blurring of Art and Life*, editado por J. Kelley, University of California Press, Berkeley, 1993.

Katz, V., *Black Mountain College. Una aventura americana*, Museo Nacional Centro de Arte Reina Sofía / Real Asociación Amigos del Museo Nacional Centro de Arte Reina Sofía, Madrid, 2002.

Kellein, T., *The dream of fluxus. George Maciunas: An Artist's Biography*, Editions Hansjörg Mayer, Londres, 2007.

Kerouac, J., *En el camino* (1957), Anagrama, Barcelona, 1989.

_____, *Los Vagabundos del Dharma* (1958), Anagrama, Barcelona, 1996.

Klimke, M., *The other Alliance: Student Protest in West Germany and the United States in the Global Sixties*, Princeton University Press, Princeton, 2010.

Koestenbaum, W., *Andy Warhol*, Weidenfeld & Nicolson, Londres, 2001.

Kuenzli, R. E. (ed.), *New York Dada*, Willis Locker & Owens, Nueva York, 1986.

Kundnani, H., *Utopia or Auschwitz? Germany's 1968 generation and the Holocaust*, Columbia University Press, Nueva York, 2009.

Laercio, D., *Vidas, opiniones y sentencias de los filósofos más ilustres*, Luis Navarro Editor, Madrid, 1887.

Lane, M. (ed.), *Black Mountain College: Sprouted Seeds. An Anthology of Personal Accounts*, The University of Tennessee Press, Knoxville, 1991.

Leary, T., *Flashbacks. Una autobiografía* (1983), Alpha Decay, Bacelona, 2004.

Lefebvre, H., *Critique of Everyday Life*, vol. I (1947), Verso, Nueva York, 2008.

_____, *Introduction to Modernity* (1962), Verso, Londres, 1995.

Lemaitre, M., *Carnets d'un fanatique*, t. I, Jean Grassin Éditeur, París, 1960.

Lippard, L., *Women choose Women*, The New York Cultural Center, Nueva York, 1973.

Mailer, N., "Open Letter to JFK and Fidel Castro", *The Village Voice*, 27 de abril de 1961.

Marcus, G., *Rastros de carmín. Una historia secreta del siglo XX* (1989), Anagrama, Barcelona, 1993.

Marcuse, H., *El hombre unidimensional* (1964), Ediciones Orbis, Barcelona, 1968.

Marinetti, F. T., "Autorretrato" (1927), en: Lambiase, S. y G. B. Nazzaro, *Marinetti entre los futuristas* (1978), FCE, México, 1986.

_____, *Marinetti. Selected Writtings* (1969), editado por R. W. Flint, Farrar, Straus and Giroux, Nueva York, 1971.

McNally, D., *Jack Kerouac. América y la generación beat. Una biografía* (1979), Paidós, Barcelona, 1992.

Mension, J. M., *La tribu. Entretiens avec Gérard Berréby y Francesco Milo*, Allia, París, 2001.

Moravia, A., *El tedio* (1960), Planeta, Barcelona, 1998.

Munk, E., *The Living Theatre and Its Audiences*, en: *Restaging the Sixties: Radical Theatres and Their Legacies*, editado por J. M. Harding y C. Rosenthal, University of Michigan, Ann Arbor, 2006, p. 33.

Neumann, O., "Motherfuckers Then and Now: My Sixties Problem", en: *Cultural Politics and Social Movements*, editado por M. Darnovsky, B. Epstein y R. Flacks, Temple University Press, Filadelfia, 1995.

Paz O., *La apariencia desnuda. La obra de Marcel Duchamp* (1973), Alianza Editorial, Madrid, 1989.

Polizzoti, M., *La vida de André Breton. La revolución de la mente* (1995), Turner, Madrid, 2009.

Popper, K., *La sociedad abierta y sus enemigos* (1945), Paidós, Barcelona, 1994.

Rand, A., *The Virtue of Selfishness. A New Concept of Egoism*, Signet, Nueva York, 1964.

Rubin, J., *Do It! Escenarios de la revolución* (1970), Blackie Books, Barcelona, 2009.

Russolo, L., *L'art des bruits* (1913), Allia, París, 2003.

Sabatier, R., *Le lettrisme. Les creations et les createurs*, Z'éditions, Niza, 1989.

Sartre, J. P., *¿Qué es la literatura?* (1948), Losada, Buenos Aires, 1957.

_____, "Prefacio", en: Fanon, F., *Los condenados de la tierra* (1961), FCE, México, 1963.

Savage, J., *England's Dreaming. Los Sex Pistols y el Punk Rock* (1991), Mondadori, Barcelona, 2009.

Schuyt, K. y Taverne, E., *Dutch Culture in a European Perspective. 1950 Prosperity and Welfare* (2000), Palgrave Macmillan, Nueva York, 2004.

Schwarz, A., *New York Dada. Duchamp – Man Ray – Picabia*, Prestel-Verlang, Múnich, 1973.

Shakespeare, W., *La tragedia de Ricardo III*, en: *Obras completas. Tragedias*, Aguilar, Madrid, 2003.

Sinclair, J., *Guitar Army. Rock and Revolution with MC5 and The White Panther Party* (1972), Process Media, Los Ángeles, 2007.

Smith, A., *Investigación sobre la naturaleza y las causas de la riqueza de las naciones*, vol. I (1776), Oikus-tau, Barcelona, 1988.

Smith, P., *Éramos unos niños* (2010), Lumen, Barcelona, 2010.

Soláns, P., *Accionismo vienés*, Nerea, Hondarribia, 2000.

Sontag, S., *Contra la interpretación* (1966), Alfaguara, Madrid, 1996.

_____, "Some Thoughts on the Right Way (for us) to Love the Cuban Revolution", en: *Ramparts*, abril de 1969.

Stirner, M., *El único y su propiedad* (1844), Valdemar, Madrid, 2004.

Szulc, T., *Winds of revolution*, Frederick A. Praeger, Nueva York, 1963.

Teune, S., "Humour as Guerrilla Tactic: The West German Student Movement's Mockery of the Establishment", en: *Humor and Social Protest*, editado por M. Hart y D. Bos, Cambridge University Press, Cambridge, 2008.

Thomas, N., *Protest Movements in 1960s West Germany: A Social History of Dissent and Democracy*, Berg, Nueva York, 2003.

Tomkins, C., *Off the Wall. Robert Rauschenberg and the Art World of Our Time*, Doubleday & Company, Inc., Nueva York, 1980.

_____, *Duchamp* (1996), Anagrama, Barcelona, 1999.

Tytell, J., *The Living Theatre. Art, Exile, and Outrage*, Grove Press, Nueva York, 1995.

Tzara, T., "Dada manifesto 1918" (1918), en: *The Dada Reader. A Critical Anthology*, editado por D. Ades, Tate, Londres, 2006.

Ultra Violet (Isabelle Collin Dufresne), *Famosa durante 15 minutos. Mis años con Andy Warhol* (1988), Plaza y Janés, Barcelona, 1989.

Vaneigem, R., *Tratado del saber vivir para uso de las nuevas generaciones* (1967), Anagrama, Barcelona, 1977.

Varon, J., *Bringing the War Home: The Weather Underground, The Red Army Faction, and the Revolutionary Violence in the Sixties and Seventies*, California University Press, Berkeley, 2004.

Yowell, S., *The Hippie Guide to Climbing the Corporate Ladder and Other Mountains*, Naked Ink, Nashville, 2006.

Wolfe, T., *Gaseosa de ácido eléctrico* (1968), Ediciones Júcar, Gijón, 1988.

Wright Mills, C., *La élite del poder* (1956), FCE, México, 1957.

_____, *Listen, Yankee. The Revolution in Cuba*, Ballantine Books, Nueva York, 1960.

Revistas

Black Mask 1, noviembre de 1966, recopilado en: *Motherfuckers! De los veranos del amor al amor armado*, La Felguera Ediciones, Madrid, 2009.

Black Mask 8, noviembre-octubre de 1967, recopilado en: *Motherfuckers! De los veranos del amor al amor armado*, La Felguera Ediciones, Madrid, 2009.

Drakabygget, núm. 1, marzo de 1962, "Fuck Off!", por Fazakerley, G.

Drakabygget, núms. 4-5, 1966, "Who are the situationists?", por Nash, J.

Internacional situacionista, vol. 1, núms. 1-6, Literatura gris, Madrid, 2001, "Formulario para un nuevo urbanismo" (1953), por Chtcheglov, I.

Internacional situacionista, vol. 1, núms. 1-6, Literatura gris, Madrid, 2001, "Manifiesto".

Internacional situacionista, vol. 2, núm. 8, Literatura gris, Madrid, 2001, "Banalidades de base II", por Vaneigein, R.

Internacional situacionista, vol. 2, núm. 12, Literatura gris, Madrid, 2001, "El comienzo de una época".

International Times, núm. 1, 14 de octubre de 1966, "The Editors Speack".

La Dictadure lettriste Cahiers d'un nouveau régime artistique, núm. 1, julio de 1946, "Principes poétiques et musicaux du mouvement lettriste", por Isou, I.

La Révolution surréaliste, núm. 3, 15 de abril de 1925, "Pamphlet contre Jérusalem", por Desnos, R.

La Révolution surréaliste, núm. 5, 15 de octubre de 1925, "La révolution d'abord et toujours!".

La Révolution surréaliste, núm. 6, 1 de marzo de 1926, "Europe", por Crastre, V.

Life, 17 de febrero de 1967, "The Other Culture", por Farrel, B.

Potlatch, Literatura gris, Madrid, 2001.

PERIÓDICOS

Soulévement de la Jeunesse, núm. 1, junio de 1952, artículo "La jeunesse embrigadée", por Marc, Ó.

DOCUMENTOS

Art Workers Coalition, *Open Hearing*, 1969.

The San Francisco Mime Troupe, *Bread & Puppet Theatre, Teatro Campesino, San Francisco Mime Troupe. Radical Theatre Festival*, The San Francisco Mime Troupe, San Francisco, 1969.

Wise, D. *Jumbled Notes: A Critical Hidden History of King Mob*, en: http://www.revoltagainstplenty.com/index.php/archive/34-archivelocal/93-a-hidden-history-of-king-mob.

ÍNDICE ONOMÁSTICO

ÍNDICE ANALÍTICO

superhombre, 27, 418, 447
surrealismo, 46, 58, 66, 72, 78-79, 83-
84, 87-90, 92, 101, 149, 319, 326
surrealista(s), 33, 47, 57, 67, 71, 77-
83, 85-88, 90-91, 102, 106-107, 113,
122, 135-136, 149, 151-152, 155,
157, 162, 167, 170-171, 175, 182,
187-189, 198, 215-216, 220, 230,
250, 273, 316, 350, 352-353, 358,
387, 407, 417, 455-456, 467
Tea Party, 288, 304, 333
teatro, 20-22, 27-28, 38, 53, 69, 71,
95, 107, 126, 173, 182, 238, 244,
269, 271-275, 279, 283, 284-286,
303, 306, 310, 320, 388, 403-404,
440, 461, 464
guerrillero, 271, 282, 331
radical, 287, 305, 339
revolucionario, 182, 272-273, 277,
286, 302, 304-306, 403
sintético, 23
Teatro Campesino, 278, 283, 286,
472
Teatro de orgías y misterios, 403
Teddy boys, 152, 187, 357
Tercer Mundo, 83, 158, 160, 169,
180, 182, 190, 198, 204, 224-225,
230, 304, 306, 312, 327, 330, 382,
390, 395, 413, 436-437
tercermundismo, 77, 157, 159-161,
211, 227, 230, 413
The Egoist (revista), 455
The Loft, 239
The Merry Pranksters, 233
Trieste, 23, 27-28
Trois stoppages etalon, 32-33, 47
troquelado de conciencia, 211
trotskista, 46, 85, 291, 295
Tupamaros de Berlín Occidental,
231, 488
Tupamaros de Múnich, 231, 488
Turín, 23

Ulises, 39, 107
Underground, 139, 230, 239, 311, 314-
315, 321, 326, 440, 471
Urbanismo, 114, 133, 136-137, 154,
173, 192-193, 206, 244, 258, 472
Urbanismo unitario, 173, 192-193,
206, 244
utopía, 14, 21, 40-41, 60, 65, 74, 91,
115-117, 130, 137-138, 175, 192,
199, 240, 242, 256, 262, 265, 270,
276, 280, 359, 362, 436

vanguardia(s), 14-15, 26, 30, 38-39,
41, 52-54, 57-58, 68, 72, 76, 80, 86,
101, 109-110, 118, 130, 133, 136,
138, 148, 151, 154-155, 171-173,
188-189, 193, 198, 209, 212, 218-
219, 221-222, 227-228, 234, 240,
243, 252, 256, 258, 277-278, 287,
294, 302, 305, 308, 310, 313, 319,
322, 326, 328, 330, 333, 337-338,
341-343, 347, 353, 355-357, 363,
384, 402, 417, 420, 422, 427, 430,
440, 442, 444-445, 449, 455, 458,
460-461, 463, 468
vanguardista(s), 15, 19-20, 23, 26, 29,
33, 36, 39, 56, 58, 61, 64, 66-67, 80,
82, 86, 90-92, 95, 97, 102, 108, 114,
125, 130, 133-134, 136, 146, 151,
156, 175, 188, 191, 194, 198, 219-
220, 222, 231, 234, 239-240, 242,
246, 255, 271, 306, 316, 318, 320-
321, 326, 328, 333, 338, 340, 345-
346, 351, 353, 355-356, 358, 360,
365, 370, 374, 397, 399, 428, 430,
444-445, 447-448, 451, 455, 457,
459-460, 462
legado, 15, 219
Vaticano, el, 26, 29
Venecia, 19, 22, 430
Véneto, 22
Vexations (música), 75, 339
Vietnam campesino (teatro), 285

Acta del jurado

Guadalajara, Jal., a 8 de octubre de 2011

El 8 de octubre de 2011 se reunió en la ciudad de Guadalajara, Jalisco, el jurado del Premio Internacional de Ensayo Isabel Polanco, presidido por Fernando Savater, de España, e integrado por Héctor Abad Faciolince, de Colombia; José Balza, de Venezuela; Rafael Rojas, de Cuba; Margarita Valencia, de Colombia; y Gonzalo Celorio, quien funge como secretario permanente, de México.

Tras deliberar sobre los trabajos finalistas de la tercera edición del Premio, determinó, por unanimidad, otorgárselo a

CARLOS GRANÉS MAYA,
quien, bajo el seudónimo de *Stiller*, presentó
un trabajo titulado
El puño invisible. Arte, revolución y un siglo de cambios culturales

Se trata de un ensayo de largo aliento que hace un recuento narrativo de las vanguardias occidentales del siglo XX, desde el futurismo hasta la postmodernidad. Con agilidad cinematográfica, Granés Maya le presenta al lector, escena tras escena, los principales episodios, muchos de ellos verdaderos escándalos, que ha vivido el arte moderno a lo largo de la historia. Aunque la narración es visual, como conviene a su objeto de reflexión preponderante, el libro no está desprovisto de una tesis de suma importancia para la historia cultural contemporánea, que es la siguiente: mientras las grandes revoluciones políticas del siglo XX fracasaron, la revolución cultural que las acompañó durante una buena parte del trayecto y que, aparentemente, debía cumplir un papel secundario o de legitimación simbólica, triunfó. En otras palabras, el sentido ideológico de las revoluciones del siglo XX parece rebasado por las democracias del siglo XXI, pero su presencia cultural ha sido asimilada por esas mismas democracias. Lo importante no es, pues, que la revolución cultural de la centuria pasada haya triunfado. Lo importante es saber qué consecuencias tiene ese triunfo en nuestra sociedad actual.

Por la importancia del tema que aborda y de la tesis que sustenta, por la amplitud y la profundidad de la documentación que subyace en la obra y la creatividad con que la maneja, por la calidad de su escritura —rica, amena, apasionante—, el jurado consideró que Carlos Granés Maya debía ser galardonado con el Premio Internacional de Ensayo Isabel Polanco 2011.

Fernando Savater
Presidente

Gonzalo Celorio
Secretario

Héctor Abad Faciolince

José Balza

Rafael Rojas

Margarita Valencia

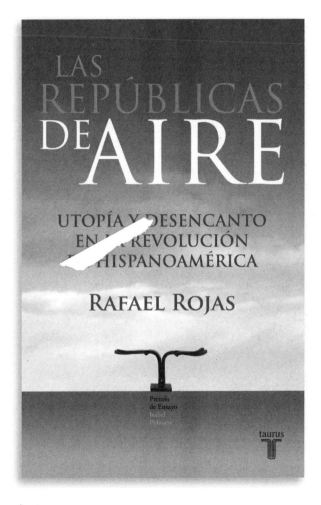

Recién estrenado el siglo XIX, una ola revolucionaria cubrió la faz de lo que hoy conocemos como América Latina. El desenlace de este período de conflicto estuvo marcado por el desencanto nacido de la tensión entre las utopías de los primeros republicanos y una compleja realidad determinada por la heterogeneidad cultural, la desigualdad social, los poderes locales y los caudillajes surgidos de la gesta revolucionaria. Sus efectos aún se sienten en la primera década del siglo XXI, interrogando el sentido fundacional de aquella gesta.

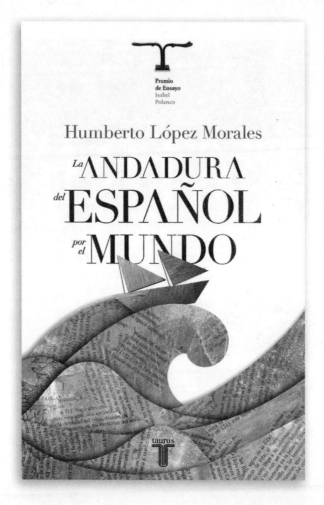

A finales del siglo xv, el castellano desembarcó en América para iniciar un largo camino que lo convertiría en el español. Desde aquella época y hasta nuestros días, el idioma se ha transformado y nos ha transformado: no sólo hizo suyos los sabores y los colores del Nuevo Mundo, también se mezcló con su historia para mostrarnos nuevas maneras de ser y pensar. Humberto López Morales nos lleva a recorrer esta travesía y a recuperar los momentos culminantes del devenir histórico del español y el prometedor destino que parece aguardar a esta lengua, la segunda con más hablantes del mundo.

Taurus es un sello editorial del Grupo Santillana

www.editorialtaurus.com.mx

Argentina
Av. Leandro N. Alem, 720
C 1001 AAP Buenos Aires
Tel. (54 114) 119 50 00
Fax (54 114) 912 74 40

Bolivia
Avda. Arce, 2333
La Paz
Tel. (591 2) 44 11 22
Fax (591 2) 44 22 08

Chile
Dr. Aníbal Ariztía, 1444
Providencia
Santiago de Chile
Tel. (56 2) 384 30 00
Fax (56 2) 384 30 60

Colombia
Calle 80, 10-23
Bogotá
Tel. (57 1) 635 12 00
Fax (57 1) 236 93 82

Costa Rica
La Uruca
Del Edificio de Aviación Civil 200 m al
Oeste
San José de Costa Rica
Tel. (506) 220 42 42 y 220 47 70
Fax (506) 220 13 20

Ecuador
Av. Eloy Alfaro, 33-3470 y Avda. 6 de
Diciembre
Quito
Tel. (593 2) 244 66 56 y 244 21 54
Fax (593 2) 244 87 91

El Salvador
Siemens, 51
Zona Industrial Santa Elena
Antiguo Cuscatlan - La Libertad
Tel. (503) 2 505 89 y 2 289 89 20
Fax (503) 2 278 60 66

España
Torrelaguna, 60
28043 Madrid
Tel. (34 91) 744 90 60
Fax (34 91) 744 92 24

Estados Unidos
2105 N.W. 86th Avenue
Doral, F.L. 33122
Tel. (1 305) 591 95 22 y 591 22 32
Fax (1 305) 591 91 45

Guatemala
7ª Av. 11-11
Zona 9
Guatemala C.A.
Tel. (502) 24 29 43 00
Fax (502) 24 29 43 43

Honduras
Colonia Tepeyac Contigua a Banco
Cuscatlan
Boulevard Juan Pablo, frente al Templo
Adventista 7º Día, Casa 1626
Tegucigalpa
Tel. (504) 239 98 84

México
Av. Río Mixcoac núm. 274
Colonia Acacias
03240 México D.F.
Tel. (52 5) 554 20 75 30
Fax (52 5) 556 01 10 67

Panamá
Av. Juan Pablo II, n°15. Apartado Postal
863199, zona 7. Urbanización Industrial
La Locería - Ciudad de Panamá
Tel. (507) 260 09 45

Paraguay
Av. Venezuela, 276,
entre Mariscal López y España
Asunción
Tel./fax (595 21) 213 294 y 214 983

Perú
Av. Primavera 2160
Surco
Lima 33
Tel. (51 1) 313 4000
Fax. (51 1) 313 4001

Puerto Rico
Av. Roosevelt, 1506
Guaynabo 00968
Puerto Rico
Tel. (1 787) 781 98 00
Fax (1 787) 782 61 49

República Dominicana
Juan Sánchez Ramírez, 9
Gazcue
Santo Domingo R.D.
Tel. (1809) 682 13 82 y 221 08 70
Fax (1809) 689 10 22

Uruguay
Constitución, 1889
11800 Montevideo
Tel. (598 2) 402 73 42 y 402 72 71
Fax (598 2) 401 51 86

Venezuela
Av. Rómulo Gallegos
Edificio Zulia, 1º - Sector Monte Cristo
Boleita Norte
Caracas
Tel. (58 212) 235 30 33
Fax (58 212) 239 10 51

Esta obra se terminó de imprimir en noviembre de 2011
en los talleres de Litográfica Ingramex, S.A. de C.V.
Centeno 162-1, col. Granjas Esmeralda,
C.P. 09810, México, D.F.